光到天山影独圆

苏全贵◎主编

邓缵先精神研讨会
学术论文集

社会科学文献出版社
SOCIAL SCIENCES ACADEMIC PRESS (CHINA)

# 编 撰 人 员

**主　编**　苏全贵

**副主编**　曾细鸿　崔保新

**编　委**　叶国英　冯伯友　赖小勇　谢　骥　朱卫东

# 目 录

# 第三部分　史学研究

# 第四部分　边政研究

# 第五部分　诗词研究

## 第六部分　综合评论

## 第七部分　附录

# 略论开展民国时期新疆边吏研究的几个问题

## （代序）

马大正[*]

## 一 边臣疆吏研究是边疆政策研究的重要内容之一

在中国历史上，无论哪一朝哪一代，边疆问题始终是安邦治国的头等大事之一，统治者都为巩固统治而制定边疆政策，展开边疆经略，实施边疆治理。边疆经略和治理是历朝历代对边疆地区进行开拓和经营的历史过程，边疆政策是实施边疆经略和治理的指导方针与具体举措，而治边思想是制定边疆政策的重要前提之一。边疆政策的基本任务是守住一条线（边界线），管好一片地（边疆地区），实际上包含了物与人两个方面。可以说，边疆政策是一项针对边疆地区人和物综合治理的系统工程。边疆政策的正确与否，边疆经略的成败得失，治边思想是否符合时代潮流，不仅直接关系一个政权的兴衰存亡，而且对于统一多民族中国的形成、发展也产生重大影响。边疆政策的提出，

---

* 马大正，中国社会科学院边疆史地研究中心研究员。

边疆治理的实施，除各个历史时期最高决策层的运筹帷幄外，主政边疆地区的边臣疆吏则发挥着不可替代的重要作用，他们是国家边疆政策的主要执行者，其个人的素质和处理复杂问题的综合能力，直接影响着历朝历代边疆政策的实施和边疆治理的成败，"边吏是否善政关系到边政是否得当。边疆地区远离统治权力中心，且情况复杂，边吏的素质要求更应优于内地。应变过激会使事态人为扩大，而过缓消极，本想息事宁人，往往适得其反。用一句大家熟悉的话：路线确定后，干部是决定的因素。边疆大吏肩负的重任跟一般内地的不一样，跟京官也不完全一样。他如果是个庸才或者是个歪才，那就更糟糕了，要出大事，边疆的事情有的时候是牵一发而动全身，而且瞬息万变。从中央来说，对边疆大吏应授以便宜之权，让他有一定的机动权，该决断时要给他以决断权。清朝历史上这样的例子就很多。总而言之，边疆是靠人去治理。群众是真正的英雄，那没错，但是我还有一句话，关键在领导，在我们的父母官，在我们的边疆大吏。边疆大吏里边应该有一批经过考验的民族的高层领导干部，再加上中央的权威，中央的正确政策、方针，那么我们边疆稳定局面，应该说是有保证的"。①

中国边疆研究具有丰富的内涵，有众多的研究领域，它贯穿中国历史发展的各个时期，涉及国家政治、经济、军事、外交等各个方面，其中历朝各代陆疆与海疆政策的综合研究，以及各个历史时期不同政权的边疆政策研究是最重要的研究内容之一，其间当然包括对中国历代边臣疆吏的研究。

依我愚见，如下六个方面应引起边臣疆吏研究者的更多的关注：

（1）历朝各代边臣疆吏人物与事件的个案研究，以及历朝各代边臣的比较研究；

---

① 马大正：《中国历代边疆政策研究》，载《中国高端讲座》第一辑，海南出版社，2006，第149页。

（2）边臣疆吏在国家官员整体中的地位；

（3）边臣疆吏在历代中央政府实施边疆政策中的作用，以及中央与地方在治疆上的互动影响；

（4）历代边臣疆吏在中国疆域形成进程中的作用；

（5）边臣疆吏与边疆地区在历史发展进程中的互动关系；

（6）边臣疆吏在边疆地区的民事、军事、外交方面的作用。

由此可见，从古代到当代的边臣疆吏研究，值得研究者上下求索。

## 二　邓缵先是民国时期新疆边臣疆吏
## 群体的杰出代表

邓缵先是民国时期知名度不高的边吏，尽管其在诗词、史学方面表现出众，但因为他官微言轻，其事迹与地位长期被史学界所忽略。可以说，正是崔保新所著的《沉默的胡杨——邓缵先戍边纪事（1915～1933）》[①] 的问世，才让我们较完整地一览邓缵先的生卒年谱，体察到了他的思想境界和精神风貌。

即使如此，何启治先生在为《沉默的胡杨》（下简称）作序前还是提出几个问题：第一，邓缵先是什么人，为什么要为他立传？第二，该书有没有开拓性？第三，该书是不是一部严谨的学术著作？（见序三）我们说邓缵先是民国时期新疆边吏群体的杰出代表，也应该是解决了这三个问题后的结论。

《沉默的胡杨》是一部多序多跋的学术著作。不同地域、不同专业、不同年龄的序者，对邓缵先有不同的解读并给予了不同的评价。县委书记何利民说："在中国行政官员体系中，县官总被称作

---

① 崔保新：《沉默的胡杨——邓缵先戍边纪事（1915～1933）》，社会科学文献出版社，2010。

七品芝麻官。以我的体会，县委书记官虽小，但政治经济社会的责任重大，尤其在边境县兼贫困县工作，既要保境，又要安民，平安工程和繁荣工程两个轮子要一起驱动。作者选择研究邓缵先，说明他能跳出世俗窠臼的影响，以前瞻的眼光在历史人物中淘金拾珠。"（见序一）

北京的杨镰教授说："邓缵先其人，是新疆现代史的标志性人物。不论由谁执笔来撰写新疆现代史，都绝不能略过不提。但是，由于种种原因，目前他几乎不被人知，似乎湮没在历史潮流之中。然而，杨增新与邓缵先，都是现代新疆稳定、发展的基石与新疆进入民主社会的推动力。没有邓缵先，新疆从辛亥革命到中华人民共和国的建立近半个世纪的历史发展过程，就缺失了必不可少的细节，历史画廊就变得晦涩难解，它就不像是老一代人亲身经历过的那个充满希望，历尽坎坷，重归一统的历史时期了。"（见序二）

广东学者谭元亨感叹：这本书的传主邓缵先，"一位把整个生命献给了新疆边塞的客家人，一位为维护国家尊严与领土完整的戍边义士，一位终身以正直、廉洁持身、外圆内方的政府官员，一位笔耕不辍、苦心编修的方志学者，一位把一生的激情、壮志与诗心融汇于上千诗文中的诗人——他，当是'以诗证史'的身体力行者。他以他的功业，他的一生，他整个的生命，证实了这样一部历史。一位客家人，始终以'祖宗言'安身立命，在千里关塞外，亦以'治国安邦平天下'为己任，最终用自身的鲜血染红了万里边陲。"（见序四）

新疆的胥惠民教授写道："邓缵先的诗作不仅数量多，而且内容丰富，质量很高。大凡当时的政治、经济、文化、民生疾苦、民族团结，以及物产、山川风貌，在他的诗中都有反映。他的诗是民国前期新疆社会生活的真实反映。读了他的作品，无形中纠正了我的一些偏颇认识。"（见跋一）

再观作者之言："在职官序列中，邓缵先是一个芝麻官，也因为此，他一度被人们遗忘和忽略。而恰恰微不足道的小人物才有条件摆脱浮夸，根植民间，活得单纯。""挖掘历史不要忽视'小人物'，切忌将官本位不知不觉带入历史人物的评价中。小人物往往在历史上做出了大事，特别如根植于百姓之中的县官们，因为根系发达，所以枝叶繁茂。"（见自序）

必须指出的是，民国时期新疆边吏是一个群体，他们共同承担着保卫边疆、稳定边疆、建设边疆的历史责任，邓缵先不过是其中的杰出代表。只有通过严谨深入的学术研究，这一结论才站得住，立得稳。

## 三　民国时期新疆边臣疆吏研究应引起人们关注

民国时期新疆边吏研究一直是边疆学的薄弱环节。在很长一段时间里，史界曾把现代新疆的奠基人、为新疆安全统一做出贡献的杨增新诬为奉行"愚民"政策的"军阀"与"刽子手"，这不符合历史事实。要改变这种状况，我们就应该注重民国时期的边吏研究，这不仅是学术界的事，而且关系到新疆的现状与未来。

做好民国时期新疆边吏研究，应注意以下几个方面：

### （一）关于中国近现代人物的历史地位问题

史学家黄仁宇曾因确立蒋介石历史地位时说过这样一段话："更是因为这个问题不解决，中国现代史就留下一个大空洞。而现存的'历史'，一片呻吟嗟怨，满纸谩骂，不外袁世凯错，孙中山错，蒋介石错，毛泽东错，邓小平又错，蒋经国也可能错。这样的历史，读时就抬不起头来。"（黄仁宇《现代中国的历程》，中华书局，2011，第228页）。此论也适用于民国时期边吏的历史地位问题。就新疆而言，如果杨增新是割据军阀，金树仁是无能之辈，盛世才是不共戴天的敌人，吴忠信虎头蛇尾，张治中软弱可欺，一线封疆大吏尚且如此，二三线边吏又能好到哪去？那么就会生成一个悖论：新疆社会的进步、新疆军政统一及领土完整又是谁带来的？总不会从天上掉下来吧！民国时期边吏的历史地位是一个大问题，是开展边吏研究的基石，切忌主观主义、教条主义、虚无主义、党派主义等非学术因素干扰作祟。

## （二）民国时期新疆边吏研究的视野问题

在民国时期新疆边吏研究中，要特别注意中央与地方、内地与边疆的互动关系，新疆与世界及周边国家的关系，以扩大研究视野，避免就边疆论边疆。边疆缺干部、缺人才自古使然。民初杨增新要治理新疆，向北洋政府要干部；金树仁继任向南京中央政府要干部；盛世才治理新疆，向共产党要干部（毛泽东说我们也缺少人才）；国民党治理新疆，更是举全国之力动员人才建设新疆。新疆要稳定，要发展，不能没有一批安心新疆艰苦工作、甘于奉献青春甚至生命的边吏群体；边吏群体的稳定状态，在一定程度上影响着边疆的稳定。

崔保新在《新疆1912》中，已经具有了这一视野。他在"寻官启示"① 一节中，将广东的邓缵先、安徽的陶明樾、湖北的张馨放在一起作比较研究，发现他们都是民初北洋政府通过全国公考分发新疆的优秀边吏，在不同的历史时期，他们对新疆的社会进步做出了不同的贡献。他们的不同就是来自不同的地区，他们的相同就是都死在了新疆，而且大多与新疆的动乱有关。他们来得豪气，死得悲壮！他们的英雄壮举足以激励后人，成为边疆长治久安的基石。有作为的边吏往往来自于经济文化发达的内地或沿海地区，内地与边疆的互动正是

① 崔保新：《新疆1912》，社会科学文献出版社，2012，第357～360页。

通过他们进行的。崔保新所谓的"寻官启示"，就是要寻找被历史湮没的基层边吏们，由此把一个人变为一群人，以便探讨这一群体对边疆社会进步所作出的贡献及其规律性。

## （三） 民国时期新疆边吏研究的群体关系问题

民国时期新疆边吏是由大人物、中人物、小人物、民族人物构成的共同治理边疆的群体。长期以来，学术界仅关注一线历史人物的研究，由于缺乏二线、三线人物的支撑，犹如空中楼阁，使历史缺少丰富性、层次性，显得单薄。扎堆研究大人物有一定风险，既难避免资料上重复应用与抄袭，亦难跳出"阴谋论""坏人论""虚伪论"的怪圈。对大人物研究不能脱离小人物的基础，同样，对小人物研究也离不开大人物的场域与关系。只有开展边吏群体研究，才能使边疆史丰富起来，才能接到地气，与民生、民权结合起来。

值得注意的是，边吏二线、三线人物的研究，往往不是来自官方机构和专业研究机构，而是来自体制外的民间。民间由于受经费、资料、方法的局限，边吏研究做得不深不透。因此，做好边吏研究，需要专业人员与民间人士互动。

在《新疆1912》一书中，崔保新已开始尝试对边臣疆吏群体的研究。在他笔下，出现了几十个政治倾向不同、族别不同、角色各异的边吏人物，体现出时代和社会的丰富性。辛亥革命是一次改变中国命运的大事件，这一大事件不可能由几个人完成，只有动员足够庞大的群体才能完成这场大革命。历史学研究要反映这一时代特征。

## （四） 要重视民国时期新疆少数民族边吏研究

新疆是多民族聚居区，不同区域既分布着不同的民族，又有多民族杂居，不同的语言、文字、生活方式、习俗、宗教信仰交织在一起。历代统治者，均特别注意发挥民族边臣疆吏在边疆治理中的特殊作用。民国以降，无论杨增新、金树仁时期，还是盛世才、国民党时期，新疆治理的一个显著特征就是一批民族边臣疆吏登上了政治舞台，有些甚至成为一线人物，如麦斯伍德、艾沙、尧乐博斯、包尔汉、赛福鼎等。我们目前的研究对象和成果尚没有涵盖民族边吏群体，民国时期的民族边臣疆吏大多没有传记问世，单就学术而言，这不能不说是一个缺陷。

在新出版的《新疆政协文史资料》第56辑中，已体现出民族边臣疆吏群体的丰富性。该辑中既有一线大人物，如包尔汉、赛福鼎、翦伯赞，也有二线人物如土尔扈特蒙古女亲王巴尔吉提、国民党中央立法委员乌静彬，还有三线人物如回族县长马良骏阿訇、孔家后裔入新疆任县长，不仅研究对象体现出新疆多民族特征，而且作者也由多个民族构成，这是令人可喜的现象。上述研究对象还没有形成专著，应该继续做更深入广泛的研究。

### （五）民国时期新疆边吏研究的若干方法

1. 资料搜集是开展民国时期新疆边臣疆吏研究的基础工作。由于时过境迁，资料搜集有一定难度，但也不是无迹可寻。要注意搜集他们生前留下的著作、自述、诗文、日记、遗稿、奏章、回忆录，以及相关档案、地方志、各级文史资料、学者研究文章、与他人唱和的诗词以及外国人写的著作中的记录等。尽管边吏们工作生活在新疆，但由于受到一次次文化浩劫，其家人亦受到一次次运动冲击，祖辈的历史一直是后代噤若寒蝉的话题，有关资料在边疆难寻踪影，而在其家乡或国家、省级图书馆反而能找到。

2. 中央政府选拔、派遣、管理边臣疆吏，体现着国家统一和行使主权。在民国边臣疆吏研究中，不可忽视边臣疆吏选拔制度、任用标准、奖惩方法、选派程序的比较研究。譬如，北洋政府、南京政府对边臣疆吏的选拔、任用、选派有何异同？国体、政体的变动对边疆人才选拔的标准、程序以及命运有何影响？

3. 在边臣疆吏的成长过程中，离不开地域文化对边臣疆吏们的熏陶，边吏们的性格形成、心理活动、为人处世、言行举止、治理风格，或多或少受到地域文化和人生经历的影响。以"性格论""地域文化论""情感论""隐忍论""亲民论"分析，取代"阶级论""好坏论""道德论"的批判，会更接近边吏们的历史本色，更让后人信服。所以要善于利用其家乡的研究成果，有条件的应该到其家乡做一番田野调查。

4. 语境是民国时期新疆边臣疆吏的生存时态，研究者要以人为本，对研究个体要有同情心，将心比心，对他们经历的历史要有敬畏心，要回到他们所处的语境中，设身处地为他们设想，切忌用今天的观念和是非标准乱扣帽子，乱打棍子。也就是说，对边吏群体研究，不要忘记他们所处的时代，也就是要坚持实事求是的态度，该批判的批判，该肯定的肯定。

5. 边臣疆吏研究要选好题目，作前人未做的课题。研究新疆民国时期有两本皇皇大作，一是曾问吾的《中国经营西域史》，一是张大军的《新疆风暴七十年》。对于这两个人，大多数人也只是只知其名、其书，而不知其来龙去脉，更不知他们为什么能写出这样的大作。至于两书中作序、题词者，更无人追踪研究。如果我们开展边臣疆吏研究，相信这些空白都能填补上。

总之，目前民国时期边臣疆吏研究还很薄弱，需要学术机构和民间学者彼此互动、共同努力，相信定能开创一个新局面，成为边疆学百花园中一朵奇葩！

2013 年 2 月 10 日

于北京自乐斋

# 第一部分
## 定位研究

# 爱国·奉献·实干·牺牲

### ——浅议戍边英雄邓缵先留给我们的文化精神遗产

### 何启治* 刘秀文

邓缵先为什么被视为戍边英雄？他究竟给我们后人留下什么样的文化精神遗产？

要正确回答这些问题，我们首先就要弄清楚邓缵先是怎样成为戍边英雄的。

让我们来看看邓缵先远戍边疆的不寻常经历吧。

邓缵先，字芑洲，号缵先，自号嵒庐居士。

1868 年生于广东紫金县蓝塘镇布心村。

1883 年 15 岁考中秀才，引起轰动。

邓缵先进疆前，曾一度担任县立高等小学校长和紫金县议会议长。

1914 年 9 月，在满清王朝被推翻后，应北洋政府内务部第三届县知事试验，取列乙等，分发新疆。翌年，已是 46 岁的邓缵先乘京汉铁路火车南线，踏上崎岖荒凉的西部征途，在当时海艺铁路最西端的观音堂车站换乘马车。以后，即交替乘坐马车或骡车，或者骑马、

---

* 何启治，曾任人民文学出版社主管当代文学的副总编辑，《中华文学选刊》和《当代》杂志主编、编审。中国作家协会中直工作委员会委员。

骑驴和骆驼，辗转数月而于 1915 年 7 月抵达新疆迪化。

1917～1918 年，代理乌苏县知事。1918 年编撰成《乌苏县志》一部。1921 年刊印，为民国时期新疆省内第一部地方志。

1918 年 8 月～1920 年 9 月，任叶城县知事。

1921 年，先任新疆省总选举文牍员，为省主席杨增新①撰写公文；后任新疆省公署文牍员、编辑员，撰写文件。

1922 年春，母亲病重。因河西走廊盗匪猖獗，邓缵先借道宁夏渡黄河，舟车劳顿返粤省亲。

1924 年返抵迪化，任新疆省公署政务厅内务科长。

1926～1927 年，任疏附县（新疆人口最多的县）知事。

1927 年 5 月，任墨玉县知事。

1931 年，任巴楚县县长。

1933 年新疆发生"四·一二"事变。巴楚处于喀什、和田、阿克苏交汇的要冲位置，邓缵先在宗教冲突中惨遭暴徒杀害，以身殉国。

以上即邓缵先进疆 18 年的简单经历。这种简要的叙述只是一些平淡的甚至是冷冰冰的文字。而邓缵先在这 18 年所经历和体验的酸甜苦辣、悲欢离合和壮怀激烈却是常人难以想象的。

下面，让我们尽可能以现在掌握的史实和合情合理的推理想象来探寻邓缵先为我们后来人所留下的文化精神遗产吧。

先说邓缵先的爱国和奉献的精神。

邓缵先由主动应考而奉派赴新疆任职显然是一种爱国的行为，也是一种奉献精神的体现。

中国幅员辽阔，经济条件和地理状况差异很大，民族关系复杂，从沿海、内地参加支边工作并不是一件简单的事情。1974～1976 年

---

① 本文有关邓缵先的历史资料全部引自崔保新著《沉默的胡杨——邓缵先戍边纪事（1915～1933）》。

我参加首都各部委组建的援藏教师队到青海格尔木和拉萨等地工作。在选派援藏教师的过程中，即有人先慷慨激昂地报名，临决定名单时，又痛哭流涕找借口不去。为我饯行的朋友，竟以"祝你两年后健康地活着回来"这样悲凉的话语相赠别。实际上，我一年后就见到一位比我年轻的小伙子被从藏北那曲用担架送下来。在格尔木，一个人一年吸进的灰尘可以打一块砖，我因此而留下了终生难以治愈的咽炎。2800米的高原，超常的紫外线照射往往会留下脸部微血管充血的后遗症。在海拔4000米以上的那曲和拉萨等地情况只会更加严重。我们选拔的条件之一是年龄在40岁以下，而邓缵先进疆时已是46岁的"高龄"。我相信，邓缵先当初还是离别妻儿独自进疆的。他活动的主要地方都在南疆，那也是帕米尔高原和青藏高原的结合部。一个中年人抛妻别子在高海拔的苦寒地区生活的凄苦孤独可想而知。何况，他还在乌苏、疏附、叶城、墨玉、巴楚等县主政和在省城迪化工作时，做了许多保境安民的实实在在的工作。他编撰的《叶城县志》8卷中的"巡边日志"，其中《调查巴扎达拉卡边界屯务暨沿途情形日记》，作为1962年中印边境谈判条件之一，更在几十年后向觊觎者义正词严地宣告祖国领土主权不可侵犯，成为新疆中印边界争端中维护国土和国家主权尊严的有力证据。1921年，《叶迪纪程》整理出版，其内容以及潘震等人所作序中也有中印边界之争的重要记述。

在我看来，热爱故乡和热爱祖国应该是一致的。本世纪初，在东莞龙川客家人的乡亲聚会中，我曾经公开说过，我不赞成空谈爱国。有人不爱自己的故乡而奢谈爱国高调，我不相信。这种认识在邓缵先的言行中也能得到印证。邓缵先不远万里赴新疆工作，却也心心念念他的故乡和在故土上生活的父老乡亲。1921年11月，邓缵先大概得到信息，知广东紫金县长杜林芳保境安民、知县有功，即赋诗表达自己的欣喜和同念之情。次年（1922年）春，因母亲病重，邓缵先借道宁夏渡黄河返粤省亲后，经常与紫金"九老会"成员赋诗唱和，并在其师蓝湘湄和杜林芳的建议下，开始整理家信诗札。凡此，都可以看出他对故乡的深厚感情。我们从他的《毳庐诗草》中也不难找到思乡恋家之作。如《相片寄至家》：

故园一别万馀里，荒徼淹留六七年。憔悴容颜玄菟塞，萧疏鬓发白鸥天。草烘晴日心犹壮，鸟入云霄梦亦圆。寄语家人频细看，画图写我尚依然。

宽慰家人，思念故乡，拳拳心意，跃然纸上。其他如《初得二儿来缄》《清明》《示在家两儿》等，在邓缵先的诗作中，多有此类怀念故乡亲人之作。

由此可见，戍边英雄邓缵先的爱国情怀，报国之志，都有他对故土和家园的热爱之情作为坚实的基础，他确实是胸怀报国之志和无私奉献的精神奔赴新疆的。

下面，让我们再来探寻戍边英雄邓缵先在新疆工作、生活中苦干实干的精神和无私无畏、不怕牺牲的精神。根据我们现在掌握的资料，我想，可以从邓缵先苦干实干的政绩，以日记、诗文作品记述边塞情状和感受，以及在民族分裂势力发动暴乱中不怕牺牲、英勇赴死、以身殉国这三方面来论述。

先说邓缵先的苦干实干精神和政绩。

第一，邓缵先在新疆的18年，有时是在省公署做文秘工作，但主要是作为一县的主官主持包罗万象的政务，他先后担任过乌苏、叶城、疏附、墨玉、巴楚等五县的知县或县长。新疆地域辽阔，人口稀少，但民族关系复杂。如当时的乌苏人口只有2万，叶城人口16万，就算是南疆"四大肥缺"之一。这些县人口数量虽少，但面积却与内地某些省份接近，有的县面积比湖南省还大，又有复杂的民族问题，所以像邓缵先这样有报国大志、做事认真的人岂敢懈怠大意。他作为"常怀四方之志"的客家人，在县长任上总是兢兢业业，把边陲视为自己的家乡，把新疆各族人民视为自己的亲人，苦干实干，为南疆当地的维吾尔族群众造福谋利。早在乌苏代理县知事任上，他就曾写诗给老师蓝湘湄，表达自己的心志说："夙荷师承须洁己，冰渊心迹一尘无。"也就是要求自己堂堂正正做人，清清白白做官。他知行合一，言行一致。在叶城知事任上离任时，"父老子弟壶浆饯送，十里五里，长亭短亭，至玉河边，犹留恋涕泣。"（见《叶迪纪程》）邓缵先之勤政为民，苦干实干，深得人心，由此可见一斑。

第二，邓缵先在 18 年的新疆戍边生涯中，始终不忘以诗词、日记等方式真实地记录自己的亲身经历、见闻和感受。从 1918 年撰写《乌苏县志》（1921 年刊印）以来，陆续又给后人留下了《叶迪记程》（1921 年）、《叶城县志》（1922 年）、《毳庐诗草》（1924 年）、《毳庐续吟》（1928 年）和《毳庐诗草三编》等著作，为后人了解民国早期新疆历史留下了弥足珍贵的史料。其中，如前所述，《叶城县志》8 卷中的"巡边日记"有《调查巴扎达拉卡边界屯务暨沿途情形日记》，更成为四十年后中印边界谈判中维护祖国领土主权和尊严的历史证据。

邓缵先所完成的所有诗词作品和历史著作，都可以说并非"分内"之事，而是他自己主动费神耗力，用今天的话说，就是在别人唱歌跳舞、喝咖啡、打麻将的时候，挑灯熬夜才做成的。例如，离开叶城返省城就新职的时间是 1920 年 10 月 17 日至 1920 年 12 月 26 日。从叶城至迪化，记程四千里，历时两月余，其中的舟车劳顿，不难想象，而邓缵先却不辞劳苦，天天坚持写日记，终于完成《叶迪记程》这部重要著作。也许有人会说，邓缵先有文采，又有兴趣，所以会有这些作品。但我想说，今天在各级官员中，有才情的人未必在少数，但有多少人只是上班下班，照章办事，庸庸碌碌地过日子，又会有多少人能像邓缵先这样主动勤奋地去做一些"额外"的，却是有意义、有价值的事情呢！

第三，在民族分裂势力发动的暴乱中坚守岗位，奋力反抗；在寡不敌众的情况下，则大义凛然，无私无畏地不怕牺牲，以身殉国。

在崔保新的《沉默的胡杨》中，在（邓缵先）"生平年表"中，对此次暴乱有简要的记录："1933年，新疆发生暴乱，巴楚县多次遭兵燹。邓缵先、长子邓侗卓、儿媳、孙子，同亡于巴楚。"

关于这次暴乱和邓缵先的以身殉国，在崔保新的《新疆1912》中，则有访问作了较详细的披露：2011年3月26日，笔者随新疆建设厅党委书记徐国华、天山网副总编杜雪巍前往昌吉拜访王念慈老人。老人说出尘封已久的秘密："我父亲案头放着邓缵先两部诗集：《毳庐诗草》和《毳庐续吟》，是他最爱。"我18岁时父亲告诉我，1933年春，和田来的大头棒队袭击巴楚，邓爷临危不惧，一方面安抚百姓，一方面正衣冠，从容说道：丈夫死，必正其衣冠（子路语），贫贱不能移，富贵不能淫，威武不能屈。邓爷死得惨烈，死得悲壮，死得庄严，死得令暴徒生畏，死得令君子感佩、小人汗颜。

据《巴楚县志》记载，在1993年的战乱中，大片民房被焚烧拆毁，县城内的两座大建筑——县政府和监狱亦遭焚毁，县政府历年档案被化为灰烬。未倒塌的房屋成了军队喂马养牛之所……战火使大片土地荒芜，大批牲畜被屠杀，战争使大批汉、回、维吾尔、柯尔克孜族同胞死亡，幸存百姓生活无着流离失所。上引邓缵先无私无畏、大义凛然、以身殉国的记述，在这种背景下应被视作目击者真实的回忆。寡不敌众也好，以卵击石也罢，在大势已去、固守无望的情况下，正衣冠以从容赴死成了邓缵先唯一可能的选择。

抛妻舍子出岭南，不畏绝地壮士行，躬耕西域十八载，留取丹心照汗青。邓缵先虽然死得惨烈，甚至尸骨无存，然而，青山处处埋忠骨，何须马革裹尸还。客籍紫金的戍边英雄邓缵先，你生为岭南人，死为西域魂，你不朽的灵魂将与你所热爱并付出生命代价的西陲边地共存。戍边英雄邓缵先，你将永远活在苍茫的历史中，活在人们的心里。

在拜读了崔保新著《沉默的胡杨》和《新疆 1912》以及邓缵先的部分诗作之后，我认为，可以用"爱国·奉献·实干·牺牲"这八个字来概括戍边英雄邓缵先留给我们的文化精神遗产，并强烈认识到学习邓缵先精神对于我们正要实施的"援疆大政"和全面建设美丽和谐、富足的小康社会，都有重要的现实意义。

# 现代新疆奠基时期的人文标志

杨　镰<sup>*</sup>

我知道邓缵先，是因为一部边塞诗集《毳庐诗草》。

早在三十三年前，我还是乌鲁木齐一个煤矿的基层干部。我对历代西域诗有浓厚的兴趣，那时"边塞诗"正风行文坛，新疆与诗，是时尚的话题。在骆宾王、岑参、林则徐、邓廷桢、周涛、杨牧的行列，古典与现代还缺失一个衔接环节，一个过渡的引桥。这时，我听老人们说起邓缵先。

乌鲁木齐的文化界人士告诉我，邓缵先是最后一位古典西域诗人，第一位现代西域诗人，而他的《毳庐诗草》就是一座诗歌的通道。我读了《毳庐诗草》，邓缵先与杨增新都成了我崇敬的人物，同时却发现，关于邓缵先的文献记载并不多见。而我整理《新疆游记》时发现，1917 年 4 月的纪事之中，作者谢彬提到了邓缵先。那时，邓缵先正出任乌苏县知事（县长），接待了到新疆视察财政情况路经乌苏的谢彬（湖南衡阳人）。

在记录当地的历史与现状之后，谢彬特意说：

---

　　* 杨镰，中国社会科学院文学研究所研究员。

今年三月，邓知事呈请省长豁除蒙部（蒙古部落）买水陋规，限期升科纳赋，尚未奉批准行，然办法则甚正当也。

在谢彬心目之中，这个来自内地的地方官员，是关注新疆国计民生、关注民族发展的人。正是这一点，使他们有了共同语言。

水是生命之源。对于干旱少雨的新疆，尤其是塔里木盆地，当地百姓有谚语云：有水，有树，就有人家。继而，根据水量形成大小不等的绿洲。辛亥革命之后，杨增新要在中央政府政令不通，中央与各省拨给新疆的专饷、协饷断绝，军阀连绵混战的时局中，独撑新疆危局，唯有发展民生，让百姓安居乐业。而开渠引水，开垦荒地，安置流民，增加税源，首当其冲。可以说，邓缵先对新疆的认识，杨增新对邓缵先的考察，就是从水利改革、兴修水利等民生工程开始的。邓缵先的确也做出了成绩，因此才一次次被杨增新安排到新疆的粮仓叶城、疏附、墨玉、巴楚任职。保粮仓，即是保税源，保民生，兼而保物价，惠民生。邓缵先在新疆第一大县疏附县作《耕稼词》、《蚕桑词》，即是历史写照。

我更深入地了解邓缵先，得益于崔保新所著的《沉默的胡杨——邓缵先戍边纪事（1915～1933）》（以下简称《沉》）。作为序者之一，那段时间，《沉》成了我案头必读之作。

邓缵先其人，是新疆现代史的标志性人物。不论由谁执笔来撰写新疆现代史，都绝不能略过不提。但是，由于种种原因，目前他几乎不被人知，似乎湮没在历史潮流之中。然而，杨增新与邓缵先，都是现代新疆稳定、发展的基石与新疆进入民主社会的推动力。没有邓缵先，新疆从辛亥革命到中华人民共和国的建立近半个世纪的历史发展过程，就缺失了必不可少的细节，历史画廊就变得晦涩难解，它就不像是老一代人亲身经历过的那个充满希望，历尽坎坷，重归一统的历史时期了。

与杨增新一样，由于偏见与无知，杨增新曾被称为奉行"愚民"

政策的"军阀"与"刽子手",而邓缵先长期"离开"了新疆的历史记述,他的效忠、他的牺牲,似乎毫无意义。

与杨增新一样,《补过斋文牍》《补过斋日记》成为新疆现代历史的文献渊薮。而邓缵先则以《毳庐诗草》《毳庐续吟》《毳庐诗草三编》《乌苏县志》《叶迪纪程》为自己,也为新疆留下了不可磨灭的见证。

与杨增新一样,邓缵先在新疆的贡献,是在现代转型时期为中国六分之一领土的稳定安宁殚精竭虑。他们都在新疆经历了20年的忧患时日,邓缵先入新疆赴职晚了几年,杨增新1928年死于一次恐怖袭击,邓缵先历任天山南北的地方官员,直到30年代初期,他才在一次祸起萧墙的叛乱之中去世。可以肯定地说,杨增新是现代新疆的奠基人,而邓缵先当之无愧是这一历史时期的人文标志。人有局限性,环境对人亦有局限性。杨增新与邓缵先壮志未酬身先死,令人扼腕叹息!

西域——新疆,是中华文明的构成单元,现代则是新疆领土归属和发展走向的定位点。作为中国的多民族聚居的边疆省区,辛亥革命至中华人民共和国成立不足40年,新疆展示了区域特有的再生能力与多姿多彩的文化底蕴。而邓缵先,通过自己的忘我与牺牲,为历史留下了一具丰碑。

研究杨增新与邓缵先,不可忽视新疆民国史的两个节点,即1928年与1933年。杨增新是1928年被刺杀的,他的死导致了新疆政治天平的失衡。难能可贵的是,我们在邓缵先的诗集中,读到了他对杨增新之死的反应、情感和评价。在《毳庐诗草三编》中,收录有"哭蒙自杨鼎帅"二首:

(一)

沙漠多悲风,杂以溶溶雨。

惊传噩耗来,忽折擎天柱。

环揽九州宽，怆怀空吊古。

哲人溘然逝，芳躅谁继武。

忆昔蒙自公，岳降为元辅。

颉颃追枚贾，伯仲见伊吕。

中原地势窄，剖符拓边土。

烽靖休屠营，威扬木昆部。

桑柘洗疮痍，稻粳易潟卤。

俗变郅支帐，风清都护府。

公如造化炉，陶镕岂小补。

葱河蒲类间，九姓皆安堵。

## （二）

孤鸿归滇池，毒雾伤干翮。

飞鹃集泮林，好音难感格。

一老不慭遗，皇穹未可测。

苍茫身世忧，天长眺西北。

常恐绿眼儿，弯弓觇边色。

碎叶背汉关，流沙泯禹迹。

我本岭峤人，忝登蓬壶籍。

永念拔擢恩，悲来泪横臆。

公在天山青，公去天山白。

寒城捣玉砧，荒戍咽铜笛。

稗史有阙文，羽书沉远碛。

还期塞上勋，尽勒燕然石。

读罢上诗，更印证了杨增新与邓缵先患难与共的关系：惊传噩耗来，忽折擎天柱。……哲人溘然逝，芳躅谁继武。在邓缵先眼中，杨增新是新疆的擎天柱，是哲人，他遽向天问：边塞瀚海谁主沉浮？哲人驾鹤归去，但魂兮犹存：苍茫身世忧，天长眺西北。常恐绿眼儿，弯弓觑边色。绿眼儿，即指对新疆虎视眈眈的俄国。然而，公在天山青，公去天山白。在邓缵先心中，公与天山同高，公与天山同在。邓缵先担心后人能否对杨增新做出公允的评价，还期塞上勋，尽勒燕然石。

作为杨增新的幕僚与属下，邓缵先与杨增新对新疆这块土地和人民有着同样的感情，对这片祖先开拓的广阔生存空间的安危，既有深似大海的无尽忧虑，也有重如磐石的历史责任。杨增新生前说，新疆治世是桃源，乱世是绝地，其中的含义邓缵先不会不知。然而，为何邓缵先在回到家乡后却再次冒死返疆？我思忖，这是志同道合的他们的一个共同约定，君子约定不一定写在纸上，往往要经过实践检验真假。通过杨增新与邓缵先之死的碰撞，我蓦然读懂了杨增新的一句谶语：让我们一起做西域的孤魂野鬼吧！新疆虽然不是他们的故乡，但是却是他们魂牵梦绕的家园，守土有责，哪怕是化作鬼魂，也要守卫着这片国土，成为觊觎这片国土者的屏障。

邓缵先是在1933年为国捐躯的。这不是偶然现象。当时外蒙古已经独立，英国始终觊觎西藏，满洲（东三省）、热河为日本侵据，连内蒙古也成为日本势在必得的地区，一方面策动德王等蒙古王公搞"高度自治"，另一方面毫不掩饰地扩大其在内蒙古的实力与影响。而占中国面积六分之一的新疆，自杨增新死后爆发了民族仇杀及内战，新疆处在特殊的危机中，中央政府面临着失去这一巨大疆域的危险。这就是邓缵先之死的宏观背景。

说到邓缵先，我不得不提到另一个人，即瑞典人斯文·赫定。他虽是一个外国人，但他与邓缵先这个外乡人一样，同样深深热爱并眷恋着新疆。斯文·赫定生于1865年，他比邓缵先大3岁。他们对杨增新同怀敬佩之情。斯文·赫定一生多次到新疆探险并科考，终身未娶。邓缵先虽有家室，但从1915年进疆到1933年遇难，其间的18年，除有一次短暂的回家经历外，也是独身一人生活在新疆。斯文·赫定曾说："我已经和中国结了婚。"邓缵先则说：去住随萍梗，得失付云烟。蚕丝吐未尽，春深蚕不眠。在他心中，国比家大，民比妻重。在邓缵先的诗中，处处体现着民本主义思想。大祸突至，导师遽离，塔里木绿洲如烧红的铁锅，作为一县之长，终日战战兢兢，如履薄冰，他怎么能静心安眠呢？他们的人生境界达到了同样的高度。

在为斯文·赫定《亚洲腹地探险八年（1927～1935）》一书所作的序言中，我曾写过这样一段话：斯文·赫定的一生有着荣耀辉煌、享誉世界的时期，也经历过人生与事业的落潮或低谷；品味过在无人区濒临绝境、死神摩肩的绝望，也一再得到鲜花、声望、红地毯的垂青。作为一个科学家、探险家，他是成功的，但作为一个政治家，他是失败的。总之，他的一生是有声有色的一生。一次在谈到探险家该具备什么素质时，他除了列举别的必要条件外，还特意加了一句：应有"天使般的耐心"。说这话时他肯定没有想到，自己死后仍然在受耐心的"考验"——时过40年，对他仍然缺乏一个公允的、客观的评价。他属于那种为数不多的盖棺而未能定论的杰出人物之一。

邓缵先与他相比，生前不过是一个职守边陲的七品县官，他同样经历过人生与事业的落潮或低谷，品味过在自然与欲海濒临绝境、死神摩肩的绝望，但他既没有得到鲜花、声望、红地毯的垂青，更没有获得享誉世界的名望。然而，在他逝世80周年之际，掌声开始响起来，鲜花也开始向他展露笑颜，他很可能获得红地毯的垂青。这种时空中荣辱的转换缘由何在？我想，亦是那两个字：耐心。历史是人民写的，天道不会冤枉自强不息的君子。

作为一个人文学者，我明白，学术虽不能直接增加物质财富，但它能修正历史谬误，改变现时状况，影响未来轨迹。河源市委、省政府主办邓缵先精神研讨会，就是明证。

《毳庐诗草三编》中有一首诗，我读过便从未释怀，那就是《秋思三首》其一：

> 交河霜信入边关，一夜香闺尽惨颜。
> 铁骑几回驰玉塞，银笺前岁寄金山。
> 梦惊碎叶城濒堕，泪溅回文锦染斑。
> 只恐郎心如弱水，向西流去未能还。

　　诗，是传统的边塞诗风格。尽管时代改变了，但是诗人为国效力、舍身报国的使命感，诗人对广东老家家乡亲人的不尽思念，特别是诗人对自己位置的认定，时隔八九十年仍然感染着关心新疆、热爱新疆，以新疆为自己的第二故乡的人，其中包括崔保新，包括邓缵先的家乡人，包括从广东不远万里支援新疆建设的干部们，也包括我自己。

# 邓缵先与客家人的人才观

谭元亨<sup>*</sup>

## 一

紫邑丛书中的"诗文"四卷尚未付梓，邓缵先的族人醒群便已把厚厚的四本打印稿交付于我。我未敢懈怠，高校课余，便拿起来细读，自是热血喷张，感慨万千，低回不已。

是日，于《毳庐诗草》中，读到了他的《燕台怀古》，不觉心中一动，二十年前，我在燕京，亦有燕台七律一首，用在了《客家魂》三部由第一部的《世纪之旅》中，是以书中主人公郭玉祠的名义写下的。其实，郭玉祠的原型正是我的外祖父郭宝慈，他是辛亥元戎，曾率部光复南韶连，百年后，我到他光复的连州，曾写下一首七绝，内中有"帝制烟消辛亥年，挥师直下南韶连"一句。为此，他被直选为民国第一届国会议员，驻京十多年，我的母亲及众舅均是在京出生的。郭宝慈还是广东高等教育的创始人，1909 年出任广东农业教员讲习所第一任所长，该所一直被视为华南农业大学的前身，所以，

---

＊ 谭元亨，广东省人民政府参事，华南理工大学客家研究所所长。

2009年华农大百年校庆则以此为据。因此，我的诗中还有"非常国会辞京日，砥立急流话农禅"一句。恐怕，这也是不少客家人矢志教育，每每在政坛上急流勇退的写照。

尽管外公生平写下不少诗文，却已散逸动乱之中，殊为可惜。我代他所拟的关于燕王台的诗，未必完全揣度到当日他离京南下，参加孙中山号召的非常国会时的心情，这里姑妄录下：

> 生性竹林野且闲，
> 焉能游戏功名间。
> 琼林罢宴归帆起，
> 兴学桑梓天外天。
> 画眉休问入时尚，
> 着色难为紫朱缘。
> 王榭堂前终是客，
> 平生莫负水环山。

而邓缵先的《燕台怀古》，要更为悲壮，所谓"燕赵多慷慨悲歌之士"矣。这里，亦不妨照录如下：

> 白日照燕台，燕王安在哉。
> 霸图事如昨，黄金成飞灰。
> 遂令豪杰士，慷慨歌声哀。
> 世情轻骏骨，嘉客羞自媒。
> 一去不复返，寒林起氛埃。
> 萧萧易水上，空见暮潮回。

众所周知，燕台是用来延揽人才的，又被称为"黄金台"，以表示燕昭王不惜重金招募人才的决心，故唐诗中有"燕昭北筑黄金台，四方豪杰乘风来"一语，正是依靠招募来的人才，仅 20 余年，燕国经济勃起，军力强大，由一个濒临灭亡的弱国，一跃为盛极一时的强国。

邓缵先作为一名民族志士，远赴边陲就职，可谓受命于危难之中。最终，亦以身殉国，体现出客家人的家国情怀与万难不屈的"硬颈"精神。他自己就是一位难得的人才。他自小则饱读诗书，努力提升自身"治国平天下"的浩然之气，这才有他在新疆的惊天地、泣鬼神，维护国家的壮举。

作为客家这个族群的价值取向，读书当是人才的第一阶梯。

# 二

在客家的习俗中，有不少关于读书的明训。

甚至在儿歌里，亦不乏"唔读书，有婆娘"这类的内容，自小告诫后一代，要成才，就得读书。不读书，就不会有出息。

诚然，客家人南下，海滨，河边，都无落脚之地了，只能居住在边远的山区，甚至是穷山恶水，对于中国传统社会而言，要从山里走出去，也唯有科举一条路。儿歌一开始，便是"月光光，秀才郎，骑白马，过莲塘"。所以，读书，也就成了客家人安身立命的唯一途径。这也是儒家学说最具影响力的地方。

当然，读书，更是成才之路。

邓缵先"示儿"的诗文中，不乏关于读书的教诲。

在《家慈夜灯纺绩〈勉学图〉并序》的"九解"中就有六解言读书：

> 图藏于家数十年矣。灯火书声，儿时乐事；回思曩昔，情景宛然。自谋食他乡，双亲渐老。岁逢鸡犬，抱痛终天；杯棬几

筵，都成故物。此图装缮完好，岁时令节，展览兴感，不禁涔涔泪下。谨缀数语，以志哀恫云。

图绘兮在兹，回忆兮儿时。回忆儿时，光景如梦复如痴。睹斯图兮涕泪涟洏，纺绩勉学兮往事伤悲。一解

儿兮姿质甚钝，维时龄才五六。满架旧书，数株老屋。昆弟三人，书声断续。庭训綦严，谯诃烦促。教我三月孝经，尚未习熟。课我二年四书，尚未毕读。二解

诲儿兮谆谆，一句一读兮语语："儿性鲁，学之苦。学之苦，父心怒。今日不温故，明日不温故，行将挞汝。"三解

母曰："嗟！我儿读书，胡不以夜。朗诵之，默诵之，就予灯下。予纺绩，儿读书，三更乃罢。"四解

儿性惛，但欲眠。灯火光荧短榻前，书籁寂寂机声喧。虫吟促织，唧唧壁间。咿唔终夜，未过一篇。五解

母辍纺，怕儿寒，母将衣儿以绮纨。母辍绩，怕儿饿，母将饲儿以榄果。母言："毋云疲，书中自有安宅居。毋言饥，书中自有千仓储。"六解

读之，可谓催人泪下，母亲是如何勉学催读书的？！

而《老来吟示卓儿，并寄岑儿，森儿》，则深情地回忆起少年读书的情景，尤其是篇末四行，更是语重心长。

老来每忆幼稚时，数间茅屋双柴扉。
高堂二亲正康健，谯我辍学鞭笞施。
兄弟三人灯火共，寒螀鸣砌萤入帏。
如今舍南营小筑，明窗净几春日晖。
庭树欲静风不止，对此令人心伤悲。
肯构方新弓冶旧，过庭犹是杯棬非。

家贫藜藿有滋味，亲老桑榆无畅枝。
罔极深思未易报，百年逝水不复归。
儿曹读书须努力，转瞬韶光驹隙驰。
老来忧虑竟何为，他日汝心当自知。

还有《春日怀山居，示在家两儿》，眷眷之心，溢于笔端。

杏雨添膏泽，桑鸠集野庐。
农人告春事，乐地在山居。
田润晨驱犊，灯明夜读书。
倪宽家计足，勉勖带经锄。

而《回忆少年时》四首之二首，则诵读的往事，历历在目。

回忆少年时，负竿随钓鱼。
柴门临蓼滩，水浅生芙蕖。
小鱼一二寸，闻饵来徐徐。
芒针敲钓钩，茧纶垂尺馀。
有时获修鳞，趋归意欢如。
嬉游如昨日，清溪环敝庐。
驱马远行没，园池日以疏。
秋风忆鲈脍，聊尔赋归与。

回忆少年时，学种屋边树。
鸦嘴镢柄短，锄泥多欢趣。
移栽香橘根，架棘谨防护。
隙地两三弓，青葱春无数。

诵读咿唔毕，一日十回顾。
成林欲结实，暂离乡园去。
家人寄书来。园树森如故。
今我五十馀，韶光愧虚度。

《示在家岑，森两儿》一诗，更把诗眼落在"读书"之上。

莫惮带经锄，青山环敝庐。
少年端志趣，流水勉居诸。
久大基谋始，周旋事慎初。
老夫垂暮景，爱恋在诗书。

读书为成才，读书为立身之本。提高人的素质，镕铸人的气质，书是万万不能缺的，"腹有诗书气自华"便是这意思。

所谓"黄金屋""千钟粟""颜如玉""千仓储"，其实都不算什么，重要的是树正气，明大义，知天下。

我们每个人都深知，书在一个人的少年时代，对其会起怎样的潜移默化的作用。书，寄托了整个人类未来的希望，也就如客家著名民谚所说的：

宁卖祖宗田，不卖祖宗言。

厚于德，诚于信，敏于行，是当下对广东人的精神一个总的概括，对广东三大民系的一个总的概括。不过，客家人仍有别于广府、潮汕两大民系，客家人"不卖祖宗言"的坚守，客家人的"硬颈"，则体现出客家精神尤为突出的一面，那便是特立卓行。而特立卓行，正是建立在对于"祖宗言"的承继、坚持与发扬上，表现为不屈不挠，一往无前的"硬颈"品格之上，这才有近代史上客家人为推翻千年帝制、抗御外侮，争取民族独立的冲天气概。

邓缵先正是这种特立卓行的客家人的典范。

# 三

邓缵先不仅把儿子读书的事情时刻铭记于心，更渴望所有孩子都能读上书——这便是一位戍边的客家先贤的胸怀，我们不妨一读。

《闻里闾父老新筑学样落成，喜极，因赋诗纪事，并寄示诸子侄》六首：

> 堂前环榜岭，青翠接墙阴。
> 堂后绕铁水，溪声如鼓琴。
> 新营读书处，聊慰芳岁心。
> 我行逾万里，欣欣喜意深。

> 儿童喜新舍，早起来盘桓。
> 补种篱边菊，时栽阶下兰。
> 但念灌溉劳，安知培养难。
> 墙根有恶竹，仍须斩万竿。

> 四邻依山谷，地静无尘嚣。
> 济济童稚年，天真未琢雕。
> 序庠敦教育，器识在光昭。
> 回念少小时，青灯乐深宵。

> 手植数株柏，近闻得萧疏。
> 短栏拾干蕊，净几理残书。
> 樽酒饥荒后，弦歌兵燹馀。
> 归期自可料，新圃梅开初。

清明植树节，阳和属暮春。

春服备单袷，童冠百馀人。

园林生意满，风浴水之滨。

倦游思狂士，归与感念频。

卜筑四五间，宾朋相往还。

雨声碎新瓦，鸟语破空山。

邻壁共灯火，艺园无榛菅。

英才供世用，戚里多欢颜。

最后一句，正是落在"英才供世用，戚里多欢颜"。

一个民族的希望，是英才辈出，而不仅仅是一家人、一辈人；是供世用，不是为个人富贵功名。

当然，男儿当自强，故《示在家两儿》则强调：

沙尘浪迹催吾老，村僻贫家望汝贤。

春野课耕须早起，寒灯勤读合迟眠。

涤烦惟玩窗前竹，习静宜观石上泉。

门户他时当自立，仍教雁序乐翩翩。

去骄戒奢，牢记祖上的荣光，更是成才所切记的。他在《寄示家人》一诗中，更是循循善诱。

仕宦食禄家，子弟习骄侈。

少年性奢豪，器用务华美。

鞍马相驰逐，结交尽朱紫。

日食费万钱，仆妾被罗绮。

喧喧游戏场，赫赫冠盖里。

席宠惰心生，多财祸机起。
小则坠家声，大则干国纪。
败覆由满盈，此中见物理。
恣意乐未终，高台已倾圮。
倚伏有固然，古来共如此。
我祖高密公，功冠云台首。
既定东汉业，鸿烈永启后。
有子十三人，各使一艺守。
修整闺门内，风化始朴厚。
伟哉王者师，勋名垂不朽。
累叶袭貂珥，槐棘备三九。
旧德与先畴，流传世代久。
数典不敢忘，遗经置座右。

落句更是"数典不敢忘，遗经置座右"。

官宦之家，忌的是出纨绔子弟。

"休羡东山费，何妨北道贫"，只要人穷志不穷，穷且益坚，经得起淬炼，他在《示诸侄》一诗中，就表示了这一"痴望"。

诸郎须励志，故土可谋身。
休羡东山费，何妨北道贫。
野烟三径晓，村雨一犁春。
痴叔殷勤意，仓箱属望频。

所以，他才有《男儿》这样气宇轩昂的诗篇。

男儿爱惜黑貂裘，今古茫茫一叶舟。

唐代文人多贾祸，汉家边将少封侯。

邯郸酒醒黄粱熟，金谷园荒白菊秋。

富贵功名身外事，贤豪真乐自优游。

# 四

还在给《沉默的胡杨》写序时，我用的是《以诗证史》为标题，那么，今天的文章，当是"以诗言志"了，因此，不惜再度引用序中所用过的《挽周道尹阿山殉难》一诗：

犯塞妖氛急，捐躯热血浓。

半生多感慨，一死竟从容。

浩气霄冲鹤，英魂剑化龙。

阿山收复后，立马望残烽。

其实，人才，首先是养其浩然之气，凌云之志。

无气无志者，再有才华，也只是雕虫小技，成不了大气候，弄不好，成不了才，只成为人祸矣。

引用了那么多邓缵先的诗，关于读书，关于读书育人，关于人的尊严，人的品格，皆可谓发人深省。

现在，让我们回过头来，再读他另外两首关于"黄金台"即燕台的诗，万古惆怅，皆在心间。

黄金台下暮烟空，赤谷城边夕照红。

铁勒翻营奔虏骑，雕弧鸣镝落霜鸿。

兵屯紫塞山如米，桥接银河玉化虹。

回首龙庭刁斗静，韬钤自是属英雄。

乐往哀来未了缘，兴亡感慨倍凄然。
横舟汾水秋风起，沉李南皮蹡踊传。
戎垒笳声悲故国，画楼灯影恨华年。
江间草木皆黄落，多少行人望远川。

　　五千年的华夏古国，是一个诗歌大国，世界任何国家都望尘莫及。一个能诗的民族，是不会沉沦下去的，诗的韵律，诗的节奏，诗的奔放，永远在激励一个民族奋发向上，一往无前。我深信，客家，同样作为一个诗的族群，也同样不会失去以往身上诗的光华，沉沦或寂灭的。这，有邓缵先为证，有邓缵先的诗为证！

# 邓缵先是 20 世纪中国杰出的爱国主义者

## ——纪念邓缵先诞辰 145 周年

侯月祥[*]

邓缵先（1868～1933 年），广东省紫金县人，去世时享年 65 岁，2013 年是他诞辰 145 周年。邓缵先是民国官员，诗人，新疆史地专家。他最光辉的岁月是在新疆的 18 年，他的言行、史志、诗作，都贯穿为国家完整统一的"爱国"这根红线，爱国护疆，血洒新疆，最后献出了宝贵的生命。他是 20 世纪中国杰出的爱国主义者，这是他的历史定位。

## 一　放眼西部新疆的先知先觉者

新疆位于中国西北部，古称西域。它在中国各省区中面积最大，约合全国面积的六分之一，是多民族地区。新疆地区在中国历史发展进程中占有重要地位。邓缵先是 20 世纪有远见、有骨气的知识分子，饱读经书，了解新疆自然地理环境、复杂的历史、丰富的自然资源等，充分理解新疆的发展对维护中国完整统一的重要性。这在他丰富

---

[*] 侯月祥，广东省人民政府地方志办公室原副主任、研究员。

的诗词中均有反映。他的《镇西歌》300 多字，抒发胸怀，气势磅礴，惊天动地①。《毳庐诗草三编》还有很多这类诗词。这一认识，对邓缵先在新疆生活的 18 年中发挥了关键的作用。以诗明志，这是他的政治抱负、安身立命所在。从民国四年（1915 年）赴新疆任职起，他对在新疆任职有什么风险，特别是在 20 世纪初发生的复杂流血事件后，更加深了感性认识。但为了国家，为了新疆的发展，他是有思想准备的。"王粲离家久，班超去不返"。立志西部，扎根新疆。18 年，他有很多诗是为友人归粤、归楚、东归而写②，唯独没有顾及到对自己记述。18 年，他没有丝毫的退缩、反悔、惧怕，哪怕是只言片语，没有丝毫受挫、动摇、偷安的情感。相反，却是愈挫愈奋，愈战愈勇，愈久愈坚，百折不挠，坚守岗位，临危不惧，挺身保疆护土，直至英勇殉职。

邓缵先本来有多次机会可以利用来改变初衷，改变政治抱负，改变自己的环境，但他义无反顾，无怨无悔，毫不动摇，始终以国家利益居首。邓缵先任乌苏县知事、叶城县知事后，都有一两年的回迪化留省期，他是杨增新的红人，如不想再下县任职，他是有机会"攻关"留下的。民国十一年（1922 年）春，他母亲病重，他回乡省亲。当时河西走廊盗匪嚣张，危及民生，路途危机四伏，他改由宁夏渡黄河转道回省，可以说他是"冒死返乡"。这是他在新疆 18 年的唯一一次探亲。而如果他稍有动摇，也可以告别新疆，在家里安度晚年。但民国十三年（1924 年），他又重返迪化任职，继续在新疆的政治生涯。也可以说，他是"冒死返疆"。这里，如果对新疆没有认识，没有感情，没有抱负，那是不可想象的。以致在他 60 岁时，家人来信谈到已为他购买了寿地，催促他见好就收，让他告

---

① 邓缵先：《毳庐诗草》，华东师范大学出版社，2012。
② 邓缵先：《毳庐诗草》，华东师范大学出版社，2012。

老还乡，对此他毫不理会，继续在新疆奋斗，先后又担任墨玉县、巴楚县知事（县长），直至在巴楚县遇害，时年65岁，已超龄任职多年。根据作家崔保新的披露资料：当1933年春巴楚发生民族动乱时，邓缵先临危不惧，镇静以对，一方面安抚百姓，一方面自正衣冠，从容说道：大丈夫死，必正其衣冠。大义凛然，从容舍生就义①。这种为国家大义、民族大义的政治追求、爱国精神，不禁令人肃然起敬。

## 二　发展生产，关注民生，提高中华民族凝聚力

邓缵先在新疆18年，行事低调，任劳任怨，举止谨慎，从政清廉，生活简朴。五任县知事（县长），都专注为人民群众造福，发展水利，关注农事，造桥修路，努力改善生活环境条件，发展社会生产力，确保一方安宁。虽然这方面的材料目前还不算丰富、系统，但仅从一些诗词和史志资料记载中，已可以体现邓缵先从政观念、治理思想，以及在任成果。在邓缵先的诗中，有不少是记述当地生产生活环境和生产作物，不少是体现他对水利、田作、农作物的重视，不少是他对当地人民群众疾苦的关心，是他服务新疆、以人为本、任劳任怨精神的生动写照。如《出郊（五古二首）》（见《毳庐诗草》）：布谷鸟声催，辍琴听檐际。因骑一马行，言向桑田税。春耕信有期，秋熟理可契。我亦田间来，闾阎思利弊。边疆缺水泽，有水即可耕。东皋泉脉动，凿渠禾黍生。因念箦中粟，粒粒汗血成。田家无乐境，何以劳群氓。

他关心农民，体恤群众的深厚感情跃然诗中，做官为民为农，读之感叹。此外，《毳庐诗草》还有《六别诗（并序·五古）》《乌苏

---

① 崔保新：《芑洲绝唱〈昆仑赋〉》，《喀什日报》2013年1月21日。

县斋书事》《耕稼词》《蚕桑词》等。《毳庐诗草三编》中的《赋税》《治河》《拟古七首》《炫玉》《仕宦》《书〈张镇周传〉后》《夕宴》《田家》《厚葬》《梦》《村农》等，都体现了他自律为民、设身处地、务实治理的精神。

正因如此，所以他每一任期的政绩都很卓著，深受人民群众拥护。新修《乌苏县志》（新疆人民出版社，1995 年 5 月第一版）第六编农业记载，民国六年（1917 年）修复十户渠、六十户渠，可灌溉土地 4100 亩，使当时全县灌溉面积达到 2.2 万多亩。省府在此地安插维吾尔族农民开荒、领种，以补汉、回民劳力不足。这是发展当地农业的有力举措。据载，民国七年（1918 年），全县农户有 170 多户，占总户数的 34.9%。其余从事其他各业。当时邓缵先是县知事。在第三十四编·人物·人物传中，记述邓缵先"在乌苏主政两年，遍至乌苏城乡，考察地理，体验民情，多有建树。先后修建五道桥、东关桥（今太平桥），便利交通；开挖六十户庄新干渠及其两条支渠，灌溉农田 4000 余亩，百姓称贤"。从中体会出当年邓缵先在乌苏是为当地群众做了大量工作，改变了生产、生活环境和条件，受到群众赞颂。1999 年 6 月由新疆人民出版社出版的新编《叶城县志》第二十七编·人物，对邓缵先也有"为人诚朴、稳练，以务实见长。任叶城知事期间（1919 年 4 月 ~1920 年 10 月），多有兴利除弊之举"。民国九年（1920 年）10 月，邓缵先离开叶城任所时，发生了感人的场面："父老子弟壶浆饯送，十里五里，长亭短亭，至玉河边，犹留恋涕泣。余慰勉至再，于是送行者自崖而返。"① 这与他扎根新疆、开发新疆、为民服务的志向是一致的。

---

① 崔保新：《沉默的胡杨——邓缵先戍边纪事（1915 ~ 1933）》，社会科学文献出版社，2010，第 186 页。

## 三　史志、诗词保国典范

邓缵先在新疆的 18 年，除实施政务、改善民生外，还拨冗撰修《乌苏县志》一部、《叶城县志》一部、《叶迪纪程》一部，以及《毳庐诗草》《毳庐续吟》《毳庐诗草三编》三部诗集，共收入诗词1950 首。

邓缵先的诗多表现自己的志向思想，记叙新疆人事、风物、山水、农事等内容，完全是出自他内心的感情抒发，质朴含蓄，寓意隽永，情真意切，吟诵洒脱。特别是记述自然环境，山山水水，秀丽风光的内容，成为新疆历史发展、中国神圣疆土的"诗证"。如《莲花池（五古）》等。

传统上，中国的地方志有"存史、资政、教化"的三大功能。但是在邓缵先的笔下，撰修边疆地方志还具有护疆卫国的功能，这是一大历史贡献。他在《乌苏县志》序言中说："乌苏在天山北麓为迪化门户，北通阿塔，西接伊犁，适扼北地要冲，辖境辽阔，关系尤重。"① 他认为撰修《乌苏县志》是极为重要的事务，不比其他地方，他已经认识到边疆地方志更具深层次的意义。《乌苏县志》也成为当时新疆唯一出版的县志，贡献匪浅。他有名的《叶城县志》，由于详细、生动记述了当时祖国的疆土状况、当时维护主权的情况，1962年为解决中印边界问题，成为中国政府谈判中的"史证"。县志中附录了他的《调查八扎达拉卡边界屯务暨沿途情形日记》（简称《巡边日记》），自 1920 年 3 月 14 日至 4 月 13 日，历时一个月，往返路程3750 里。其中要跨越 6000 多米的大坂。有人一再劝他别去边卡，那里环境恶劣，风险大。他说："此卡即为中国土地，主权所在，任得

---

① 见邓缵先《乌苏县志》序。民国七年（1918 年）底修，民国 10 年 5 月印。

任听坎人越界偷种。此次我为实地查勘而来，不能半途而止也。"
"并招募缠布各民，前往开垦，以固边围而免侵越。"① "主权所在"
四个字，义正词严，铿锵震耳。邓缵先铮铮铁骨，堪称史志保国护疆
的典范。

① 崔保新：《沉默的胡杨——邓缵先戍边纪事（1915～1933）》，社会科学文献出版社，2010，第 168～179 页。

# 西域存风骨　弘毅邓缵先

黄淼章[*]

邓缵先（1868~1933年），字芑洲，自号峣庐居士，广东省紫金县蓝塘镇布心村人。邓缵先是民国时期广东的援疆县长，是戍边爱国官员、边疆史学家、杰出的边塞诗人、西域探险家，他是广东百年第一代援疆干部，客家人的骄傲。

## 一　士不可以不弘毅　任重而道远

重教崇文是客家人继承中原优秀文化的一个传统。由于客家南迁入粤较迟，广东平原的肥沃地带已被当地人和先期移民占据，因此，客家人多处于较为闭塞贫困的山区，有"逢山必有客，无客不住山"之俗语，非艰苦奋斗无以图存。在长期的迁移中，客家人养成一种刻苦耐劳，自立自强建设家园的淳朴民风。同时，又因为在历史上的多次迁移中，都是整个家族集体迁徙，以封闭式的生活为主，因而家族观念特别强固，保持着较多的从中原到江南的生活方式和生产方式。

---

在客家地区，有以"读书为荣"的客家精神，就是再穷也要让孩子读书，客家人历来十分重视学习文化。为了谋求生路，为了经商、做官，都必须学习文化知识，所以，客家地区向来文教事业比较发达。

作为典型的广东客家人，邓缵先出生在紫金山区，但其家族是书香世家，其祖上五代均为读书人，邓缵先的曾伯祖叫邓万皆，历任过福建沙县、清流、永定、连城四县的知县。邓缵先的父亲邓瞻奎，母亲黄氏，邓缵先排行老三，上有两个哥哥，下有三个妹妹。清同治十四年（1875年），邓缵先进入私塾读书，其父邓瞻奎盼子成龙，对邓缵先严格管教，在读书方面，其父对他的期望较高，要他熟读《四书》《五经》《唐诗》《宋词》等。邓缵先曾拜紫金名士蓝湘湄为师，蓝湘湄（1839～1933年），原名梓华，字天槐，紫金县青溪乡青水村人。他秉性纯正，处世谦和。乡人有急难或纷争的事求助，无不尽力相助排解，邻里皆称之为仁人善士。他治学严谨，博通经史，其诗尤负盛名。咸丰庚申科（1860年），以案首考取秀才。光绪癸未年（1833年）补廪生，丙戌年（1886年）为拔贡。考取功名后，他无心仕途，隐居书房以读书自遣。由于他学问渊博，品德清高，是当地著名的乡贤，据说路过其家门的文武官员都下轿拜访，人们称之为"蓝夫子"，其作品多为后人所传诵。"蓝夫子"在传授知识的同时，也刻意培养他的学生要积极进取、自强不息、敢于担当的精神和内涵。

在父亲和老师的精心教育下，邓缵先从小就受过良好的教育，15岁时中秀才，先后任过紫金县立高等小学校长、南洋雪茂埠华侨实业调查员，以及县团总局会办事员及紫金县议会议长等职。邓缵先为人处世受其良好家风的濡染，蓝湘湄等老师博学多才和崇高人格对他的影响也极为深远。

客家人常怀大志，四海为生，处处无家处处家。民国三年（1914年）9月，邓缵先应内务部第三届县知事考试，取列乙等，受北京中央政府派遣，不远万里从广东来到新疆戍边安民。时任新疆督军的杨增新请奏（《补过斋文牍》）："……新疆一省远处极边，形势重要分发人员，惮于艰阻帅多趋避，以致边疆要地，任用无才。……自非遴选熟悉边情，负有远志之士分发该省，整理一切。不足以开通风气，交换知识，于是特考试专备分发新疆任用……"今天看来，当年民国政府举全国之才支援新疆这一举措，有利于达到开通边疆风气，开发边疆的目的。内务部通过文官考试制度，力图破除任人唯亲的官员选拔弊端，打破某些省籍官员过于集中容易拉帮结派的樊篱，为边远的新疆输送了一批来自经济发达地区的优秀基层官员，邓缵先就是废除科举制后以推行新制度最早选拔录用的基层官员之一。

邓缵先去新疆时已经47岁了，其时他已担任紫金县的议长，本来可以平平安安在家乡当太平官，和父母及家乡人在一起，共享天伦之乐，也很有机会当上广东的县长。他也许有许多理由不离家乡，不去遥远陌生的新疆。孔子在《论语·里仁》有"父母在，不远游，游必有方"之句。古代交通不便，在外远游者归乡不易，所以每当家中尤其是双亲有什么意外之事时，游子是很难及时回到双亲身边伺俸；又或者游子在外，难免会遇到不测之险，而每当在这个时候，最担心的人莫过于双亲，然而，远在家乡的父母二老只能急首白发，又能如何？于是，就有"父母在，不远游"之语。明代著名的教育家和哲学家王阳明在其《瘗旅文》中也曾感叹"古者重去其乡，游宦不逾千里"。就是说，古人不会轻率地离开故乡，外出做官也不要超过千里。饱读诗书的邓缵先当然明白这个道理，但是，为了保卫和开发落后的边疆，为了国家的利益，邓缵先却义无反顾去了万里之外、遥远陌生的新疆。舍小家顾大家，先天下之忧而忧，后天下之乐而乐。

《论语·泰伯》曾子曰："士不可以不弘毅，任重而道远。仁以为己任，不亦重乎？死而后已，不亦远乎？""士不可以不弘毅"中的士，就是指这种"士"不是一般的读书人，而是以实现仁为己任，死而后已的人，推而广之，是有抱负、有作为的人，故其任重而道远。曾子认为，要想成为士，必须具有两种涵养，即"弘"和"毅"。朱熹在《四书章句集注》中谓："弘，宽广也。毅，强忍也。"也就是说，作为士人，应该心胸宽广，有容人之量，更有容物之量；不偏执己见，不自以为是，目光远大，见识高超，这是弘的含义。但光"弘"还不行，还应该坚毅、果敢并具有超强的力量，即苏轼在《晁错论》中所谓："古之成大事者，不唯有超世之才，亦必有坚忍不拔之志。""弘"与"毅"两者不能偏颇，相互统一，缺一不可。朱熹谓之"非弘不能胜其重，非毅无以致其远"。邓缵先就是这种士，他抱负远大，意志坚强，尽管当年援疆的路很遥远很艰辛，甚至可能有丢官舍命的危险，但邓缵先仍然矢志不移。把国家、民族的利益摆在首位，为祖国的前途、命运担忧分愁。

在新疆的 18 年中，他曾任省公署文牍员、编辑员，政务厅总务科员、科长，新疆覆选区选举调查会会长等职，并先后出任乌苏、叶城、疏附、墨玉、巴楚五个边境县知事。1919 年末，邓缵先来到与皮山县相邻的叶城县任知事，1927 年 5 月任墨玉县知事，1932 年任巴楚县长。邓缵先在乌苏主政两年，先后修建五道桥、东关桥，开挖六十户庄新干渠及两条支渠。任职期间，教民造水车，灌溉农田，促进边疆农业发展。在位十余年来，政绩甚丰。在坚守边疆的 18 年中，邓缵先为官清正廉洁，爱民如子。他所作《耕稼词》，让人们获悉邓缵先在新疆做知事时，深入当地了解新疆的农业生产，还极为关心百姓的生活，可谓事必躬亲，无微不至，竭力为当地百姓造福。因此，邓缵先卸任叶城知事时，"父老子弟壶浆饯送，十里五里，长亭短亭，至玉河边，犹留恋涕泣"。当年邓缵先对新疆的情谊，就像天山的雪莲，纯洁无瑕；他全赴身心、钟情于新疆的发展，犹如沙漠的胡杨，身正根深，屹立不倒。

1932 年，邓缵先出任新疆巴楚县县长。1933 年春，和田的穆罕默德·伊敏和沙比提大毛拉等人在英国间谍的策划下成立了所谓的

"东突厥斯坦伊斯兰共和国",派出一股用大头棒武装起来的部队窜扰巴楚。巴楚县大片民房被焚烧拆毁,战火使大片土地荒芜,百姓生活无着,流离失所。在事关国家分裂、国土安危之际,邓缵先率众守城,城破后以身殉国。他12年前在《挽周道尹阿山殉难》诗词中写下的"半生多感慨,一死竟从容。浩气霄冲鹤,英魂剑化龙"的豪放诗句,竟成了他的绝笔。邓缵先恪尽职守,在巴楚县长任上以身殉职,为维护祖国的领土完整做出了贡献,享年65岁。

# 二  以文载道  以史保土

史学界为"客家精神"曾作了以下的小结:爱国爱民,反压迫反侵略;勤劳刻苦,努力开拓;勇敢无畏,富革命精神;挚诚团结,敬祖睦宗;不亢不卑,平等待人。所谓"客家精神",其实是"中华精神"的演绎。

生长在紫金县的邓缵先秉承了客家人重教崇文优良传统,早年在家乡打下了良好的文学基础,在文学诗词方面造诣颇深,重义轻利,亦将亦儒。邓缵先对民国时期新疆的贡献是多方面的,其在文化方面的历史贡献尤为重要,集中体现在他撰写的两部县志和诗集上。在新疆18年,在极为繁忙的政务中,抽暇著文,历尽艰辛为后人留下了《乌苏县志》《叶城县志》《叶迪纪程》《毳庐诗草》和《毳庐续吟》五部著作。

进疆后,邓缵先最先出任乌苏县知事。乌苏县位于新疆天山北麓的奎屯河与沱沱河之间的戈壁滩上,据新版《乌苏县志》考证:"民国六年(1917年),署县知事邓缵先'奉训令编辑县志',翌年脱稿,两次呈送督军兼省长杨增新审阅,1921年出版。全书分上下二卷,设有建置、地理、食货、职官、教育、交通、杂录七类,下有44个子目,配有县境图和县城图各1幅,沿革表、职官表各1张,共 3.8 万字。"邓缵先撰成《乌苏县志》，内容和体例大大超过前人留下只有几千字的《乡土志》。《乌苏县志》是新疆民国时期县志编纂的范例，是新疆最早刊印发行的县志。

《叶城县志》是邓缵先撰写的第二部县志。叶城历史悠久，地处喀喇昆仑山南麓，与印控克什米尔仅一山之隔，地域辽阔，民族纷杂，语言不通，史料匮乏，撰写难度极大。由叶城进入喀喇昆仑山的道路极为险要，其手下有人以天寒路险为由，劝告邓缵先不要轻身前往边卡。邓缵先答曰："危险者境也，处境者心也，常存此处处有危机之心，则恐惧修省，自可转危为安；常存此时时有险象之心，则思患豫防，自能履险如夷。况该处并非人迹所不能到者，何虑焉？"邓缵先克服了重重困难，撰写了《叶城县志》。其中最具价值的是边情日记，题为："调查八扎达拉卡边界屯务暨沿途情形日记。"在巡边日记中，邓缵先详细标出将巡关卡的地理位置："卡在叶城县西南一千二百八十里，西距喀什道治一千九百二十里，北距省治五千四百六十里，与坎巨提交界，亦可通往印度国，防边戍边关系重要。"再讲调查的原因与目的："近复有坎人越界偷种情事，奉命往查晓谕阻止，并招募缠布各民，前往开垦，以固边围而免侵越。"

这本《叶城县志》共八卷，残留 4 ~ 8 卷，5.3 万字。这些劫后犹存的著述，今天已成为研究新疆民国史的宝贵史料。叶城是 1962 年中印边境自卫反击战的交通要道和后勤补给基地。邓缵先 1920 年撰写的巡边日记，在 1962 年中印边境之争中派上了用场。来自北京的专家就带着邓缵先所作的《叶城县志》，邓缵先的巡边日记成为中印领土之争重要的历史依据。

## 三　边塞当歌　以诗言志

客家地区的紫金县自古就是诗乡，迄今民间还保留着喜欢作诗的传统。邓缵先的老师蓝湘湄89岁时作跋评价邓缵先的西域诗：胸填朔气，字带边声，是阅历有得之作。

古代"文人出塞"，包括文人入幕、游边、使边三个方面，历史上不少文人出塞，投笔从戎，在马背上建立功业，也留下不少边塞诗。边塞诗是以边疆地区军民生活和自然风光为题材的诗。学者认为，边塞诗发展于汉魏六朝时代，隋代开始兴盛，唐即进入黄金时代。据统计，《全唐诗》中所收的边塞诗就达两千余首，是唐诗当中思想性最深刻，想象力最丰富，艺术性最强的一部分。一些有切身体验边塞生活经历和军旅生活的诗人，以亲历的见闻来写作；另一些诗人用乐府旧题来进行翻新的创作。参与人数之多，诗作数量之大，为前代所未见。唐代的边塞诗对后来的文人影响很大。

邓缵先在公务之余，还写了大量的诗。今天我们还能见到的有两本诗集《毳庐诗草》和《毳庐续吟》，《叶迪纪程》中也收入不少诗作。从现存的诗来看，邓缵先早年曾熟读唐诗，对唐边塞诗也有深刻的理解。18年的边疆生活，其整个身心早已融汇在天山的草原、戈壁、雪山和田园之中，他已经把遥远的边陲视为自己的家乡，把新疆各族人民视为自己的亲人，这种情怀融注在邓缵先的边塞诗和抒情诗中。

邓缵先的边塞诗多是来自他亲身的经历，其诗颇得李杜遗风，恢宏大气，字带边声，是经过亲身的经历和观察之后的有感而发，多表达了对边疆风土人情眷爱之情及对家乡亲朋故友的思念之切，在反映新疆当年各方面都极为深刻，其诗基调昂扬，意象恢宏，从大处落笔，气势流畅，情真意切，感人至深，富有崇高感。邓缵先曾发出"年逾五十不为老，壮年出塞戍边垣""羁宦天一涯，遥隔万余里。倏更数十春，足迹遍越胡"的心声。从他的诗作中，我们完全可以感知到他那深挚的边塞情，让人感觉到在壮年出塞的邓缵先身上，充满了"正气满宇宙，大节镇乾坤"的精神。

邓缵先曾以《吏》为题赋诗："千古清廉海忠介，高风人颂玉壶冰。"作为知书达理的邓缵先，他清楚地知道，为官应该像海瑞一样清廉才能千古流芳，海瑞在人们心目中的形象是个清官，他为民请命，为民着想，不畏艰辛，清廉公正，力主反贪，刚正不阿等。邓缵先以海瑞为榜样，先后出任新疆五个县的县长，以客为家，兢兢业业为新疆人民服务18年，尤其多年在南疆为当地维吾尔族群众造福。早在代理乌苏县知事任上，他就写诗给老师蓝湘湄，表达自己的座右铭："夙荷师承须洁己，冰渊心迹一尘无。"即堂堂正正做人，清清白白做官。一首《县官》道出了他的心声："县官清俭若平生，百里间阎合动情。晴雪添流渠应姓，春风送暖鸟呼名。园桑叶老缲车响，篱豆花疏络纬鸣。瘠地居然成沃壤，佛心儒术慰边氓。"邓缵先身为县太爷，生活却非常勤俭，他对铺张浪费深恶痛绝，在其《官厨》的诗中曾写道"官厨需一鸡，百户晨无嘤嘤啼。官厨需一鸭，千村春水惊凫鹥"，"自从贤士恤民隐，上书乞罢遐方赆"。我们在诗中可体会到他对民间疾苦的同情，同时奉劝当官者要厉行节约。

邓缵先《镇西歌》全文308字，诗曰：

汉皇遣使通西域，镇西旧称蒲类国。纪功裴勒永和碑，斩馘姜铭贞观石。西陲屏蔽隶版图，世为臣仆声教敷。准部四卫仍梗化，吞噬近邻如狼狙。虏骑凭陵屡犯边，王师征讨军符传。天子临轩赐颜色，将军策马驰烽烟。旌旗蔽空山岳动，帐幕屯云戈矛拥。三边金柝晓犹催，千骑铁衣夜不冻。戍儿惊报汉兵来，单于潜遁胡氛开。战骨半埋蠮螉塞，弦歌犹醉鹦鹉杯。骄矜轻敌意气盛，节钺专权豪华竞。争夸功冠卫仲卿，自诩勋隆霍去病。胡寇西来六千兵，绕途入扰伊吾城。拥兵数万不肯发，饱掠远飏愁云生。讵知饰报邀荣赏，爵在五侯七贵上。冒功希宠益骄奢，边将戍兵皆惆怅。从来漠北本汉地，恢复还将用兵器。武功挞伐强夷慑，文德抚绥远人至。边陲事坏跋扈臣，日蹙百里沦胡尘。坐糜军饷七千万，犹复劳敝中原人。客谈往事镇西多，旧垒荒台生薜萝。路旁石人今安在？为君试作镇西歌。

《镇西歌》延续了唐代边塞诗浓郁的汉代情结。学者们认为，唐代边塞诗有一种典型的以汉代唐文化现象，出征的军队称为汉兵，将领称为汉将，边塞称为汉塞，在提及周边少数民族时，也往往沿袭汉代的称谓，把敌方称为匈奴，把其首领称为单于。在称颂戍边英雄时，常常提到的也是汉代的霍去病、李广、卫青等。这种汉代情结既是对历史的继承，又是对历史的超越。《镇西歌》诗中追溯汉皇遣使通西域时对西域文攻武卫的辉煌历史，突出大汉将军雄浑悲壮的精神意绪，无畏无惧的英雄气概。同时，笔锋一转，又总结骄矜兵败、贪功误国的教训，既闻金戈铁马，又听见仰天长啸。从目前找到的仅存几张照片上看，邓缵先是一介文弱书生，但其内心却有如此恢宏气魄，《镇西歌》中表现出如此开阔的视野，如此豪放的性格，可见他抱负远大，意志坚强，尽管当年援疆的路很遥远很艰辛，甚至可能有丢官舍命的危险，但邓缵先仍然矢志不移，离开了家乡，选择了戍边立功大业。邓缵先以政治家的眼光来观察、分析边塞的现状，把战争和国家的安危、人民的苦乐联系在一起考虑，因此诗作极为深刻，读来使人感到大气磅礴，荡气回肠。

邓缵先以文载道、以诗言志、以诗证史，用诗歌反映了新疆当年的重大历史事件，其视四海为家的磅礴大气，使其诗浑雄刚健，苍凉悲壮，在西域民国诗歌史上，占有重要地位。邓缵先成为边疆史学家、西域探险家、民国边塞诗人。

# 四　大漠一胡杨　西域存风骨

客家人来源于中原汉民族，客家人作为汉民族一支民系，其形成和发展，经历数次大迁徙，颠沛流离，世事多艰使客家人养成坚忍卓绝、刻苦耐劳、冒险犯难、团结奋进的特性，客家人是"自然环境和人为环境影响或选择下的适者"。客家人经过历代长期艰苦奋斗使民族性格得到考验和磨炼，使客家人自始至终带有一种浩然正气的民族节操，他们崇尚忠义，反抗压迫，同仇敌忾，爱国爱乡。客家先民是中原华胄，他们来自中华文明的发源地，具有较高的文化素养，虽经辗转流徙，其文化气质不变，他们讲礼节、重伦理、好学问、尚教育、敦亲族、敬祖先、隆师道，当国难当头之时，客家人总是挺身而出，敢于担当匹夫之责。在邓缵先身上，发扬了客家人诗书传家的优良传统，秉承了客家人轻利重义的古训。邓缵先以客为家，多年在南疆为当地维吾尔族群众造福，兢兢业业为新疆人民服务 18 年。邓缵先为官清正廉洁是有其历史文化底气的，"宁卖祖宗田，不卖祖宗言；宁卖祖宗坑，不卖祖宗声"是客家格言，也是客家人守诺重誉的真实写照。1933 年，邓缵先在边疆动乱中惨遭暴徒杀害，以身殉职，身后甚至无钱将尸骨运回家乡安葬。"富不营营贫不戚，天道回旋自古今。"邓缵先生为南粤人，死为西域魂，他不朽的灵魂将与他热爱并付出生命的天山大地共存。

邓缵先在新疆一干就是 18 年，"抛妻舍子出南岭，不畏绝地壮士行。躬耕西域十八载，留取丹心照汗青。"邓缵先的为官之道："官要读书做，执政心地纯"，他做官最大的愿望就是"经久不闻贪吏呼"。令人遗憾的是，就是这么一个为国捐躯、将生命付于天山大地的援疆爱国的客家人，却慢慢地被人忘记了？或许他是当年受国民政府的委任，为国捐躯后，国民政府却没有对他的事迹进行褒扬，而新中国成立后也没法正名。也是因为他这种身份，在"十年浩劫"时期，其家乡的子孙遭遇迫害，建于清代的祖屋田地等也全被"瓜"分了，邓缵先湮没在历史的尘封中……

2010 年，新疆学者崔保新先生写了《沉默的胡杨》一书，作者先后到北京、南京、广州、乌鲁木齐、喀什、河源和紫金等地的图书馆和档案馆，通过查找，掌握了大量确凿可靠的资料。作者又多次千里迢迢到紫金访问邓氏后人，又到邓缵先任职 18 年的新疆进行实地考察，从而对邓缵先的生平经历有了更多感性的体会，对这些地方的历史状况、风土人情以及相关的人文地理特点也有了更深入的了解。他费尽心机遍查国内相关资料档案，在掌握大量史料和实证的基础上，为我们生动再现了这位曾被历史湮没的近代客家杰出先贤、中华民族援疆爱国英雄。《沉默的胡杨》一书出版后，在新疆和广东引起了不同凡响。人们才骤然发现，邓缵先是广东、新疆的文化财富。正如邓缵先的后人邓质生在粤新百年边疆民族情座谈会上的发言中所说："2010 年 12 月，当我拿到崔教授所著的《沉默的胡杨》一书时，禁不住落下泪来：伯父邓缵先，老天有眼，正义长存，终于给您平反昭雪了。从此，这部书成了我们紫金蓝塘邓氏家族的宝贝，我们将伯父邓缵先请进邓氏宗祠，让他的精神激励我们的后代崇文重教，考取大学，报效国家。"邓缵先不愧为天山的儿子、大漠的胡杨，客家的骄傲。

原河源市委书记、现任广州市市长陈建华去年还专门写了《邓缵先礼赞》诗四首：

一

紫金邓缵先，大漠一胡杨。西域存风骨，坚挺三千年。

二

客家邓缵先，男儿志四方。廿载昆仑情，忠孝两全难。

三

乡贤邓缵先，迪化著诗篇。首纂两县志，勤廉美名扬。

四

疏附邓缵先，贤达民为天。精忠图报国，天山傲雪莲。

　　令人欣慰的是，在广东和新疆的多方努力下，邓缵先的事迹终于得到了人们的承认，成为广东援疆先驱、戍边英雄和现代"援疆"人的榜样。"男儿负壮志，立功西北陲。投鞭万里去，骏马如飚驰。愿携鸾为群，不与鸡争食。"邓缵先当年援疆的志趣，令人敬佩，邓缵先当年戍边经历为现在的边疆治理提供历史参考。我们今天研究邓缵先，要以宏观视野和尊重历史的态度重新研究和评价他，不能让邓缵先的文化价值湮没在历史的尘封中。

## 五　乡贤邓缵先　勤廉美名扬

　　广东与新疆虽然远隔千山万水，但近百年来，一批又一批广东优秀儿女远离亲人和家乡，奔赴边疆、保卫边疆、建设边疆，在天山南北留下了光辉的足迹。其中被誉为广东百年第一代"援疆干部"邓缵先"不仅是威武不屈的胡杨，是民族团结的模范，先进文化的传播者，更是援疆干部的楷模。"2010年11月，广东客属海外联谊会将《沉默的胡杨》一书作为礼品推荐给第23届世界客属恳亲大会的海外代表们，继而又先后两次召开新书发布会，请9位副省级领导出席，并专门成立客家文化发展中心，准备拍摄一部反映乡贤邓缵先事迹的电影。

　　邓缵先故居在紫金县，是建于清代的典型的客家屋宇，经过一百多年的风雨侵袭，已经较为破败。近年来，邓缵先被誉称为广东援疆第一人，其故居也得到河源市和紫金县的重视和保护。据悉，河源方面在邓缵先故居修缮项目中总投资超过300万元，整个工程将分三期进行。一期、二期工程已经全面完工，主要对堂屋进行修缮；复建故居上屋，将其建成纪念馆；三期包括对故居周边环境进行整治美化，并安放邓缵先雕像和做好爱国主义和廉政教育基地的创建工作。经过近年的修缮，目前故居基本恢复了原貌，建筑状况完好。

　　建议河源市在维修保护邓缵先故居基础上，广泛收集邓缵先的文物和资料，尽快筹建邓缵先纪念馆，并将故居申请公布为广东省文物保护单位，让更多的人了解客家乡贤邓缵先，让邓缵先事迹能够进一步发扬光大。

　　民国三年（1914 年），出生广东紫金山区的一个客家人——邓缵先到新疆戍边，其恪尽职守，躬耕西域 18 载，清廉公正，刚正不阿，在巴楚县长任上以身殉职，却慢慢变成了埋在地下的大漠胡杨，被人忘记了 70 多年。《沉默的胡杨》一书出版后，邓缵先的感人事迹在华夏大地传颂，在新疆和广东引起了不同凡响和许多人的心灵共鸣。值得庆幸的是，历史终究没有忘记邓缵先，岭南文化与边疆民族文化交汇的光环，终于投射在邓缵先这个历史人物上，反射出光耀华夏的夺目光彩。

　　作为一个多民族的历史古国，中国在边疆治理上积累了丰富的经验，中华民族也是在内地各族与边疆各族人民在历史互动融合中形成的伟大民族。今天，在举国上下都在谈论中国梦的新形势下，怎样更好地维护边疆稳定，需要新思维、新视野。邓缵先当年戍边经历和治理边疆的经验，对我们今天进行的中国梦无疑有着积极的借鉴意义。

# 从邓缵先精神看中华文化的盛衰成败

2013 年 5 月 29 日

谢名家[*]

中共河源市委隆重举行"邓缵先爱国主义与廉政教育基地挂牌仪式暨邓缵先精神研讨会",体现了一种谋划的远见。关注一位地位不算高的人的命运,而其彰显的精神却是永存的,的确高低立现。这恰恰契合了建设文化强国、文化强省和文化强市精神,也契合了正在践行的新时期广东人精神。

邓缵先文化精神,体现了中华文化的伦理精神、教育精神、爱国精神和创新精神。邓缵先既是中华文化这些伟大精神的继承者、创造者,也是这些精神的殉道者。他真正实现了"立己达人仁者智,感恩报孝义者美"的非凡境界。感谢崔保新同志为我们提供了到目前为止所能收集的资料,以让我们感受、领略和学习、研究邓缵先文化精神,并以此反思中华文化的盛衰成败。

戍边 18 载,邓缵先给后人留下了"戍边之功,爱国之德,崇廉之品,立身之言"的宝贵文化财富。当今社会,对文化存在许多误区,往往忽略了其精神内核,而注重其经济功能。文化的本质是什么,是消费、内化和提升。一直以来对文化建设,一讲投入产出,计

---

* 谢名家,国家二级研究员,广东省文化产业研究中心主任。

算的是能赚多少钱、收回多少物质回报，而不计文化消费对人及文化的传承、提升、创造、创新和跨越功能，更忽略了对人才成长和造就的贡献。这种状况，是到了要切实扭转的时候了。

邓缵先始终以"祖宗言"安身立命，并以"齐家治国安邦平天下"为己任。他有 6 位亲人在保疆卫国中悲惨地牺牲了，他是捍卫国土尊严与主权完整的勇士和功臣。因此，他在新疆成为戍边义士更显得难能可贵，而且更具爱国情怀与中华文化意义。

近现代兴衰交替的民族历史，血与火交织的惨痛现实，使人们逐渐领悟到，是什么样的落后才真正挨打？长久以来，我们一直信奉"落后必然挨打"这一定律，也一直没有怀疑物质、技术和军事上的落后是挨打的原因，但人们往往忽略这种现象背后，正是制度落后和文化创新的停滞不前才导致这种悲剧发生的症结之根。古今中外有许多例子可以佐证。

邓缵先舍小家为大家、精忠报国的义举奉献，勤政廉洁、精进为民的政治诚信，学为人师、行为人范的大师楷模，立"祖宗言"、"以诗证史"的知行统一，激情热心、壮志昂扬的仁义之志，无不体现人类文化与文明的精华，与中西方的文化思想也是一脉相承的。哲学史上有一个有趣的故事。因为哲学家太贫穷，人们因此责难哲学无用时，古希腊哲学家泰勒斯通过观察天象，预知橄榄将是丰收年而去租赁榨油坊并大发其财。他曾为此事庄重声称："哲学家要富起来是极为容易的。如果他们想富的话。然而这不是他们的兴趣所在。"①这个例子充分说明，人类不能太急功近利、太短视，而要高度重视文化家园的永续发展，同时也生动提出了创新与实践的重要性。

邓缵先文化精神还昭示了创新和软实力往往决定兴衰成败。改革开放的伟大创举，党中央、国务院的正确领导，共同构成了中华实现

---

① 参见易杰雄《世界十大思想家》，安徽人民出版社，1990，第 144 页。

历史新跨越和建设社会主义富民强国的强大软实力；而五千年优秀传统文化的根基，二百年海洋文明的浸润，一百年风起云涌的变迁，则造就了我们人民遇挫弥坚、勤劳智慧、开放多元、博大胸襟和开拓创新的中华文化特质。邓稼先就是这种优秀特质的一分子。

中国的文化软实力深植于中华文化和当代文明之中。由北而南，涌现了许多闻名于世的先进省市，就因为它们要么是人类文明的伟大源头，抑或是中华优秀传统文化的发祥地，红色文化的璀璨区，改革开放文化的创新域。记得在 1988 年，大约有 170 多位世界诺贝尔奖获得者在巴黎聚会，之后形成一个宣言，提出人类如果要在 21 世纪生存下去，就必须要回顾 2000 多年前从孔子那里吸取智慧的经验。这是诺贝尔奖先贤者们智慧碰撞的结晶，也是他们严肃思索人类未来的硕果。为什么人类要从孔子那里吸取智慧？那是因为儒家所创造出来的普适理念，诸如和而不同、天人合一、中庸之道，等等，都是人类生存和发展的最大哲学。中国传统文化所体现出来的辩证思维、整体协调和融合发展，的确体现出其独到之处。因此，从中国优秀传统文化中吸取精华来医治、解决当今世界的许多难题，也就顺理成章了。

众所周知，春秋战国时期出现了一个几乎空前绝后的百家争鸣的壮丽景象。"百家争鸣"之所以会产生伟大而深远的影响，是因为中华民族最优秀的传统文化都是在当时奠定并流传下来的，那个时代出现了孔子、孟子、老子、墨子、庄子和孙子等伟人，出现了儒家、墨家、道家和法家等洋洋大观的思想学说。此后我们再也没有出现过类似盛况空前的局面了。为什么？因为封建统治的专制、思想的禁锢、创新力的窒息，使我们民族留下了很多劣根性，留下了很多落后的、挨打的根子。与此同时，西方也出现了一个古希腊、一个古罗马，出现了苏格拉底、柏拉图、亚里士多德等等哲人。当时东西方同时出现了这些影响人类历史的伟大人物，出现了这些号称当时世界上最强大最有智慧的国家，可为什么中华民族能在后来的长达 1500～1700 年的时间里变得繁盛,而西方为什么却衰落下去,乃至出现中世纪黑暗呢?又为什么中国的优秀传统文化不能走向工业化?为什么西方的古罗马、古希腊文明不能步入当时的现代化?

对这两个问题,"李约瑟之谜"只指出一半问题。当然,我们可以给出很多答案,但是要做出符合历史事实的科学回答确非易事。同样,曾经因佛教而略为先进的印度,包括孟加拉、巴基斯坦那些地方,为什么不能延续其势而衰落呢?包括两河流域文明在内的许多古老文明却相继衰亡了,而唯独中国成为一个封建制的不断强势发展的帝国,我想原因很多,其中很重要的一个原因就是封建统治在带来对生产力禁锢、思想封闭的同时,也带来了一统天下、整齐划一,使中华文化延续不绝、生机不断。可以说,封建统治具有其两面性,中华民族强盛于斯,亦衰弱于斯。

这一简单的回顾,充分说明中华民族传统优秀文化能给予我们以取之不尽的智慧源泉,能成为我们应对挑战、战胜困难的一种强大的精神武器。我们建设文化强国,千万不可舍本求末,一定要从我们的先人那里吸取最可宝贵的思想和精神食粮,并在新的历史条件下发扬光大。

承接优秀传统文化,使中国的现代文化和文明滋长,极具鲜明、极富豪气与动力。中华文化的核心体系对中华民族的伟大贡献,就在于它自古以来源源不断地向全国传播了先进文化、先进生产力和先进生产关系。燕赵文化、齐鲁文化与中原文化一样,都具有中华文化那样一种决决大气、整体规划、抽象概括和创新超越的特质。近代中国特别是鸦片战争以后,沿海省市成为抵御外侮、抗争自强的一面旗帜;由于濒临海洋,它们成为中国最早对外敞开的门户,成为西方文明登陆的桥头堡,成为科学民主思想传播的摇篮。在民主主义革命时期,它们更成为中国革命和人民解放的发祥地和大本营。

波澜壮阔的改革开放,沿海省市一直屹立潮头,走向现代化、走向世界。输出新劳力，接纳新移民；创造新文化，建设新生活，沿海省市成为实现中华民族伟大复兴的主力军。中华儿女继承弘扬优秀传统文化，推动中华文化激荡昂扬、放射出绚烂异彩，推动主流文化和各区域文化的兼容共生，使之一样的血脉融通，一样的源远流长，一样的博大精深。正是这种强大的民族凝聚力、文化融合力和时代创新力，使我们民族不断抓住历史机遇，实现新跨越。这种结合，最显著地体现在，继承古今优良智慧，弘扬中华进取精神，铸造市场经济铁律，提升传统诚信品格，使整个经济社会发生了翻天覆地的大变化。现在，我们应把这四大要素，运用到文化建设上来，形成新的核心竞争力，推动文化大发展、大繁荣，推动中华大地转变发展方式和社会转型的伟大变革，推动中华文化的伟大复兴和文化强国的伟大实践。

最可以告慰我们的先贤邓稼先先生的是，他的故乡广东，和他辛勤耕耘与深情爱着的新疆已经发生翻天覆地的巨变；而在新的历史起点上，我们伟大的祖国——中华大地，正在催生出科学发展和人民幸福的满园春色；万千仁人志士为之奋斗的实现中华富强、民族复兴的中国梦正在成为现实！

# 动荡时代的边地政治家、学者

## ——重评邓缵先

### 王元林[*]

1928 年，塔城第一任道尹、莎车地区现代教育的奠基者汪步端，如此评价邓缵先曰："官要读书作，心如为政纯。"[①] 广东紫金人邓缵先可谓是近代新疆的重要政治家，为护卫国家边疆贡献巨大，同时，其文学家、历史地理家的地位也值得称道。

## 一 戍边前线的民政官员，危难时率民护城殉国，官民和后世不断歌颂

邓缵先在新疆的 18 年中，曾任省公署文牍员、编辑员，政务厅总务科员、科长，新疆覆选区选举调查会会长等职，并先后出任乌苏、叶城、疏附、墨玉、巴楚五个边境县知事。1919 年末，邓缵先来到与皮山县相邻的叶城县任知事，1927 年 5 月任墨玉县知事，1932 年任巴楚县长，卒于任上。值得注意的是，五县中，只有早期（1917～1918 年）出任的乌苏在北疆，当时乌苏 2.9 万人，是三等小县，其他四县，

---

\* 王元林，暨南大学历史地理研究中心教授、博士生导师。
① 《毳庐续吟》卷首《题辞》。

全都是南疆重镇，1919～1933 年，其间八年在南疆戍守，辛勤为民众服务。崔保新先生《沉默的胡杨——邓缵先戍边纪事（1915～1933）》对此专门做了详细研究，可谓是邓缵先一生的年谱。

新编《乌苏县志》中记载"邓缵先在乌苏主政两年，遍至乌苏城乡，考察地理，体验民情，多有建树。先后修建五道桥、东关桥（今太平桥），便利交通；开挖六十户庄新干渠及其两条支渠，灌溉农田 4000 余亩，百姓称贤"。

在其任职其他几个县的过程中，教民造水车，灌溉农田，促进边疆农业发展。在位十余年来，政绩甚丰。关心民间疾苦，践行读书人报效国家的人生准则。"学而优则仕"，虽在西北边陲，但贡献至伟。稳定地方，发展经济，可谓是邓缵先在南疆的最大贡献。

1924 年，国民党元老于右任为邓缵先所著的《毳庐诗草》作跋文。于老先抒西域不毛之地被中原人视为畏途，继而赞颂邓缵先不畏艰辛卫国戍边的精神，并有感而发："西域一部，去中州万里，山川辽廓，莽莽黄沙，中土人士所不轻至之地也。毳庐游宦斯邦，就所经历，得诗一卷。披诵之馀，恍游于穹庐毡幕间，见夫振管疾书时之兴趣。何况性情中人，举不忘亲，孝悌之心，溢于毫楮，有裨世道后学不浅。至五言律、七言绝，矩矱唐人，才调格律，尤见造诣。乐而跋之，亦见吾道之不孤也。"① 恰如其分地概括一位默默在祖国边陲贡献力量的地方父母官。

## 二　展现学者风采，修志赋诗，
## 　　抒发豪迈边塞爱国情怀

邓缵先在文学诗词方面造诣颇深，作品甚丰。1924 年出版的

---

① 于右任：《毳庐先生诗草小跋》，载《毳庐诗草》，华东师范大学出版社，2012。

《毳庐诗草》3卷，内收诗词歌赋611首，汪步端、易抱一、蓝湘湄作序，于右任作跋。1928年出版《毳庐续吟》，内收诗词歌赋671首，汪步端作序补订。1930年刊《毳庐诗草三编》3卷，内收诗词歌赋668首，邓氏自作序。这些歌赋诗词多处表达了对边疆风土人情眷爱之情及对家乡亲朋故友的思念之切。尤其以《镇西歌》著名："汉皇遣使通西域，镇西旧称蒲类国。纪功裴勒永和碑，斩馘姜铭贞观石。西陲屏蔽隶版图，世为臣仆声教敷。准部四卫仍梗化，吞噬近邻如狼狙。虏骑凭陵屡犯边，王师征讨军符传。天子临轩赐颜色，将军策马驰烽烟。旌旗蔽空山岳动，帐幕屯云戈矛拥。三边金柝晓犹催，千骑铁衣夜不冻。戍儿惊报汉兵来，单于潜遁胡氛开。战骨半埋蠮螉塞，弦歌犹醉鹦鹉杯。骄矜轻敌意气盛，节钺专权豪华竞。争夸功冠卫仲卿，自诩勋隆霍去病。胡寇西来六千兵，绕途入扰伊吾城。拥兵数万不肯发，饱掠远飏愁云生。讵知饰报邀荣赏，爵在五侯七贵上。冒功希宠益骄奢，边将戍兵皆惆怅。从来漠北本汉地，恢复还将用兵器。武功挞伐强夷慑，文德抚绥远人至。边陲事坏跋扈臣，日蹙百里沦胡尘。坐縻军饷七千万，犹复劳敝中原人。客谈往事镇西多，旧垒荒台生薜萝。路旁石人今安在？为君试作镇西歌。"反映了作者对历来守卫国土历史人物的敬仰，以及自己壮志未酬，痛恨跋扈边臣毁坏边疆安定的情怀。

值得一提的是，邓缵先还修方志，撰写游记。他负责编修的民国《续修乌苏县志》（1920年）、《叶迪纪程》（1921年）、《叶城县志》（1922年），两本县志与一本游记，成为研究民国早期重要的历史地理著作。称邓缵先为历史地理学家一点不为过。

民国六年（1917年），署县知事邓缵先"奉训令编辑县志"，翌年脱稿，两次呈送督军兼省长杨增新审阅，民国十年（1921年）出版印刷，现国内部分大图书馆、档案馆有藏本。全书分上下二卷，设有建置、地理、食货、职官、教育、交通、杂录七类，下有44个子目，配有县境图和县城图各 1 幅，沿革表、职官表各 1 张，共 3.8 万字。民国《续修乌苏县志》内容和体例大大超过只有几千字的《乡土志》，是新疆民国时期县志编纂的范例，是新疆民国时期最早刊印发行的县志。

值得一提的是，新疆地处边塞，历来"志乘阙如"。尤其在民国时期，志坛沉寂，未进行过较有规模的修志活动。虽然在民国 32 年（1943 年），当时主政的盛世才曾有过编修《新疆通志》之倡议，而且聘请了国民党党史编纂委员会编辑钱海岳夫妇来新疆主持这一工作，但此举犹如昙花一现，从酝酿到讨论，时仅两年，连篇目都未能制订，便因"政局不稳，人才缺乏"而停顿了。幸好当时少数有识之士，凭着他们的远见卓识和对修志传统的执着精神，纂修了一批兵要志和县志，尽管大多数未能刊印，但毕竟填补了新疆当时志坛的空白。邓缵先的《乌苏县志》就是其中的代表作。其历史地位是后世值得称道的①。邓缵先编辑《续修乌苏县志》二卷，民国七年（1918年）修民国十年（1921 年）石印本，后收录在西北稀见方志文献续编中，成为研究北疆乌苏县不可或缺的历史地理著作。

有关《续修乌苏县志》的具体价值，兹举两例说明。1918 年邓缵先的《续修乌苏县志》卷上记载新疆尚有虎。后来的文献记录和新疆虎频现传闻，成为民国时期虎并未在新疆地区彻底绝迹的重要证据。从《穆天子传》的记载到后来新疆的方志，表明当时南疆一带野生动物众多，有老虎出现活动。这也成为今天我们研究新疆地区野生动物重要的参考文献。

邓缵先编写的《乌苏县志》卷上的"物产"篇中记载："柳华为本境特产，系老柳丛生，结花，入夏碧绿，花小榻叠，似含苞之菊，味苦，沦可当茗，性至凉，能解暑，中热宿醒者，宜之，人称柳花

---

① 廖基衡：《邓缵先和〈乌苏县志〉》，《新疆地方志》1991 年第 4 期。

茶。"地处新疆乌苏市城区八十四公里处的北疆重镇古尔图,自公元六世纪起就是我国北方各民族重要的游牧地,清朝曾是蒙古族王爷的封地,这里生长的一种名为白柳的柳树上结的柳花可入茶,据说这在野外自然生长的"柳花茶"就是清代新疆的贡品之一。柳花茶每年的产量只有四万吨,因为它一直在野外自然生长,人工基本无法操控,因此根本无法提高产量,柳花茶也就无法作为商品进入市场流通。邓缵先的《乌苏县志》实际上是编纂于清代宣统年间的《新疆图志》卷 52 的延续,"库尔喀喇乌苏土产柳花,花尖瓣重叠,与叶同色,以之待茶,胜于龙井,色绿香清而性凉,能涤腹垢,淌三焦邪火。乾隆年间及光绪二十八年以之入贡。"库尔喀喇乌苏就是今天的乌苏市。柳花茶驰名中外,邓氏记载可谓重要,是今天我们研究新疆历史时期物产变化的重要史料,对今天重新打造新疆名土产价值意义重大。

《叶城县志》是邓缵先撰写的第二部县志。在《叶城县志》中,最具价值的是邓缵先写的边情日记,题为:"调查八扎达拉卡边界屯务暨沿途情形日记。"在巡边日记中,邓缵先起笔便勾勒出将巡关卡的地理位置:"卡在叶城县西南一千二百八十里,西距喀什道治一千九百二十里,北距省治五千四百六十里,与坎巨提交界,亦可通往印度国,防边戍边关系重要。"再讲调查的原因与目的:"近复有坎人越界偷种情事,奉命往查晓谕阻止,并招募缠布各民,前往开垦,以固边围而免侵越。"由叶城进入喀喇昆仑山的道路十分险要,有人以天寒路险为由,劝告知事邓缵先不要轻身前往边卡。邓缵先答曰:"危险者境也,处境者心也,常存此处处有危机之心,则恐惧修省,自可转危为安;常存此时时有险象之心,则思患豫防,自能履险如夷。况该处并非人迹所不能到者,何虑焉?"有人说前官员从未到过边卡,邓再答曰:"此卡既为中国土地,主权所在,任得任听坎人越界偷种。此次我为实地查勘而来,不能半途而止也。"

帕米尔高原山高雪多，流急沟深，气象复杂，风光奇美。这些在邓缵先的日记中都有出色生动的描述。"十七日巳初，由港换马向南行。大石路，两岸复嶂，河流夺山而出，水性怒而湍急。终日行山根，河排路仅数寸。迂曲盘旋，十步五折，或左或右，涉是河者四十二处。"到了二十四日，邓缵先进入了真正的险境。"有一处仅数里，崭绝如削，又如悬镜，从中间过，险阻异常，不能停足，一停足则碎石滚滚下坠，勇夫色骇，壮士股栗，虽老子之牛应将却步，王尊之驭未敢前行。土人云：前清时此路最险，前导先用长绳系在巨石间，各攀援绳索步步移去，又用毛带束两腋引而纵之，以防其坠。倘人马一跌不可收拾。闻者莫不咋舌。"

行道难，也难在气候多变。16天后，即三十日正午，邓缵先到达八扎达拉卡，风起雪飘。次日又翻越一雪岭，土人云："此处夏间常雨，七月飞雪。""此去石霍叙，山中多瘴气，感之头昏涕流，脚软腰痛。曰瘴气者，邪气也，正气不足而邪气乘之，携带药物备豫不虞而已。"

作为边境县知事，邓缵先在实地考察后对划界有一番宏论："谨按中坎分界当以星峡为限，水流出坎巨提者属坎地，水流入县河者属中地。星峡分界中外，分明诚天然界限也。检阅旧卷，光绪二十五年有以玉河为界之议。如果斯言实行是不啻将玉河流域断送于人，更不啻将玉河两岸地方断送于人。玉河水源不一，支派分歧，若以玉河为界，纠葛愈多，得寸进尺越占无厌。且玉河为叶尔羌河，莎、叶、皮、巴等县人民命运攸关，若以玉河为界，始则占我河西南土地，继必占我河东北土地，甚成秦泾水毒赵堰遏流，将莎、叶、皮、巴等县数十万生灵受制于人，其贻害曷有极哉。"[①] 叶城地处喀喇昆仑山南麓，新藏公路零公里处，与印控克什米尔仅一山之隔。《叶城县志》

---

[①] 邓缵先：《叶迪纪程》（不分卷）附录"调查八扎达拉卡边界屯务暨沿途情形日记"。

附录中有这样一段记录："1962 年，为解决中印边界问题，有专家携带民国时期的《叶城县志》来叶城，县委书记薛义峰得知后，组织人员星夜抄录，遂留下这一珍贵资料。这本《叶城县志》共 8 卷，残留 4~8 卷，5.3 万字。"邓缵先 1920 年撰写的巡边日记，1962 年在中印边境之争中派上了用场。来自北京的专家就带着邓缵先所作的《叶城县志》，以其巡查边情的报告作为领土之争的重要依据。只要中印边境线没有尘埃落定，邓缵先的巡边日记就不会过时①。

1921 年钤印的《叶迪纪程》（不分卷），是今天研究从叶城至乌鲁木齐沿途道路、桥梁、历程，以及沿途各县人口、风土人情重要的参考资料，其价值同样重要。

总之，民国时期的新疆重要的地方基层县一级的长官邓缵先，恪尽职守，为国捐躯，不仅是动乱时期的政治家，也是以文载史、以史保土，为维护祖国的领土完整做出贡献的学者。文学家、历史地理学家的称号其受之无愧。

---

① 崔保新：《沉默的胡杨——邓缵先戍边纪事（1915~1933）》，社会科学文献出版社，2010，第 180~185 页。

# 第二部分
## 思想研究

# 纪念邓缵先理论思考

苏全贵[*]

邓缵先何许人也？为什么要纪念他？

邓缵先（1868～1933年），广东省河源市紫金县蓝塘镇布心村人。民国三年（1914年），时年46岁的邓缵先应考被委派到新疆任职，告别父母妻儿进疆，历任新疆乌苏、叶城、疏附、墨玉、巴楚等5县知事，戍边18年仅回家省亲一次。1933年，65岁的他在新疆一次动乱中捐躯，壮烈殉国在反对民族分裂的第一线，同时遇难的还有他的儿子、儿媳和三个孙子。他一生没有留下任何遗产（连现存故居祖屋都是其父辈所遗），却给后人留下了"戍边之功、爱国之德、崇廉之品、立身之言"，被誉为边疆史学家、著名边塞诗人、近代爱国清官、戍边捐躯壮士。

其实，30年前，我在新疆某大学学习期间，就从《近代西域诗抄》一书中知道了他的大名。那时，只感觉他的诗词厚重沉凝，功力深厚，字里行间，如天山响雷，在空谷回响，似塔里木河流水，坚韧绵长，读之令人血脉贲张，思之使人余味隽永。

邓缵先的诗词能在我心中打下深深的印记，可能与我的经历有关。11岁时，我从陕西关中平原的一个小乡村来到了帕米尔高原脚

---

* 苏全贵，中共河源市委常委、市纪委书记。

---

下的绿洲明珠——喀什。因为父母大学一毕业就放弃优越的城市生活，到边远贫困的祖国最需要的地方工作了十几年，我必须要跟随父母生活。从此，这块土地给我滋养。昆仑山的雪水浇灌的沃土，古丝绸之路上散落的文化珍珠，维吾尔族的左邻右舍对我们生活上的呵护，特别是同邓缵先一样，我们的父母那一代人把青春和最美好的年华献给大漠、戈壁，献给新疆，他们无怨无悔践行着自己年轻时对党、对国家的承诺和誓言的平凡举动，潜移默化地渗透在我心间，影响着我的成长。

我大学（1982～1986 年）读的专业是维吾尔语，这是一般人难以理解的。因为当时已处改革开放大潮，年轻学子向往在沿海开放地区发展，我的专业选择意味着要永远留在新疆。我的大学实习也是特别的，住在新疆北部伊犁地区一户维吾尔族农家近半年，给他们当儿子，同吃、同工、同炕，向他们学语言，学生活。维吾尔族农民善良、纯朴、幽默、能歌善舞、达观的品行，使我受益匪浅。

大学毕业留校不久，1987 年，我作为自治区支教讲师团成员又到了新疆最偏远贫困的和田，与当地人民一起生产、生活整整一年，借助我所学专业教维吾尔族学生学习汉语。目睹当地农村贫困、人才短缺、宗教盛行、党的基层组织涣散、汉族知识分子思走的现状，我忧心忡忡。我先后到区政协、区党委工作，给少数民族高层领导当秘书，从更高的层面观察新疆，认识新疆。1997 年，我工作调动至广东省人大，后转至省纪委工作。2011 年组织又安排我担任河源市委常委、市纪委书记。

无独有偶，我任职的河源市，正是邓缵先的家乡。2011 年 3 月，《南方日报》的一篇书评推介了邓缵先的事迹。7 月末，受广东援疆前方指挥部总指挥李水华的邀请，我赴乌鲁木齐参加"粤新百年边疆民族情座谈会"，了解到在当前国家援建的大背景下，邓缵先被誉为大漠胡杨，媒体称他是百年广东援疆第一人。时任河源市委书记的陈建华到邓缵先家乡调研，也被他戍边 18 年、为国捐躯的事迹所感动，当即赋诗一首：紫金邓缵先，大漠一胡杨。西域存风骨，坚挺三千年。今年正值邓缵先为国英勇捐躯 80 周年（1933～2013 年），河源市委常委会作出决定，在河源召开邓缵先精神研讨会，并为邓缵先纪念馆揭幕。同时，市纪委也将纪念馆作为爱国主义和廉政教育基地。

为什么要纪念邓缵先？我想，首先是他的精神。什么是邓缵先精神？时代为什么要呼唤邓缵先精神？邓缵先为国家和民族留下了什么宝贵精神财富？我以为，邓缵先精神可以概括为以下六大观念：

**一是经营发展西域的历史观念**

中国中央政府自西汉神爵三年（公元前 59 年）即在西域设置管辖机构，西域由此成为中国领土神圣不可分割的组成部分。同时，西域也被中华二十四史或繁或简连续记载着。2000 余年的新疆史，既是一部中国经营发展西域的历史，也是一部各民族共同开拓的历史。

邓缵先不仅通晓中华史，对中国经营西域史亦烂熟于心。他创作的诗词中，不仅有长达百韵的《述古》长诗，亦有气势磅礴的《镇西歌》壮吟。"汉皇遣使通西域，镇西旧称蒲类国。纪功裴勒永和碑，斩馘姜铭贞观石。西陲屏蔽隶版图，世为臣仆声教敷。"他认为，经营西域除"武功挞伐强夷慑"外，还须"文德抚绥远人至"。

新疆归属历来是中国历史上的大是大非问题，新疆是国家安全屏障，是国家核心利益所在，一旦外敌染指西域，历代中央政府在维护国家安全利益上毫不手软："从来漠北本汉地，恢复还将用兵器。"身为边吏，负有守土之责，在国土受到践踏时，他自觉忠于职守，视国土安全高于生命，其思想观点，在今天看来，仍具现实意义。

**二是五族共和的民族观念**

中华民族有着 5000 年绵延不断的历史，数以百计的民族如同江河归海最终融入华夏民族，形成相互依存、你中有我，我中有你的血脉关系。清朝以来，满、汉、蒙、回、藏五族荣辱与共的共治格局，使中国继续保持着泱泱大国的地位。

中华民国的创立，开创了中国近代史的新纪元。但积贫积弱的国势，使帝国主义的魔爪纷纷伸向中国，武力威胁，经济掠夺，主权丧失，边疆危机四伏。1914 年，邓缵先受国家派遣来到新疆，承担治疆安边的使命。他深知，五族共和是中国立国之基，民族团结是新疆安定之本。

当时，中国的危机在边疆，边疆的危机在新疆，新疆的危机在南疆，南疆的危机在吏治，南疆的安宁在民族团结。从 1918 年至 1933 年，邓缵先先后在南疆的叶城、疏附、墨玉、巴楚担任了四个县的县长。他在诗中写道："不羡于阗千竿玉，不爱敦煌三寸珠。愿得蚕筐茧如甕，川原畜养羊如驹。吏胥不扰衣食足，老死不见戈与殳。我亦脱巾高树下，欣然为写豳风图。"不爱财，只爱民，行善政，不扰民，邓缵先完全融入百姓之中了。正是有像邓缵先这般博大的民族观，才有万方乐奏有于阗的大中国。

**三是反客为主的家园观念**

中国是一个地广万里陆海兼具的大国。开疆拓土，马背立功，四海为家，屯垦戍边，是中华民族的灵魂。在邓缵先的诗中，中华魂熠熠生辉："壮志如何？男儿负壮志，立功西北陲。投鞭万里去，骏马如飚驰。愿携鸾为群，不与鸡争食。壮游如何？雪净汉关秋，三边许壮游。酪浆甘似醴，毳屋小于舟。王粲离家久，班超返不愁。聊将征戍事，笔录付庚邮。"一个人的历史地位，不在于他的官阶和财富，而在于他有没有壮志，敢不敢壮游。邓缵先不甘做蓬间雀，愿携鲲鹏遨游天际，愿法王粲、班超建功西域，青史垂名。

邓缵先 60 岁那年，紫金的家人为他购置了一处寿地，催他叶落归根。邓缵先修诗一封，倾诉夙志："我年近六十，修短听诸数。即今归泉台，解脱无恋慕。"他对生死是何等的洒脱！"蚕丝吐未尽，春深蚕不眠……迂腐读藏经，贪鄙诚可怜。"他于人生是何等的超越！

新疆虽是邓缵先的第二故乡，但那是他皈依的精神家园，他远离故乡和亲人，辗转万里，反客为主，甘愿黄沙埋骨，魂萦西域。

**四是重农兴业的民生观念**

农业是百业之基，耕稼是民生之本，蚕桑是致富之道，国税之源。邓缵先在疏附县写下春夏秋冬《耕稼词》，春天勤劝农功，修葺官仓；夏季水车辘辘，助苗灌浆；秋来麦黍入场，瓜果飘香；冬闲呼儿抱孙，牛饱怀犊。读罢邓缵先所描绘的农家乐，方知治世不易。知事不但要懂农业，知农时，催屯耕，收税赋，而且要关心百姓的粮仓、牲畜、房舍、炭火，可谓事事上心，无微不至。

写罢《耕稼词》，邓缵先再作《蚕桑词》："……舍北种桑千百株。春回大地花满路，……墙隅缲车轧清响，邻妇欣欣迭来往。织成贫女五丈布，换取富家三尺缯。……幸逢丰稔衣食足。噫嘻！趁此冬为岁之馀，农暇儿孙须读书。"农业丰，仓廪实，百业兴，富民生。若要知礼节，儿童不能不读书啊！在邓缵先心中，教育亦是民生之大事。

**五是廉洁奉公的执政观念**

邓缵先在新疆的18个春秋中，先后出任了五个县的县长，他克己奉公，廉洁自律，兢兢业业为民造福，在民间留下了很高的口碑。在代理乌苏县知事任上，他写诗给老师蓝湘湄："夙荷师承须洁己，冰渊心迹一尘无。"人有人品，官有官责，"官要读书作，心如为政纯"，这是邓缵先做官的官箴。

邓缵先曾以《吏》为题赋诗："千古清廉海忠介，高风人颂玉壶冰。"清官千古流芳，贪吏遗臭万年，此乃春秋铁律。邓缵先言行一致，对自己"薄田三亩宅一区，溴粮无储乐有余"；对百姓"借问荒碛胡为乐？经岁不闻贪吏呼。"在离任叶城知事时，"父老子弟壶浆饯送，十里五里，长亭短亭，至玉河边，犹留恋涕泣。"清官还是贪吏，利己还是利民，老百姓心中有杆秤。

在中华文化中，做官先要做人，武官不怕死，文官不爱财，执政要爱民；大丈夫威武不能屈，富贵不能淫，贫贱不能移，邓缵先做到了。

**六是反对分裂的国家观念**

新疆位于不同文明的冲突地带，分裂与反分裂的斗争自古有之。1920 年春天，邓缵先在"调查八扎达拉卡边界屯务暨沿途情形日记"中写道："该而古奴牙系中国土地，主权所在，何得任听坎人越界偷种。此次我为实地查勘而来，不能半途而止也。"国土是一个民族的生存空间，国土是血与火的结晶，国土花钱买不来，一寸国土胜过一寸金。

邓缵先在巡边日记中写道："疆界如何？曰：玉山资保障，星峡固边陲。险阻如何？曰：保邦非特险，谋国不忘危。边防如何？曰：竟误鸿沟割，须防虎视眈。善后何策？曰：羊亡牢可补，牛壮牧应求。"疆界巩固，边防安危，排难除险，善后有策，邓缵先戍边有方。

1933 年，分裂势力在新疆兴风作浪，塔里木盆地犹如烧红的铁锅。邓缵先在这场波及全疆的动乱中，临危不惧，坚于职守，勇敢地站在反对国家分裂的前线，在暴徒的大头棒下，大义凛然，口呼"君子死，必正其衣冠"，凛然殉国，浩气长存。作为反分裂的斗士，在领土纷争上，分寸不让，寸土必争，宁可玉碎，不为瓦全。

邓缵先在边疆身体力行的六大精神遗产，可归结为六大认同，即：历史认同，国家认同，民族认同，文化认同，家园认同，道德认同。这正是新疆长治久安的六大基石。我们今天纪念邓缵先，就是要继承邓缵先的精神遗产，发扬邓缵先的文化精神，以此化作实现中华民族复兴大业的正能量。

故此，我们要纪念他！

# 邓缵先在新疆的历史贡献对
# 我们的启示

茆永福[*]

在新的历史条件下，维护边疆稳定面临着新的挑战，需要新思维、新办法和新视野；感谢《沉默的胡杨——邓缵先戍边纪事（1915~1933）》的作者为我们还原了历史上的邓缵先，为我们提供了历史人物参考。历史为我们提供了许多类似场景的时空组合，而过往的经验、教训对今天仍然有着不可忽视的借鉴作用。在当前"援疆大政"背景下，怎样选拔"援疆"人员？如何把"献身大漠"变成援疆人员融于生命的追求？总结邓缵先在新疆的历史贡献，我想对我们今天会有很多启示。

## 一 邓缵先献身大漠源于融于生命的追求

《沉默的胡杨》所书写的是广东人邓缵先对新疆的历史贡献。邓缵先的这段历史被尘封了 90 多年。崔保新先生不辞劳苦，万里奔波，在广东、北京、新疆、南京等地档案馆辗转往复，在喀喇昆仑山下实

---

[*] 茆永福，新疆维吾尔自治区党委政研室原副巡视员，现任江苏经贸职业技术学院专聘教授。

地勘踏，在邓缵先的家乡做田野调查，终于让沉默于塔克拉玛干大沙漠如胡杨般的英雄邓缵先重现天日，绽放出绚烂的光华。胡杨是一种能在戈壁沙漠中生长一千年的树种，而且，即使干枯了，也照样能屹立千年不倒，一旦倒下又能够千年不朽。

《沉默的胡杨》一书中所记述的邓缵先，是广东紫金的客家人，15 岁考中秀才，民国初年出任紫金县议会议长。1914 年参加中央政府为新疆专门举办的第三届知事试验，列取乙等，分发新疆。他在新疆工作 18 年，先后担任乌苏、叶城、疏附、墨玉、巴楚等五个县知事，1933 年在任巴楚县长时被民族分裂势力杀害，享年 65 岁。和他同时遇害的还有他的儿子、儿媳和一个年仅 12 岁的孙子。他为了他挚爱的新疆，献了终身献子孙。他牺牲了，在南疆倒下了，却又是永生的，是永远耸立在高原上的顶天立地的戍边英雄。邓缵先遇害距今已有 80 年了，他在家乡的三个孙子邓富迪、邓富楚、邓富新分别是 82 岁、78 岁、77 岁的老人，尽管他们的名字为爷爷所起，但他们谁也没有见过远在天山脚下的爷爷，更不知新疆的迪化、巴楚是什么模样。

富强新疆，富裕新疆人民，既是邓缵先 47 岁远赴新疆的志向，也是他 65 岁仍留在新疆的原因。他胸怀"男儿当报国，头白奋长途"的志向，西出阳关"愿携鸾为群，不与鸡争食"；为说明邓缵先的抉择，作者在书中带我们"移情于邓缵先所处的那个时代，从时代风尚和个人文化背景方面做一番考证"。首先，他认为："那时清皇朝已被推翻，民国初开，广东作为资产阶级革命的发源地，社会精英和民众是何等振奋。国家需要人才，边疆需要守卫和建设，这是每一个士子义不容辞的责任。邓缵先此时选择逃避，与时代氛围不合。"其次，"邓缵先是广东紫金的客家人。中国民主革命的先驱孙中山先生就是客家人，他的祖居地就在紫金。在广东，客家人是一个特殊的群体。客家人传承了魏晋南北朝时期精神大解放、个性大自由时代的基因，性格上豪迈放达，无拘无束，自由开朗，达观进取。客家人做人有骨气，敢说敢为，冒险犯难。客家人顾国不顾家，国比家大，甘为国家献出宝贵的生命。客家人重义轻利，见利思义，不取不义之财。客家人并非不食人间烟火，他们也重功利，但他们心中的功利，不仅仅是财富，还包括光宗耀祖、流芳百世等身后之名。他们重视机会，看重价值，不恋故土，乐于迁徙，处处为客，时时为客，反客为主"。由此看来，"若邓缵先此时留恋故乡，不愿报国于沙场，与客家人的精神不符"。献身大漠就成为他源于融入生命的追求。作者继续分析道："邓缵先出生官宦世家，虽然先贤官位不高，但耕读传家，封官荫子，光宗耀祖的家族传统代代相传。"邓缵先6岁识字，14岁离开家乡入读丰湖书院，一家人省吃俭用，盼的就是他考取功名的一天。然而，在中国沿用了1000多年的科举制度，到他这一代被废除了，通过读书入仕的路子被堵死了。于是，作者说："如今，他有机会考取了民国官员，自己和家族多年的理想实现了，祖上诗书传家的文脉接续了，可以在仕途平台上干一番大丈夫的事业了。若邓缵先此时放弃，与家族观念相悖"。更重要的是，中国的立志教育是从幼儿时就开始的。无论《三字经》《千家诗》《增广贤文》，还是"四书""五经"等儒家经典，都为学子树立了很多雄才大略的榜样。在这些人中，既有少年得志的豪杰，也有大器晚成的英雄。内务部颁发的"列取乙等，分发新疆"的任命书，对于邓缵先的家人可能是喜忧参半，对于早已熟知投笔从戎，仗剑西行，文人出塞，在马背上建立功业掌故的邓缵先而言，便是另一番心境了。若邓缵先此时选择拒绝，则与他终生奋斗的目标相左。最后，作者客观地分析："录用国家官员，毕竟有了稳定丰厚的俸禄，名利双收。于家人只有好处，没有坏处。"所以，作者总结道"至于北方气候干燥寒冷，饮食粗糙，人文环境迥异，还有那些儿女情长，与天下兴亡，匹夫有责的信念相比，与邓缵先的政治抱负相比，又有几分重量？"他选择到新疆，是"男儿负壮志，立功西北陲。投鞭万里去，骏马如飙驰。愿携鸾为群，不与鸡争食"。

## 二 "蚕丝吐未尽、春深蚕不眠"是邓缵先献身新疆的精神写照

　　邓缵先是对新疆，对国家民族有贡献的先贤。他以博大的胸怀和务实爱民的精神，反抗外国侵略者，开启边疆民智，团结各族人民，深受民众爱戴。"蚕丝吐未尽，春深蚕不眠"是邓缵先献身新疆的精神写照；他辗转经营南疆18年，作为一个政治家，却留下了两部县志，两部诗集，一部游记，我们透过这些著作，可以看到邓缵先不是为修志而修志，他修志是为了熟悉新疆的风土人情和新疆的历史地理状况，为了当时的建设和发展，弄清楚当地曾经发生的一切；这些资料今天已经成为研究民国新疆史的珍贵文献。作者在书中是这样描述邓缵先的：邓缵先到了当时新疆的省会迪化，就开始思考，如果到民族聚居区，"不问风俗，不知宗教，不懂方言，简直寸步难行"。为了过好上述三关，他就开始续修乌苏县志。作者写道："风俗、宗教也好，方言也好，写出来总比说出来难，入志更要考证精确，表述严谨。邓缵先一开始就对新疆独特的风俗、宗教、方言做足了功夫"，正因为他胸怀大志，立志修志，不仅修成了一个民俗专家，而且，修成了一个受新疆各族人民爱戴的好官。在《叶城县志》8卷中有邓缵先"当年写的日记，题为'调查八扎达拉卡边界屯务暨沿途情形日记'，共计7600余字。'巡边日记'是邓缵先在马背或牦牛背上观察、构思，在与边民与守卡将士交谈，在审讯越境偷种者，在帐篷或民房中秉烛撰写的。它不但是一个边情调查报告，也是喀喇昆仑山北麓地形、地貌、气候、动植物、物产、矿藏、道路、河流、边民、哨卡等考察报告，迄今仍具有极其珍贵的史料价值"。更在他身后向觊

觎者义正词严地宣告祖国疆土不可侵犯，成为新疆边界争端中维护国家主权尊严的有力证据。如果没有献身精神，有哪个边吏能像邓缵先那样敬业，不辞辛苦？

邓缵先原来沉睡在历史的烟尘中，经过作者对邓缵先在新疆南部生活、任职 18 年的地区进行实际考察，再以邓缵先诗作中对这些地方的历史状况、风土人情以及相关地理特点加以复原。把分散零乱的资料集中、连缀，把历史的碎片拼接复原，完成了对邓缵先的生命回顾和一个个感人的生命事件的再现，以一个个鲜活的生命形象，诠释邓缵先大爱无疆的奉献精神，作者通过缜密的分析研究和严谨的逻辑推理，把掌握的图书资料和活生生的实地考察结合起来，使邓缵先活生生地站了起来。邓缵先经过了新疆的"治世桃源"，又陷"乱世绝地"，使读者的心灵受到震撼，发现邓缵先永恒的生命价值。

邓缵先是客家人，客家人"常怀四方之志"，邓缵先来到新疆，他的心早已融汇在天山南北的戈壁、草原、河流、雪山与田园之中。他乡久居成故乡，他把边陲视为自己的家乡，把新疆各族人民视为自己的亲人。诗抒情，诗言志。这种情怀早已融注在邓缵先的边塞诗和抒情诗中。从他的诗作中，我们清楚地感知到他那深挚的边塞情，触摸到他那颗炽热的赤子心。尤其是在当前，举国上下为全面建设小康社会，努力构建和谐社会，在各族人民为开发西部而努力奋斗的时候，像邓缵先这样的戍边英雄，爱国先贤和人民诗人，当然值得后人敬仰，并为他树碑立传，传唱赞歌。现在，又适逢中央大力实施"援疆大政"，此时来宣传学习邓缵先这样的先贤，具有更重要的现实意义。

邓缵先以诗言志，言为心声。作者征引邓缵先的诗作，不仅成为邓缵先立传的可贵材料，同时也为读者提供了获得审美情趣的源泉。如引用邓缵先的《乌苏县斋书事》一诗后记："春耕时节，一位身穿粗布衣的长者，骑着毛驴，到乡间察看桑麻，两脚泥泞，席地而坐，与农夫话家常，议农事。这或许就是邓缵先的工作照。"

邓缵先历经艰辛，最后为国捐躯，尸骨无存。这种悲剧美，在书中也得到了相当动人的描述。邓缵先，一位把整个生命献给了新疆边塞的客家人，一位为维护国家尊严与领土完整的戍边义士，一位终身以正直、廉洁持身，外圆内方的政府官员，一位笔耕不辍、苦心编修的地方志学者，一位把一生的激情、壮志与诗心融汇于上千诗文中的诗人——他，当是"以诗证史"的身体力行者。他以他的功业，他的一生，他整个的生命，证实了这样一部历史。一位客家人，始终以"祖宗言"安身立命，在千里关塞外，亦以"治国安邦平天下"为己任，最终用自身的鲜血染红了万里边陲。一如他的诗所写——"我家久居粤海滨，海上明月如相亲。"这立即让人联想到张九龄的名句："海上生明月，天涯共此时"的空阔境界，既写了他的"出身"，也展现了他的胸怀。所以，才有"寒风吹断天边树，飞霜时节送君去。去时怜君车马劳，苍茫月满天山路"。《明月出天山》是他奉命戍边的自我写照。历史，就凭此诗而展开了。于是，志趣之高远，跃然纸上。

## 三　邓缵先在新疆的历史贡献对我们的启示

在中国行政官员体系中，县官总被称作七品芝麻官。县官虽小，但他们所肩负的政治经济社会的责任重大，尤其在边境县、贫困县工作的县官们，他们既要保境，又要安民，平安工程和繁荣工程两个轮子要一起驱动。孙中山先生曾经说过，不要争着做大官，要争着做大事。县官是一个小官，但它是一个做大事的舞台。芝麻官邓缵先知事就是在这个舞台上做出了大事的人。我们今天研究他、纪念他，都源于他做大事的气魄和远见。

崔保新善于将历史与现实相互贯通，应用大量史料说明：可爱的新疆——治世桃源，可怕的西域——乱世绝地。新疆不能乱，新疆也乱不起，乱了对谁也没有好处，这是一再被验证的历史经验。

在沙海浩瀚的塔克拉玛干大沙漠，胡杨维系着绿洲的生态平衡。2009年乌鲁木齐"7·5事件"发生后，胡锦涛到新疆视察时，勉励新疆的干部要发扬胡杨精神，扎根边疆，造福人民。事实上。在新疆工作的绝大多数干部像胡杨一样，扎根荒漠，守护家园，奉献青春。胡杨精神不仅是新疆精神，更是中国精神，它穿越时空，古今皆然。

邓缵先是广东和新疆人民共同的儿子，他既是傲立于沙海的胡杨，也是挺立在南国的红棉。今天，邓缵先已成为广东和新疆的文化纽带和客家人援疆的精神财富。我们不能让邓缵先的历史文化价值湮没在浩瀚的史籍中，而应该以更宽广的视角审视研究和评价他，正如作者所说："……写作《沉默的胡杨》，又是一种境界，就是寻找丢失的历史，纠正歪曲的历史，我觉得这是我的历史责任，或者说是生命价值。眼下，许多人们都在追逐利益，计算现实，他们问研究和记录历史的意义何在？我笑而不答……"；"……我们共同之道，就是敬畏历史，对历史负责。对历史负责，写作就不敢浮皮潦草，马马虎虎，妄下论断。"

邓公曾在民国十五至十六年（1926～1927年）任过两年知事的疏附县，今天成了广东省对口援助的县市之一；只是不知此时此刻我们想起邓缵先，想起那个时值壮年、踌躇满志的广东客家人在边陲小县圆的报国之梦该做何感想。如今令人欣慰的是，中央一系列的援疆惠民政策正在不断实施，昔日，邓公治下的子民后代正在邓公故里打工、创业、增收、致富。有朝一日这些"蓝领"会成为建设家乡的"白领"。国家援疆工作会议制定的资金援疆、干部援疆、民生援疆的战略决策，一定会极大推进边疆的稳定和快速发展，一定会更快地促使边疆少数民族的繁荣富裕。

叶城县原书记何利民希望大家多做一些"复兴文化软实力"的

实事。如果把"文化作为一个国家和地方的软实力"这个命题研究透彻、大家都来发展和繁荣历史文化，共同推进围绕在这个大课题下的一系列子项目，可以想象"域大文大"带来的文化成果让全体人民共享的时候，新疆将是一个何等繁荣的丝路乐舞盛世。

时间如乐章，空间如音域，个人只是乐符。只要中华民族不亡，新疆乐章便后谱有人，永无休止。1915～1933 年，广东客家人邓缵先用生命在中华新疆乐章中留下了自己的乐符。虽然时过境迁，但乐符中的思想光辉与生命跃动仍让后人感动不已。

鉴古察今，新疆与祖国似乎存在这样一条逻辑：就地缘政治而言，新疆安全，西北稳固，中央无虞；新疆丧失，西北难保，中央危殆。就内政外交而言，新疆稳固，外敌难侵，国土不失；新疆大乱，外侮必至，丧权失土。就经济发展而言，新疆贫困，中国难富，新疆富裕，中国必强。就新疆与中央关系而言，中国不能没有新疆，新疆不能不靠中央，二者唇齿相依，休戚与共。正如张治中将军在总结和检讨新疆历史的演变及历代中央治疆政策时说："从这两千多年的历史看来，新疆和中央有悠久的历史关系：新疆之归中国领土，早在两千年以前，这是全世界公认的事实。第二个事实，就是只要中央力量顾不到的时候，西域也就没有一天的安定。人民痛苦到了极点。中间只有中央力量达到的时候，才得到安定。"他说之所以要说明这个事实，就是要提起大家对这种历史的惨痛教训的警惕。他思考的是："今后如何避免过去惨痛历史的重演，如何为新疆奠定千万年长治久安之局。"他认为："这是我们对历史所应负的重大责任，对列祖列宗与子孙万代所应负的重大责任。"他语重心长地对大家说："大家想想看，在过去两千多年的历史上，变乱相寻，彼争此夺，毁灭了多少生命，多少财产，多少幸福！使人民增加了多少损失，多少痛苦，多少牺牲！如果今后还是重蹈两千多年来的覆辙，那我们就无法向列祖列宗交代，也就必然成为子孙万代的罪人了！"

新一轮对口援疆启动后，胸怀深厚援疆情的岭南儿女一批又一批地来到喀什，来到邓公第二故乡，为发展、为民生真情奉献，"负壮志，立功西北陲"的抱负和作为一定会胜出前辈。

古有郑板桥"一枝一叶总关情"。新时期党中央也要求我们所有的党员干部要"情为民所系、利为民所谋、权为民所用"。这三句话的关键是"情为民所系"。"情为民所系"是"利为民所谋、权为民所用"的基础。真情真心是邓缵先履职新疆的情感基础。邓缵先以真情真心爱新疆。有许多他的诗作中如数家珍地描写了新疆的美丽和辽阔。新时期援疆工作的核心是感情援疆、科学援疆，切入点和着力点是解决民心和民生。在大建设、大开放、大发展的热潮中，广东速度、深圳速度、深喀效率真的是风生水起，这里也蕴涵着许多"常怀四方之志"的客家传统报国风范。

研究邓缵先，旨在高度重视和发展地域文化，文化是软实力，关键时刻则维系国家安全、领土完整。

邓缵先是客家人。客家经济、客家文化是世界瞩目和研究的重点，对邓缵先准确的历史定位，必定会引起海内外客家人的关注，客家人重礼仪、重孝道，邓公在新疆奉献、逝去，客家的海内外商贾名流、文人墨客来新疆，到喀什必定要对邓公进香、谒拜，带动喀什的大旅游、大投资。阿基米德曾说过，"给我一个支点，我可以撬动整个地球。"以邓缵先献身大漠的精神为支点，我们就可以撬动新疆的跨越发展，建设一个和谐的大中华。

# 客家先贤治边思想研究：
# 以邓缵先与黄慕松的比较为例

周云水*

在中国边政史上，出现过很多治边有方的客家先贤，其中民国时期尤其值得关注。同为广东客家人的黄慕松与邓缵先，几乎是在同一时期与新疆的边政发生了关联，虽然两人的身份地位悬殊，但在治理边疆地方的问题上观点却又如出一辙，这显然不单是巧合，而应与他们共同成长的客家文化土壤有着密切的关系。本文试图从两者的共性与差异中，解读客家传统文化视域内的边政理念。

黄慕松是"中华民国"成立以来"进藏的地位最高的官员"①，通过他的努力，中央政府与西藏地方的直接联系得以恢复，在中央和西藏的关系史上树立了一个重要的里程碑。② 关于黄慕松入藏致祭的过程和意义，已经有数篇论文和回忆录进行了详细的论述或

---

\* 周云水，广东省普通高校人文社会科学省市共建重点研究基地嘉应学院客家研究院研究人员，博士，主要研究客家文化与社会变迁。
① 黄玉生、车明怀：《西藏地方与中央政府关系史》，西藏人民出版社，1995，第245页。
② 王海燕、喜饶尼玛：《黄慕松入藏致祭慰远述评》，载《安多研究》，甘肃省藏学研究所编，2005，第44～59页。

记载。<sup>①</sup>但就黄慕松出生和成长的家庭背景以及客家文化对他的治边策略有何影响方面的问题，为何至今无人探讨？邓缵先 47 岁那年被中央政府派遣不远万里到新疆戍边安民，先后出任乌苏（1915 年）、叶城（1919 年）、疏附（1923 年）、墨玉（1927 年）与巴楚（1932 年）五个边境县知事。<sup>②</sup>一般人都会对他 47 岁还到边疆担任"七品芝麻官"产生疑惑。他为何会选择远赴西域新疆，到自己完全陌生的地方建功立业？一介书生如何治理边疆？客家传统文化对他的戍边实践产生过哪些影响？他毕生在西域奉献的思想动力又在哪里？

为了回答以上的一系列问题，笔者首先系统阅读了当时涉及黄慕松的各类文献档案及邓缵先留下的诗文集<sup>③</sup>，并利用地缘优势到黄慕松的祖居地梅县松源宝坑村和邓缵先的祖籍地河源紫金蓝塘布心村进行田野调查，试图通过他们的客家文化背景，揭示客家文化与他们的边政思想及实践之间的关联性。

## 一　黄慕松出生与成长的客家文化背景

根据笔者在广东梅县松源镇宝坑村的田野调查，当地黄氏宗族最早源于开基祖万五郎公，以其作为一世开始计算，黄慕松已经是第十

---

① 相关的论文与纪实材料包括：张永攀：《黄慕松致祭达赖与喜马拉雅之旅》，《世界知识》2010 年第 4 期，第 66～67 页；张皓：《论黄慕松 1934 年入藏的历史意义》，《岭南文史》1999 年第 2 期，第 25～29 页；刘国武：《论黄慕松使藏》，《云南民族学院学报（哲学社会科学版）》2003 年第 1 期，第 60～63 页；崔巍：《黄慕松使藏记》，《民国春秋》2000 年第 5 期，第 43～45 页；朱姝：《黄慕松入藏与南京国民政府治藏政策的调整》，《中国近代边疆民族问题研究》，中央民族大学出版社，2008，第 310～320 页；色新·洛桑顿珠：《我参加接待国政府专使黄慕松的经过》，《中国西藏》1998 年第 3 期，第 56～57 页。
② 崔保新：《沉默的胡杨——邓缵先戍边纪事（1915～1933）》，社会科学文献出版社，2010，第 3～4 页。
③ 邓缵先前撰写有《续修乌苏县志》（1920 年）、《叶迪纪程》（1921 年）、《叶城县志》（1922 年）、《毳庐诗草》（1924 年）、《毳庐续吟》（1928 年），这些文集经过黄海棠、邓醒群的点校之后于 2011 年在华东师范大学出版社正式出版。

九世。"至七世祖德、珍公,于明朝正统至景泰年间(公元 1436 ~ 1450 年)迁至广东嘉应州堡坑乡(今广东梅县松源镇宝坑村)开基。尊他们的曾祖父万五郎公为始祖,称一世。并在宝坑建造万五郎公始祖墓。所以,黄万五郎公是宝坑黄氏始祖,德、珍公是宝坑黄氏开基祖。迄今历五百五十余年,世代繁衍,现已传至二十四世。"①

黄慕松(1883 ~ 1937 年)原名汝海,讳承恩,梅县松源镇宝坑村人,少年随父亲黄壁池住在广州。黄慕松的胞弟黄汝燊(1884 ~ 1951 年),字焯南,祖居宝坑田心沙坝堂。黄汝燊长年在广州、汕头、贵阳、连平和香港等地经商,从事工业实业,并在广州创建万昌隆、亿昌隆染布厂,拥有彩虹纺织整染工厂一座,销售商店数间。万昌隆、亿昌隆在 20 世纪 40 年代曾是广东省内规模最大的企业,其曾任广州市纺织行业理事长,是当时广东有名的实业家。黄汝燊热心家乡教育事业,1931 年为明伦公学(宝坑小学)捐建一厅四间总面积为 150 平方米的校舍。黄慕松二子黄维恕为陆军中将,三子黄维廉为空军少将。黄慕松"一门三将军",虽然从黄慕松那一代开始离开了宝坑村,但当地客家人对此仍津津乐道。

**1. 黄慕松个人的政治生涯**

黄慕松早年肄业于汕头岭东同文学堂,后入广东武备学堂,毕业后选派去日本留学。在此期间,他先后毕业于日本陆军士官学校和炮工学院,并通过客家宗亲纽带结识孙中山而加入中国同盟会。回国后,黄慕松任广东黄埔陆军小学教官、校长。1911 年 10 月武昌起义后,他担任民军参谋长。民国成立后,被孙中山任命为大总统府军咨府(后改参谋本部)第五局局长、北伐军南京站副站长。1912 年冬,他任外蒙考察团委员,奉命规划国防军事,考察完成后,得悉袁世凯谋辟帝制,他不为袁世凯所利用,再次东渡进日本陆军大学深造。

---

① 梅县宝坑黄氏万五郎公族谱编委会《宝坑黄氏万五郎公族谱》,1998,第 2 ~ 10 页。

1913 年任国防考察委员，曾赴蒙古、新疆实地考察。回京历任陆地测量总局局长。1916 年 1 月再赴日本以陆军工兵中尉身份入日本陆军大学 31 期深造。当时，其同学包括覃师范、陈仪、王孝缜、朱绶光、张华辅、王树常 6 人，1919 年 11 月 26 日毕业。该校教师对黄慕松的评价为"具有独自创造性，性格诚实。热心钻研军事学术。成绩优秀、战术技能卓越、日语表达流畅，精通俄语。该学生将来具有很大的前途。身高约 172 厘米，体重约 59 公斤。属于体形较大、健康良好的学员。"①

1920 年，黄慕松以中国军事研究员身份赴欧洲，在英、德、法游历考察了 3 年，研究各国军事战略器械。回国后被任命为中俄界务公署参议兼中俄会议专门委员。1924 年 5 月，他又兼任交通部路线审查会主任。1925 年 5 月，黄慕松任军务善后委员会委员，南下广州担任国民革命军第三师师长，率部参加北伐战争。其后广州国民政府移师武汉，黄慕松任粤军总司令部编审委员会委员长兼黄埔陆军军官学校高级班副主任。1928 ~ 1930 年，他先后担任军官团副团长、代理陆军大学校长，还被任命为参谋本部测量总局局长等职。1930 年再次代理陆军大学校长。不久奉派去英国出席万国航空会议、第四届万国测量家联合会会议、第三届万国航空摄影测量会议，并作为中国代表团专门委员出席国际军缩会议。1931 年 12 月 26 日，黄慕松任参谋本部参谋次长，先后担任过中国国民党第四届候补中央执行委员，并被推选为中央海外党务委员。1932 年 9 月 26 日，他担任参谋本部第一厅厅长。1933 年 4 月 28 日特任新疆宣慰使，处理新疆事变，9 月任陆军大学校长，同年底任新疆省党部指导委员长。1934 年 1 月，黄慕松奉派赴西藏任致祭达赖专使并主持册封大典。1935 年 3

---

① 政协梅县九届文史委员会编《梅县文史资料》（第 29 辑），《梅县将帅录》，1997，第 26 ~ 29 页。

月15日，黄慕松任蒙藏委员会委员长，4月4日任中将，同年选为中国国民党第五届中央执行委员。1936年7月29日，国民党政府免除陈济棠的广东省省长职务，委派黄慕松接任广东省政府主席。他到任后，下令禁绝烟赌，此一政策深得全省民心。其时，广东全省各地纷设"禁烟局"、"戒烟（指鸦片烟）医院"，收到一定效果。黄慕松担任国民党广东省主席仅半年多，就因肝病复发，于1937年3月20日在广州病逝并葬于番禺黄家村。

**2. 民国时期影响黄慕松的客家精英**

黄慕松最初入读的岭东同文学堂，由嘉应州（今广东梅州）镇平（今蕉岭县）人丘逢甲创办于1899年秋冬。1901年春该校迁往汕头，地点在外马路原汕头绅商集资兴建的"同庆善堂"旧址。① 丘逢甲自任监督（校长）。这是丘逢甲独立创办的第一所新式学堂，同时也是潮汕地区出现的第一所新式学堂。关于创办该学堂的宗旨，丘逢甲在《创设岭东同文学堂序》中说得很清楚："国何以强？其民之智强之也；国何以弱？其民之愚弱之也；民之智愚乌乎判？视其学之有用无用判之也。"他认为，西方列强和东方日本正是"以学强其国"、"以有用之学傲我"；而我国却"乃群然习为无用之学，鄙弃西学不屑道，或仅习其皮毛，于是遂驯致贫弱，而几危亡……故思强中国必以兴起人才为先；兴起人才必以广开学堂为本，爰忘绵薄，广呼同类，拟创设岭东同文学堂。"关于教学内容，《岭东同文学堂教程》规定：除一般文史课程外，还开设格致（物理）、化学、生理卫生、算学等西方引进的自然科学。其中尤重算学，因为"算学所用最广，天文、地理、历律、兵法、制器、一切测量之法、绘图之法，莫根于算。"该学堂特别重视外语，尤重日语。此外，还特设"兵式体操课"，练习实弹射击，以期增强学生的体质和实际本领，准备将来担

---

① 丘晨波主编《丘逢甲文集》，花城出版社，1994，第263~284页。

当重任。在教学方法上，岭东同文学堂因材施教，提倡自学、讨论，意在活跃学术气氛，培养学生独立思考和分析解决实际问题的能力。规定"本学堂分班教授。而学生外另设一讲习班，凡未为学生而愿与本学堂切磋者均可先行挂号，时到堂中，研究一切……每日课程但随所看之书有不能尽解者，可相质问。诸生遇有各门疑义，准其问于师长。"①

丘逢甲不仅积极创办新学，同时还勉励有条件的青年学生赴东西洋留学，尤其鼓励他们留学日本。1905 年 8 月，中国革命同盟会在日本东京成立时，岭东同文学堂出身的留日学生大多参加了同盟会。当时与丘逢甲"深相结纳"的著名革命党人至少有邹鲁、姚雨平、谢逸桥、谢良牧、朱执信、陈炯明、林修明、李次温、黄慕松、邓铿、林云陔、温翀远、林震、古应芬、高剑父、高奇峰、赵声、饶景华、叶楚伧、梁千仞等数十人。② 这些人有一半以上是梅州籍的客家人，其中不少人更与丘逢甲有"师生之谊"。黄慕松是丘逢甲的门生之一。辛亥革命广东和平光复后，丘逢甲作为广东三人代表之一，出席南京组建中央临时政府会议，其随行人员之中就有黄慕松。③ 由此可见，丘逢甲的国家认同感和他对多元文化的认识，必定会深刻影响到黄慕松的边政理念。

## 二 邓缵先的家世与教育背景

### 1. 邓缵先出生的家庭背景

邓缵先（1868～1933 年），字芑洲，自号罴庐居士，男，汉族，

① 徐博东：《丘逢甲传》，时事出版社，1996，第 18～26 页。
② 丘琮：《仓海先生丘公逢甲年谱》，载丘逢甲：《岭云海日楼诗抄》（附录），安徽人民出版社，1984，第 6 页。
③ 丘铸昌：《丘逢甲交往录》，华中师范大学出版社，2004，第 282 页。

广东省紫金县人。光绪九年（1883年）入泮，光绪二十三年（1897年）补廪，并录优行。宣统元年（1909年）己酉科拔贡，民国2年（1913年）朝考列为二等，后在原籍历任县立高等小学校长、县议会议长、惠州白纱厘厂书记员、县团保总局会办员等职。民国3年（1914年）9月，应内务部第三届县知事试验，取列乙等，分发新疆。曾任新疆省公署政务厅总务科员、科长，新疆覆选区选举调查会会长，省公署文牍员、编辑员。民国六至七年（1917～1918年），代理乌苏县知事；民国八至九年（1919～1920年），任叶城县知事；民国十五至十六年（1926～1927年），任疏附县知事；民国十六年（1927年），任墨玉县知事；民国二十一年（1932年），任巴楚县县长。①

　　邓缵先作为一介书生，在人生的前半阶段，一直生活在中国禁烟运动、洋务运动、戊戌变法、中国民主革命的前沿广东，并由一个前清秀才、科拔贡，渐渐融入中华复兴的时代大潮中。② 1915年，邓缵先参加内务部第三届县知事试验录取并分发新疆时，已经47岁了，但他却满腔热情并以诗言志："年逾五十不为老，壮年出塞戍边垣……羁宦天一涯，遥隔万余里。倏更数十春，足迹遍越胡。"③ 1932年，当邓缵先在新疆出任巴楚县县长时，已经63岁了。此时他仍觉自己烈士暮年，壮心不已，"去处随萍梗，得失付云烟。"所以未"游子远行役，应将返征途"，是因为"蚕丝吐未尽，春深蚕不眠"。④

---

① 崔保新教授查遍中国相关档案馆，亲访邓氏后人，进行田野调查，在分析大量史料和实证的基础上，为我们生动再现了邓缵先这位曾被历史湮没的近代客家杰出先贤、边疆史学家、西域探险家、民国边塞诗人、戍边捐躯壮士。
② 崔保新：《沉默的胡杨——邓缵先戍边纪事（1915～1933）》，社会科学文献出版社，2010，第3～4页。
③ 邓缵先：《出塞》，载《毳庐诗草》，黄海棠、邓醒群点校，华东师范大学出版社，2011。
④ 邓缵先：《壮士歌》，载《毳庐续吟》，黄海棠、邓醒群点校，华东师范大学出版社，2011。

不同群体之间长期的相互接触，会引发许多不同的结果①，这在边界事务中尤其值得关注。邓缵先在边疆的 5 部著作记录了历史并为后人留下了爱国之德和立身之言。邓缵先于 1920 年所著的《调查八扎达拉卡边界屯务暨沿途情形日记》，以文载史、以史保土，功不可没。在民国《叶城县志》中，收录了县知事邓缵先写的边情调查报告，题为《调查八扎达拉卡边界屯务暨沿途情形日记》，时间是"乃于民国九年三月十四日起行，计往返一月"，即 1920 年 3 月 14 日 ~ 4 月 14 日。由叶城南行进入喀喇昆仑山主脉，沿途山高河阔，崖险冰封。有人以天寒路险为由，劝告邓缵先不要轻身前往边卡。邓缵先答："危险者境也，处境者心也，常存此处处有危机之心，则恐惧修省，自可转危为安；常存此时时有险象之心，则思患豫防，自能履险如夷。况该处并非人迹所不能到者，何虑焉？"有人说前官员从未到过边卡，邓再答："该而古奴牙（此卡）既系中国土地，主权所在，任得任听坎人越界偷种？此次我为实地查勘而来，不能半途而止也。"骑马和牦牛走了 8 天，1920 年 3 月 22 日，邓缵先到达八扎达拉卡："卡在河边东，一水来汇。卡门南向，磊石为墙，高八尺，房屋四间，深十四丈，阔十丈。有卡人四人看守，并住眷。卡有后小炮垒一间。"这就是邓缵先笔下民国初期喀喇昆仑山中边卡、边卒的一个缩影。1920 年 3 月 25 日，邓缵先来到叶尔羌河上游。"据土人云：地质平坦较优的土地，时被坎部人侵占、欺凌，我侨人单力弱，莫可奈何。"② 邓缵先当年的巡边日记，在 1962 年中印边境之争时，派上了用场。来自北京的专家带着邓缵先所作的《叶城县志》，以其巡查

---

① 托马斯·许兰德·埃里克森：《全球化的关键概念》，周云水等译，译林出版社，2012，第 89 页。

② 邓缵先：《叶迪纪程》，汪步端署检，黄海棠、邓醒群点校，华东师范大学出版社，2011，第 80 ~ 96 页。

边情的报告作为领土之争的重要依据。①

1917 年，邓缵先从代理乌苏县知事做起，继而出任叶城县知事，然后返回省城迪化任政务厅科长。1926 年，邓缵先再返南疆疏附做官。在疏附县任内，邓缵先写有《耕稼词》和春夏秋冬《蚕桑词》四首，体现了他对农业的重视。农业是百业之基，耕稼是民生之本，税收之源。一县知事头等大事就是抓好农业生产。《乌苏县志》记载："邓缵先在乌苏主政两年，遍至乌苏城乡，考察地理，体验民情，多有建树。先后修建五道桥、东关桥（今太平桥），便利交通；开挖六十户庄新干渠及其两条支渠，灌溉农田 4000 余亩，百姓称贤。"②

1922 年春天，邓缵先母亲病危，邓缵先不顾山高水远，盗寇猖獗，日夜兼程赶回故里。冒死归家，已知归途凶险，为什么还要再次出关？再次出关，何时再归？恐怕邓缵先心中难有答案，其家人心中更是无底。在昆仑山下，玉河之畔，远离家乡，年逾花甲的邓缵先思绪万千，在其遗留下来的诗作中，邓缵先流露了自己的心迹："年逾五十不为老"，"经岁不闻贪吏呼"。落叶归根，是中国人的传统。眼看 60 岁届满，家人为催促和迎接他早日归家，在家乡为他购置了一处寿地，以实现客家人叶落归根的夙愿。邓缵先为此修书一封，回答"家人怜我老"的美意："去处随萍梗，得失付云烟。"

邓缵先是民国边塞第一诗人，他胸怀"男儿当报国，头白奋长途"的志向，西出阳关"愿携鸾为群，不与鸡争食"；他栈恋新疆，是"蚕丝吐未尽，春深蚕不眠"；他治理新疆，是要"借问荒碛胡为乐，经岁不闻贪吏呼"。邓缵先在家乡的三个孙子邓富迪、邓富楚、邓富新，分别已是 82 岁、78 岁、77 岁的老人，尽管他们的名字为爷爷所起（迪指当时的迪化，即现乌鲁木齐；楚是巴尔楚克，即现巴

---

① 崔保新：《沉默的胡杨——邓缵先戍边纪事（1915~1933）》，社会科学文献出版社，2010，第 188 页。

② 廖基衡主编《乌苏县志》，新疆人民出版社，1999，第 227~228 页。

楚；新即新疆）。富强新疆，富裕新疆人民，既是邓缵先 47 岁远赴新疆的志向，也是他 65 岁仍留在新疆的原因。1933 年春，和田的穆罕默德·伊敏及沙比提大毛拉等人在英国殖民者的策划下，成立了非法的"东突厥斯坦伊斯兰共和国"，并派出一支用大头棒武装起来的匪徒"征讨"巴楚。时任巴楚县长的邓缵先，面对来自和田叛乱势力的"压境"没有退缩，而是发出了"我有守土责，城亡与亡。今日之事，唯有一死报国，何逃为？"① 的豪言壮语，在事关国家分裂、国土安危之际，带领守城官兵及各族百姓与叛匪进行了为期 16 天的殊死搏斗，最终因"弹尽援绝"而失败，城破后以身殉国，最终没能落叶归根，回到故里。1933 年，邓缵先在巴楚任上因公殉职。②

**2. 邓缵先的教育历程**

1868 年，邓缵先出生于广东省紫金县蓝塘镇布心村。年幼体质孱弱，6 岁始能言。1874 年之后，入私塾蒙馆，家父教育甚严。1880 年入经馆，师从名宿蓝湘湄。1883 年，15 岁中秀才。1884 年离开家乡，到广东四大书院之一的惠州丰湖书院读书。1890 年与黄氏结婚，生有二子一女，领养一子。清光绪二十二年（1896 年）补禀，并录优行。清宣统元年（1909 年），科拔贡。

传统社会完全是基于亲属关系和继嗣而组织在一起。③ 邓缵先"六岁读孝经，资钝声咿唔"④，这是客家人通过教育改变宗族的社会地位以谋取相应社会资源的途径之一。邓缵先幼年受到儒家文化的"濡化"，其影响程度可在他的诗词中寻找到蛛丝马迹。"回忆儿时，光景如

---

① 崔保新：《新疆 1912》，社会科学文献出版社，2012，第 364 页。
② 崔保新：《沉默的胡杨——邓缵先戍边纪事（1915～1933）》，社会科学文献出版社，2010，第 361～366 页。
③ 托马斯·许兰德·埃里克森：《什么是人类学》，周云水、吴攀龙、陈靖云译，北京大学出版社，2012，第 111 页。
④ 邓缵先：《五十初度志感》，载《毳庐诗草》，黄海棠、邓醒群点校，华东师范大学出版社，2012，第 42 页。

梦复如痴……儿兮姿质甚钝，维时龄才五六。满架旧书，数株老屋。昆弟三人，书声断续。"① 这是客家崇文重教环境下反复上演的儿童启蒙教育的场景。通过教育获得文化资本，不仅可以借助向上的社会流动获得资源，更能在本族宗祠内获得至高的荣誉。在客家传统社会里，宗祠在儿童成长过程实施的教育内容侧重于让宗祠成员接受社会化所必需的知识，包括伦理规范、价值观、信仰以及为人处世之道的习得。

人生在世不仅是个人的私事，而是作为无限延续中的一环。② 所以耕读传家能够作为客家祠堂的祖训，也就是要求后人将祖宗的荣耀视为头等大事。邓缵先亦不例外，他不断通过书信的形式以自己的童年经历告诫后裔，"常恐汝业荒，岁月如驹驰……但患学中辍，为山一篑亏"③，强调接受诗书教育的重要性。

## 三　黄慕松的治边方略与邓缵先的边政经验

### 1. 黄慕松的治边方略

1935 年 3 月 27 日，黄慕松在蒙藏学校讲演时，提出"过去我们国家之所以不团结，就是由于不尊重国家，不明民族构成的原因所致……本来中华民族是一体的。如西藏民族都是由昆仑山而来的，同时西康亦然。至于汉蒙回满也是由昆仑来的，后来因地不一，而名称也就有别了。其实我们五族完全是一体的，是源于一种族的……我们中华民族的结合是自然构成的，向来彼此就未用过如外国那样的武力

---

① 邓缵先：《家慈夜灯纺绩〈勉学图〉》，《毳庐诗草三篇》，黄海棠点校，华东师范大学出版社，2012，第 9 页。
② 托马斯·许兰德·埃里克森：《什么是人类学》，周云水等译，北京大学版社，2012，第42 页。
③ 邓缵先：《寄在家两儿暨诸弟侄》，《毳庐续吟》，黄海棠、邓醒群点校，华东师范大学出版社，2012，第 30 页。

侵略的，而均以礼对人。"① 由此可见，黄慕松对于国家和民族的认识已经有了"多元一体"的雏形，而且他强调中华民族的一体是建立在"五族"文化差异的基础之上。每种文化都有其独特的风俗、规则和礼节。② 这显然与他 20 世纪初留学日本的经历有关，日本在 19 世纪末就开始引介欧洲和美国的文化人类学，学校也安排世界民族文化内容的课程。

1936 年 2 月 25 日，黄慕松在西北问题研究会上发表演讲，在谈到"今后治边之方策"时，提出"汉藏关系有三个优点，其一是西藏与内地有 2000 年的悠久历史，过去感情甚佳，所以内向情切；其二是中国历代治边政策，多取宽大扶植主义，宽厚的边疆政策令藏人十分感激；其三是五族一律平等的精神，更促使藏人坚心内向。"不过，他认为"但边疆问题不能即算此解决，吾人应一方面将此良好的历史关系、建国精神和治边方策，继续保存恢复、发扬光大；另一方面要进一步做到能以实力扶助保护边疆的民族，使不致因感受外力的压迫而生其他的顾虑，则内向之心自可永久坚固。"③ 黄慕松提到扶持边疆民族的发展，与当代共产党政府大力扶持人口较少民族发展的事实几乎一致。就当时历代封建统治者留下的大汉族观念遗产而言，黄慕松的治边理念已经跨越了几大步。

1936 年 5 月 3 日，黄慕松在电台发表演讲时提出："边疆二字，普通多指四周接近邻国之地域，其义广；而在本题则仅指远离中原，既接强邻，又与内地情形稍有差异之领土。盖我国之边疆，含有特殊行政区域之意旨，故不可以泛指四境之地，而当观其地带气候民族语文政俗诸端为何以决定之。如此数者，均与中原相同，则虽在极边而

---

① 黄慕松：《西藏归来的印象》，《康藏前锋》第 2 卷第 7 期，第 24~27 页。
② 英国皇家人类学会编订《人类学的询问与记录》，周云水等译，国际炎黄文化出版社，2009，第 33 页。
③ 黄慕松：《奉使入藏之经过及今后治边方策》，《西北问题季刊》1935 年第 2 期。

不视之为边疆，如闽粤诸省是。否则，虽不在边徼，亦可视之为边疆，如青康诸省是。本此意义以定我国之边疆，自当以蒙古西藏新疆西康为主，察绥宁青等省次之。此外如东三省云南两广及沿海诸省，虽处边境，或则向与内地无异，或则早经开发，列为行省，其民情风俗，一如中原，法令规章，普遍适用，已失去特殊行政区域之性质，故不能与边疆同视。"①

族群之间的生态依赖性，可能立足于同一地区的不同活动，或是同一民族国家不同地区的长期占有。② 黄慕松的"边疆"概念，大致有三层含义：其一，认为边疆从广义而言为四周接近周边邻国的地域。这是从地理层面的意义来考察边疆概念，是边疆的初义，与内地相对而言。其二，指出中国的边疆含有特殊意义，不能完全用地理层面的概念来诠释，应综合地理、民族、文化、政治、民俗诸层面进行考虑，并举例具体说明。其三，他明确指出中国的边疆"以蒙古西藏新疆西康为主，察绥宁青等省次之"，"东三省云南两广及沿海诸省，虽处边境……故不能与边疆同视"。

黄慕松在《我国边政问题》一文中阐述了六个方面的问题，包括边政的意义、我国边疆的现状、掌管边政之机构、治边原则和国民对于边事应有之认识。他在演讲中特别谈到新疆和西藏的重要性，对藏传佛教也有独到的见解，"其人不分老幼僧俗，无不崇信佛教，无论政治法律风俗生活，莫不表现佛化精神，凡法律政令所不及者，宗教即可辅助之，是种政教杂糅之制，久行西藏，甚为适宜。蒙人信佛，亦与藏人无异，王公民众，礼佛布施，多唯力是视。故佛教寺庙等事，于国家治边政策上极关重要。"③ 显然，黄慕松认识到了藏传

---

① 黄慕松：《我国边政问题》，西北导报社印，1936，第16页。
② 康拉德·菲利普·科塔克：《文化人类学：欣赏文化多样性》，周云水译，中国人民大学出版社，2012，第158页。
③ 黄慕松：《我国边政问题》，西北导报社印，1936，第18页。

佛教对于藏民族的重要性，并且强调对西藏的治理必须将佛教放在重要的位置上考虑。

在论到治边原则时，黄慕松提出了"福利边人"的思想，指出"在消极方面，维护其固有之政治社会组织，尊重其风俗习惯，保卫其权利，非确有改良变更之必要，勿轻予更张，并当循序渐进；在积极方面，则尽量谋精神上之物质上之福利，如能于保存其固有文化之美，徐徐灌输之现代所需之文明及国族所重之思想；于体验其原始生活之艰，徐徐开启以物质之增进，方式之改良，持以恒心，假以岁月，则边民自可享受实益，国家亦克奏治边之虞功矣。"①

黄慕松对西藏的地理、地方制度、政治派别、军事编制和武装、财政收支、农牧业和商业的实际状况、交通运输、邮电、寺院教育、宗教信仰、生活习惯、风俗礼节，以及与英、俄、不丹、哲孟雄（尼泊尔）的关系等各个方面进行了多方位的考察。黄慕松关注到处于西藏社会底层的人民的生活状况，深刻了解到藏族同胞维护民族团结、国家统一的诚挚心情。黄慕松回南京后向国民政府报告"藏族同胞诉苦及盼中央派人治理藏地之请求，无日无之，无地无之"。对近年来由于边界纠纷和战事而对社会经济、民族心理和汉藏人民的关系产生的负面影响进行了调查，这些都给以后西藏问题上政策的制定提供了第一手的资料和依据。

## 2. 邓缵先治理西域边陲的经验

邓缵先勤政爱民且善文工诗，观察记写了不少有关当地的风土人情，其中一则云："南疆多桑子，色白味甘美。入夏甚熟，缠民（此为新中国前对维吾尔族的称谓，语含不敬，现已废止）将釜瓯出售，视桑葚繁密处，铺一毡，仰卧以俟其坠。啖饱即偃卧，葚尽始去。尝数月不举火。瓜果熟时，亦如是。至冬则典衣购炊具，俟饥而后作。

---

① 黄慕松：《我国边政问题》，西北导报社印，1936，第20页。

有三日粮，不出户矣。缠民惰劣，此其一端。"此段描写生动，从前后文看，作者引用此段描写，并无贬低当时的维吾尔人懒惰之意，反而不乏欣赏他们顺其自然的生活态度。乌苏"县户民大半朴愚，一家数口能耕者不过一二，自是受吃烟之害，缠民耐苦性质较优于汉人，自是不吃烟之效，如有荒地可垦，不仿安插缠民……可将缠回分别安插，不必全行安插汉人，以至地多人少，日久又致荒芜。"邓缵先曾赋《乌苏县斋书事》诗："县门遥对雪山斜，近郭田畴数十家。深碛泉肥宜绿芋，边城人瘦比黄花。村连稗桠牛羊健，俗勤耕畲鼓笛哗。佳士不来春欲去，聊驱蹇马问桑麻。"那时的乌苏还是一片待垦的荒地，人烟稀少，房屋数十家，县衙可遥望巍峨的天山。天山脚下，流泉沃土，牛肥羊健，鼓笛相和。春耕时节，邓缵先骑着毛驴，到乡间察看桑麻，督导农事。

邓缵先编纂的《乌苏县志》是《乡土志》的继承和发展，其资料主要取自《乡土志》，但内容和体例大大超过《乡土志》。《乌苏县志》是民国时期新疆唯一刊印发行的县志。民国六年（1917年），署县知事邓缵先"奉训令编辑县志"，翌年脱稿，两次呈送督军兼省长杨增新审阅，民国十年出版印刷，有两种版本：一是钢板刻印本，书名为《续修乌苏县志》；一是石印本，书名为《乌苏县志》。全书分上下二卷，设有建置、地理、食货、职官、教育、交通、杂录7类，下有城垣、沿革、衙署、卡伦、区域、藩部、牧界、山脉、川流、道路、桥梁、村庄、街市、寺庙、户口、租税、田亩、垦辟、沟渠、田业、牧业、商务、庸率、物产、矿产、矿业、政绩、兵事、营防、俸薪、学校、学款、风俗、节义、宗教、方言、养育、驿站、邮递、电报、古迹、金石、灾异、琐记等子目，配有县境图和县城图各1幅，沿革表、职官表各1张，全书共3.8万字。据新版《乌苏县志》考证："民国六年（1917年），署县知事邓缵先'奉训令编辑县志'，翌年脱稿，两次呈送督军兼省长杨增新审阅，民国十年（1921年）出版印刷，现国内部分大图书馆、档案馆有藏本。全书分上下二卷，设有建置、地理、食货、职官、教育、交通、杂录 7 类，下有 44 个子目，配有县境图和县城图各 1 幅，沿革表、职官表各 1 张，共 3.8 万字。"① 邓缵先撰成《乌苏县志》，内容和体例大大超过只有几千字的《乡土志》。《乌苏县志》是新疆民国时期县志编纂的范例，是新疆最早刊印发行的县志。②《叶城县志》是邓缵先撰写的第二部县志。

如果将邓缵先出任五县知事的县人口排列一个表，可以看到，当时乌苏 2.9 万、叶城 18 万、疏附 29 万、墨玉 10 万、巴楚 7.6 万，五县人数相加共计 67.5 万人，占当时新疆总人口的 15%。这意味着，如果不包括当时的新疆省会迪化市（今乌鲁木齐市）人口，那么每一百个新疆人中，就有 15 人是邓缵先直接管辖和服务过的。③ 特别是邓缵先出任新疆第一县疏附县知事，身居新疆第一科政务厅科长之位，更有机会直接参与民国初年新疆重大政策的执行与落实。进疆后，邓缵先最先出任乌苏县知事，作为最基层的文职官员开始接触新疆地域社会。

## 四　客家文化与治边思想的关联性

### 1. 强调国家认同的客家传统文化

国家必须建立在其成员的共同性之上，无论这些共同性属于历史传统，还是属于社会结构和生活方式。历史传统与生活方式都基于实在的社会进程；传统的生活方式的改变是建立在历史继承之上的扬弃。从一个国家或社会的角度来看，政治认同是最基本的政治文化现

---

① 廖基衡主编《乌苏县志》，新疆人民出版社，1999，第 126～128 页。
② 廖基衡：《邓缵先和〈乌苏县志〉》，《新疆地方志》1991 年第 4 期。
③ 崔保新：《沉默的胡杨——邓缵先戍边纪事（1915～1933）》，社会科学文献出版社，2010，第 103～105 页。

象。人们一旦形成对特定对象的政治认同，就效忠于该政治对象，并愿意为维护该政治对象的利益而奋斗。在人们所有的政治认同当中，对国家的认同处于最高层次。

"崇尚统一"是客家文化价值体系中最显著的特征之一，并沉淀于客家文化价值体系的最深处，主导着客家人的主流价值观念。客家的宗族拥有一套适用于地方的明确行为规则。[①] 客家人经历了以文化认同作为中华民族认同、国家认同基础的价值取向，在国家遇到危难时挺身而出，将捍卫国家主权、维护国家领土完整统一视为己任。尤其是在辛亥革命前，许多客籍华侨积极捐款捐物给"兴中会"、"同盟会"，支持孙中山的革命事业。前述蕉岭籍客家人丘逢甲在台湾陷落内渡后，深刻认识到国家要免受列强欺负，务必推广新式教育，为国家培养元气。他在岭东同文学堂向青年学生介绍新思潮和东西方文化，对培育具有爱国民主思想的人才产生较大影响，而且终其一生始终对国家抱有高度的期望，具有强烈的国家认同感。

黄慕松从进入岭东同文学堂开始，便有机会和一班热血青年接触到丘逢甲的国家认同思想。这在他的边政思想中也有很多体现，黄慕松作为新疆宣慰使到新疆后，就采取果断的措施制止内乱，改革金树仁留下的"一切不良政治"，逐步推广教育、复兴农村、发展交通、整顿金融、兴办实业等。黄慕松以中央大员的身份宣慰新疆，新疆"各方"表现出对中央极具"信仰"，加强了中央政府对这一地区的控制，保证了国家统一。

**2. 客家先贤治边思想的形成**

客家传统文化兼具中原汉文化和南方山地民族的文化特点。这种多元文化的开放性，使从小接受儒化家庭文化的黄慕松能够接触

---

① 许烺光：《宗祠·种姓·俱乐部》，薛刚译，华夏出版社，1990，第67页。

较多的客家精英。而这些客家精英要么有志于改变清末民初国家积贫积弱的现状，要么就是不恋故土敢于冒险远赴南洋寻求发展的客商。

其一，客家人有崇文重教的传统，黄慕松祖居地梅县松源镇黄屋（学堂坪）十三世祖仰成公太（字纯官、讳仰成）是清朝中后期进士。他在族谱中专门为黄氏后裔撰文："传家二字，曰读与耕，治家二字，曰严与公；保家二字，曰让与忍；起家二字，曰勤与俭。勿贪公众之财；勿听离间之言；勿近赌博之人；勿任偏执之性。切要者，各尽已职；最紧者，思患豫防。子孙不怕少，而患不成人；交游不怕多，而怕入匪僻。举我者，或系诱我；责我者，必真爱我，正宜细思。好议论人过失，便是立念刻薄，天岂能容；能劝释人是非，斯为存心忠厚，福自致我……后辈若能朝朝体念，便是贤肖子孙。勉之毋忽。知足则遇自安，知不足则学日进。惟让则步不快，惟不让则仁可当。"[①] 黄慕松的亲属后裔大部分旅居海外，1987 年他居住在海外的儿子黄维敬、黄维扬，把家乡占地两堂两横 6 厅 36 个房间的祖屋捐赠给松源宝坑中学作校舍使用。当地黄氏宗亲对其后裔热心桑梓教育事业的精神，已立碑纪念。

其二，客家文化本身具备的多元特点，促使客家人可以接受和包容异文化。黄慕松在日本的教育背景，使他有机会更多接触西方文化多元的观点。

其三，客家人的宗教信仰异常广泛，尤其是糅合儒道佛教在内的民间宗教具有很大的包容性。这种宽泛的宗教形态使黄慕松能够深入体察藏传佛教在西藏的重要性，也在一定程度上让邓缵先更能理解新疆的穆斯林习俗。

---

① 梅县宝坑黄氏万五郎公族谱编委会《宝坑黄氏万五郎公族谱》，香港天马图书有限公司，1998，第 21 ~ 23 页。

其四，客家精英注重团结合作和关注民生的特点为黄慕松的边政理念奠定了基础。黄慕松在返回南京之后，撰文提出"治边之精神，固在畏威怀德……务使其获得帮助，与吾人共同合作。"① 梅县一带的客家人很早就下南洋闯荡谋生，很注重团结互助。从黄慕松的成长背景看，客家文化注重耕读又不排斥经商的外向性，不但使以黄慕松家族为代表的粤东客家人在政治和商业上获得了成功，也为黄慕松形成多元文化价值观和以国家认同为重的治边策略奠定了基础。这种关注民生疾苦的治边理念，在邓缵先的诗文中多有体现，是其边政思想的特征之一。

## 四　结论：客家文化视域内的边政理念

客家作为一个具有悠久迁徙历史的族群，对于国家边疆的概念似乎有着一种天然的敏感性。比如，出生于广东省兴宁市黄槐镇的客家人曾问吾，1931 年南京中央大学毕业后，在国民政府经济部任职时，经数年之努力完成 60 余万字的《中国经营西域史》，并在 1936 年由上海商务印书馆出版，畅销全国，名重一时。该书侧重介绍两汉时期至民国早期，中央王朝和中央政府对西域或西北地区的经营和各族人民在西域或西北地区的活动。依据他对西域发展和稳定方面的深刻理解，抗战爆发后，中国沿海口岸被敌封锁的情况，在参谋本部边务研究所毕业的曾问吾向军事委员会提交意见书，建议打通甘新大道以畅中苏交通，并设立中国西北贸易公司，作为对苏贸易之统制机关。民国军事委员会第四部将曾问吾意见书移送贸易调整委员会参考。这仅仅是个案之一，类似的客家先贤还有很多。正如本文讨论的两位客家先贤邓缵先和黄慕松那样，自小接受的儒家文化

---

① 黄慕松：《入藏经过及感想》，《开发西北》1935 年第 3 卷第 3 期。

教育，让他们认识到国家领土完整和主权统一的重要性，因而对边政问题尤其重视。

对于中国这样一个民族构成复杂的民族国家来说，如果国家认同的程度较高，各个民族就能主动维护国家的利益，使民族利益服从国家利益，在国家统一、稳定和发展的基础上争取、实现维护民族利益。反之，如果国家认同弱化，国家的统一和稳定就可能会面临威胁。如果哪个民族的国家认同出现了问题，就会在维护国家统一和稳定的根本问题上发生犹豫和动摇，给民族分裂主义势力留下可乘之机，甚至会有意无意地助长民族分裂主义势力的发展，导致相关地区的民族分裂主义活动频发。从这个意义上说，国家认同是国家统一和稳定的心理基础，也是彻底战胜和消除民族分裂主义势力的必要条件。国家认同的水平，直接关系到国家的统一和边疆的稳定，关系到国家的安全，也是国家软实力的重要内容。

国家的统一，民族的安定、发展，各族间的交流和融合，是中国历史发展的大趋势。中国传统治边思想是各历史时期边疆政策制度的思想理论基础，它不仅表明有关王朝或政权对于当代边疆管辖方面的政治意向和行动，而且向后世统治者展示了历史的经验和教训，提供了多方面选择的可能性。[①] 在这种边疆治理的传统下，虽然民国时期专门施行于边政人员的相关政策未形成系统，且在实施过程中受多方面因素的影响未能有效贯彻。[②] 但是，透过本文对邓缵先与黄慕松的比较，客家文化注重耕读入仕并报效国家的特质，为他们形成以国家认同为核心的治边策略奠定了基础。正如后人给予戍边客家先贤的评价那样，"树伟业，一介书生；胸怀天下，仕

---

① 刘逖：《中国古代传统治边思想初探》，《中国边疆史地研究导报》1988 年第 3 期。
② 朱映占、段红云：《民国治边事业中的边政人员考察》，《思想战线》2011 年第 4 期。

子心；念民生之多艰，肝脑涂地。事亲躬，启民智；边疆富，乐道安贫，白屋民居证清廉"。① 邓缵先作为文职官员，能在边疆地区亲力亲为，重视边疆地区民族的生计，表达了客家人以国为家的理念。黄慕松位居蒙藏委员会委员长之高位，主张在坚持国家统一和民族团结的基础上，充分了解少数民族地区民俗风情，体现了客家文化对家国同构的不懈追求。

---

① 邓醒群：《读〈叶迪纪程〉有感》，载邓缵先《叶迪纪程》，黄海棠、邓醒群点校，华东师范大学出版社，2012，第99页。

# 中国文人在民族存亡关头的尚武精神

## ——兼论邓缵先、黄遵宪与两场国家战争

崔保新[*]

黄遵宪是晚清显赫于中心舞台的政治家、外交家、诗人，邓缵先是民国沉隐于西域边陲的小县吏，二人有无比较的先例、比较的可能以及比照的意义？笔者以为，黄遵宪与邓缵先相差 20 岁，同处民族危亡的时代，既有着聚居粤东山区的相同文化背景，又有出使列国游历海外与在西陲边疆为吏的巨大反差，由此形成了近代广东人的两只眼：一只眼观察海外风云，一只眼记录边疆动态。

黄遵宪与邓缵先均有遗作存世，使我们今天的比较研究有了依据。笔者试图从他们留下的文献中萃取有关国家战争的看法，作一番具有现实意义的比较研究。

### （一）黄遵宪与邓缵先之异同

黄遵宪（1848～1905），字公度，广东嘉应州（今梅州）人，举人出身。曾任驻日、驻英参赞，驻美旧金山、新加坡总领事，署理湖南按察使，为晚清著名的外交家、政治家、诗人。生前著有《日本国志》《日本杂事诗》《人境庐诗草》等。

---

\* 崔保新，中国作家协会会员，《沉默的胡杨——邓缵先戍边纪事（1915～1933）》一书作者。

邓缵先（1868～1933），字芑洲，广东省紫金县人。15 岁考中秀才，清宣统元年（1909 年），科拔贡，在原籍曾任县立高等小学校长、县议会议长。民国 3 年参加北洋政府第三届知事试验，取列乙等，翌年分发新疆。先后出任新疆省公署政务厅科长，乌苏、叶城、疏附、墨玉、巴楚 5 县知事。1933 年死于战乱。生前著有《乌苏县志》《叶城县志》《叶迪纪行》《毳庐诗草》《毳庐续吟》《毳庐诗草三编》等。

比较黄遵宪与邓缵先的经历，可以看出以下异同：一是黄遵宪与邓缵先分跨晚清民初两个时代，二者生年相差 20 年，卒年相差 28 年；二是政治舞台相差万里，黄遵宪因外交职业周旋于政治中心京城，身边中外记者云集，邓缵先却戍守在距京城数千里之外的边境县，少人问津；三是黄遵宪是大人物，以参赞或总领事出使日、英、新加坡、美数国，回国后出任湖南按察使（相当副省级干部），大名鼎鼎，而邓缵先则是七品芝麻官，名不见经传，默默无闻。这是二人的差异方面。

黄遵宪与邓缵先也有相似之处。从出生地看，黄遵宪生于广东梅州，邓缵先生于广东紫金，两县山水相连，相距不过百余公里，毗邻对外商埠广州；按民系分，二人均是保留耕读传家、修齐治平中原文化精髓的客家人；从教育背景看，他们均从私塾起步，由科举入仕，均是当世杰出的诗人；从社会环境看，他们生逢乱世，国力衰弱，列强入侵，中华民族被列强瓜分面临亡国灭种的空前危机。同一方水土、同一方文脉、同一方生存环境、一同投笔从戎、一同担当救国图存的责任，理所当然地生出了二人具有共性的思想和宏愿。

中国传统立志教育始于幼时。无论《三字经》《千家诗》《增广贤文》等启蒙读物，还是"四书""五经"等儒家经典，无不以礼义廉耻、爱国自强为圭臬。从孔孟提倡的修身齐家治国平天下，到范仲淹的先天下之忧而忧，后天下之乐而乐，再到近代的天下兴亡，匹夫有责，他们受过中国传统教育深刻的熏陶，自幼即培养了他们对社会、时代和民族的责任感。

明清以降，由于西方地理大发现和工业革命兴起，大国间海权之争后来居上，陆权争夺你死我活，使陆海兼具的中国自此面临来自海陆两端的双重夹击。1840年的鸦片战争，帝国主义列强从海上打开了进入中国的门户，继而带来大片国土的丧失，成为中国走向殖民地半殖民地的开端。山河破碎、主权沦丧的耻辱，唤醒了一代中国知识分子的觉醒，激发了他们的尚武精神。黄遵宪、邓缵先即是其中的代表人物。

在民族危亡关头，国家与文章孰轻孰重？虽然黄遵宪是一位成就很大的诗人，但他一生却不屑以诗人自居。他说："穷途竟何世，余事作诗人。"① "文章小技，于道为尊，是不以争胜。" 黄遵宪强调，"居今五洲万国尚力竞赛攘夺搏噬之世，苟有一国焉，偏重乎文章，国必弱。故文章为今日无用之物。"② 当今世界，强权即公理，国无实力，立国没有本钱，反侵略亦无凭借。中国文人尚武的先觉和怒吼可惜并未被国内当权者重视，反在日本引起共鸣。

重文轻武，国必弱！这振聋发聩的声音，亦从邓缵先的诗中发出。邓缵先在47岁赴疆时曾写道："男儿负壮志，立功西北陲。投鞭万里去，骏马如飚驰。愿携鸾为群，不与鸡争食。"投笔从戎，马背立功，不愿做犬儒，立志做大鹏，跃然纸上。邓缵先还写道："壮游如何？雪净汉关秋，三边许壮游。酪浆肝似醴，毳屋小于舟。王粲离家久，班超去不返。聊将征戍事，笔录付庚邮。"③ 邓缵先《毳庐诗草》王粲乃魏晋诗人，诗风雄健，班超乃东汉名将，边陲建功，

---

① 陈铮编《黄遵宪全集》上，中华书局，2005，第151页。
② 中国社会科学院近代史研究所：《黄遵宪研究新论》，社会科学文献出版社，2007，第151页。
③ 邓缵先：《毳庐诗草》，民国版，现存广东省立中山图书馆。

是文人尚武的楷模，是邓缵先心中的偶像。

西汉史学家司马迁说过：人固有一死，或重如泰山，或轻如鸿毛。在丧权辱国的《马关条约》签订十年后，一代外交家、思想家、杰出诗人黄遵宪逝于家乡。直到晚年病中，他给梁启超的信中还说："然一息尚存，尚有生人应尽之义务，于此而不能自尽其职，无益于群，则顽然七尺，虽躯壳犹存，亦无异于死人。无辟死之法而有不虚生之责，孔子所谓'君子息焉，死而后已。'未死则无息已时也。"①山河破碎，外债高筑，57岁的黄遵宪死难瞑目。

1933年春，年逾65岁、戍边18载的邓缵先，时任巴楚县县长，面对国际势力策动的暴乱，临危不惧，在安抚百姓之后，面对大头棒，自正衣冠，从容地说道："丈夫死，必正其衣冠（子路语）。"贫贱不能移，富贵不能淫，威武不能屈，正是文人尚武精神的真实写照。

黄遵宪与邓缵先所以死不瞑目，源于列强瓜分中国之势愈演愈烈。中国要建国图存，中华民族要获得生存权，唯有团结一致，举国抗战，方可驱列强，断魔爪，解国危。因为唯有战争的胜者，才有生存的权力，才有建国的资格。

## （二）黄遵宪论中日甲午战争

在邓缵先8岁那年，即光绪十一年（1885），38岁的黄遵宪考中举人。翌年，他即以参赞身份随清廷驻日大臣出使日本。此时，正值日本明治维新后百废草创时期，日本"改从西法"的巨变气象令黄遵宪惊讶不已。"既居东二年，稍稍习其文，读其书，与士大夫交游，遂发起例，创为日本国一书。"②在驻日4年间，黄遵宪广搜博览，多方咨访，采书至200余种，撰成初稿，后来又中断仕途，回乡

① 陈铮编《黄遵宪全集》上，中华书局，2005，第458页。
② 黄遵宪：《日本国志》，天津人民出版社，2005，第2页。

闭居，潜心著述，历时 8 年，最终撰成四十卷 50 余万字的《日本国志》。《日本国志》卷帙浩繁，通记日本 3000 多年历史，但重点在明治维新。

书成而忧深，通过中日对比，黄遵宪不无忧虑地指出，日本学界"留心新知识的人开口进化，闭口进化，弱肉强食，相竞而强，已成世界大势。日本士大夫能谈中国之书，考中国之事。而中国官民好谈古义，足已自封，于外事不屑措意。无论泰西，即日本与我仅隔一衣带水，击柝相闻，朝发可以夕至，亦视之为海外三神山，可望而不可即。"① 他在写给何如璋的信中更是忧心忡忡："中国必变从西法。其变法也，或如日本之自强，或如埃及之被逼，或如印度之受辖，或如波兰之瓜分，则我不敢知，要之必变。"② 他干脆向总理衙门发出警告："日本今日灭球矣，明日且及朝鲜，欲必未厌也，其势且将及我。"③ 至 1888 年，也就是甲午战争爆发的前 6 年，黄遵宪将《日本国志》交直隶总督李鸿章转呈总署，"此书稿本，送在总署，久束高阁，除余外，无人翻阅。"④ 朝廷中枢大臣竟将警世恒言斥之为狂妄浪言，令黄遵宪在焦虑中深感失望。

身处日本维新变法的前沿，直面浩浩荡荡的世界大势，黄遵宪清醒地看到中国的问题所在："中土士夫，其下者为制义、为试帖；其上者动称则古昔、称先王，终未尝一披地图，不知天下之大几何，辄诋人以蛮夷、视之如禽兽、前车之覆既屡屡矣，犹不知儆戒，辄欲以国为孤注，视事如儿戏。"⑤ 他在《日本国志·自序》中也说："而中

① 黄遵宪：《日本国志》，天津人民出版社，2005，第 2 页。
② 钱仲联：《黄公度先生年谱》，第 1184 页。
③ 黄遵宪：《入境庐诗词笺注》（下册），上海古籍出版社，1981 年，第 1162 页。
④ 中国史学会，中国社会科学院近代史研究所编《黄遵宪研究新论》，社会科学文献出版社，2007，第 76、163、168 页。
⑤ 中国史学会，中国社会科学院近代史研究所编《黄遵宪研究新论》，社会科学文献出版社，2007，第 76、163、168 页。

国士夫好谈古自封，于外事不屑措意。"他告诫说："苟使吾民无政治思想，无国家思想，无团体，无公德，皮之不存，毛将焉附，物质之学虽精，亦奚以为哉？"①

大清的悲剧和历史的遗憾就在于，当智者看到国家危机，预测战争即将爆发，甚至预见了未来战争胜负的结局，而最高权力的拥有者和维护者们尚自以为是，对世界大势懵懵懂懂，以人多、地广、财厚而睥睨在变法中自强的日本，最终吞下误国、误民、误己的苦果，悔之晚矣。

直到甲午之役爆发，清国海陆军皆败，陆军一败于牙山，再败于平壤；海军一败于大东沟，再败于旅顺，三败于威海。日本对战败者张开饕餮大口，要价甚高。这给一向妄自尊大视日本为蕞而小国的清廷带来极大震惊，其强度远大于先前的鸦片战争。

1895 年《马关条约》"签约数月之后，这部撰成后拖延 8 年之久的书，才终于在甲午战争硝烟未散之际被刊印出来，顿时震惊朝野。"② 黄遵宪挚友袁昶道："甲午之役，力劝翁常熟主战者为文廷式、张謇，此书若早布，令彼二人见之，必不敢轻于言战，则战机可免，而偿银二万万可省矣。"③（同上第 78 页）袁昶之感叹，正应了兵法中上兵伐谋，其次发交，未战而轻敌，胜负已定。梁启超评论说："而所成之《日本国志》四十卷，当吾国二十年以前，群未知日本之可畏，而先生之书已言日本维新之效成则且霸。而首受其冲者为吾中国。"④

---

① 中国史学会，中国社会科学院近代史研究所编《黄遵宪研究新论》，社会科学文献出版社，2007，第 76、163、168 页。
② 中国史学会，中国社会科学院近代史研究所编《黄遵宪研究新论》，社会科学文献出版社，2007，第 78 页。
③ 中国史学会，中国社会科学院近代史研究所编《黄遵宪研究新论》，社会科学文献出版社，2007，第 78 页。
④ 中国史学会，中国社会科学院近代史研究所编《黄遵宪研究新论》，社会科学文献出版社，2007，第 78 页。

日本不过是地球上的一个小岛国，"区区黑子大，胡为战则赢？"而帝国主义的本性"今年问周鼎，明年索赵璧，恫疑与虚喝，悉索无不力。"① 黄遵宪一直扪心自问：对于日本的战争恫吓和勒索，中国应该如何应对？

战败是警钟，认真而严肃总结战败教训可谓警钟长鸣。

黄遵宪身处在外交领域，更能体察在当前的世界上，强权即公理，没有国家的实力，当然不可能立国。战败者只能被视为劣等民族，受人欺侮。《马关条约》签订后，一个遭受侵略的中国，没有获得任何一个国家的同情，列强们反而蜂拥而上，要求利益均沾。残酷的现实告诉黄遵宪，亦告诉国人，没有民族战争既得不到国家独立和领土完整，也得不到任何对手的尊重，唯有发扬"尚武"精神，才能使中华民族立于世界民族之林。

黄遵宪认为，无尚武精神，即有"亡国灭种"的危机。"昔有女王国……自我竖降幡，亦附强国强。汝弟捧地球，手指海中央。区区黑子大，胡为战则赢？汝母口诵经，佛国今何方？"② 黄遵宪强调，求佛不如求己，只有敢于与列强进行民族战争，才能避免印度灭国的下场。

尚武精神，就国家而言，体现在要有敢于打仗的勇气，体现在要做好打大仗、大恶仗的准备。黄氏创作下许多激励国人自强御侮的诗句，如《出军歌》和《学校歌》，号召中国人不要怕战争，要敢于进行反抗侵略的民族战争，敢战是一个民族生存的根本条件。《出军歌》共24章，包括"出军""军中""旋军"各八章。每章最后一字连成了六句战斗口号："鼓勇同行、敢死必胜、死战向前、纵横奠

---

① 陈铮编《黄遵宪全集》上，中华书局，2005，第89、146 页。
② 陈铮编《黄遵宪全集》上，中华书局，2005，第89、146 页。

抚、旋师定约、张我国权。"① 表达了对侵略者的强烈仇恨和勇敢战斗以争取民族生存的思想。

1895 年签署的《马关条约》是中国近代社会的一个转折点，17年后大清帝国覆亡。1919 年日本代替德国攫取山东利益，1931 年日本悍然出兵占领东北，1937 年日本发起全面侵华战争，至 1945 年日本无条件投降，日本失去一切侵占他国的领土和权益，回到了 50 年前的原点。在一定意义上讲，这是中华民族全民尚武抗击侵略的结果。

### （三）邓缵先与中印边境战争

黄遵宪去世后仅 7 年，大清帝国的丧钟即敲响了。中华民国创立后，受中央政府派遣，邓缵先来到喀喇昆仑山下出任叶城县知事。继《续修乌苏县志》后，邓缵先再编修《叶城县志》，由此将他的英名与 40 年后的一场国家战争联系在一起。

民国九年（1920 年），邓缵先赴边卡视察边情，"卡在叶城县西南一千二百八十里，西距喀什道治一千九百二十里，北距省治五千四百六十里，与坎巨提交界，亦可通往印度国，防边戍边关系重要。近复有坎人越界偷种情事，奉命往查晓谕阻止，并招募缠布各民，前往开垦，以固边围而免侵越……"②

行前，有人以天寒路险为由，劝告他不要轻身前往边卡。邓缵先正义凛然地答曰："危险者境也，处境者心也，常存此处处有危机之心，则恐惧修省，自可转危为安；常存此时时有险象之心，则思患豫防，自能履险如夷。况该处并非人迹所不能到者，何虑焉？"有人说前官员从未到过边卡，邓再答曰："该而古奴牙（此卡）既系中国土

---

① 中国史学会、中国社会科学院近代史研究所编《黄遵宪研究新论》，社会科学文献出版社，2007，第 439～442 页。

② 《叶城县志·附录》，新疆人民出版社，2004，第 672～678 页。

地，主权所在，任得任听坎人越界偷种。此次我为实地查勘而来，不能半途而止也。"①

中印西段边境之争的焦点，在于以分水岭为界，还是以玉河为界。作为边境县知事，邓缵先在实地考察后对划界有一番宏论："谨按中坎分界当以星峡为限，水流出坎巨提者属饮地，水流入县河者属中地。星峡分界中外，分明诚天然界限也。检阅旧卷，光绪二十五年有以玉河为界之议。如果斯言实行是不啻将玉河流域断送于人，更不啻将玉河两岸地方断送于人。玉河水源不一，支派分歧，若以玉河为界，纠葛愈多，得寸进尺越占无厌。且玉河为叶尔羌河，莎、叶、皮、巴等县人民命运攸关，若以玉河为界，始则占我河西南土地，继必占我河东北土地，甚成秦泾水毒赵堰遏流，将莎、叶、皮、巴等县数十万生灵受制于人，其贻害曷有极哉。"②

作为一个政治家，应系国计民生于胸间，对民族生存的空间当仁不让，寸土必争。从邓缵先的胸怀中，不仅能品读出父母官的权限，更能品读出父母官的责任。中国近代史上，也有贪图安逸不到现场勘查，只在地图上划分边界的父母官，他们的行为损害了国家民族的利益，自然会被钉在历史的耻辱柱上。

保家卫国，戍边将士使命神圣。邓缵先为他们写下许多豪迈雄浑的诗词，他在《遥戍》中写道："遥戍北风劲，吹沙翻海涛。行人备弓箭，飞将出城壕。百战军威壮，三边朔气高。激昂刘越石，制胜运龙韬。"

他以《老将》为题赞边防军人："前军频击左贤王，百战归来两鬓苍。闲院宵萦边垒梦，西风寒裂旧时创。跨驴湖上秋容淡，射虎山中月色凉。髀肉未消期复用，据鞍豪气向飞扬。"③

---

① 《叶城县志·附录》，新疆人民出版社，2004，第 672~678 页。
② 《叶城县志·附录》，新疆人民出版社，2004，第 672~678 页。
③ 邓缵先：《毳庐续吟》，华东师范大学出版社，2012，第 96 页。

他挥毫赋诗"赠某统军：古戍防秋更筑城，弓刀连阵暮云横。一川风走轮台石，四野天垂敕勒营。款塞番儿传虎节，绥降边骑识蜺旌。汉家封徼交河外，买犊屯田欲息兵。"① 正是有壮士们世代守卡戍边，才使吾界碑坚固未移，吾边民不受袭扰，吾国土分寸不失。

士气高昂，军威雄壮，弓箭在手，山中射虎，边关驱狼，疆界巩固，边防安宁，诗人的豪气无不体现着尚武精神与政治责任。

中国自西汉对西域实行统治迄今二千余年，不知有多少将士出关戍边，或壮怀激烈战死沙场，或默默无闻老死边地。叶城是 1000 年前喀拉汗王朝与于阗国交战的主战场。在丰饶的叶尔羌流域，史上战争留下的坟冢迄今依稀可辨。

中华民国建立后，邓缵先在交通极不便利的条件下，代表国家到边界地区宣示主权，处理边界纠纷，写下巡边报告，成为日后中印边境之争的理据。42 年后，中印边境自卫反击战在昆仑山西段打响，自 1962 年 10 月 20 日始至 11 月 21 日宣布撤军，历时 1 个月。这场国家战争打得有理、有力、有节，以全胜显示了国威军威，以胜而不纵、强而不暴赢得了政治与外交的主动。总之，一仗打出中印边境50 年和平安宁局面。②

## （四）猛将军与降将军的荣耻碑

古今中外战争胜负的原因很多，既有综合国力强弱之客观原因，亦有将帅优劣之人为因素。黄遵宪与邓缵先作为史学家，运用春秋之笔赞颂那些猛将军，他们在国家战争中，敢战、能战、善战，胜多败少，敌人闻之丧胆，从而名垂青史；挞伐那些降将军，他们则是贪生怕死之徒，逢战不是望风披靡，就是举手投降，从而被钉在历史的耻

---

① 邓缵先：《毳庐续吟》，华东师范大学出版社，2012，第 123 页。
② 《中印边境自卫反击战作战史》（内部本），军事科学出版社，1994。

辱柱上。

在《东沟行》诗作中，黄遵宪曾道出人的因素的重要："从此华船匿不出，人言船坚不如疾，有器无人终委敌。"他强调，中国的船已经足够"坚"，也不是不够"疾"，战争之所以失败，是清政府不思进取的结果，也是执行投降路线直接导致的。武器装备如何优良，决定战争胜负的关键还是"人"。总之，"有器无人"是中国败给日本的重要原因。他盼望着能撑持危局的人才："从古荆蛮原小丑，即今砥柱谁中流？"。①

黄遵宪曾做《冯将军歌》，由衷赞颂砥柱中流的民族英雄冯子材：

冯将军，英名天下闻。将军少小能杀贼，一出旌旗云变色。江南十载战功高，黄桂色映色翎飘。中厚荡清要无事，每日摩挲腰下刀。何物岛夷横割地，更索黄金要岁币。北门管钥赣将军，虎节重臣亲拜疏，将军剑光方出匣，将军谤书忽盈箧。将军卤莽不好谋，小敌星勇大敌怯。将军气涌高于山，看我长驱出玉关。平生蓍幕敢死士，不斩楼兰争币还。手执蛇矛长丈八，谈笑欲吸匈奴血。左右横排断后刀，有进无退退则杀。奋梃大呼从如云，同拚一死随将军。将军报国期鬼君，我辈忍孤将军思。将军威严若天神，将军有令敢不遵，负将军者诛及身。将军一吨人马惊。从而往者五千人。五千人马排墙进，绵绵延延相击应，轰雷巨炮欲发声，既戟交胸刀在颈。敌军披靡鼓声死，万头窜窜纷如蚁。十荡十决无当前，一日横驰三百里。吁嗟乎！马江一败军心慑，龙州拓地贼氛压。闪闪龙旗天上翻，道咸以来无此捷。得如将军十数人，制梃能挞虎狼毒。能兴灭国柔强邻。

① 中国史学会、中国社会科学院近代史研究所编《黄遵宪研究新论》，社会科学文献出版社，2007，第159~160页。

呜呼安得如将军！①

在民族危亡关头，黄遵宪呼唤中法镇南关战争中一战成名的猛将军冯子材。

同样，邓缵先亦曾作《喜闻官军收复阿尔泰山辛酉六月》，颂扬运筹帷幄的新疆督军杨增新：

> 妖星半夜出复没，隐患渐萌人所忽。飞刍挽粟备秋防，铁骑雕弓练边卒。居民未喻疆场情，驼马糇粮纷屯集。耕耘不辍商贾安，十年何曾见兵革。孤城日落猎火红，百夫守陴皆哭泣。狼奔豕突骇见闻，蹂躏边陲烽火急。将军料事真如神，雍容坐镇旁无人。事极明断羽书发，令严军士咸凛遵。彼将竭蹶我静待，未可仓卒驰戎轮。烛照边情握胜算，胸中成竹无纤尘。恩威震叠敌感被，降幡高竖胡尘裹。面缚元凶献辕门，不烦一兵折一矢。逶迤降卒四千人，涤荡烟氛万馀里。羸俘尚欲燃寒灰，遗螫奚能翻祸水。河山收复庆完全，凯歌声欢万人喜。万人欢喜将军忧，外患方炽何时休。中原多故强邻伺，危机四伏杀气浮。奔驹朽索世纷扰，积薪厝火人优游。况乃一区悬塞外，准回杂处五戎侔。白云苍狗多迁变，奠安边围贻远谋。②

将军即新疆督军杨增新，其时邓缵先出任新疆省公署政务厅科长，直接给杨增新做秘书。邓缵先笔下的战争场面栩栩如生：面缚元凶献辕门，不烦一兵折一矢。逶迤降卒四千人，涤荡烟氛万余里。邓缵先笔下的猛将军鲜明生动：将军料事真如神，雍容坐镇旁无人。事

---

① 〔加〕施吉瑞、孙洛丹译《入境庐内——黄遵宪其人其诗考》，上海古籍出版社，2010，第247页。
② 邓缵先：《霭庐诗草》，华东师范大学出版社，2012，第30页。

极明断羽书发，令严军士咸凛遵。十年何曾见兵革，将军一战定乾坤。邓缵先笔下的大将军深谋远虑：河山收复庆完全，凯歌声欢万人喜。万人欢喜将军忧，外患方炽何时休。[①]

镇南关、阿山关同为中国边关，清民两朝均有猛将军御敌戍边，以战促和，促成中法和谈，奠定了新疆三山一统的格局。可谓国家大幸矣！

在晚清与列强的交战史上，清廷屡战屡败，割地赔款，唯有左宗棠挥师收复新疆，逼退沙俄交还伊犁是全胜特例。在《左文襄祠》中，邓缵先赞扬了左文襄公的尚武精神："文襄经略靖边尘，出入三朝重老臣。博望才猷工挫敌，卧龙旗鼓勇如神。妖星夜落千营静，虏塞烟开万井春。今日祠堂遍西域，边城俎豆更莘莘。"[②]

"从来漠北本汉地，恢复还将用兵器。"[③] 即使在清廷屡战屡败、国家积弱积贫的情势下，左宗棠力主西域用兵，用武力收回被阿古柏侵占13年之久的新疆，并抚棺西出阳关，做好外交失败即用武力收回伊犁的战争准备。面对强敌，若没有左宗棠破釜沉舟、视死如归的英雄气概，没有左宗棠的神机妙算和深谋远虑，就没有今天的新疆。战略家毛泽东曾感慨地对主政新疆的王震将军说：没有左宗棠，新疆的事难说！新疆要比南泥湾大一万倍……[④]

战争总有胜负，战略帷幄于国家，战术决定于将军。有时候，战役的失利往往导致满盘皆输。黄遵宪作《降将军歌》，笔录耻辱，警示后世：

> 冲围一舸来如飞，众军属目停鼓鼙。船共立者持降旗，都护

---

① 邓缵先：《毳庐诗草》，华东师范大学出版社，2012。
② 邓缵先：《毳庐诗草》，华东师范大学出版社，2012，第74页。
③ 邓缵先：《毳庐诗草》，华东师范大学出版社，2012。
④ 《历史伟人左宗棠》，珠江文艺出版社，2012，第172页。

遣我来致词：我军力竭势不支，零丁绝岛危乎危，龟鳌小竖何能
为？岛中残卒皆疮痍，其余鬼妻兵家儿。锅底无饭枷无衣，纥干
冻雀寒复饥。六千人命悬如丝，我夸死战被安归，此岛如城海如
池，横排各舰珠累累。有炮百尊枪千枝，亦有弹药如山齐。全军
旗鼓我所司，本愿两军争雄雌。化为沙虫为肉糜，与船存亡死不
辞。今日悉索供指麾，乃为生命求息慈，指天为正天鉴之。中将
许诺信不欺，诘朝便为受降期。两军雷动欢声驰，媾青月黑阴风
吹，鬼伯催促不得迟，浓煮芙蓉倾深卮。前者扃棺后舆尸，一将
两翼三参随。两军雨泣成晾疑，已降复死死为谁？可怜将军归骨
时，自幡飘飘丹擢垂。中一丁字悬高桅，回视龙旗无孑遗，海波
索索悲风悲。悲复悲！噫噫噫！①

在甲午战争中，降将军是有所指的，叶志超率军弃守而逃，狂奔
500 里过鸭绿江入边，卫汝贵贪污军饷，横暴朝民，骄兵必败，一溃
千里，不但丢朝鲜，而且失国门，丧国土。

在《镇西歌》中，邓缵先对骄奢跋扈的降将军给予无情的批判：
战骨半埋蝎蜴塞，弦歌犹醉鹦鹉杯。骄矜轻敌意气盛，节钺专权豪华
竞。争夸功冠卫仲卿，自诩勋隆霍去病。胡寇西来六千兵，绕途入扰
伊吾城。拥兵数万不肯发，饱掠远飏愁云生。讵知饰报邀荣赏，爵在
五侯七贵上。冒功希宠益骄奢，边将戍兵皆惆怅……边陲事坏跋扈
尘，日蹙百里沦胡尘。坐糜军饷七千万，犹复劳敝中原人。②

在中国经营西域史中，贪杯误事者有之，骄矜轻敌者有之，拥兵
不发者有之，饰报邀功者有之，贪渎跋扈者有之，这些贪生怕死的降
将军们，靡费军饷，误国失土，乃一丘之貉。

---

① 〔加〕施吉瑞、孙洛丹译《入境庐内——黄遵宪其人其诗考》，上海古籍出版社，2010，
第 262~264 页。
② 邓缵先：《毳庐诗草》，华东师范大学出版社，2012，第 35 页。

### （五）文人尚武精神的现实意义

千百年来，吾中华民族立足东方，生生不息，全赖于开疆拓土的精神与勋绩。秦开岭南，汉辟西域，大清收台湾，复新疆，无非沿着东南与西北两个方向推进。而吾中华民族外来的压迫威胁，亦来自东南部海洋和西北部陆路两大区域。放眼今日中国面临的政治外交情势，在大国角逐下，南海、东海始成焦点，南海归属之争，中日钓鱼岛争端，沸沸扬扬；中国西部亦有强国角力，阿富汗战火未息，中印边境鼙鼓未宁。总之，中国倚重东南海洋和西北陆路的政治外交格局依然未变。西方大国一方面在国际上制造"中国威胁论"，一方面挑起事端，试探我底线，现代战争依然威胁着中国。如今错综复杂尖锐对立的国际局势，只是变换形式重演近代历史而已。

在吾中华民族从未间断的五千年的历史长河中，开疆拓土也好，压迫威胁也罢，政治最极端的形式无非战争。从狭义上讲，尚武即是战争的代名词。战争是政治的延长，是解决政治纷争的最后手段。战争是维护国家主权和领土完整的基本手段。在近现代国家战争中，无论是抗日战争、抗美援朝战争、抗美援越战争，或是中印边境自卫反击战、西沙之战、珍宝岛之战、中越边境反击战，对于帝国主义的战争恫吓，中国不是避战，而是要敢战，以争应争，以战止战。

战争乃军国大事，不能视为儿戏。一个国家要慎武，但不能不武，不能武者即柔弱的羔羊，砧板之肥肉，面对列强饕餮大口，文章柔弱无用，只能任人宰割。甲午战争最终失败原因何在？正如后来的历史学家所做的"说主战误国实属本末颠倒，甲午战败原因不在主战，而在战而不力，决策者没有把战争打到底的决心。"①

---

① 常熟市人民政府、中国史学会合编：《甲午战争与翁同龢》，中国人民大学出版社，1995，第319页。

纵观历史，中华民族不知经历了多少战争洗礼，遭遇了几多战争磨难，尤以近代抗日战争为最。苦难经历告诉后人，尚武精神是一个民族自立、自尊、自强的基因。中国正是在经历了一系列战争后摆脱积贫积弱颓势，再次崛起于东方。吾中华民族所以能在战争中屹立不败，就是存有威武不能屈、不怕战争、敢于战争、善于学习和总结战争、天下兴亡匹夫有责的尚武精神。更难能可贵的是，每当国家民族生死存亡之际，总有社会的良知知识阶层挺身而出，投笔从戎，以智止战，尚武图存。

必须指出，文人尚武与武人尚武是有区别的。"弱是罪恶，强而不暴是美德。"① 文人尚武是一种不甘国家沦亡和民族屈辱的抗争，因有文化道德约束，即使强大亦不施暴力；武人尚武乃崇尚暴力，无文化道德制约，因此往往干出伤天害理、灭绝人伦的暴行来。文人尚武是对武人尚武的制衡，以正义之师而灭穷兵黩武。

今天吾后人能告慰先贤的是，中国人民经过百年浴血奋争，战胜了日本军国主义，取缔了帝国主义列强强加于中国人民的不平等条约，获得了民族解放和国家独立，在数次大国强加于中国的战争中，中国人民从此在陆上、海上、太空上站起来了！

面对今日霸权主义之挑衅，吾国吾民将本着人不犯我，我不犯人，人若犯我，我必犯人之原则，做好战争准备，一旦战争爆发，黄遵宪曾说："人人效死誓死拒，万众一心谁敢侮？"② 毛泽东曾说："军民团结如一人，试看天下谁能敌。"中国军民保持尚武精神，招之即来，来之能战，战之必胜，胜之不懈，以求常胜，方能实现自鸦片战争以来中华民族前赴后继一直追逐的复兴之梦。

---

① 《罗家伦先生文存》，国民党党史委员会，民国六十五年十二月。
② 陈铮编《黄遵宪全集》上，中华书局，2005，第142页。

# 从科举贡生到边塞胡杨

## ——清末民初邓缵先思想研究

### 查 群[*]

《叶城县志》中有对邓缵先的简要介绍："清光绪二十二年（1896 年）补廪，并录优行。清宣统元年（1909 年），科拔贡，在原籍任县立高等小学校长、县议会议长、惠州白纱厘厂书记员、南洋雪茂埠华侨实业调查员，以及县团总局会办员等职。民国三年（1914年）九月，应内务部第二届知事试验，取列乙等，分发新疆。"作为封建儒家思想培养起来的科举贡生，在科举之路断绝之后，他的思想是如何转变的？是哪些因素促成了他思想的转变？本文试对邓缵先应北洋政府文官考试，并远赴新疆的过程中思想上发生的转变作一研究，望方家正之。

## 一 科举入仕传统观念下思想的形成

客家人以诗书传世，古人云："梅人无殖产，恃以为生者，读书一事耳，所至以书相随。"重文轻武的思想也造就了客家科举入仕的

---

* 查群，厦门大学历史系博士生。

官本位情结，传统的客家人坚信"书中自有黄金屋，书中自有千钟粟，书中自有颜如玉"，他们大多埋头读书，热衷出仕。紫金邓氏家族为"南阳邓氏逐步由邓地外迁"①，其中一支迁至紫金，在此繁衍生息，仍以诗书传家。

邓缵先先生便是出身于这样的耕读世家，据邓缵先自序说："太高祖讳云，现岁贡，韶州府训导；高祖非邑廪；曾祖万孚岁贡，曾伯祖万皆拔贡，历任福建沙县、清流、永定、连成知县；祖景高邑廪，父瞻奎，附贡。"② 且邓氏家族有题于祖屋顶梁之对联：

吉戊开宏基，竹苞绕舍，松茂环阶，添来万顷书田，济济簪缨盈白屋；

芳辰昭厚泽，宦术家承，侯封世袭，庆得千年宗祜。累累应焕彩黄袍。③

可见，邓氏家族历代秉承耕读并重、师礼传家的客家传统，并获取了诸多功名，这便在家族内部营造了良好的氛围，为后世子孙树立了榜样。蓝塘宝洞的邓洞泉留下遗训，在邓氏族人中广为流传：

生死有命，富贵在天。然子承父业，自当谨守，凡事宜忍耐三思，毋恃势凌人。勤谨恭让四字，终身宜行之勿怠。为子者以父母之心，则孝友两全矣。即不能大有兴发，推此心以睦族和邻，敬上爱下，宗族称效，乡党称弟，做一个好人岂不美哉！今后当理役，毋以小成自恨。庶不负老父一生经营，今日之属望

---

① 紫金县政协文史委员会、紫金县档案局合编《紫金文史·姓氏篇》，第1~3页。

② 邓缵先修《叶城县志》。

③ 邓缵先：《毳庐诗草》附录《题祖屋顶梁对联》，华东师范大学出版社，2012，第132页。

也。再子而孙，孙而子，云礽奕叶，诗礼传家，世代相承，不让古人名门巨族。此尤老父所叮咛而嘱也，务宜遵守。省之思之，是训。①

由此可推知，邓缵先自幼便在父祖的影响之下，潜心读书，以期入仕。不负所望，1883年，年仅十五岁的邓缵先便考中秀才，于光绪二十二年（1896年）补廪，并录优行；宣统元年（1909年），科拔贡②，并正式踏入仕途。横坑大德楼有题诗：

### 题横坑大德楼

翚飞华厦屡占熊，桥梓峥嵘万象融。

继也不忘君子业，述而时见古人风。

兰畦美溢春山外，菊圃香生晚节中。

大德懋昭天眷顾，一门昌炽福无穷。③

题名为"拔贡生邓缵先"，整首诗充斥着对读书入仕的褒扬，"君子业"、"大德"、"福无穷"等无不彰显出邓缵先对科举的热衷。

科举是中国古代封建统治者为选拔人才而设立的一种考试制度，让读书人参加的人才选拔考试，学而优则仕的一种制度。它创始于隋，形成于唐，完备于宋，强化于明，到清代已渐趋衰落。而发展到清代，科举考试的内容主要是八股文。八股文主要测试的内容是经义，《诗》《书》《礼》《易》《春秋》，五经里选择一定的题目来进行写作。八股文在当时是非常重要的，它关系到一个人能不能升官，能不能在科举考试中进士升官。清代的科举取士已经完全沦为王朝统治

---

① 紫金县政协文史委员会、紫金县档案局合编《紫金文史·姓氏篇》，第6页。

② 邓缵先修：《叶城县志》。

③ 邓缵先：《毳庐诗草》，华东师范大学出版社，2012，第129页。

者推行文化专制主义、笼络汉族士大夫、禁锢知识分子思想的工具，弊端已暴露无遗。

科举取士既是为封建统治选拔人才，则必充斥着大量的忠君爱国思想，邓缵先在这种大背景下，为入仕所读之书也必定是以儒家经典著作为主，忠君爱国思想也必是根深蒂固。

## （一）清末民初新思潮对邓缵先思想的冲击

正当科举入仕的坦途在邓缵先的面前展开之时，袁世凯、张之洞奏请立停科举，光绪三十二年（1906 年），清政府宣布废除延续了1300 多年的科举制度。自此，邓缵先科举入仕的梦想便也被打破。

邓缵先生于 1868 年，当时的清王朝正处于列强入侵，风雨飘摇的时代。1840 年，英国率先以其坚船利炮打开了中国的大门，俄、美、法、日各国列强接踵而至。在对外战争中屡战屡败的清王朝不得不从"天朝上国"的美梦中醒来，一批先进的知识分子开始开眼看世界，西方文化也随之登陆中国。广东处在列强入侵的最前沿，自然也是新思潮最先涌入的地区之一。广东领时代风气之先，风云人物辈出，诸如康有为、梁启超、孙中山等成为那个时代变法图强、振兴中华的杰出思想家和伟大旗手。

邓缵先的家乡紫金县（当时名为永安县）虽然地处山区，但距广州不到 300 公里，必然会受到中国社会变革风波的激烈冲击。在这种大的时代背景下，邓缵先的思想也必然受到极大的冲击。实际上，邓缵先与孙中山、康有为、梁启超大约都是同时代的人，康有为生于 1853 年，孙中山生于 1866 年，邓缵先生于 1868 年，梁启超生于 1873 年。邓缵先不是变法和革命活动的发起者和直接参与者，但却是变法和革命活动的目击者和受益者。科举之路已被阻绝，邓缵先不得不另谋出路。但是作为地方上的青年才俊，定然不会沉寂下去。据《叶城县志》记载，科举制废除后，邓缵先历任惠州白纱厘厂书记员、南洋雪茂埠华侨实业调查员以及县团总局会办员。现在我们已无法得知惠州白沙厘厂和南洋雪茂埠华侨实业的确切资料，但是单从企业名称来看，当为华侨创办。中国传统历来重农轻商，读书人更是耻于经商，而邓缵先作为一个科举出身的贡生，能够克服传统思维，到企业中任职，可见其并非思维僵化、抱残守缺之人，能准确把握时代发展的潮流。在华侨企业中的历练，使得邓缵先得以直接感受到工业的强大力量，冲击着这个以耕读传家的客家人的固有观念。书记员、调查员这样的职位，邓缵先能够更加直接地接触到资本主义工商业，感受到资本和市场的力量，而且能够更加方便地从华侨企业家那里了解到世界的大形势，并且有机会直接赴海外考察。邓缵先曾在《叶迪纪程》中记载了1910年左右赴新加坡的往事："戈壁万顷平铺，茫无际涯。忆十年前过七洲洋，抵新嘉坡，风景酷似。……戈壁如海，车行如舠。远树如帆樯，风沙如波涛。墩斥如岛屿，电桿如渔篙。"① 英国殖民者早在19世纪初便已到达新加坡，百年后，当邓缵先抵达新加坡之时，作为英属殖民地的新加坡早已深受西方文明的影响，并且跃升为全世界第7大港口。邓缵先的这次考察，思想上受到了极大冲击，归国后，便大量阅读国内有关介绍海外的书籍和国外译著。

科举制废除后，清廷改办学堂。宣统二年（1910年），创办永安县官立高初两等小学堂，民国元年（1912年）二月，广东省当局陈炯明派游克帧（海丰人）任永安县光复后第一任县知事，他对教育颇为重视，提出各地要设立小学，逐渐取缔私塾②。永安县官立高初两等小学堂随之改名为永安县立高初两等小学校。民国三年，又改为紫金县立高等小学校。③ 邓缵先作为一名清末秀才，拥有扎实的经

① 邓缵先：《叶迪纪程》，华东师范大学出版社，2012，第30页。
② 紫金县政协文史委员会：《紫金文史专辑》，1988，第216页。
③ 紫金县地方志编纂委员会编《紫金县志》，广东人民出版社，1994，第694页。

史、诗词方面的功底，同时在地方上有着较高的声望，而且经过那个时代一系列变法的洗礼，具有较为先进的思维和宽阔的眼界，于是由他来出任永安县立高等小学校校长便顺理成章。邓缵先幼年就读于私塾，受过传统教育，15岁中秀才后，便进入惠州最高学府丰湖书院就读，此时又掌管一所新的教育体制下的高等小学校，两种不同的教育方式的碰撞，激荡着邓缵先的思想。据《紫金县志·大事记》记载，光绪三十三年（1907年），"瑞士基督教巴色传道会在古竹潮沙集义村开办乐育小学，在古竹虎头山创办乐育中学，是为本县中小学肇始。"[①] 其优良的教学设备，先进的教学理念，完整的教学体系，中西方教育体系在小地域内正面交锋，亦必然对邓缵先的思想有所冲击。

由此观之，清末以来列强的入侵、西方先进技术和文明的涌入极大地冲击着清末仁人志士的思想，大批文人和革命者纷纷提出自己的救国主张，新思潮不断涌现。这种大的历史背景，必然对邓缵先的思想有着极大的冲击，促使他由一个封建王朝的科举贡生逐步转变为新时期的边关能臣。

## 三　转变思想，赴新疆戍边

由于各种新思潮的影响，加上对西方先进科技和文化的深入了解，具备国外考察经验，邓缵先不再是只知研读儒家经典的封建贡生，也不再对摇摇欲坠的清王朝抱有任何幻想。

1911年辛亥革命爆发，封建政治迅速瓦解，西方立宪政治随之进入中国。议会制度作为立宪政治的最重要组成部分，进入了中国的政治生活。距离广州不足300公里的紫金县率先受到冲击，民国二年

---

① 紫金县地方志编纂委员会编《紫金县志》，广东人民出版社，1994，第13页。

（1913 年），紫金县开始筹备议会。次年，全县六个区选出议员两名出席会议，成立县议会，邓缵先当选议会长。[①] 邓缵先摆脱封建科举贡生的名号，正式成为中华民国的官员。

1911 年 12 月 28 日，新疆响应武昌起义，爆发了迪化起义。起义失败后，伊犁革命继起，哈密、喀什遥相呼应，终使新疆迈入拥护共和、建立民国之途。辛亥革命成功，民国初立，中央政府需要对新疆行使主权，需要大量优秀的治疆人才。时任新疆督军的杨增新请奏："民国三年（1914 年）7 月 24 日，内务部即指示新疆一省远处极边，形势重要分发人员，惮于艰阻帅多趋避，以致边疆要地，任用无才。前经本部呈请由新疆举行特别试验，奉大总统批令照准在案。惟该省道途辽远，文物鄙旧，就地取材，囿于偏隅。人数既属无多，人才尤虞缺乏。自非遴选熟悉边情，负有远志之士分发该省，整理一切。不足以开通风气，交换知识，于是特考试专备分发新疆任用。……"[②] 从文中可知，国民政府内务部曾专为新疆举行知事特别试验，申明考取者专备分发新疆任用，他省不得调用。

正是在这种背景下，邓缵先参加了北洋政府举办的文官考试，取列乙等，分发新疆。中华文化强调少小立志，然后做足修齐治平的功夫，一俟国家兴亡之机，天下匹夫当有责担当。邓缵先所处的时代，正值中华国土遭列强蚕食鲸吞之际，"太息庸臣多误国，膏腴千里献强邻"，"强邻虎视贻边患，怕听关山画角哀"[③] 的诗句表达了邓缵先对现状的深深忧虑，这也极大地激发了他报效祖国、建功立业的壮志。邓缵先曾写道：

男儿负壮志，立功西北陲。

---

① 《紫金县志》，广东人民出版社，1994，第 573 ~ 574 页。
② 杨增新：《补过斋文牍》，台北：文海出版社，1965。
③ 邓缵先：《毳庐诗草》卷二《边塞》，华东师范大学出版社，2012，第 96、97 页。

穷经腐儒事，奚以笔砚为。

投鞭万里去，骏马如飙驰。……

愿携鸾为群，不与鸡争食。①

可见邓缵先已将毕生壮志、建功立业之机转向西北边陲的新疆，舍弃了"穷经腐儒"的科举之途，意气风发、信誓旦旦地奔赴新疆，实现人生理想。

其实，邓缵先赴新疆还有另外一层含义。邓氏家族世代以耕读传家，邓缵先原本一片光明的科举仕途却因科举制度的废除和清王朝的灭亡而断绝，却不曾想中华民国成立以后，北洋政府却又给了他入仕的机会，并在文官考试中取列乙等，得以实现人生抱负和家族的期望。邓缵先当是心怀感恩之情的，他曾在诗作中写道："余猥以庸才，忝蒙拔擢，恩宠优渥，感激靡涯，直如物受其生，无以论报。"并有"我受深恩酬未得，举家生计托清阴"②之句，感激之情溢于言表。

从紫金到新疆，满怀报国壮志的邓缵先带着国家的重托和家人的期盼踏上了漫漫征程。穿越大半个中国，行程数月，邓缵先深深为中华民族的苦难所震撼：

### 赴新疆沿途有感

迢迢骑马过长安，满目饥民不忍看。

十里路连千百冢，一家号哭二三棺。

犬衔骸骨肉仍在，鸦啄骷髅血未干。

寄语朝中诸宰辅，石人无泪也心酸。③

---

① 邓缵先：《毳庐续吟》卷一《杂诗四首》，华东师范大学出版社，2012，第7~8页。

② 邓缵先：《毳庐诗草》卷三《冬青树》，华东师范大学出版社，2012，第123页。

③ 邓缵先：《毳庐诗草》，华东师范大学出版社，2012，第131页。

饿殍满地、十室九空的惨相深深地震撼着邓缵先的心灵，心酸之余必定更加坚定了献身新疆，改变边疆人民处境的信念。在新疆为官期间，留下了大量的诗作，为我们研究民国初期新疆的历史以及邓缵先的思想提供了重要史料。

生于耕读世家的邓缵先，早年立志科举入仕，但身处乱世的他受时代的捉弄，科举之路断绝。然而，这也使得他有机会接触到新时代的新思潮，认识到历史发展的大方向，在思想上有了很大的转变。同时，传统教育中所崇尚的"天下兴亡，匹夫有责"的思想也促使邓缵先戍边新疆，成为浩瀚大漠中一棵坚挺的胡杨树。

# 邓缵先精神与客家文化传承

龚火生[*]

## 一　邓缵先家世源流

### （一）邓氏源流

邓姓发源于今河南邓州。公元前十三世纪，商王武丁封季父曼季于邓国（今河南邓州），后代子孙以邓国名为姓，以南阳为郡。邓姓始祖名曼，字德阳。"南阳"是邓氏的大本营，故以"南阳堂"为堂号。

东汉，邓曼四十七世孙邓禹任太傅高密侯，辅佐刘秀中兴汉室立下大功，任为丞相。此后邓氏累世宠贵，成为东汉大家族之一。后世以"东汉家风"纪念。

东汉安帝时，邓氏有的迁至湖南、湖北，有的迁至山西、甘肃。西晋时，五十七世邓叔攸迁至福建宁化县石壁乡。东晋时，中原邓氏大举南迁，以江西、江苏居多。宋嘉祐八年（1063 年），邓氏有两脉八系，途经两路入粤：一路由闽西上杭、宁化等沿汀江，一路由浙江、江西沿赣江跨五岭入粤。入粤八系邓氏是四十八世邓训的长子、

---

* 龚火生，紫金县档案局原局长、副研究员。

三子即四十九世邓骘、邓陞两脉之后裔。其中一系邓骘后裔九十三世邓太乙，南宋淳熙进士，任广东提举司，南宋庆元五年（1199 年），举家由福建省宁化县石壁乡移居广东省潮州府程乡县松口乡（今梅州松口镇）开基立业。后裔尊为邓氏客家入粤始祖。

## （二）邓氏紫金分布

邓太乙，字志斋，讳文渊，生九子：文、行、恭、敬、仁、义、礼、智、信，后裔散布粤、赣、湘、桂、蜀、台、港等地。紫金邓氏均为邓太乙二房邓行、三房邓恭、四房邓敬、八房邓智的后裔，2006 年人口约 3 万人，择要述后。

1. 紫金龙窝洋头邓氏（二房邓行后裔）。明万历三十三年（1605 年），十世邓显礼携子由长乐（今五华）梅林迁居永安县（今紫金县）城北门忠孝坊（今东栅街）。其子邓庭高于康熙三十四年（1695 年），迁居洋头甘棠围开基。

2. 紫金龙窝宝洞、紫城镇教场邓氏（三房邓恭后裔）。（1）宝洞邓氏。洪武十四年（1381 年），邓宗义由长乐县七都伯公塘迁徙至永安县岩前约（今乌石镇）锡壶坳打铁为生，后迁居龙窝宝洞立业，后裔分布今龙窝镇宝洞等八个村以及蓝塘镇金竹印、大村等处立居，一支迁居四川立业。（2）紫城镇教场邓氏。邓永松于清康熙三十一年（1692 年），由河源埔前乡迁至永安县城"油竹埔"，又名"竹头背"（今紫城镇教场村）开基立业。

3. 紫金蓝塘邓氏（四房邓敬后裔）。（1）蓝塘老围邓氏。粤八世邓政脉下十一世邓应美，明朝后期由程乡松口迁居惠东芋坑围。至清康熙五年（1666 年），十二世邓云万再从惠东芋坑迁至永安县蓝塘老围泰街开基。后裔分居现蓝塘老围、下圩、甲第坑、博罗麻坡、广西等地。（2）蓝塘新围邓氏。粤八世邓缘脉下十三世邓元吉，清顺治年间由梅县松口迁至永安蓝塘圩下横街湖唇立业。同期，十三世邓元华亦从梅县松口迁至永安蓝塘马鞍山立基。后裔分居蓝塘新围、竹坳、湖唇、马鞍山、惠东洋潭等地。

4. 紫金临江镇、蓝塘镇布心村邓氏（八房邓智后裔）。（1）临江镇邓氏。四世邓仲和于南宋嘉熙三年（1239年）由梅县松口迁至南雄县立业。五世邓正兴从南雄迁至东莞茶园。元末明初（1368年），又从东莞迁移归善县（惠阳）窑头角，再迁至博罗邓塘坳。六世邓湖宝携子邓雷佑迁至永安县石公神（今临江镇）坳里开基立业，建立宗祠。后裔分布临江镇联新、桂林、禾坑、斩坑、塘排、胜利村等地。（2）蓝塘布心塘邓氏。八房智公十三世邓复松，率妻子从梅县松口迁入永安县蓝塘布心塘立居，在该村昂湖建立祠宇。

## （三）邓缵先直系吊线图

### 1. 广东邓氏历代世次

始祖邓志斋，号太乙→二世祖智公三八郎→三世祖球公→四世祖大郎公→五世祖罕宗→六世祖德安→七世祖法仁→八世祖法恭→九世祖法瑞→十世祖文道→十一世祖宜贵→十二世祖聪公→十三世祖复松（乔迁紫金县蓝塘镇布心塘村开基始祖）。

### 2. 邓缵先家族世系表①

| 入粤世次 | 入蓝塘世次 | 名　考 | 妣讳 | 生子及名讳 |
|---|---|---|---|---|
| 十三 | 一 | 讳复松（为乔迁开基始祖，今推崇为太祖） | 龚氏 | 顺治初年，中年率妻子自程乡县松口乡迁今紫金县蓝塘镇布心塘乡（祭期二月初一，风雨不改）。生四子：九立、九习、九万、九富 |
| 十四 | 二 | 讳九立（1635～1683年） | 杨氏 | 生四子：则玉、凤玉、俊玉、胜玉 |

---

① 该表据紫金《蓝塘布心塘昂湖祠邓氏族谱》（邓新基为首、邓新章等合编，1993年版，铅印本）整理。

| 入粤世次 | 入蓝塘世次 | 名 考 | 姓讳 | 生子及名讳 |
|---|---|---|---|---|
| 十五 | 三 | 讳凤玉,号"大宗"(1667～1743年) | 陈氏(1665～1742年) | 生六子:英璋、瑞琦、英瑞、英珊、英琼、英瑄(分房) |
| 十六 | 四 | 讳英瑞(1692～1779年)公敦重厚义,自食其力,却殷勤送子读书,生平以孝行闻,自家庭至里党,言俱无间 | 江氏 | 生四子:圣崇、圣清、圣麟、圣钦 |
| 十七 | 五 | 圣清(1722～1797年),讳云,现号卿亭,改字秉青,邑生员,补廪生,乾隆甲申考选岁进士,授韶州府儒学司训 | 黄氏(1721～1742年)陈氏(1728～1809年) | 生二子:对扬、烈扬 |
| 十八 | 六 | 对扬(1746～1810年),讳飞,号翀轩,字龙益,邑廪生。敕封文林郎。福建知县 | 张氏(1745年)生 | 生四子:名宽、名容、名宜、名宁 |
| 十九 | 七 | 名宜(1782～1855年),讳万孚,号心亭、一字,嘉庆乙亥补禀,道光癸卯考选岁进士 | 廖氏(1785年)生 | 生五子:良显、暘显、潼显、济显、爔显 |
| 二十 | 八 | 潼显(1814～1874年),讳景高,号梧山,别字崧麓,邑禀生、应贡生 | 黄氏(1815～1848年)继配刘(1834年)生 | 黄生二子:宗壁、宗匮 刘生三子:宗元、宗鸣、宗惠 |
| 廿一 | 九 | 宗壁(1840～1909年),名瞻奎,号文阁,字应祥,附贡生,同治考入惠州府学,后由附生捐贡生 | 陈氏(1839年)生 | 生三子:思荣、章荣、褒荣。 |
| 廿二 | 十 | 褒荣(同治七年戊辰1868年)生,字苣洲,号缵先,新疆省乌苏县知事,叶城县知事 | 黄氏(1872～1951年) | 生二子:冠华、森华。 |
| 廿三 | 十一 | 冠华 | 陈氏 | 生二子:富迪、富楚。 |
| | | 森华 | 陈氏 | 生子二:富新、富波。 |
| 廿四 | 十二 | 富迪　民国十九年庚午(1930年)生 | | |
| | | 富楚　民国二十二年癸酉(1933年)生 | | |
| | | 富新　民国生人 | | |
| | | 富波　民国生人 | | |

　　说明:另据《沉默的胡杨》载:邓缵先姓黄氏,1872～1951年;孙富迪,1928年生,2010年82岁;富楚,1932年生,2010年78岁;富新,2010年77岁。

## （四）祠堂、家训

**1. 蓝塘布心塘复松公祠，又名"昂湖祠"，位于蓝塘布心村小地名昂湖**

为纪念邓氏十三世祖讳邓复松顺治年间由梅州松口迁入蓝塘布心村立基所建。呈"昂天海螺"形，1989 年重修，上下两进，门前有池塘，建筑面积约 300 平方米。

大门联：

旗峰挺秀；榜岭增华。

上厅顶梁联：

南阳世系，东汉家声，先祖勋彪垂史册，功冠千秋，松口根盘，世泽绵绵昭祖德；

榜岭增华，旗峰挺秀，后人蔚起闯雄关，投鞭万里，昂湖泉涌，孙枝脉脉续经纶。

**2. 邓氏源流诗**

黄帝传来东汉时，禹公杖策立根基。

十三子各从封土，千万孙谋衍派支。

世远蒸尝分论记，人多贤否序尊卑。

是否共祖同宗者，尽在源流一首诗。

说明：该诗为十七世汉丞相邓禹遗作

**3. 邓氏族规十则**

（1）正人伦。人有五伦，古今天下之大道也，在家莫重于祖父、伯叔、兄弟、子侄、母婶、兄嫂、弟妇、女媳及六亲眷属，均是骨肉至亲，务宜孝悌，奉亲友爱，祖为先，不可悖逆，横行乱伦，无理取闹，以致同室操戈，干犯法纪。如有此辈，通族公决处治。

（2）正名节。五伦之中有尊卑长幼，人所其之也，家有伯叔、兄弟、为子侄者，具宜兄友弟敬，恭顺和睦，不可逞凶斗殴，秽言凌辱，污伤大义。至于称呼，也要有序，不可混言无忌，如有斯人耶，以家法处治。

（3）正心术。人之心术，赋性本善，多于积习日近，乃至道义耳。凡人幼之时，为父兄者，须教以礼貌，训以义方，勿至心术变坏，以贻终身，即父母之道毕矣。

（4）正品行。人生于世，品行为先，内则族戚，外则明朋，皆以品行定终身。所以人贵志诚，不可欺诈；贵信义，不可奸险；贵不侥薄，死生有命，富贵在天。二念（必）诛。如此则品行端，德业进矣。

（5）谨言词。书之惟出口好兴，古语云，躁人间词多，古人词少，盖言不可不谨也。嘲语伤人，痛如刀割，以致口角成仇，官司结恨，大则倾家丧身，小则坏名节义，其系非轻，不可不慎。

（6）立尝祀。盖木有本，以水有源，人皆知之。为子孙者，莫重于尊祖，尊祖莫重于立尝。不立尝额，递年祭祀，绳不替鲜矣，尔等宜之蒸尝，不论大小尊卑，永远不可废祭祀。尊祖之心勿可少耳。

（7）起祭祀。人起理祭祀，以长其恩爱，则追远之诚，莫大于祭祀。为子孙者，宜于定章程，以蒸尝大小为准。凡清明扫墓，春秋二祭，乃祖宗诞辰之日，宜留心勿废。

（8）定祭典。每年祭祀，牲栓仪定，多寡举诚。白头首事管理，以章办祭，勿有减少。祭毕当众照算清楚，岁岁如常，方成祭典。

（9）限祭席。祭祀已毕，设席于族人，逐年首事，若敛银，按礼则入席。若上祖派衍子孙众多，待允许方可与席。祭坟不可噪闹，相争斗殴。至以席首，及早登坟，拜祖祭。不到坟者，不准入席。

（10）定祭胙。祭祖领胙者，如周礼，让老尊贤之意也。每祭日有主祭首事之人，有赞礼执事之人，族中有成名者，有寿（七十岁）

耄（八十岁）耋（九十岁）期颐（一百岁）者，切宜酌量分之，可感发儿孙兴孝悌之心矣。①

**4. 志斋公（邓大乙）之二十代起字派**

世崇程克峻，传九益成丰；

品序登朝美，赓扬庆运隆。

## 二 邓缵先主要经历及戍边新疆事迹

邓缵先（1868～1933 年），字芑州，紫金县蓝塘布心村人，同治七年戊辰（1868 年）②，自幼受父母严格教育，六岁起进入塾馆启蒙，师从秀才蓝湘湄、拔贡杜林芳等，敏捷过人，光绪九年（1883 年）中秀才，时年十五岁，人称游泮神童。光绪乙未（1895 年）肄业惠州丰湖书院③，二十三年（1897 年）补廪，并录优行。宣统元年（1909 年）己酉科拔贡，民国二年（1913 年）朝考列为二等，后在原籍历任惠州白纱厘厂书记员、南洋雪茂埠华侨实业调查员、县团总局会办员、县立高等小学校长、县首届议会议长④等职。

民国三年（1914 年）9 月，经县劝学所首任所长杜林芳推荐⑤，邓缵先应考内务部第三届县知事试验，取列乙等，分发新疆。民国四年（1915 年）7 月入疆抵迪化（时年 47 岁），任新疆省公署科员。民国六至七年（1917～1918 年）代理乌苏县知事；民国八至九年

① 引自《客家邓氏族谱》，五华县邓氏宗亲联谊会编，1996。
② 据紫金县《蓝塘布心塘昂湖祠邓氏族谱》1993 年重修订，第 62 页。
③ 据紫金县《蓝塘布心塘昂湖祠邓氏族谱》1993 年重修订，第 73 页。
④ 据《紫金县志》广东人民出版社，1994，第 574 页。
⑤ 引自《紫金文史·名人专辑》，1994。

（1919～1920 年）任叶城县知事；民国十年（1921 年）之后，在新疆省（迪化省）公署任文牍员、编辑员、政务厅科长；民国十五至十六年（1926～1927 年）任疏付县知事；民国十六至十七年（1927～1928 年）任墨玉县知事；民国二十年（1931 年）任巴楚县县长，1933 年在巴楚县长任上被民族分裂势力杀害，享年 65 岁。

邓缵先生前著有《乌苏县志》（1921 年）、《叶迪纪程》（1921 年）、《叶城县志》（1922 年）、《毳庐诗草》（1924 年）、《毳庐续吟》（1928 年）等。

**邓缵先的主要事迹：**

一是以文载史，以史保土。邓缵先先后撰写了《乌苏县志》《叶迪纪程》《叶城县志》《毳庐诗草》《毳庐续吟》五部著作。《叶城县志》中，他于 1920 年撰写的边情日记，题为："调查八扎达拉卡边界屯务暨沿途情形日记"，具有极其珍贵的史料价值。1962 年的中印边境之争中，来自北京的专家就带着邓缵先所作的《叶城县志》，以其巡查边情的报告作为领土之争的重要依据。邓缵先虽然是民国时期的官员，但他为维护祖国的领土完整做出了很大贡献。

邓缵先撰成的《乌苏县志》，是新疆民国时期县志编纂的范例，是新疆最早刊印发行的县志，成为今天研究新疆民国史的珍贵文献。

二是开启民智、励精图治。他兢兢业业为民造福，把岭南文化带到新疆，办学堂兴教育，把先进种养技术传授给当地百姓，实施水利垦务和开渠修桥，发展生产。妥善处理不同民族关系、军民关系等，为新疆的繁荣稳定做出了贡献。

三是廉政爱民，恪尽职守。邓缵先在县长的任上不为权、不贪财、不为色，忠于职守，清正为民。他在叶城县"离任时，父老子弟壶浆饯送，十里五里，长亭短亭，至玉河边，犹留恋涕泣"①。

---

① 崔保新：《沉默的胡杨——邓缵先戍边纪事（1915～1933）》，社会科学文献出版社，2010。

四是精忠报国，以身殉职。他抛家弃子远离家乡18年，戍守新疆为家，恪尽职守，忠心耿耿。1933年在巴楚县长任内时，发生南北疆大动乱，在事关国家分裂、民族危机的关头，他置生死于度外，毅然率众守城，直至城破后，遭暴徒杀害，以身殉职。①

# 三　邓缵先对客家文化的传承

一、邓缵先生于书香礼仪之家，据《蓝塘布心塘昂湖祠邓氏族谱》记载，邓缵先以上五代即太高祖圣清讳云，岁贡，韶州府儒学司训；高祖对扬，讳飞，邑廪生；曾祖名宜，讳万孚，岁贡；曾伯祖名容，讳万皆，拔贡，历任福建沙县、清流县、永定县、连城知县，政声卓著，有"邓青天"之称，乡人立祠祀之。祖潼显，讳景高，邑廪、应贡；父宗壁，讳瞻奎，附贡。家庭环境教育，客家忠厚传家、诗书继世的传统熏陶，个人天赋，刻苦攻读，加上名师指教，成就了他的卓越才华。

二、"孝"和"忠"是儒家伦理思想的核心概念。"孝"的本意是孝顺父母。《孝经》："身体发肤，受之父母，不敢毁伤，孝之始也；立身行道，扬名于后世，以显父母，孝之终也。夫孝，始于事亲，忠于事君，终于立身。"客家家训提倡：作忠作孝。邓缵先孝敬族人，"痛念一本九族之亲"。为寻找失散多年的同宗"英珊公"族人，纾解"居隔千余里，昭穆难序"之难，②光绪二十一年（1895年）八月，邓缵先在惠州丰湖书院进修时，利用上课之暇，由惠州至广州，至澳门，至台山的赤溪、田头、铜鼓等地访亲叙旧，并在族谱中留下详细地址，成为1993年族人编纂族谱时寻找宗亲的依据，

---

① 引自《紫金客家古邑家训·邓氏》（邓奕新撰）。
② 据《蓝塘布心塘邓氏族谱》第73页记载。

并找到外迁的宗亲，恢复联系。民国十一年（1922 年）闻讯母亲病重时，邓缵先不顾山高水远，盗贼猖獗，日夜兼程，冒死归家，耗时半年，赶回故里。体现出客家人最大的孝敬。至民国二十一年（1932 年），当邓缵先在新疆出任巴楚县县长时，已经 63 岁了。他暮年不归，妻子和孩子为他在家乡买了寿地，催他叶落归根，他在家信中写道：所以迄今未归是因为"蚕丝吐未尽，春深蚕不眠。"民国二十二年（1933 年）邓缵先在巴楚县任上，面临生死的危急关头，他没有选择逃避苟且偷安，而是与家人一起和守城军民同存亡，以身报国，显示客家人最大的忠。因此，邓缵先成为客家之光。

三、民国十四年（1915 年），邓缵先被分发新疆时，已经 47 岁了。同年分发新疆的 19 名知事中，广东人有李启、何耀燊、邓缵先 3 人，他们乘坐马车由紫金到新疆迪化（今乌鲁木齐），再到疏附（含喀什），历时 8 个月，旅程达 5500 余公里。他年近半百还要抛家弃子，出塞戍边。他的义无反顾，充分体现了客家人读书致仕报国的志向，体现客家人的开拓精神。

四、客家先祖根在中原，历来有编纂族谱的传统。笔者从《邓氏族谱》中找到了邓缵先未出塞前参与编写族谱的记载。[1] 这为以后邓缵先编史修志，以文载史、以史保土提供了很好的实践。

五、勤俭持家、玉汝于成，是客家的传统思想。这与邓缵先清廉爱民的精神一脉相承。

六、蓝塘是紫金县文化之乡，邓姓经济实力雄厚，除邓缵先的布心村办有塾馆外，邓姓在蓝塘圩还办有"云台学馆"，培育人才。深厚的文化积淀以及他的家学渊源，为邓缵先后来成长为"民国边塞第一诗人"（引见《沉默的胡杨》）提供了文脉传承的基础。

七、邓缵先妻子黄氏，连名字和籍贯都没有留下，而默默担当着

---

[1] 据《蓝塘布心塘昂湖祠邓氏族谱》第 73 页。

孝敬长辈，教育后代，操持家庭的重任，还要忍受夫妻两地分居万里的孤苦。她亦是客家妇女忍辱负重，以家庭子女为事业的崇高形象的典范。

## 四 邓缵先精神的现实意义

由于种种原因，邓缵先尘封历史 90 年。邓缵先对新疆的贡献湮没在历史文献之中。如今，河源市遵循人民意愿，还原历史本来面目，发掘邓缵先的价值，诠释邓缵先精神的意义。将邓缵先故居打造成爱国主义教育基地和廉政教育基地。紫金县将邓缵光故居列入重点文物保护单位。政府修缮邓缵光的故居，安放他的雕像，用于教育公职人员，教育群众，教育后代。此为功在当代、有益后世的明智之举。

今天，学习邓缵先的精神，对于学生而言，要像他那样树立远大理想，发奋读书，将来报效国家；对公职人员而言，要像他那样廉洁奉公、恪尽职守，守土有职；对于文化工作者而言，要继承中华文化优良传统，忠于历史，记述当代，传于后世。对于客家人而言，更是作为一面镜子，以弘扬客家的传统，并继往开来，使之发扬光大。

# 行大道　民为本　利天下

## ——论邓缵先廉政思想的现代启示

谢胜利[*]

　　中华传统文化十分看重人品修养，不管是在儒家经典还是道家著述中，都有关于勤政廉洁的警句。而以中华传统文化为底蕴的客家文化，则更加强调个人的道德涵养，正因为如此，很多客家先贤从小就接受客家祠堂教育，熟读儒家经典，深谙其中的精粹。儒家创始人孔子曰："大道之行也，天下为公。"[①] 这里所说的"行大道"，对为官者来说是政治上的最高理想，它要求为官者志存高远、抱负远大。"民为邦本，本固邦宁。"[②] 简言之就是"民为本"，而对为官者来说是工作上的行动指南，要求为官者坚持执政为民、以人为本，要甘当人民的公仆、群众的孺子牛。"元者，始而亨者也。利贞者，性情也。乾始能以美利利天下，不言所利，大矣哉！"[③] 从字面意思看，乾元是创始天地万物亨通的起点，乾卦开始生出万物以最美最利的功

　　* 谢胜利，广东省海洋工程职业技术学校高级讲师、法学硕士，研究方向主要为德育、客家文化以及客家传统人文思想对现代社会发展的启示。

① 《礼记·礼运篇》，参见彭林《〈周礼〉主题思想与成书年代研究》，中国社会科学出版社，1991，第 18~19 页。
② 《尚书·夏书·五子之歌》，参见李学勤《尚书正义》，北京大学出版社，1999，第 165 页。
③ 《周易·乾卦·文言》，参见彭林《〈周礼〉主题思想与成书年代研究》，中国社会科学出版社，1991，第 116~119 页。

能而利于天下，但却不自说所有利天下万物的功绩。但"利天下"对为官者来说，是政绩上的最大追求，要求为官者坚持克己为公、勤政廉政，坚持权为民所用、情为民所系、利为民所谋，真正做到为官一任、造福一方。

李克强总理在回答凤凰卫视记者提问时，曾用"行大道、民为本、利天下"概括其从政心得，认为自己坚信做人要正、办事要公，才能利国利民。一个人想要成大事、想要有所成就，就要坚持以民为本，即以人民的需求为根本，站在百姓的立场上解决人民所需；利天下，而非利己，真正想有所成，能有所成的人必是心里装着广大人民的，而不是只为自己的利益追逐的人。

"行大道、民为本、利天下"是中华文化海纳百川的结果，这里不妨用"老子骑牛行大道，孟子轻君民为本，墨子摩顶利天下"来高度概括其文化渊源。客家作为汉族的一个分支，吸收了中华文化的精髓，若将"行大道、民为本、利天下"作为客家先贤邓缵先[①]廉政思想的写照，笔者认为精确到位。本文拟借助邓缵先留下的两部史志和三本诗文集[②]，充分借鉴已有的学术研究成果，从三个方面予以分析和论证，探索其廉政思想应有的价值及其留给当代的启示。

---

① 邓缵先（1868~1933年），字芑洲，自号毳庐居士，男，汉族，广东省紫金县人。光绪九年（1883年）入泮，光绪二十三年（1897年）补廪，并录优行。宣统元年（1909年）己酉科拔贡，民国二年（1913年）朝考列为二等，后在原籍历任县立高等小学校长、县议会议长、惠州白纱厘厂书记员、县团保总局会办员等职。民国三年（1914年）9月，应内务部第三届县知事试验，取列乙等，分发新疆。曾任新疆省公署政务厅总务科员、科长、新疆覆选区选举调查会会长、省公署文牍员、编辑员。民国六至七年（1917~1918年），代理乌苏县知事；民国八年至九年（1919~1920年），任叶城县知事；民国十五至十六年（1926~1927年），任疏附县知事；民国十六年（1927年），任墨玉县知事；民国二十一年（1932年），任巴楚县县长。参考崔保新《沉默的胡杨——邓缵先戍边纪事（1915~1933）》，社会科学文献出版社，2010。
② 《续修乌苏县志》（1920年）、《叶迪纪程》（1921年）、《叶城县志》（1922年）、《毳庐诗草》（1924年）、《毳庐续吟》（1928年），得益于黄海棠、邓醒群点校之后于2012年在华东师范大学出版社正式出版。

# 一　行大道：邓缵先的戍边选择

邓缵先 1868 年出生于紫金县蓝塘镇布心村，1915 年 7 月，邓缵先被派往新疆任职，他廉洁从政，勤政为民，是民国时期援疆干部的楷模。邓缵先在当时事关国家分裂、国土安危的新疆大动乱中，率众守城、抵抗叛军，直至以身殉职。他在新疆 18 年期间，留下 2 部县志、2 部诗集、1 部游记，这些作品都成为研究新疆民国史的珍贵文献。邓缵先 47 岁背井离乡，先后出任新疆五个县县长，在新疆兢兢业业服务了 18 年。他以新疆为家，以各民族为兄弟姐妹，寓博爱于民族平等之中。刚到新疆他就豪情大发，"济世英雄志，边陲路不颇"①，明知前往西域边陲肯定千难万险，但他依然抱定济世的英雄壮志。邓缵先知行合一，言行一致，堂堂正正做人，清清白白做官。因此，他在寄回紫金老家的书信里明确表示了自己的选择，"天涯风雪夜，客邸忆糟糠。道路犹多梗，归期讵暂忘。"② 在远赴西域戍边的路上肯定坎坷不平，所以何时能返回家乡那是不敢想的事情。客家人有 "客归故里犹是客，家居四海斯为家"③ 的传统，客家先民传承"刚健奋进、自强不息"的精神，披荆斩棘，辗转迁徙，历经饥饿、疾病、离散、死亡等苦难的威胁，磨炼了坚忍不拔的意志，积淀了创新涉险的文化因子。北方汉人南迁之后的迁居地闽粤赣交界区，山多田少，土地贫瘠，有 "八山一水一分田" 之称，生存环境极其艰难。然而，正是大自然的吝啬，铸就了客家人坚忍卓绝的品行和爱乡不恋

---

① 邓缵先：《塞上（六首）》，《毳庐续吟》，黄海棠、邓醒群点校，华东师范大学出版社，2012，第 89 页。

② 邓缵先：《寄内》，《毳庐续吟》，黄海棠、邓醒群点校，华东师范大学出版社，2012，第 92 页。

③ 梅州电视台专题节目《这里是客家》，参见网址 http://www.gdmztv.com/zhuanti/zhelishikejia/2013 - 03 - 19/70423. html。

故土、勇于开拓进取的创业精神。

在历史的风云中，客家人以各种各样的形式表达了对民族的挚爱，显示出了强烈的爱国爱家情感。客家文化是以中原汉文化为主体的移民文化，它不仅有中原文化的深厚底蕴，而且还有作为移民这一特殊群体所特有的文化面貌。客家文化是以汉民族文化为主导的多元文化。客家人在由中原往南迁徙，再从南方山地向海外拓展的过程中，坚守着中原文化的传统，从"中国南方山中传奇"的客家土楼，到"耕读传家"的人生道德理想，从"敬宗收族"的乡土社会，到"礼仪之邦"的风土人情，无不凸显了客家人血液中流淌着浓厚的中原文化记忆之脉。① 正是这种文化记忆的脉络，无论何时何地，客家人都能够在心灵深处寻找到一条文化之链，连接起自己与中华文化之间的血肉联系，与定居地人民的文化交流也没有湮没客家人的文化个性，相反，其文化个性得到了更大的发展和弘扬。客家人恪守传统，是因为他们历经漂泊迁徙，需要一种文化象征来凝聚族群的力量，正是这一系列在外人看来传统意味浓厚的民俗文化，成为客家人识别自己与他人的文化符号，形成了客家族群的文化认同，正是这些独特的民俗文化构成了客家族群的核心，形成了客家族群的自我边界。

邓缵先为什么在47岁时还愿意选择进疆？为什么63岁时还出任巴楚县长，而不告老还乡？邓缵先1917年即出任乌苏县知事，1932年出任巴楚县县长，15年中并没有升官晋爵。邓缵先既不为情，也不为钱，不为色，他究竟为什么？显然，邓缵先的戍边选择，是其"行大道"的人生价值观促成的结果。

大道之行，则一切为了人民福祉，在当前各级干部身上呈现出来的就必定是权为民所用、情为民所系、利为民所谋的执政风格。"行

---

① 张恩庭：《宁化祠堂大观》，香港：中国文化出版社，2012，第8~9页。

大道、民为本、利天下"是对中国传统的仁政爱民思想的继承和发扬。重视依法规范约束权力，更加注重社会公平建设，更加关注民生，"为公众服务，就要断掉发财的念想"。要有"立党为公"的公心，要从"天下为公"的角度去思考问题、处理事情。从当前我国国情看，行大道就是要求为官者要把自己的个人追求融入13亿中国人的中国梦中，要坚定中国特色社会主义理论自信、道路自信、制度自信，要全面落实经济建设、政治建设、文化建设、社会建设、生态文明建设的五位一体总体布局，要把全面建成小康社会作为自己的奋斗目标，把中华民族的伟大复兴作为己任。从现实看，行大道就是要求为官者要加强理想信念教育，要以中国特色社会主义理论体系武装头脑，要带头贯彻落实党的十八大精神，并把党的十八大精神宣传到每一个角落，把每一个人的思想都统一到党的十八大部署上来。

邓缵先在戍边的选择上，不仅充分体现自己行大道的人生价值，还展示了当地民众对"行大道"之人的评价。他在卸任叶城知事时，"父老子弟壶浆饯送，十里五里，长亭短亭，至玉河边，犹留恋涕泣"① 就是明证。

1922年春天，邓缵先母亲病危，邓缵先不顾山高水长，盗寇猖獗，日夜兼程赶回故里。"壬戌孟夏，故里书来谓垂暮之慈母，每思念乎游子，指随心痛。绪与肠回，乞假言旋，星驰就道。关河迢递，思凄怆以怀归。盗贼纵横，意愤悒而谁语？绕道宁夏，渡凶黄河，夹岸则高山万重，束流则曲碛千丈。独坐皮筏，出没于惊涛骇浪之中，极听悲声，转辗于蝉噪辕啼之际。白日既匿苍波靡涯，身犯魑魅之途，足践无人之境。遂使边心切？"冒死回家，已知归途凶险，为什

---

① 邓缵先：《叶迪纪程》，淮阴汪步端署检，黄海棠、邓醒群点校，华东师范大学出版社，2012，第11页。

么还要再次出关？再次出关，何时再归？恐怕邓缵先心中难有答案，其家人心中更是无底。但是，邓缵先心中立定要"行大道"，就必然已将生死置之度外。

邓缵先眼看 60 岁届满，家人为催促和迎接他早日归家，在家乡为他购置了一处寿地，以实现客家人叶落归根的夙愿……邓缵先为此修诗一封，表诉衷肠："人生宇宙间，百龄如朝露。我年近六十，修短听诸数。即今归泉台，解脱无恋慕……我家粤峤裏，青山颇清美。羁宦天一涯，遥隔万馀里。家人怜我老，客游应倦矣。寻绎书中意，似促早归田。上寿难幸致，此心当益坚。去住随萍梗，得失付云烟。茧丝吐未尽，春深蚕不眠。云水致足乐，岁暮鹤知还。生平我与我，往来因自然。迂腐读葬经，贪鄙诚可怜。"[①] 有了"行大道"的人生理想，邓缵先自然不会在意死后葬在何处，也因此卸掉了家庭的顾虑，才能在任上始终廉洁奉公。

## 二 民为本：邓缵先的廉政表率

"民为本"是儒家民本思想的一种反映，认为万民百姓是国家的根本。治国应以安民、得民作为根本。"民"就是老百姓的意思，与"君"相对。"以民为本"，如果用孟子的话说，就是"民为重，君为轻"。《周礼·天官冢宰》记载：以听官府之六计，弊群吏之治，一曰廉善，二曰廉能，三曰廉敬，四曰廉正，五曰廉法，六曰廉辨。[②] 就是说，考察大小官吏的治绩，应包括善、能、敬、正、法、辨等 6 个方面。这六个方面都突出了一个廉字，并体现了廉的优先原则。廉政是对从政者提出的基本道德要求，它要求为官从政者应该具备正

---

① 邓缵先：《腊月六日，家人寄书云近于故里觅得一地，将为予作寿藏。闻之，瞿然赋诗答之》，《毳庐续吟》，黄海棠、邓醒群点校，华东师范大学出版社，2012，第 24 页。

② 《礼记正义》，参见李学勤《十三经注疏》（标点本），北京大学出版社，1999，第 85 页。

直、公道、清白、不贪等基本的道德品质。

儒家的"慎独"、"学思"、"存心养性"等修身方法①对邓缵先的影响非常大，邓缵先曾以《吏》为题赋诗："千古清廉海忠介，高风人颂玉壶冰。"熟读历史的他知道，为官清廉才能千古流芳，玉壶冰清才有后人树碑立传。在昆仑山下，玉河之畔，远离家乡，年逾花甲的邓缵先曾作诗："人生修短皆有数，忧喜机缘难预虑。人何世能鸾鹤栖，世何人能金石固。侈心欲觅长生诀，服食多为药物误。年逾五十不为老，比邻结昏媾枌榆。薄田三亩宅一区，溴粮无储乐有余。借问荒碛胡为乐？经岁不闻贪吏呼。"

坚持以民为本，把人民的冷暖放在心头，把人民的利益放在首位，不为私心所扰，不为名利所累，不为物欲所惑，才能从精神源头上杜绝官员的腐败观念。对于仕途，邓缵先能够保持一颗平常心。当友人罢任心情低落时，邓缵先赠诗劝导，"弥年簪组束，解任意安舒。厚禄原无愧，荣恩况未疏。从容良夜酒，慰藉故人书。得失寻常事，枌榆有里闾。"②邓缵先在代理乌苏县知事任上，曾写诗寄给老师蓝湘湄，以"凤荷师承须洁己，冰渊心迹一尘无"③为自己的座右铭，时刻告诫自己要廉洁。

民为本就是要求为官者坚持一切为了群众、一切依靠群众和从群众中来、到群众中去的群众路线，要随时随刻倾听人民呼声、回应人民期待，要坚持人民当家做主，努力维护社会公平正义，不断实现好、维护好、发展好最广大人民根本利益，使发展成果更多更公平惠及全体人民。从现实看，民为本就是要求为官者要

---

① 王新山、梅情：《儒家廉政思想及其现代价值》，《玉林师范学院学报（哲学社会科学）》2011年第4期。
② 邓缵先：《慰友人罢任》，《毳庐续吟》，黄海棠、邓醒群点校，华东师范大学出版社，2012，第94页。
③ 邓缵先：《寄呈蓝湘湄夫子（二首）》，《毳庐诗草三编》，黄海棠点校，华东师范大学出版社，2012，第108页。

心系百姓，坚持问政于民、问计于民，多办顺民意、解民忧、增民利之实事，帮助老百姓实实在在抓好生产、搞好生活，切实改善民生。

治疆重在治民，治民必先治吏。吏治清廉，社会自安；反之亦然，吏治朽坏，社会自乱。① 邓缵先喜与琴书做伴，虔诚书本，敬畏文章，秉笔著书，寒暑不辍，其中很多诗句就表达了他淡泊明志的作风，"好游寄踪千仞山，嗜饮失德杯盘间。习弈阵图空白战，苦吟雪月凋朱颜。凝滞物情皆有累，从容讽咏平生志。明知小技陋雕虫，陡觉清词悲执骥。富贵难期春梦消，神仙妻处秋风高。"② 很显然，邓缵先从小深受客家文化的熏陶，懂得以民为本、志在安民与富民的治边策略，最终是要以利天下为其治边方略。

## 三　利天下：邓缵先的治边方略

在中国古代先贤中，"墨子好学而博"③，认为人的最高境界是"摩顶放踵以利天下"④，而且他是个以天下为己任、立志救民于水火中的大好人。孟子对他这种士志于道的精神十分赞扬，"墨子兼爱，摩顶放踵利天下，为之"⑤。

廉政建设的基础要求利民、富民的"治民"政策。客家传统义利观从政治管理的角度出发，强调国家的管理必须以利民、富民为前提。这种观点认为民为邦本，有民才有国家；民安则国安，民富则国富。勤政为民的理论前提是"民为邦本"的民本思想。民为邦

---

①　崔保新：《新疆1912》，社会科学文献出版社，2012，第3页。

②　邓缵先：《客有讥我嗜吟徒劳无益，作此以解之》，《毳庐诗草三编》，黄海棠点校，华东师范大学出版社，2012，第117页。

③　《庄子·天下》，参见王世舜《庄子注译》，齐鲁书社，1998，第28~29页。

④　《墨子》，参见吴毓江、孙启治《墨子校注》，中华书局，1993，第135~138页。

⑤　《孟子·尽心上》，参见李学勤《孟子注疏》，北京大学出版社，1999，第89~92页。

本就是要重民、爱民，同时要富民、教民。邓缵先曾在诗文中反复表明自己的治边理念，"抚绥民族屯田策，安集边陲教稼功"。① 在民为邦本思想指导下，要求为政者加强官德修养，把前述思想变为现实，同时保证行政的效率。勤政为民的重要保障是廉洁奉公，廉洁奉公为勤政为民提供道德前提。② 要想勤政为民，首先要有一心为公的道德认知和道德情操，才能胸怀天下、勤勉为政，不为一己私利所动摇。

邓缵先是一位把整个生命献给了新疆边塞的客家人，一位为维护国家尊严与领土完整的戍边义士，一位终身以正直、廉洁持身、外圆内方的政府官员，一位笔耕不辍、苦心编修的方志学者，一位把一生的激情、壮志与诗心融汇于上千诗文中的诗人。③ 他以他的功业，他的一生，他整个的生命，证实了利天下的人生志向。邓缵先以"治国安邦平天下"为己任，最终用自身的鲜血染红了万里边陲。邓缵先用"半生多感慨，一死竟从容。浩气霄冲鹤，英魂剑化龙"④ 的豪放诗句，表达了个人无悔于毕生治理边疆的选择。

邓缵先清明廉政、爱民如子，为维护民族团结、社会稳定、祖国领土统一做出了杰出贡献。邓缵先是援疆干部的典范，邓缵先的事迹对于稳固边疆、治理边疆、繁荣边疆都有示范意义。⑤ 在邓缵先扎根边疆的18年中，他和各族百姓亲密无间，每当他调任其他县市，全城百姓十里相送，含泪告别。他经常不辞辛劳地骑马巡边，并写作了

---

① 邓缵先：《疆域纪事（四首）》，《毳庐续吟》，黄海棠、邓醒群点校，华东师范大学出版社，2012，第103页。
② 刘志勇：《论中国古代廉政思想》，《黑龙江史志》2008年第3期。
③ 崔保新：《沉默的胡杨——邓缵先戍边纪事（1915～1933）》，社会科学文献出版社，2010，探员亨序四，第18页。
④ 邓缵先：《挽周道尹阿山殉难》，《毳庐诗草》，黄海棠、邓醒群点校，华东师范大学出版社，2012，第54页。
⑤ 崔保新：《沉默的胡杨——邓缵先戍边纪事（1915～1933）》，社会科学文献出版社，2010，第18页。

《戍边日记》。在 1962 年中印边境之争时，这本《巡边日记》成为重要的史料依据。

1920 年，邓缵先出任叶城县知事，当时有坎巨提边民越界种植，与边民发生水源争执，邓缵先奉命到边境视察。从叶城进入喀喇昆仑山的道路十分险要，有人以天寒路险为由，劝告知事邓缵先不要轻身前往边卡。邓缵先正义凛然地答曰："危险者境也，处境者心也，常存此处处有危机之心，则恐惧修省，自可转危为安；常存此时时有险象之心，则思患豫防，自能履险如夷。况该处并非人迹所不能到者，何虑焉？"有人说前官员从未到过边卡，邓再答曰："该而古奴牙（此卡）既系中国土地，主权所在，任得任听坎人越界偷种。此次我为实地查勘而来，不能半途而止也。"邓缵先作为一个政治家，系国计民生于胸间，对民族生存的空间当仁不让，寸土必争。从邓缵先的胸怀中，不仅可品读出父母官的权限，更可品读出父母官的责任。"疆界如何？曰：玉山资保障，星峡固边陲。险阻如何？曰：保邦非特险，谋国不忘危。边防如何？曰：竟误鸿沟割，须防虎视耽。善后何策？曰：羊亡牢可补，牛壮牧应求。"[①]邓缵先细致的记录，为日后国家的领土争端提供了铁的事实，这的确需要利天下的前瞻性。疆界巩固，边防安危，排除险阻，善后有策，这正是邓缵先"利天下"精神的具体体现。

邓缵先所著的《调查八扎达拉卡边界屯务暨沿途情形日记》，在1962 年中印边境谈判中，外交部专家以其巡边报告作为两国领土之争的重要依据。国家领土是民族的生存空间。领土不能做交易，花钱也买不来。40 多年后，邓缵先保境安民的作用彰显出来，诚可谓

---

① 邓缵先：《叶迪纪程》，淮阴汪步端署检，黄海棠、邓醒群点校，华东师范大学出版社，2012，第 85 页。

"以文载史、以史保土"。① 利天下就是要求为官者要把心思用在谋发展上，把精力用在抓落实、办实事上，就是要规划好一座城市、发展好一个产业、建好一个新村。就是要求为官者不得官商勾结、争当裸官，不得坐吃山空、不求进取，不得劳民伤财、为己谋私。要发扬密切联系群众的工作作风和理论联系实际的优良学风，经常深入基层，认真解决群众反映的热点、难点问题。要倾听群众呼声，增强服务意识。谦虚谨慎、勤勤恳恳、真心实意地为群众服务，诚心诚意地帮助他们解决实际困难，使他们深切感受到党的关心和温暖。要切实转变工作作风，多做深入的调查，倾听基层呼声，摸清情况，找准问题，把握难点，研究制定切合实际的解决办法。

要实现民族复兴，首先必须改变中国人那种圆滑、通融、敷衍，做什么事都消极、清高的人生观。官可以不做，但事要做；别的可牺牲，但事业不可牺牲。否则，民族复兴的可能性就不会成为现实。所以，精神文明建设与民族复兴的主要内容应为："第一，要扫除因私害公的风气，建设为公忘私的精神；第二，要铲除敷衍、应付和虚伪的风气，建设忠于所事、忠于职责的精神；第三，要铲除互相推诿、互相责难的风气，养成任劳、任怨、任咎的精神；第四，要铲除冷淡的心理，养成狂热的风气；第五，要铲除个人自由的风气，养成严守纪律的精神；第六，要铲除卑鄙贪污的恶习，树立尚名节、重廉耻的风气。"② 清末民初的社会菁英们，无疑要承担救国救亡的历史责任，邓缵先岂能置之度外，大道之行也，天下为公。廉政思想的理论基础是义利之辨。义利之辨是关于如何处理道义与利益之间关系的思想和观点。这在邓缵先家乡的大夫祠门槛上有很好的注释，"祖德孙谋垂世世，国恩家庆自年年"，邓缵先60岁时依然不告老还乡的动力就

---

① 崔保新：《沉默的胡杨——邓缵先成边纪事（1915～1933）》，社会科学文献出版社，2010，第362页。
② 郑大华：《民国思想史论》，社会科学文献出版社，2010，第260页。

在于其"利天下"的志向，而这也正是当前我们研究和学习邓缵先廉政思想的价值所在。

# 四 余论：邓缵先廉政思想的当代价值

邓缵先做官的目的是"经岁不闻贪吏呼"。邓缵先虽然没有给后裔留下丰富的物质财富，甚至连家乡的故居也已破烂不堪，但其可贵的精神却被后人广为传颂。我们从邓缵先身上读到的廉政治边思想，实际上就是中华民族传统儒家精神的发扬光大，这与今天社会主义精神文明建设的核心内容是一脉相承的。社会的长治久安，需要清正廉洁的官吏，邓缵先从自己做起，舍小家为大家，以百姓疾苦福祉为重，却以家中父母妻儿为轻，如此远大的志向和博大的胸怀，完全可以用"行大道、民为本、利天下"来评价。邓缵先毕生追求公平正义、政治清明、民众幸福。"行大道、民为本、利天下"集中抒发了邓缵先以民为本、以天下为己任，不辱使命的政治情怀。"行大道"是"民为本、利天下"的逻辑起点，既蕴涵了邓缵先对未来的严肃思考，又体现出了个人的坚毅、睿智、博大而又切实的个人担当。"行大道、民为本、利天下"传达出了他对做人做事的深邃思考，对勤政为民的执着追求。今天，我们研究邓缵先，就是要让邓缵先的廉政思想在干部心中成为一座丰碑。总之，邓缵先戍边为国行大道、廉洁勤政民为本、铸剑为犁利天下的边政思想，是其留给当代的宝贵精神遗产，具有很高的价值，完全可以作为当前各级干部落实"权为民所用、情为民所系、利为民所谋"的实用参照物，为当前政府公职人员纠正奢华浪费之风提供一门利器。

# 邓缵先边疆廉洁为政漫谈

杨天英[*]

邓缵先，字芑洲，1868 年生于广东省紫金县蓝塘镇布心村，科举拔贡，曾任紫金县高小校长、紫金县议会议长。1914 年 9 月应中华民国北京中央政府内务部第三届县知事试验，取列乙等，分派到新疆戍边安民。在新疆历任省公署文牍员、编辑员、省政务厅总务科员、科长、新疆覆选区选举调查会会长等职，并先后出任新疆乌苏、叶城、疏附、墨玉和巴楚等五县知事。邓著述颇丰，堪称民国时期鲜为人知的边塞诗人。1933 年新疆发生暴乱，巴楚县多次遭兵燹，邓及其长子邓俦卓（过继）、儿媳、孙子同亡于巴楚，卒年 65 岁。邓缵先在新疆为官 18 年，一生正气、两袖清风，清廉做官，正直做人，被人誉称为"沉默的胡杨"。

## 一 严格的邓氏家训奠定了邓缵先勤俭务实的生活态度

客家是一支不屈不挠、奋发向上的民系，客家人的精神在某种程

---

* 杨天英，中共河源市委党校讲师。

度是也代表着中国革命的精神，由于客家人的吃苦耐劳、意志坚强，学界常常把客家人称之为"东方犹太人"。客家人之所以能够培养出坚忍不拔，勤俭节约的儿好，就在于客家人世世代代都保持着良好的家风和严格的家教——这也是他们聚居"荒蛮之地"而能生存下来乃至到处繁衍的秘密所在。

邓缵先是土生土长的客家人，邓氏的家庭自然是不会例外，而是严格按照客家人上千年来的"齐家"之道，一代接一代的培养子女严格"修身"。在邓氏家族《族规十则》中，前五则就是规定邓家儿女如何做人的准则：

1. 正人伦，人有五伦，古今天下之大道也，在家重莫如祖父、伯叔、兄弟、子侄、母嫂、弟妇、女媳及六亲眷属，均是骨肉至亲，务宜孝悌，奉亲友爱，祖为先，不可悖逆，横行乱伦，无理取闹，以致同室操戈，干犯法纪。如有此辈，通族公决处治。

2. 正名节，五伦之中有尊卑长幼，人所其之也，家有伯叔、兄弟、为子侄者，宜兄友弟敬，恭顺和睦，不可逞凶斗欧，秽言凌辱，污伤大义。至于称呼也要有序，不可混言无忌，如有斯人耶，家法处治。

3. 正心术，人之心术，赋性本善，多于积习日近，乃至道义耳。凡人幼之时，为父兄者，须教以礼貌，训以义方，勿至心术变坏，以贻终身，即父母之道毕矣。

4. 正品行，人生于世，品行为先，内则族戚，外则明朋，皆以品行定终身。所以人贵志主成，不可欺诈；贵信义，不可奸险；贵不浇薄，死生有命，富贵在于。二念（必）诛。如此则品行端，德业进矣。

5. 谨言词，书之惟出口，好兴古语云，躁人间词多，古人词少，盖言不可不谨也。嘲语伤人，痛如刀割，以致口角成仇，官司结恨，大则倾家丧身，小则坏名损义，其系非轻，不可不慎。

邓氏家族中还有《行为规范十则》：

> 崇宗敬祖；和睦兄弟；联亲联谊；培育后代；尊师敬贤；勤俭持家；遵纪守法；绝禁吸毒；戒嫖戒赌。

以上这些族规中，明白要求族人"不可悖逆，横行乱伦，无理取闹，以致同室操戈，干犯法纪。""贵信义，不可奸险"，对小孩子要"训以义方"，"不可混言无忌"等等。其《行为规范十则》规定族人及子女务必要"勤俭持家；遵纪守法；绝禁吸毒；戒嫖戒赌"。这些严格的家训和家风，在邓缵先幼年时期就得到父母的训导，并在以后长年的人生中都会秉承着"勤俭持家"、"遵纪守法"、"戒嫖戒赌"的良好家训。

邓缵先对自己的子侄训导和教育，也是秉承邓氏《族规十则》和《行为规范十则》之精神而去为之，以他写自新疆的《诸侄》为证：

> 诸郎须立志，故土可谋生。休羡东山费，何妨北道贫。野烟三径晓，村雨一犁春。痴叔殷勤意，仓箱属望频。

邓缵先写的这首词，立意就是教育远在南粤的子侄们要立志谋生，不要"干犯法纪"，而是要"勤俭持家"。可以说，邓缵先在1915年赴新疆任职也是抱着勤俭节约的人生态度，绝不行"污伤大义"之事。

## 二　良好的教育背景成就了邓缵先
## 廉洁清正的无悔人生

邓缵先在其著述《毳庐续吟》自序中写道："太高祖讳云现，岁贡，韶府学训导。高祖飞，邑廪。曾祖万孚，岁贡。曾伯祖万皆，拔贡，历任福建沙县、清流、永定、连城知县。祖景高，邑廪，应贡。父瞻奎，附贡。"由此可见，邓赞先出生的家庭可以说是一个书香门第、诗礼传家的家庭，这个有着良好教育背景的家庭对于邓缵先以后成长的清正人生轨迹是影响很大的。因为我国科举考试年代，国人所受到的教育是儒学，而儒家学问的精髓是：君子重义而轻利。因此出生在这样家庭背景的邓缵先，受到的家教也是非常严格的。

如邓缵先晚年就写过一首《暮秋并引》的诗词，就提到其父早年对他的耳提面命："余幼时初读唐宋诗，家父口授指画，谆谆解析，尝以暮秋题课，友限添尖檐淹韵，以时地物我分点，窃初学一诗，亟为赞赏……"此外，邓在另一首《五十初度志感》中还提到其父对他的严格要求："高堂时谴责，严厉声色俱。诵书至夜半，青灯照庭隅。"由此可知，邓缵先之所以在以后漫长的人生当中，始终保持清正廉洁一生，这与其父亲所为的严格家教很有关系的。

也正是由于邓缵先出身的家庭有着良好的教育背景，以及其父对他的严格要求和训导，使其幼年（6岁后）就开始接受私塾教育，习读《三字经》《百家姓》《千字文》《千家诗》，甚至《四书》和《五经》等，15岁就考中秀才，轰动乡里。之后，邓缵先又凭其自身的努力去惠州城西的丰湖书院进行学业深造。清代以来，惠州知府王瑛聘名士宋湘为山长，丰湖书院再度兴起，成为当时广东四大著名书院之一，相当于"省立大学"。宋湘为官清正廉明，其在云南任职 13 年，按照勤政爱民的原则，捐俸教乡民购棉纺织，赈恤灾民，整顿吏治，铲恶除暴，重视教育，实施了一系列除弊兴利的举措，是封建社会难得的清官和好官。由此人来做书院的山长，书院学风自然纯正："学以致用、止于至善"。因此，后来邓缵先到这里来求学深造，理应会积累更多的实用知识和为官做人的道理，就如崔保新教授在其专著《沉默的胡杨——邓缵先戍边纪事（1915～1933）》所说的那样："无论人品、诗品、才华，宋湘山长都是邓缵先的一个参照物。"

丰湖书院的教育思想也是主张培养"为贤为圣"的厚重之人。如书院讲习伊秉绶就在院内立石撰述他的教育主张：

> 学者，学圣人也，学为人也。人虽谦让，未有让不为人者，而奚辞乎。将与守白鹿洞之遗规，孜孜讫讫，勉乎言与动，以求慊戒欺，以后可为人，可以为贤为圣。

又在院内大堂壁上题隶书"敦重"二字，并写跋阐述：

> 人需厚重也，重则威仪整，学问固。所以语云"君子不重则不成，学则不固"，是之谓乎。余故于厅内题"敦重"二字以铭之。

丰湖书院的这种清正学风，对邓缵先未来的人生是有很大的塑造意义的，对于以后其赴新疆清白为官也是有重大影响的。

多年后，邓缵先在另一首诗词《奉和蓝湘湄师，疆域纪事》中就对另外一个老师蓝湘湄表达了志向："夙荷师承须洁已，冰渊心迹一尘无。万里睽违素志倾，罗浮明月想同清。"即表明要做一个堂堂正正的人，做一个清清廉廉的官。

# 三　廉洁的领导上司造就了邓缵先
# 廉洁自律的高尚品格

民国元年即 1912 年 3 月 12 日，宣统皇帝逊位承认国体共和诏抵达迪化（即今天的乌鲁木齐）。至此，旨在推翻帝制建立共和的伊犁革命由非法变成了合法，原新疆巡抚袁大化围剿伊犁革命的行为，也变得出师无名。袁大化出于对清帝的忠心，不愿意做民国政府的新疆都督，向民国临时政府举荐其亲信袁鸿佑继任新疆都督之位，便匆匆东归。不料民国中央政府在 1912 年 4 月 25 日发布命令任命袁鸿佑为新疆都督，5 月 7 日袁就被哥老会杀害于衙门寓所。为此，在 5 月 18 日，经孙中山推荐，北京的袁世凯政府又任命杨增新为新疆都督。杨接任新疆都督后，就发现了一系列重大的问题，其中最重要的问题就是"惮于艰阻帅多趋避，以致边疆要地任用无才"、"人数既属无数，人才尤虞缺乏"（引自杨增新的《补过斋文牍》）。

为了达到治理新疆的目的，杨增新请求民国政府内务部为新疆举办高等文官考试，而邓缵先就是能参加这次"内务部第三届县知事试验，取列乙等，分发新疆的。"邓缵先赴新先后担任五县之县长，可以说杨增新是他的顶头上司。杨增新是什么样的人呢？杨接手新疆都督之职之后，很善于抓住主要矛盾，认为新疆政务重在得人，安民必先察吏，吏不洽民，则国不可治。而民国初年，当时的新疆是一个政坛积弊已久、吏风败坏、贪腐成风的是非之地。

对此，杨增新一面招贤纳士进疆，一面铁腕整顿吏治，对迪化县知事谢维兴、伊宁县知事廖焱施以极刑。为了对付官吏弄虚作假，串通一气，颠倒是非，杨增新还直接发动群众，对现任官司吏督察考核。凡是接获到人民控告，杨必将被告者搞撤职调省，然后查办，如无犯罪情事，则委以优缺，对控者亦不反坐。邓缵先进疆后的前三年是在省公署做事，杨增新的廉政治疆亦然对他产生重大的影响。

从杨增新两次对邓缵先编撰的《乌苏县志》修改行文的事实来看，杨对邓是非常的器重，邓对杨亦是非常敬重。杨新增之所对邓缵先如此的赏识和器重，"必然与他清廉不贪有关。所谓上行下效，上清下廉"。（引自崔保新《沉默的胡杨——邓缵先戍边纪事（1915 ~ 1933）》，第 148 页）邓缵先对杨增新亦是心生感激之情，并把杨增新作为恩师对待，称杨是"曾闻回纥私相议，道是朝中第一人"，对杨增新可以说是有着无限的敬佩与感激。

杨增新在个人生活方面也是非常地节俭，据其身边的人回忆，杨没有任何不良嗜好，也没有讨小老婆，一件棉袍穿了十几年，没有第二件。杨的饮食也是非常朴素，有客人来也只是增加两碗肉菜。杨的这些生活自律行为对邓缵先也是影响深远的，他到新疆为官十余载，身边没有女人，但始终没有再娶，而且还写诗嘲弄那些娶妾的友人：

> 琴瑟才堪听，窥廉来美人。俗情皆厌故，世议尚嫌新。荺菲嗟阴雨，蘼芜怨晚春。毋将鸠妇语，遽作雁奴嗔。

由以上分析可见，作为邓缵先的领导上司杨增新对其官风是有很大影响的，可以说，杨增新好，那么邓缵先就坏不到哪里去。邓缵先在叶城做知事的时候，就以杨增新为榜样，确立了自己的为官标准。这里可以从他题写的《县官》一诗可见端倪：

> 县官清俭若平生，百里间阎合动情。晴雪添流渠应姓，春风送暖鸟呼名。园桑叶老缫车响，篱豆花疏络纬鸣。瘠地居然成沃壤，佛心儒术慰边氓。

所谓近朱者赤，近墨者黑，杨增新以廉治吏，邓缵先不廉的话又何以为官呢？

## 四　严峻的边关形势激发了邓缵先
## 廉政奉公的胡杨精神

胡杨是一种耐寒、耐旱、耐盐碱、抗风沙，长年长在沙漠之中的植物，人们誉这种植物为"沙漠守护神"，这种植物千百年来一直都守护着边关的沙漠，守望着风沙。这种"扎根荒漠、守护家园、牺牲青春、庄严国土"的精神就是"胡杨精神"。2009年乌鲁木齐"七·五事件"发生后，胡锦涛总书记到新疆视察时，就勉励新疆的干部要发扬胡杨精神，扎根边疆，造福百姓。

邓缵先年过不惑之年（时年47岁）被委派到新疆，在南疆接边担任叶城、乌苏、疏附、墨玉、巴楚等五县知事，1933年在巴楚县长任上被分裂势力杀害，时年65岁。他把自己的生命献给了边关，为国家为民族献出了宝贵的一生。邓生在南方客家之地，殁于遥远边关之黄沙，其忠义之心无愧于"胡杨精神"。

然而，是什么东西激发出邓缵先那"扎根荒漠、守护家园、牺牲青春、庄严国土"廉政奉公的"胡杨精神"呢？根据唯物主义的基本思想来说，是社会存在决定社会意识，即时势塑造英雄，谈论邓缵先的清廉则离不开当时的新疆时势。也就是说，邓缵先在疆15年之所以能保持着如此廉洁、勤政的工作态度，除了上述的严格的家庭和家族教育、良好的教育背景以及清正廉洁的顶头上司做表态以外，还有就是就当时新疆的经济发展太落后，人民生活贫苦；新疆地处边远，成为列强掠夺之地；新疆乃"治世之桃源、乱世之绝地"。

从新疆当时的经济发展状况来说，由于新疆立地条件较差，交通不便，水资源不够丰富，致使那里的农业发展水平较低，工商业发展的规模较小。邓缵先作为政府委派的官员，到下面的县去任知事，虽然有权力去贪污，但是作为一个受到良好教育的理性的人，其所得和付出的代价是不相对称的，也就是说在当时杨增新的铁腕治世下，贪小便宜是要吃大亏的。因为群众生活饥不果腹，贪污于心不忍；交通不便，所贪之物（银圆或粮食）也带不回广东；即使带银圆回乡，路上杀人越货的匪类众多，也不可能生还。

从新疆当年的社会秩序来看，自古以来新疆都是民族矛盾的发生之地，只不过在有些朝代，由于一些开明的君主采用了一些缓和民族矛盾的怀柔政策，便使得当时的社会秩序得到较好的维护。但是到了晚清，大清帝国已到千疮百孔、自身不保地步，新疆更是"是非之地"。以袁大化为例，袁大化也是一生清廉，作为清政府在新疆的末代巡抚，他对于维护新疆的统一起到了一定的举足轻重的作用。但是辛亥革命发生后，他就拒任新疆都督，视新疆为"是非之是"，最大的愿望就是能生入玉门关。杨增新把新疆誉为"治世之桃源、乱世之绝地"，在当时的形势下，新疆无论如何也不能称作是"桃源"，因为杨增新最终也不能生入玉门关。邓缵先熟读诗书，对于新疆形势是清楚的：在新疆为官，能生入玉门关就不错了，贪污再多的财物也是没有用的。因为邓缵先知道，在沙漠里的人最需要的是一口水，而不是一袋黄金。

从新疆当时各种政治势力来看，由于晚清政府腐败无能，成为世界列强瓜分的对象，清政府为了苟延残喘，与列强签订很多丧权辱国的不平等条约，其中与沙俄和英国为最。新疆与俄国接界，与印度（英殖民地）接壤，当时英国与沙俄残余势力都把新疆作为战略要地而相争侵吞。对于当时的新疆地方官员来说，维护新疆一统，维持新疆稳定是头等大事，有识之士可以为此抛头颅、洒热血。邓就是这样的有识之士，他在1921年写的《挽周道尹阿山殉难》一诗中就写道：

半生多感慨，一死竟从容。浩气霄冲鹤，英魂剑化龙。

两个月后，邓缵先在其《喜闻官军收复阿尔泰山辛酉六月》中又写道：

> 将军料事真如神，雍容坐镇旁无人。事机明断羽书发，令严军士咸凛遵。彼将竭蹶我静待，未可仓卒驰戎轮。烛照边情握胜算，胸中成竹无纤尘。河山收复庆完全，凯歌声欢万人喜。万人欢喜将军忧，外患方炽何时休。

由此可见，在当时内忧外患的情形下，邓作为有识之士，其志重在报国，已把个人利益置身于事外。

人性都有弱点，最大的弱点就是贪欲。邓缵先是人，在其潜意识里各种各样的欲望肯定是有的，不承认这一点就不符合唯物主义观点。但是特别的边关时势，对邓缵先这个深受儒、道、释思想影响的人来说，贪污总是不可为的，因为那是伤天害理之事。最重要的是，有一颗爱国之心的邓缵先，在民族大义上，以国为大，把个人的一切献给了边疆的民族统一事业。

# 邓公与新时期广东精神

邓醒群[*]

　　"厚于德、诚于信、敏于行"是新时期的广东精神。虽然我们称其为新时期的广东精神，但它却是对长期以来广东人民发展、建设广东过程中显示出来的精神气质的一种高度概括和总结。历史上，广东出现过很多卓越、优秀的人物，他们身上表现出的品质和精神，传承下来，便成为广东精神的渊源和基础。99 年前，西出阳关、广东"援疆干部"第一人邓缵先，是众多优秀的广东人中的一个，他也为广东精神的形成作出了自己的努力。

　　"厚于德"与邓缵先的仁爱、奉献。"天行健君子以自强不息，地势坤君子以厚德载物。"素有神童之称的邓缵先早已熟读并明白其中深刻的含义，并成为他人生之路的座右铭。邓缵先深知，人要有宽广的胸怀，要有包容万事万物的德行，要有坚守德行的底线；无以立德难于立身，无以立身难于立业。邓缵先从小就在素有"六代青衣"之称的家庭成长，他的家族在科举方面先后出了 3 个进士，3 个秀才，在仕有 3 个知县（长）；其十七祖云现公进士出身，任韶州儒学

---

* 邓醒群，广东省紫金县公安局副局长，邓缵先族人。

官之职，开启了邓缵先家族官宦之旅，在当地享有"韶声家声"之美名，成为既是当时声名显赫的官宦之家，又是远近闻名的书香门第。此后，其十八世祖对杨公、十九世祖名容公先后在福建任知县，都是清正廉洁，深受民众拥戴。名容公在福建任职时人称贤令，设祠祭祀。尽管邓缵先的家族世代为官，但都是清正廉洁从政，两袖清风为官，没有豪宅千间、良田万顷，子孙依然过着普通人的生活，只有薄田几亩，房屋数间，清白家风，依然保持着客家人耕读的本色，其故居是祖上留下来随处可见的普通客家民居，以至邓缵先赴疆任职的费用还靠乡亲好友资助。

"春野课耕须早起，寒灯勤读合迟眠。"邓缵先就是在这样的环境中成长，父亲对其管教甚严，后拜当时的紫金名士蓝湘湄为师，入读惠州丰湖书院，邓缵先为人处世受其良好家风的濡染，老师对他的影响也非同一般。这些因素，促成了邓缵先博爱胸襟的形成，使他在世事沉浮面前始终坚守道德的高地，显示出了敢于担当、当小官做大事的品质。47岁时，他毅然离妻别子，应试出关为国效力，一去就是18年，直至为维护民族的团结和领土的完整献出了生命，长眠新疆。他在赴疆途中看到浮尸遍地，写下"迢迢骑马过长安，满目饥民不忍看。十里路连千百家，一家号哭二三棺。犬衔骸骨肉仍在，鸦啄骷髅血未干。寄语朝中诸宰辅，石人无泪也心酸"。对民不聊生的惨状发出呐喊，呼吁当政者要改善人民生活，充分体现了其忧国忧民，立志改善民生的决心。

"诚于信"与邓缵先的鞠躬尽瘁。人无信则不立。邓缵先在未到新疆任职之前，在家乡从事教书育人工作，任县立高等小学校长，他诚实守信，公道正派，乐于助人，敦邻睦友，享有很高的威望。凤安镇郑氏族谱就载有他在该姓私塾教书的事迹，一个姓氏的族谱里记载私塾教书先生事迹，是不多见的。

《叶城县志》也有邓缵先为人为官的记载："为人诚朴、稳练、以务实见长。任职叶城县知事期间，多有兴利除弊之举。"寥寥数十字，对其为人为官作了充分肯定。邓缵先在新疆以客家人特有的性格，迅速融入当地人的生活，坚持真心、真意、真实、真爱去做人做事，把居所命名为"履冰斋"，时刻自省、自警、自励，对待民众要一视同仁，要为民办实事好事，以改善民生为己任。他在《县斋偶成》写道："烽静边城俗小康，数年窃禄自惭惶。桑榆巷陌村尨静，桎柳庭阶寿鹤忙。族异乌孙思解愠，视同赤子懔如伤。才轻无补丝毫事，勉力分裁召伯棠。"邓缵先深知，在新疆这块土地上，无论处理政事，还是人际关系，都必须诚实守信，平等待人；与人交友，他强调要淡如水，坦诚相待，不交酒肉朋友，深恶阿谀奉承之人。虽屡在肥缺，但他严束下属，不得贪污坑民，正如其所言"旁人浑不解，漫说宦囊肥"。他生活节俭，对铺张浪费深恶痛绝，在其《官厨》的诗中写道"官厨需一鸡，百户晨无嘹嘹啼。官厨需一鸭，千村春水惊凫鹥"，"自从贤士恤民隐，上书乞罢遄方尽"。从中可以体会到他对民间疾苦的同情，同时奉劝当权者要厉行节约。"毕竟英雄能报德，千金一饭讵寻常。"正是邓缵先这种铮铮铁骨柔情，"内不欺己，外不欺人"的高尚品德，赢得了新疆人民的尊重，在他卸任叶城知县时，"父老子弟壶浆饯行，十里五里，长亭短亭，至玉河边，犹留恋涕泣"。

"敏于行"与邓缵先的求真、务实。"君子讷于言，敏于行。"客家人常怀大志，四海为生，处处无家处处家。邓缵先思维敏捷，作风严谨，行动迅速，务实干事，不事张扬，事必躬亲。首任乌苏县知事时，他清楚在外侮日深，世事诡异，民族矛盾突出，百姓涂炭的局势面前，身为县长，既要执行好政策，又要处理好各方关系，更关键的是体恤民情，关心老百姓的疾苦，民富邦才安。一首《县官》道出了他的心声："县官清俭若平生，百里闾阎合动情。晴雪添流渠应姓，春风送暖鸟呼名。园桑叶老缫车响，篱豆花疏络纬鸣。瘠地居然成沃壤，佛心儒术慰边氓。"在乌苏任上充分展现了他的智慧与才华，他励精图治，把南方先进的农业技术传到乌苏，开荒造田，兴水利，大力发展农业生产，修路造桥，完善交通设施等。曾在新疆工作生活的河源市委常委、市纪委书记苏全贵说，在当时的新疆很少有县官任满3年的，邓缵先能在新疆18年，分别在5个县任县长，他是言行一致，身体力行，亲民为民，廉洁奉公，深受民众拥戴的。

邓缵先把责任与生命紧紧相连，只要有利国家民族的事他都会义无反顾去做，遇事不避难，敢于担当。1933年，新疆发生暴乱，邓缵先任职的巴楚遭暴民围攻城破，他临危不惧，保护民众安全离开，然后正衣冠，面对暴徒他率一家三代六口从容赴死。邓缵先，用生命成就了广东"援疆"第一人，用生命诠释了客家人的忠贞，用生命在新疆传播了广东精神的岭南人，用生命成就了促进民族团结的人，用生命成就了捍卫祖国领土完整的民族英雄。事实证明，邓缵先是新时期广东精神的先行者、传播者、实践者！

# 第三部分
## 史学研究

# 西部拓荒者的情怀与足迹

—— 从邓缵先对新疆文化事业的贡献谈起

贺继宏[*]

　　客家骄子，南国精英，立功、立德、立言异域，血洒边疆的西部拓荒者邓缵先，在新疆巴楚为国捐躯已经 80 年了，远在万里之遥的家乡广东，竟然为一个远在边地的前朝（民国）地方小官召开其政绩、精神、文化研讨会，编辑出版纪念文集，这一十分人性的伟大举措，对于我这位少小离家，在新疆工作四十多年与邓缵先前辈有着大同小异的经历的老人，似乎涌进了一股融融的暖流。这一重大举措，不仅是对邓缵先一生的充分肯定，更是充分体现了广东人具有南部海洋和西部大漠一样广阔的胸怀和超前的新时代的新意识。这就是：第一，无论是哪朝哪代，不管官职大小，更不论就职、客居何地，只要是为国家、为民族、为社会做出贡献的人，都要得到充分肯定和尊重，都要让其英名彪炳千秋。第二，将前朝历代的戍边将士及在边地效力的地方官员与今日之援疆干部在政治上一视同仁，并将其中有建树的人物，树为今朝援疆者的典范。因而这一举措实实令人感动、令人敬慕！知道后代人的客观评述，不知有多少在边塞捐躯的历代英灵

---

　　* 贺继宏，陕西蓝田人，新疆克孜勒苏柯尔克孜自治州史志办原主任、编审，州文联副主席、
作家协会主席。

· 161 ·

会热泪纷飞！

邓缵先是建设西部的拓荒者，除了为官之清正，对事业的执着，最大的特点还是对新疆文化事业的杰出贡献。本文就拟从这一点谈起，以解析这位西部拓荒者上对国家下对民众的情怀，沿着他在边疆近 18 年的足迹，展示他在开拓、建设、守卫边疆中的不朽贡献和丰功伟绩。

## 一 鸿爪轻痕，只留残雪——邓缵先为<br>新疆留下的宝贵文化遗产

邓缵先在新疆整个仕途从 1915 年到 1933 年，仅有 18 年。在这 18 年中，从 1915 年到 1928 年是杨增新主政新疆时期，期间除 1921 年的阿山匪患外，新疆虽然谈不上是一个"治世之桃园"，起码可以说是一个比较稳定的和平建设时期。此时的邓缵先，无论是任省府的小吏，还是任县府的行政长官（知事、县令），其主要特点还是作了一名尽职尽责的廉吏、清官，一心一意发展边疆的经济文化建设，同时作为一名在边疆效力的地方父母官，他所重视的不仅是各族百姓的衣食住行、安居乐业，更重要的还是不忘固边守土，捍卫国家的主权和利益，其间与同侪同僚相比，他的最大特点还是对新疆文化的贡献，给我们留下的还是其惠及后世的方志著作、史地文献及大量诗词等宝贵的文化遗产。

我初识邓缵先还是 20 世纪 80 年代初。那时，我涉足新疆地方志领域，开始遍索新疆历代地方志书，在为数极少的几部残缺不全的县志中，就有《乌苏县志》（又名《续修乌苏县志》）和《叶城县志》，而且这两部民国县志都是邓缵先一人所修。当我初步理清了邓君的身份和修志经历之后，我对邓老前辈这位前朝县令肃然起敬，我以为他是新疆修志第一人。这是因为：一是他一个人纂修了两部县志，这在

当时新疆是绝无仅有的。二是邓先生为一个县的行政长官知事，并非专职修志人员，他不仅是亲自主持，而且是只有他一人从事县志的编纂工作。《乌苏县志》就是他在乌苏县代理知事任上，利用繁忙的公务之余，仅用一年多时间就纂修完成的。这部县志分上下两卷，分四十五个门类，可称体例完备、门类齐全、内容丰富，是新疆鉴古察今的第一部县志。三是《叶城县志》，邓先生在他任叶城县知事一年多时间内就完成了初稿，并在在离职后纂修完成。1918 年 8 月至 1920 年 9 月，邓先生任叶城县知事（也有资料称邓先生曾于 1916 年首任叶城县知事），1922 年 11 月邓先生任新疆省公署文牍员、编辑员，主要是撰写公文。大概在此时他又开始编纂《叶城县志》，这里令人起敬的有两点，首先，作为省公署的文牍员、编辑员，一般来说是不可能为某一个县去写县志的，从职责上说，充其量其负责分管全省修志的有关组织领导和发动工作，这是常规。令人感动的是他竟然破了这个常规，亲自为叶城县纂修县志。其次，更令人感动的是，他因母亲重病，告假回乡探亲，直到 1924 年才重返新疆，在家侍奉生病的母亲抑或母亲病故之后丁忧在家为母亲守孝的过程中，他始终笔耕不辍，最终完成《叶城县志》编纂。这种对事业的执着，大概是古今少有的。

两部县志，一部记述新疆北部天山脚下准噶尔盆地的乌苏县，另一部记述的是新疆南部昆仑山下塔里木盆地南沿的叶城县，两县的地理环境、自然风貌、风物特产、社会经济、文化生活、风俗习惯等千差万别，乌苏县是通向哈萨克斯坦、俄罗斯等中亚各地的交通要道，叶城县是控扼我国西藏及克什米尔、印度等西南亚各地的要塞，乌苏县以游牧民族哈萨克、蒙古族及回、汉等民族为主，叶城县以定居农耕民族维吾尔族为主，另有部分游牧的柯尔克孜族、藏族及白种人塔吉克族，语言、文字、文化、信仰、习俗及经济生活各具特点，县志中对这些都有详细的记载，特别是新疆各民族的不同特点和三山两盆

（昆仑山、天山、阿尔金山，准噶尔盆地、塔里木盆地）及南耕北牧的地理环境、经济特点尽收在志书中，通过这两部县志，几乎可以了解新疆自然、地理、历史、民族、文化、社会、经济、民风民俗的全貌，可以说是保存了民国时期新疆社会最基层的最珍贵资料。

谈到新疆方志，自然当首肯清代乾隆年间纂修的《西域图志》和清代末年纂修的《新疆图志》。这是两部大型省级志书，但是我还是认为邓缵先前辈是新疆古今修志的第一人，这是因为其他志书都是有一个庞大的团队集体编修，是集众人之力，唯邓老先生的这两部县志则是从资料收集、社会调查到编纂成书出版人，均为一人之力，同时一是在作县知事任上利用政务之余而编修，一是利用探视母病的假期而编修，从这一点出发，称其为古今修志第一人是毫不夸张的。两部志书是邓缵先对新疆历史文化事业的第一大贡献，这是我初识邓先生的第一印象。

我对邓缵先先生的认识是在 20 世纪 80 年代之末，从胥惠民先生选编的《现代西域诗抄》中进一步加深的。欣赏到邓先生收入《现代西域诗抄》中的大量诗作，对此我又以为，邓先生首先是现代边塞诗的第一人。我之所以这样讲，一是在这部权威性《现代西域诗抄》的编选中，将邓先生的诗作为开篇，作为引领现代边塞诗的举鼎之作，放于众诗作之首；二是在全书 700 多首诗作中，邓先生之诗竟有 87 首，占到全书的十分之一还多，可见邓诗在边塞诗中的地位和分量。如果将邓先生的《毳庐诗草》《毳庐续吟》《毳庐诗草三编》这三部诗集的诗作加在一起，已达 1950 多首，另外还有因种种原因未收入者，如《毳庐诗草三编》是 1930 年刊印，只收入 1929～1930 年两年的作品，两年中就集诗作 668 首，以此类推，从 1930 年至 1933 年中至少也应有 600 多首，可惜这些后期反映新疆乱世绝地的诗作同诗人的英魂一起在兵燹之中进入天国了。这样算来，邓诗的总量当在 3000 首以上。由此我认为邓先生应为前无古人后无来者的边塞诗的第一人。《现代西域诗抄》的编者胥惠民先生对邓诗的评价是："邓缵先的诗作不仅数量多，而且内容丰富，质量较高。大凡当时的政治、经济、文化、民生疾苦、民族团结，以及物产、山川风貌，在他的诗中都有反映。他的诗是民国前期新疆社会生活的真实反映。"称邓缵先是"现代西域诗的开山作家"，邓诗是"《现代西域诗抄》的压卷之作"，这些评价是十分中肯和准确的。

我国的边塞诗滥觞于汉唐，到了清代以肖雄、纪晓岚、祁韵士、洪亮吉等诗人为代表已将边塞诗推向一个高峰，与这些大家相比，邓缵先的边塞诗无论在数量上和质量上，都不在他们之下。其诗格调之高，词句之雅，诗理之深，可谓集诗才、诗学、诗识于一身。

我国三朝诗词、书法大师于右任先生在《毳庐先生诗草小跋》中称："西域一部，去中州万里，山川辽廓，莽莽黄沙，中土人士所不轻至之地也。毳庐游宦斯邦，就所经历，得诗一卷。披诵之馀，恍游于穹庐毡幕间，见夫振管疾书时之兴趣……"称其诗："才调格律，尤见造诣"，这不仅是对其诗德、诗才、诗学、诗识的充分肯定和高度评价，而且也特别指出了其诗的最典型特点：身居边塞，游宦于天山南北，因而其诗的边塞味更浓，更贴近边民生活，更具边塞特点，特别是作为边塞县府的地方官，心系地方的发展与安全，为边患频发、社会动荡和民生之疾苦、经济之萧条而思虑忧愁，真可谓为国、为政、为民费尽心机，日夜操劳，他又是具有政治远见和开拓精神的官吏，在这样的背景下，作为一个激情飞扬、造诣极深的诗人，他的诗自然与其他蜻蜓点水般的来新疆一游，偶发诗兴，作一二应时吟咏的边塞诗不同，其意境之高深、感情之真切自然是高于其他边塞诗人的。

毳庐先生是边塞诗的继往开来者，他的诗不仅有古体诗如五古、七古还有近体诗如五绝、七绝、五律、七律、排律，另外还有少量词和赋等，应该是应有尽有，更特别的是邓诗不仅注重古体诗特别是近体诗平仄韵律的严谨，而且在诗词中加入了新文化运动后自由诗的自然与灵活，同时，还将西域少数民族语言和客家方言巧妙融入诗词之中，从而形成更加显明的边塞特点和时代特点，开边塞诗的新声，重古而不泥古，与时俱进地发展诗学理论，这是邓缵先对新疆文学艺术事业的重大贡献。邓先生堪称古代边塞诗的优秀传人和近现代边塞诗的开山鼻祖。

邓先生的边塞诗中不只有抒情、咏物的特点，更主要的是有大量的叙事特点，大都以诗的语言和形式，真实地记叙了民国时期新疆发生的重大事件和当时的社会习俗、民族风情，为后人研究民国时期新疆历史留下了大量的真实资料，可以充分发挥以诗证史的作用和价值。再结合他的《叶迪纪程》和《巡边日记——调查八扎达拉卡边界屯务暨沿途情形日记》，我们不仅看到作为一位地方行政长官的邓缵先对事业的执着和对国家、对民众的感情，从他身上我们还认识了一位心系边疆领土主权尊严、心系民众生计疾苦深入调查研究，筹划固守国土、建设开拓边疆的恪守职责的勤奋献身的地方官员和文化精英。

邓缵先对新疆文化事业的重大贡献，将在新疆历史上留下光辉的一页。

## 二 蚕丝吐未尽，春深蚕不眠——沿着先贤邓缵先的足迹简析其人生的闪光点

诗词吟咏，只是作为一名有着较高文化素养和诗词天赋的行政官员的爱好，并非是他的职责。自古以来，就是以诗仙、诗圣而名扬天下的李白和杜甫，也不是以作诗填词作为他们谋生的职业和人生的抱负，他们还有翰林学士和工部员外郎的官职，故有李翰林、杜工部之称。就是以"奉旨填词"而著称的柳永，也还是在考取功名失意的

窘迫境遇中无奈的戏谑的自嘲自慰之言。"学就文武艺，报效帝王家"、"学而优则仕"是历来有志报国和安身立命的文人的最高追求和唯一道路，从孔孟到屈原再到陶渊明，都不例外。邓缵先同样如此，只是仕途顺与不顺的区别。

用我们现在的话来说，就是邓缵先并非专职作家和诗人，也并非从事文化工作的专家，诗词、文化工作甚至是修志都是他的业余爱好或称业余工作。因此，认识、评介邓先生的做人、做事以及他的业绩，还是要考察他的政绩，因为他在新疆的 18 年走的是仕途，是行政官员，因而对这位先贤的认识和评介还主要要在他的五任知县中审夺，在他的政绩中认识他的人生价值。

我真正认识邓缵先还是从崔保新先生的《沉默的胡杨》一书开始的。

2011 年秋，在"喀什噶尔学研讨会"上，我认识了崔保新先生，我俩同居一室，一见如故，崔先生将他新出的大作《沉默的胡杨》赠给我，并题赠言曰："蚕丝吐未尽，春深蚕不眠——传主诗抄于贺继宏老师雅正，辛卯立秋。崔保新。"崔老师说我和邓前辈有着共同之处，身为县级文职官员，从事州县志编修工作，同时又从事各类文学创作和新疆历史、文化、民族研究，偶然也有诗词发表，退休后并未返乡安度余生，而是继续效力边疆，从未懈怠。崔先生的赠书和赠言是以邓先辈为榜样，与我共勉。读了崔老师的《沉默的胡杨》，我才真正了解了邓缵先、认识了邓缵先，邓前辈不愧是西部的拓荒者，是献身边疆、爱国爱民的地方行政长官的典范，是民国乃至共和国成立以来由内地赴边疆的各级干部以及近年来援疆干部应该共同学习的楷模。

崔保新老师的《沉默的胡杨》基本上是以时间为顺序，沿着邓前辈的沉重的足迹，分门别类地详细考察评介了邓先生一生的业绩，直至目前应该是最翔实、最权威的评介邓缵先的专著，我只能从其纪事中，择其传主一生中的闪光点，作一点简单的评说，以见邓缵先的理想、精神和情操。

邓缵先 47 岁进疆，在边疆的 18 年中，足迹遍及天山南北，可以说是把自己的后半生都献给了开发新疆、建设新疆、保卫新疆的伟大事业之中，成为民国时期新疆地方官员中恪守职责、清正廉明、富有建树的典型代表。

邓缵先到新疆后的第一任地方官是乌苏县代理知事，虽然在任只有一年多时间，但却为乌苏县做了几件大事。1999 年出版的《乌苏县志》称："邓缵先在乌苏主政两年，足迹遍及乌苏城乡，考察地理、体验民情，多有建树……百姓称贤。"其主要建树一是开渠引水，兴修水利，这在以灌溉农业为主的新疆来说，是发展经济、解决百姓生计的根本，其次是修桥筑路，这在地域广阔、交通不便的新疆也是民生和发展经济的重要途径。邓代知事做这两件惠民的大事，主要是来自他对地情、民情调查的结果，同时也正是做了这两件爱民惠民的大事，才得到"百姓称贤"的赞誉。做地方官仅一年多，在调离时，众百姓即恋恋不舍，纷纷携瓜果、土产沿路而送，特别是对于多民族地区、语言不通的汉族县级官员，这种深情在古今都是不多的。可见他为官清正和勤政爱民的行为已深入民心，得到全县百姓的拥戴。他的《别县山》《别县水》《别县田》《别县地》《别县人》《别县物》的六别诗，更是反映了作为父母官的邓代知事，已经深深地融入了这一方水土和民众之中，这在历代官员中是少有的典范。

邓缵先的第二任地方官是叶城县知事。2004 年出版的《叶城县志》称："邓缵先民国五年（1916 年），任叶城县知事……民国八至九年（1919～1920 年），复任叶城知事。"在叶城任职中，邓缵先做的最具历史意义的事情是深入边境地区考察。作为一县之长的邓缵先用了大约一个月左右的时间，跋山涉水行程 1870 多公里，深入边远山区甚至进入海拔 6000 多米的高寒无人之境，对边境线的位置、走向以及边境现状进行了详细的考察，特别是对外人擅越边境进入我境非法耕种、放牧等事件进行调查和阻止，同时招募我国边民前往边境地区开荒种地和放牧，以守国土。他在这次调查的《巡边日记》中为这段边界留下了珍贵的历史资料。

1920 年底，邓缵先调回省城，先后任省总选举文牍官员和省公署文牍员、编辑员等职，1922 年因母病回乡省亲，直到 1924 年返回新疆，任省公署政务厅内务科长。在此期间，他除完成了《叶城县志》的最终编纂工作，同时还撰写、整理出版了从叶城至迪化途中见闻的《叶迪纪程》及《毳庐诗草》等书。这些为他作为现代边塞诗人的开山鼻祖和新疆文学、史志学领域的特殊地位奠定了坚实的基础。

1926～1927 年，邓缵先出任新疆南部第一大都会喀什行署所在地疏附县知事。疏附县是当时的大县，含今喀什市、乌恰县、阿图什市和疏附县的大片土地。邓知事面临的不只是一般小县的农牧生产和百姓的温饱问题，更主要的是要面对城市工商业的发展和市场繁荣以及内外贸易等事宜。这里还有更令邓知事棘手的漫长的边境防务，大量涌入的外国商人和各种掠夺者以及与外国领事馆的各种交涉外务。在此期间，他做的一件最让中国人扬眉吐气的事是支持上阿图什依克萨克村农民足球队与英国驻喀什领事馆足球队的比赛，并大获全胜，让一向在喀什趾高气扬的英国驻喀什领事丢尽了面子。他做的第二件事是严厉打击了在苏联费尔干纳叛乱失败后越境逃入喀什为非作歹的贾尼拜克哈孜等一伙叛匪，使一向在喀什作威作福的俄国人威风扫地。他做的第三件大事是在深入边境牧区的柯尔克孜居住区调查，发现彪悍勇猛并有着爱国传统的柯尔克孜边民，可担负起为国守边的重任，提出了："若教编成卒，亦足备边尘"的固边守边策略，至今我国柯尔克孜还仍在固守边土，被称作"守边民族"。可见邓知事有"站得高、看得远"的深谋远虑。在疏附期间，邓知事还十分注重发展商业贸易和教育，他大力支持上阿图什依克萨克新学校发展现代科学文化教育，重视喀什作为国际贸易市场和阿图什人擅长经商的特长，发展地方的商贸事业，以活跃经济。在都会疏附任职虽然只有一年多时间，但对他来说可以说是英雄到了用武之地，充分发挥了他的才智和能力。

1927年，邓缵先调墨玉县知事，且一干就是近五年，这是他作父母官时间最长的一个县，虽然2008年出版的《墨玉县志》未能具体记载邓知事的政绩，但是我们从县志的记载中仍可见邓知事在任上政绩之一斑。笔者曾应邀为《墨玉县志》写过志评，在遍览县志中，也发现1927～1931年这五年中，墨玉县在邓知事的苦心治理下发生的重大事件和重大变化。首先墨玉县是以农桑业和丝绸两大产业而著称，这期间是这两大产业发展的繁盛时期，这与邓知事劝农劝桑，重视耕作不无关系，邓知事在墨玉帮助农人开挖水渠，开荒造田，使农田和粮食产量均有所增长。同时这一时期也是墨玉县金玉生产的鼎盛时期。从邓缵先在墨玉任上写给当时的省主席金树仁的《恭呈金主席》和《奉和金主席〈疆域纪事〉原韵应教》诗中，可见在这一时期邓缵先之所思、所想和所为。在《恭呈金主席》（四首）中，在远离省府最西部边陲的墨玉县邓知事提出了治理新疆的四条建议：第一，立威以戡乱；第二，励精以图治；第三，设备以防患；第四，建功以延祜。在《奉和金主席〈疆域纪事〉原韵应教》（四首）中，他进一步表明了自己的治疆四大主张：其一，"御侮仍教修武备，千寻博岳映旗枪"；其二，"勤劳待旦添官烛，钟鼓声尽听雨潇"；其三，"万里金汤赓奠定，犹虞骄虏渐窥边"；其四，"料应附骥名弥显，路接晴霄顾盼空"。

邓缵先在追随新疆都督杨增新的十多年中，深深地理解杨增新总结的："新疆治世是桃园，乱世是绝地"的这一至理名言。特别是他在墨玉县这个通往印度、波斯等国的必经的中国最西部边境要道上任知事之时，他对英帝国主义时刻都想通过这一通道进入新疆，将塔里木盆地变为他们的殖民地和控制范围的阴谋知之甚深。为此，他一刻不敢懈怠。杨增新遇害，金树仁接任新疆省主席后，他便向金树仁以诗的形式委婉地呈寄了自己的治疆方略和愿望，希望能够保持治世桃园和平发展的新疆，防止陷入乱世绝地的生灵涂炭的新疆。

可惜邓缵先的治疆方略和建议未被金树仁所重视和采纳，政治敏锐感极强的邓缵先已经深深地感到新疆的动乱是不可避免的了。就在金树仁执政还不到三年的1931年，动乱的战火首先在新疆东部开始燃烧。也就是在这一年邓缵先带着忧伤的心情，由墨玉县调到了巴楚县任县长。

邓缵先是忧心重重地赴巴楚县上任的，他看到了东疆战祸已起，南疆战乱也在酝酿之中，他如果是贪生怕死之辈，此时弃职离开这个乱世绝地，还是完全有可能的。但他还是抱定了为了边民的富裕和安宁，他要坚持到生命的最后一刻。一是他1932年在处理巴楚县电话线被盗割一案时首先考虑的是"当此军务紧急之时，若不严惩，恐人皆效尤，藐乌特电。"这证明他防止战乱的弦是绷得很紧的，二是他1933年还为初出生的孙子起名为"富楚"，心中还想着属地的发展和富裕，谁知这竟是他向边民献出的最后一片爱心，为巴楚县留下的希望和祝福。"富楚"，当人们叫一声孙儿的名字，便是对巴楚民众的一次祝福，而作为巴楚县的父母官，邓缵先也是带着富楚的美好心愿，在这片土地上找到了归宿。

大约是近百年前，邓缵先从广东来到新疆，以任五县之长的独特经历，结束了他的宦海生涯，90年后，为他作传写墓志铭的崔保新由新疆客居广东，对邓前辈的盖棺定论是："边疆史学家、西域探险家、民国边塞诗人、爱国官员、民国戍边捐躯壮士。他官虽小，做大事，坚守边疆18年。他为后人留下了戍边之功、爱国之德、立身之言。"这一评价对他的确是当之无愧的。

## 三 安得壮士抚长剑，一洗边疆无蛟螭——
## 邓缵先的理想、 精神与情怀

谭元亨先生为崔保新先生的《沉默的胡杨》一书写的《以诗证史》的序中称邓缵先是"一位把整个生命献给了新疆边塞的客家人，一位为维护国家尊严与领土完整的戍边义士，一位终身以正直、廉洁持身、外圆内方的政府官员，一位笔耕不辍、苦心编修的方志学者，一位把一生激情、壮志与诗心融汇于上千诗文中的诗人。"谭先生虽然讲的是"以诗证史"的诗人与历史的关系，但对以诗证史的邓缵先，也给予了全面的客观的评价。崔先生以《敬畏历史》为题的自序，其实敬畏历史就是敬畏社会发展的规律，敬畏历史就是要敬畏人，敬畏按照社会发展规律办事的卓有成效的人。因为历史是由人创造的。邓缵先无疑是令后人敬畏的人，因为他是以毕生的精力竭尽全力在创造历史并且以诗词、以方志、以文章在记录历史、传承历史。这就是值得人们颂扬，值得人们敬畏的。

被世人追崇的大师于右任老这样的大人物，为一个小小的县令的诗集写跋文，这本身就是对邓缵先的肯定、承认和敬畏。在文中称颂毳庐诗"恍游于穹庐毡幕间，见夫振管疾书时之兴趣。何况性情中人，举不忘亲，孝悌之心，溢于毫楮，有裨世道后学不浅。至五言律、七言绝，矩矱唐人，才调格律，尤见造诣。乐而跋之，亦见吾道之不孤也。"短短数语，每一句都有十分中肯的评价，"性情中人""有裨于世"，特别是"吾道之不孤"，是将一个区区小县令，视为"吾道"中人，在民国大员、诗词大师于右任心中的"吾道"即为官之道，为诗之道，为人之道。右任老的同道人，这是多么高的荣耀呀，仅这句话，就可以让邓缵先千古不朽。

邓缵先的最感人之处，还在于以小人物做大事情。孙中山在为谢彬所著的《新疆游记》一书写的序中称"有志之士，当立心做大事，不可立心做大官。"他认为谢彬以一个小小的财政特派员竟然写出了一本几十万字的著述。为此，他慷慨激昂地称谢彬"以引导国民远大之志，是亦一大事业也。如谢君者，诚古人所谓大丈夫哉！亦吾所钦为有志之士也。"

我们看邓缵先，他在新疆18年，在省府只是一名文牍员、编辑员，最高只任过科长，根本就谈不上官，只能是个吏，而外任也只是一名七品芝麻官，可以说毕生都在做小官，但是他却著有两部县志、三部诗集，一部纪程，另有《巡边日记》问世。如以中山先生对谢彬的评价，邓缵先可真正是小官做大事的一位典型代表，是实实在在令人钦敬的大丈夫、有志之士！

邓缵先以小人物做出了大事业，为新疆的历史、文化、经济建设、边民安乐、边防巩固等做出了突出的贡献。是什么样的原因和力量支持着他这样做的呢，这自然是出于他远大的理想、崇高的精神和对边疆的土地、边疆的民众的深深情怀。

邓缵先与古今文人志士一样，少年时代就立志读书，考取功名，步入仕途，为国效力，为民办事。为此，直到年近半百，仍然赴京参加文官考试，并考取县知事，分发新疆，这就迈出了他步入仕途为国为民效力的第一步，实现了他男儿立志报国的理想。

进疆之后，面对"西陲形势雄天下""沃野万顷泉膏融"的大好河山。他便产生了更加具体的人生志趣和理想，他发出了"世事茫茫今昔异，几人展策度重关"的感慨，他要为治理边疆而展策，要做西部拓荒者，为开发新疆而效力。作为一个县令，他的理想首先是发展县域经济，改善民生，因此他的诗中有大量劝农桑的绝唱，如《养蚕词》称："忆从酹酒祈蚕神，茧大如甕宜边民。华风广被衣食足，奚殊文绣章其身。"他在《升天行》（四解）中抒其心愿"富贵非所愿，但愿人间皆乐土。罢甲兵，戢矛橹，四海澄清如安堵。天旋日转须臾间，吾生贫贱亦得所。"读到这儿，谁都会自然联想到杜工部的《茅屋为秋风所破歌》中"安得广厦千万间，大庇天下寒士俱欢颜，风雨不动安如山……吾庐独破受冷死亦足。"真是异曲同工，同为做人为官的崇高理想，这是多么高尚的情操啊。在《农家》诗中，他高吟："借问荒陬胡为乐，经岁不闻贪吏呼"。发展经济，改善民生，改革吏治，为一方百姓的安乐，这自然是作为民之衣食父母的地方官义无反顾的职责，但是作为有着远志宏愿的邓知事，他的理想远不至此，而他要寻求的是治疆、戍边、守土、富民的边策。他在《镇边楼》中称："西陲形势雄天下，宏济艰难史策光"；在《驿舍题壁》诗中称："雁翎光并龙泉利，直斩楼兰靖远陲"；在《边塞》诗中称赞："古今安边储豹略，浚渠招垦复蒸黎"，"能使近忧销衽席，何虞遐寇警烽烟"；在《送人从军》中提醒当权者和军人："安不忘危事若何，预防胡虏备干戈"，"功成万里休骄侈，西北由来外患多"；在《边防纪事，并赠黎参谋》中重申："甲兵净洗银河挽，烟雾潜消宝镜开。安不忘危筹远略，且携壶酒上楼台。"在邓缵先心中居安思危的弦一直是绷得很紧的，面对兵甲净洗宝镜开的大好局面，他更加不忘居安思危，就是在庆功宴上抑或是携酒登楼轻松消遣欢乐时，也不忘危筹远谋。他时刻告诫别人，也告诫自己。他在《巡边日记》中以自问自答的诗句写道："疆界如何？曰：玉山资保障，星峡固边陲；险阻如何？曰：保邦非持险，谋国不忘危；善后何策？曰：羊亡牢可补，牛壮牧应求。"毳庐诗中像这样谈治疆靖边之策的诗极多，特别是强调居安思危和亡羊补牢的思虑甚至是忧伤处处可见。如他在《边陲杂咏》中就提出："休夸商贩利，虎视尚眈眈"，"亡羊贻国耻，长恨补牢迟。"如果对国家、对边疆、对边民，没有深切的热爱和情怀，作为一个小小县令，是不会有这样深刻的思虑的，不会时时刻刻敲着惊雷震耳的警钟的。

邓缵先有一首《寒蛩》诗："凉雨楼头歇，寒蛩砌下鸣。一番幽淡意，万里别离情。漠北仍饥岁，天南未息兵。悲愉今古事，五夜又鸡声。"读到这里，我眼前马上出现了两个高大伟岸的身躯，在茫茫寒夜的庭院之中，仰天长啸的身影，一个是南宋忧国忧民的抗金英雄岳飞，一个便是昆仑山下这位民国时期的小小县令。岳飞的小重山词："昨夜塞蛩不住鸣，惊回千里梦，已三更。起来独自绕阶行，人悄悄，帘外月胧明。白首为功名……"与南宋的兵马大元帅岳飞相比，一个小小的七品芝麻官，为国为民，有着同样的情怀，发天地之悠情，以至闻虫鸣而惊心，茫茫长夜难以入眠，徘徊于昏黑的夜色之中，此情、此景，多么令人感动！岳飞虽然含冤而死，却成为千古留名的民族英雄，可惜邓知县也是忧国忧民，血洒边疆，然而却了无人知，呜呼，这种人间的不平，确实应引起今人的深思！

远大的志向，崇高的理想，要变成现实，是要付出心血甚至是流血牺牲的，这就要有坚韧不拔的精神支柱予以支持。邓知事真是有理想、有追求，并为之奋斗一生的典范。这些不仅留下了他一步一个脚印的人生足迹，在他的诗中也多有反映。在这里我仅举两例：

第一件事是围绕发生在新疆阿山（今阿尔泰地区）1921年俄国白匪入侵事件中，道尹周务学以死报国的义举，邓缵先曾先后以《挽周道尹阿山殉难》《喜闻官军收复阿尔泰山》《周义士祠》为题，以记其事、颂其人，发自己的感慨。在《挽周道尹阿山殉难》中，他满怀激情，慷慨致辞："犯塞妖氛急，捐躯热血浓。半生多感慨，一死竟从容。浩气霄冲鹤，英魂剑化龙。阿山收复后，立马望残烽。"这是他对周道尹面对强敌慷慨赴死，以身殉职的义举深表敬意和沉痛哀悼。这里既是对从容就义的英灵的悼念，又是表达了自己将以义士为榜样，誓死报国的决心。在《喜闻官军收复阿尔泰》长诗中，他首先介绍事件发生的背景、始末，颂扬将军（省长杨增新）处理突发事件的果敢有力，接着笔锋一转，又进入了喜庆之时勿忘边患之忧的主题："河山收复庆完全，凯歌声欢万人喜。万人欢喜将军忧，外患方炽何时休。"最后又提出了自己的安边之策："白云苍狗多迁变，奠安边围贻远谋。"

邓缵先的《周义士祠》诗是在新疆当局追抚周务学"为国捐躯的烈士"并建成义士祠之时为之作的纪事抒怀诗。这首诗更是以充满敬重、充满深情以泣血般如哭如诉感天动地的诗句，抒发自己积之于心的心声："身可杀寇不可避，家可忘城不可弃。万里荷戈烈士心，百年殉难英雄事。金山八月秋气高，困兽犹挟天狼骄。数声胡笳泪如雨，回看戍卒皆潜逃。从容赴义异仓猝，一片丹心满腔血。壁间遗句恳且诚，毋伤我民毁我室。恢复河山羽檄飞，英风千载震馀威。卢奴城外烟氛净，只恐殇魂犹未归。"这首感人至深的七言古诗，可以说是邓先生二千多首诗词中最感人的千古绝唱。文笔简练，惜墨如金，仅18行112字不仅记录了一场重大事件，且叙事中加着评论、抒情中喷涌着义愤，字字珠玉，如玑落玉盘，铿锵有声，一气呵成，似爆发的火山，喷薄而出，声震寰宇。这首诗可发聋振聩，是震古烁今之作。

邓缵先的这三首诗是将自己的志向、理想、精神、情怀完全融入了为国捐躯烈士的灵魂之中，是向天地日月发自己的宏愿，向边地的民众表自己之诚心！他时刻准备着向周义士那样，为国为民抛洒一腔热血。

第二件事是前边已经提到了邓先生呈给新疆省主席的四首治疆之策。这是他进疆之后，跟随杨增新呕心沥血十多年，苦心经营治世桃园这块边疆宝地，所积累的经验之总结。当金树仁执政之后，政治敏锐、善于调查研究、审时度势的邓知事，已经看到了杨增新开创、经营的治世桃园，将要沦为乱世绝地，向金树仁主席发出的忠恳进言。当金树仁看到邓知事的《恭呈金主席》的四首诗后，也以《疆域纪事》四首诗作答，并未重视邓先生的四项主张，为此，邓先生又以《奉和金主席〈疆域纪事〉原韵应教》为题，进一步阐明自己的立场，这应该说已经是十分危险的冒死进言了。作为县知事，向省主席提出不同的治疆之策，这大概已和海瑞上疏一样，是置生死于度外了。如果没有对国家、对边疆、对民众的深厚感情，他是不会有这样的治疆之策的，更是不敢有这样的大胆举动的。这一点充分显示了他的理想与情怀、情神与情操！

邓缵先作为一个有志向、有理想、有精神，有着冰清玉洁的高雅情操、包容万物的宽阔胸襟和情怀以及深厚的历史文化底蕴的诗人，他总是以与众不同的视角和心境看待一切事物，他在苦中求乐，在昏暗之中寻求光明，如面对荒凉的大漠戈壁，他看到的却是"到处缤纷仙事，谁家惆怅霜蓬"；面对营边日昏、寂寞兵营，他想到的却是"猛将霜花剑血，美人香草春魂"；置身十步五折、惊险艰难的旅途，他却以"黄骢旧游一曲，红豆新诗数篇"而自慰；听着古今千人吟唱的"羌笛何须怨杨柳，春风不度玉门关"，他却高歌着"漫道玉门春不度，长风送客过边关"以奉和。这就是有着高尚情操、远大抱负的政治家和不同凡响的伟大诗人与众不同的情怀。

拙文的最后我还是想用邓缵先的两句诗来认识这位先贤的理想、精神和情操，他在《乌鲁木齐》诗中有"熙熙太平民，不识兵甲烦"，这是他作为地方官终生孜孜不倦要为民打造的太平盛世，治世桃园。他深知，世外桃源不是从天而降的，是要官民共同付出努力和代价的。他认为只要"存心辟灵境，随处皆桃园"，"灵境"、"桃园"是人开辟的，只要为官的"存心"，走到哪里皆可辟灵境，建桃园。这是作为西部拓荒者邓缵先一生所追求并为之奋斗、为之牺牲的理想和情怀。

邓缵先在新疆18年，做过五个县的知事，每到一个县他都是以拓荒者的身份，极力想将属地建成"治世桃园"，他是这样想的，更是这样做的，因而他成为极受各族人民爱戴的地方官，在人民心中为他树起了一座座丰碑。

　　　日月经天，邓缵先业绩不朽！

　　　山河行地，邓缵先精神永存！

# 邓氏《叶迪纪程》等诗著的
# 文化人类学解读

房学嘉*

　　《叶迪纪程》《毳庐诗草》《毳庐续吟》《毳庐诗草三编》为邓缵先在新疆叶城等县任职期间所写的诗作及工作纪述。邓著内容丰富，记录了当地人文社会生态的大量信息，尤其是关于西北风土人情的描述，以及大量寓意深远励志的哲理，读之受益良多。邓氏生活成长于岭南粤东北地区，深受客家文化的熏陶。客家文化与边疆文化虽同属于中华多元文化，但因受生态环境影响而存在差异。身处边疆的邓氏感受尤深，表现在著述字里行间"俗"字出现频率很高。而对地方土俗各种仪式，在独立观察的基础上，再加入"当地土人说"的记录，充分反映了邓缵先"入乡随俗"、尊重当地民风民俗的人文关怀。尤其在执行公务时，注意拜访当地俗民，做好口述史料的保存，为后人解读多元中华文化中的新疆俗文化提供了一个可贵的文本。

---

* 房学嘉，广东梅县人，现任嘉应学院教授、广东省普通高校人文社会科学重点研究基地嘉应学院客家研究院主任，中国客家学专业委员会主任，美国哥伦比亚大学访问学者，新加坡国立大学客座教授、中国民族学会常务理事，广东省民族学会副会长。

# 一 传统儒家文化在邓缵先诗著的印记

儒家思想的核心是仁、义、礼、智、信、恕、忠、孝、悌。其中"信"为儒家的"五常"之一，指待人处事的诚实不欺，言行一致的态度；"忠"乃表现于与人交往中的忠诚老实；"孝"是中国古代道德文明的体现，如对父母的赡养与对父母和长辈的尊重等，反之视为大逆。邓缵先诗著字里行间或教导子孙，或送人赴任，或送官人归退，根据不同场合写下了大量充满传统儒家忠孝诚信廉洁思想哲理的警世励志语录。

孝文化的印记。值得关注的是，孔子谓"父母在，不远游"，但反映在邓缵先身上，则是"与时俱进"从粤东"远游"西北。邓虽不能在堂尽孝，但从诗文中不时出现思念"慈母"一词说明传统文化的根深蒂固，如《怀孟兄》"家食怀慈训，风餐畏简书。"① 《清明》"慈亲应远念，边信几时来。熟食南中俗，寒香北塞梅。"② 《奉呈蓝湘湄师》"东粤西陲万里程，征人乡思已怦怦。……想教慈母频悬望，倚杖柴门夕照明。"③

家教的印记。为人之父却不能在家严加教育子女，邓心感自责之余，经常写信询问鼓励之。如《示在家、岑森两儿》"汝年俱长大，吾老愧风尘。学业毋中辍，书帷最可亲。韶光驹过隙，世事鸟鸣春。黾勉承前绪，莹然玉守身。"④ 《过玉门关，寄信示两儿》"汝年方幼稚，未识玉门关。旅舍逢三月，征车过万山。……望汝须珍重，光阴莫等

---

① 邓缵先：《毳庐诗草》，《怀孟兄》，华东师范大学出版社，2012，第50页。
② 邓缵先：《毳庐诗草》，《清明》，华东师范大学出版社，2012，第51页。
③ 邓缵先：《毳庐诗草》，《奉呈蓝湘湄师》，华东师范大学出版社，2012，第72~73页。
④ 邓缵先：《毳庐诗草》，《示在家岑、森两儿》，华东师范大学出版社，2012，第65页。

闲。"①《从军行四首》"休疑笔砚无功业，从古文人战绩多。"②《示在家两儿》"沙尘浪迹催吾老，村僻贫家望汝贤。春野课耕须早起，寒灯勤读合迟眠。涤烦惟玩窗前竹，习静宜观石上泉。门户他时当自立，仍教雁序乐翩翩。"③《示诸侄》"诸郎须励志，故土可谋身。休羡东山费，何妨北道贫。"④

无论是传统启蒙读物《弟子规》、《三字经》，还是传统儒家经典《论语》等，都强调人生自警做人做事切不可喜新厌旧知足常乐。如《暮春作》"富贵喜新交，贫贱敦旧情。……厚禄日骄侈，幽人守坚贞。……可怜弄珠女，嫁与荷锄氓。"⑤《拟古》"贫贱思富贵，富贵蹈危机。……勋高诽谤起，事与初心违。"⑥《送友人归》"高人归卧旧田庐，十亩桑麻足温饱。"⑦ 在"与人论结交"中，邓氏认为自古以来"忠言逆耳"，关键是注意操行洁身自好。如《与人论结交》"喜闻谀语难为客，能受忠言是可人。味淡芝兰心似水，还教恭敬守终身。"⑧《送同宗之哈什》"勋高廿八将，世德种先民。当日门称盛，吾宗家尚贫。……是处多珠玉，应须洁乃身。"⑨《吏》"千古清廉诲忠介，高风人颂玉壶冰。"⑩《送同官赴任》"术过精明多损德，惠周蓬荜是安民。知君素志清勤在，合浦珠还瘴海滨。"⑪《闻友人谈戍边轶事》"艰危历试增雄略，逸乐偷安是祸胎。"⑫《即事》"宦路艰难

① 邓缵先：《毳庐诗草》，《过玉门关，寄信示两儿》，华东师范大学出版社，2012，第58页。
② 邓缵先：《毳庐诗草》，《从军行四首》，华东师范大学出版社，2012，第114页。
③ 邓缵先：《毳庐诗草》，《示在家两儿》，华东师范大学出版社，2012，第71页。
④ 邓缵先：《毳庐诗草》，《示诸侄》，华东师范大学出版社，2012，第55页。
⑤ 邓缵先：《毳庐诗草》，《暮春作》，华东师范大学出版社，2012，第20页。
⑥ 邓缵先：《毳庐诗草》，《拟古》，华东师范大学出版社，2012，第28页。
⑦ 邓缵先：《毳庐诗草》，《送友人归》，华东师范大学出版社，2012，第34页。
⑧ 邓缵先：《毳庐诗草》，《与人论结交》，华东师范大学出版社，2012，第77页。
⑨ 邓缵先：《毳庐诗草》，《送同宗之哈什》，华东师范大学出版社，2012，第54页。
⑩ 邓缵先：《毳庐诗草》，《吏》，华东师范大学出版社，2012，第83页。
⑪ 邓缵先：《毳庐诗草》，《送同官赴任》，华东师范大学出版社，2012，第76页。
⑫ 邓缵先：《毳庐诗草》，《闻友人谈戍边轶事》，华东师范大学出版社，2012，第83页。

试一登，催科抚字倍兢兢。厨中五斗皆民力，学到清廉愧未能。"①
《杂咏》"骄矜气焰身名丧，自古功臣少善终。……文人轻薄多罹害，
才辨聪明是祸机。……锋锐大刚须挫折，断无奇士不穷愁。……销磨
事业英雄恨，声色由来最误人。"②《寄友人归里》"归去莫谈天上事，
空烦渔客问津来。"③

大丈夫于天地之间，虽然生命是有限的，但要有一点人文精神，
若能站得高望得远志在四方，则其前程就是无限的。邓著以历史英雄
为例阐发励志方面的思想。如《乔松》"岭上乔松耸远枝，年年不受
雪霜欺。问渠那得参天势，只有心坚不媚时。"④ 《征途十咏十首》
"雁碛龙沙路万重，天涯松柏雪霜封。行人莫问兴亡事，朔漠从来王
气钟。……今古神仙须饮食，应知天上若人间。……争先恐后赴通
都，人竞精明我守愚。身外荣华如敝屣，当年七尺是微躯。"⑤《杂感
八首》"休道秋风归钓晚，急流勇退古来难。……菜根风味休嫌淡，
多少贫家尚苦饥。仕后幡然作道人，闾阎疾苦合咨询。试观济济簪缨
客，都是人间学道身。"⑥

邓氏认为，要有一点人文精神就得学习历史了解历史，正确认识
功过才能掌握人生的方向盘。如《骁将》"功成不退让，虫生因木
腐。"⑦《送友人旋乡》"万里辞荣恋素冠，归途风雪不胜寒。人当解
组旋乡后，慎勿便便说在官。"⑧ 如《途次》"出塞健儿多，入关壮士
少"。⑨《读林文忠公〈荷戈纪程〉并引》"贬谪坐何事，荷戈聊纪

① 邓缵先：《毳庐诗草》，《即事》，华东师范大学出版社，2012，第107页。
② 邓缵先：《毳庐诗草》，《寄友人归里》，华东师范大学出版社，2012，第110页。
③ 邓缵先：《毳庐诗草》，《杂咏》，华东师范大学出版社，2012，第110页。
④ 邓缵先：《毳庐诗草》，《乔松》，华东师范大学出版社，2012，第111页。
⑤ 邓缵先：《毳庐诗草》，《征途十咏十首》，华东师范大学出版社，2012，第115页。
⑥ 邓缵先：《毳庐诗草》，《杂感八首》，华东师范大学出版社，2012，第122页。
⑦ 邓缵先：《毳庐诗草》，《骁将》，华东师范大学出版社，2012，第28页。
⑧ 邓缵先：《毳庐诗草》，《送友人旋乡》，华东师范大学出版社，2012，第106页。
⑨ 邓缵先：《毳庐诗草》，《途次》，华东师范大学出版社，2012，第11页。

程。……中原留毒草，千古恨难平。"①《汉定远侯班超墓》"万古玉门关，几人得生还。英雄一抔土，华渭绕河山。"②《塞上六首》"筹边谋乂安，防患倍艰难。汉阵鼓鼙动，胡儿心胆寒。"③《镇西歌》谓"边陲事坏跋扈臣，日蹙百里沦胡尘。坐糜军饷七千万，犹复劳敝中原人。"④《男儿》"唐代文人多贾祸。汉家边将少封侯。"⑤《送人从军》"安不忘危事若何，预防胡虏备干戈。……功成万里休骄侈，西北由来外患多。"⑥《边塞九首》"太息庸臣多误国，膏腴千里献强邻。"⑦

## 二　入乡随俗在邓某著中的印记

传统儒家文化与地方文化与入乡随俗是不同的概念，前者主张"唯我独尊"，后者主张彼此尊重。博大精深的中华文化，因为社会生态背景不同，俗民的价值观念往往有着很大的差异。从邓著字里行间关于"习"或"俗"或"习俗"字词高频率出现的现象看，来自粤东客家文化圈的邓缵先，在西北边疆的异文化圈"入乡随俗"，注意尊重彼文化，融入边疆民风民俗之中。

邓氏是从粤东客家文化核心圈走出来的，虽然生活工作于千万里外的西北边疆，但故乡的印记常常在脑海中浮现，尤其对祖居地程乡的印象特深。邓姓祖居古程乡县（即今梅县）松口镇。现松口镇仍有邓氏开基祖太乙公坟墓，每年元宵节，散居在各地的邓氏族人，从四面八方回到太乙公坟前举行传统春祭仪式。邓氏对程乡的历史记忆

① 邓缵先：《毚庐诗草》，《读林文忠公〈荷戈纪程〉并引》，华东师范大学出版社，2012，第61页。
② 邓缵先：《毚庐诗草》，《汉定远侯班超墓》，华东师范大学出版社，2012，第101页。
③ 邓缵先：《毚庐诗草》，《塞上六首》，华东师范大学出版社，2012，第101页。
④ 邓缵先：《毚庐诗草》，《镇西歌》，华东师范大学出版社，2012，第34页。
⑤ 邓缵先：《毚庐诗草》，《男儿》，华东师范大学出版社，2012，第75页。
⑥ 邓缵先：《毚庐诗草》，《送人从军》，华东师范大学出版社，2012，第88页。
⑦ 邓缵先：《毚庐诗草》，《边塞九首》，华东师范大学出版社，2012，第96页。

常常流露在其诗作之中，如《漫成》"故乡风味渐遗忘，一听蛮音喜欲狂。未问君家在何处，漫询汝可是同乡。……居环铁水小村庄，东接程乡千里强。忽念先人庐墓在，家书漫寄至程乡。苜蓿青青堆玉盘，今朝尝罢有馀欢。不知采自三边苑，笑道家乡菜可餐。"① 秦汉时赵佗开基粤东龙川县，尔后建立南越国。赵氏的心一直向北，其精神一直影响着地方仁人志士。龙川县与紫金县毗邻，历史上同属古循州地区，邓氏对赵佗非常钦慕，如《尉佗》"天下亡秦日，称孤粤海滨。英雄存本色，坟墓念先人。帝号娱三世，兵威接七闽。老夫心北向，终念汉文仁。"②

　　岭南与西北，在地理空间上形成强烈反差，最典型莫过于举目沙碛望不到边。关于西北沙碛的壮观，《杂吟十首》"沙碛断人烟，轮台路几千。"③ 据《毳庐诗草》记，"己未春，赴任叶县，路经英吉沙，日将午，过沙堆，大风骤起，沙石飞扬，咫尺莫辨，车轮沦沙过半，随行皆哭。"④《只履歌并引》"朝骑匹马踏寒沙，暮随归鸦宿空碛。"⑤《独觉》"昆仑极天涌泉起，奔流直绕沙碛里。"⑥《璞玉》"长途沙碛摧车轮，远道风霜伤马足。"⑦《乌栖曲》"漫漫沙碛何处栖，乌桕枝头终夜啼。"⑧《旅况》"寒碛阴风急，千金剩一裘。"⑨《呼图壁驿》"沙碛原无鬼，山阿若有人。"⑩《塞上》"边烽青未了，沙碛又黄昏。"⑪《城上晚眺》"人烟荒碛路，驼影夕阳桥。戍古号青鬼，

① 邓缵先：《毳庐诗草》，《漫成》，华东师范大学出版社，2012，第 111～112 页。
② 邓缵先：《毳庐续吟》，《尉佗》，华东师范大学出版社，2012，第 90 页。
③ 邓缵先：《毳庐诗草》，《杂吟十首》，华东师范大学出版社，2012，第 98 页。
④ 邓缵先：《毳庐诗草》，华东师范大学出版社，2012，第 89 页。
⑤ 邓缵先：《毳庐诗草》，《只履歌并引》，华东师范大学出版社，2012，第 43 页。
⑥ 邓缵先：《毳庐诗草》，《独觉》，华东师范大学出版社，2012，第 32 页。
⑦ 邓缵先：《毳庐诗草》，《璞玉》，第 36 页。
⑧ 邓缵先：《毳庐诗草》，《乌栖曲》，华东师范大学出版社，2012，第 47 页。
⑨ 邓缵先：《毳庐诗草》，《旅况》，华东师范大学出版社，2012，第 55 页。
⑩ 邓缵先：《毳庐诗草》，《呼图壁驿》，华东师范大学出版社，2012，第 55 页。
⑪ 邓缵先：《毳庐诗草》，《塞上》，华东师范大学出版社，2012，第 57 页。

霜高落黑雕。"① 《驿舍题壁》"逐雉平原寒角动,射雕空碛朔风驰。"② 《鸦》"沙碛荒烟冷气浮,数群鸦影拂碉楼。"③ 《途次》"沙碛烟横诗有草,棠梨春暖雪为花。"④ 《茇茇槽驿》"荒祠瘦鹤偎残照,枯碛饥鹰豁远眸。"⑤ 《边塞九首》"霜封蛮果龙沙暗,风急胡笳雁碛迷。……万灶兵屯麦陇分,春来西碛敛埃氛。"⑥ 《途中》"碛外孤鸿远,天边独树斜。牛车声轧轧,知是有人家。"⑦ 《沙碛》"沙碛弥漫日色昏,西行路已近河源。行人遥指人烟处,数点寒鸦乌柏村。"⑧ 《碛中》"安西以西无草木,征轮只向平沙逐。"⑨ 《恭祝新城王晋卿方伯八旬荣庆八首》"吏隐名山著述多,龙门碛石旧经过。采风试谱伊凉曲,询俗遥怜陇坂歌。"⑩

岭南与西北因生态环境不同而人情风俗殊异。远在粤东的亲人,对西北的风土人情很感兴趣,经常写信向邓氏请教西北风情。如《答家人函询迪省风景》"一纸来关外,殷然问土风。"⑪ 据《毳庐诗草》记:"行至猩猩峡,遇南人某,年七旬馀,备述塞外风景。"⑫ 在融入西北民俗文化过程中,邓氏注意学习当地语言并注意记录当地方言将其介绍给家乡亲人。如《宿玉河傍》"方言杂鸡犬,林壑喧牛羊。"⑬

① 邓缵先:《毳庐诗草》,《城上晚眺》,华东师范大学出版社,2012,第66页。
② 邓缵先:《毳庐诗草》,《驿舍题壁》,华东师范大学出版社,2012,第71页。
③ 邓缵先:《毳庐诗草》,《鸦》,华东师范大学出版社,2012,第73页。
④ 邓缵先:《毳庐诗草》,《途次》,华东师范大学出版社,2012,第87页。
⑤ 邓缵先:《毳庐诗草》,《茇茇槽驿》,华东师范大学出版社,2012,第90页。
⑥ 邓缵先:《毳庐诗草》,《边塞九首》,华东师范大学出版社,2012,第96页。
⑦ 邓缵先:《毳庐诗草》,《途中》,华东师范大学出版社,2012,第99页。
⑧ 邓缵先:《毳庐诗草》,《沙碛》,华东师范大学出版社,2012,第116页。
⑨ 邓缵先:《毳庐诗草》,《碛中》,华东师范大学出版社,2012,第118页。
⑩ 邓缵先:《毳庐诗草》,《恭祝新城王晋卿方伯八旬荣庆八首》,华东师范大学出版社,2012,第129页。
⑪ 邓缵先:《毳庐诗草》,《答家人函询迪省风景》,华东师范大学出版社,2012,第60页。
⑫ 邓缵先:《毳庐诗草》,华东师范大学出版社,2012,第88页。
⑬ 邓缵先:《毳庐诗草》,《宿玉河傍》,华东师范大学出版社,2012,第24页。

《宿库木什驿》"'库木什'译言'芦苇'"。① 《古树歌》"回语'哈喇','黑'也,'玉尔滚','柳'也。"② 《倭文端纪行》"库尔楚,准语'忌讳'之谓。地多古墓,经者多病,故名。"③ 《五十初度志感》回忆早年粤东家乡的生活,"穷年咬菜根,家贫山泽癯。……溪田十数亩,茅舍一二区。生齿日以繁,园蔬免荒芜。晨昏供色笑,冬笋不须沽。为寄一封书,天边风俗殊。"④ 《罍庐自叙》"以视昔贤所处之境,迥不相侔矣。然窃惟羌蛮之俗,毡罽之乡。"⑤ 《宿玉河傍》"土风见回疆。"⑥ "习俗尚奢侈,宴会还相将。"⑦ 《哈密道中》"讵知民习淳,浑噩犹太始。"⑧

岭南俗文化与西北俗文化虽存在差异,但都有很淳朴的共性。《缠庄》"天山南路古危须,土风还与庭州殊。"⑨ 《恭祝新城王晋卿方伯八旬荣庆八首》"采风试谱伊凉曲,询俗遥怜陇坂歌。"⑩ 邓氏在西北期间,曾先后主持编修《叶城县志》《乌苏县志》等。邓氏在《〈续修乌苏县志〉叙》中指出,"县志之作,所以考地形,详建设,昭治理,纪因革,察民俗之纯驳,审物产之盛衰也。……而莅此种族庞杂之区,其经过事实,纪录钞传,庶得以永期遵守。"⑪

西北与岭南民俗文化上的差异,邓氏感受最深的莫过于西北无风水之说。风水之说在粤东客家民间相当盛行,不论是阳宅或是阴宅,

---

① 邓缵先:《罍庐诗草》,《宿库木什驿》,华东师范大学出版社,2012,第65页。
② 邓缵先:《罍庐续吟》,《古树歌》,华东师范大学出版社,2012,第42页。
③ 邓缵先:《叶迪纪程》,《倭文端纪行》,华东师范大学出版社,2012,第52页。
④ 邓缵先:《罍庐诗草》,《五十初度志感》,华东师范大学出版社,2012,第15页。
⑤ 邓缵先:《罍庐诗草》,《罍庐自叙》,华东师范大学出版社,2012,第6页。
⑥ 邓缵先:《罍庐诗草》,《宿玉河傍》,华东师范大学出版社,2012,第24页。
⑦ 邓缵先:《罍庐诗草》,《宿玉河傍》,华东师范大学出版社,2012,第24页。
⑧ 邓缵先:《罍庐诗草》,《哈密道中》,华东师范大学出版社,2012,第14页。
⑨ 邓缵先:《罍庐诗草》,《缠庄》,华东师范大学出版社,2012,第47页。
⑩ 邓缵先:《罍庐诗草》,《恭祝新城王晋卿方伯八旬荣庆八首》,华东师范大学出版社,2012,第129页。
⑪ 邓缵先:《罍庐诗草》,《〈续修乌苏县志〉叙》,华东师范大学出版社,2012,第135页。

行走、动工都要请勘舆师查过五行选择吉课，甚至在居所的中轴线上，立五行五方龙神伯公逢初一十五叩拜。据《三无凭并引》"西北无风水之说，盛于赣，畅行于闽、粤、黔、桂间，而搢绅惑之尤甚。星命理微，未易推测。信鬼尚巫，药非其病，亦有效验，其市远者，不药亦愈。客有述故乡俗尚之事，因感而赋之。"① 《送友人之官蔚县》"蜀道双凫人拔俗，蔚州一鹤吏称仙。"② 《庚申奉和汪参赞矩亭〈六十二初度感怀〉六首并引》"天涯琴鹤星霜健，塞上轮蹄日月忙。俗化乌孙风偃草，丰占鱼梦岁馀粱。"③ 《边塞九首》"天兵十万扫胡尘，城郭芳开喔鹿津。俗化乌孙鹑可变，农勤赤子犊应驯。"④

粤东客家民俗文化无奇不有，其中"做生斋""筑寿城"之俗是西北所没有的。所谓做生斋，即人未死，请斋姑或和尚念经做仪式；所谓做寿城，即人到六十为之寿，上寿前乡俗是先请风水先生谋风水宝地（即坟穴）而构筑之，墓碑则书红色的寿字以示区别。邓氏虽远在边疆，长期不归，但当其年近六十时，家乡亲人却没有忘记而为其张罗安排做寿城事。如《腊月六日，家人寄书云近于故里觅得一地，将为予作寿藏。闻之，矍然赋诗答之》，"我年近六十，修短听诸数。……达哉陶靖节，尝作生祭文。……又如司空图，自为铭冢坟。胜日集宾友，酌酒坐墓门。……卜筑东岭阿，营兆西山趾。还将祖墓旁，生圹附于此。……迂儒读葬经，贪鄙诚可怜。"⑤

坟墓祭品也是观察地方文化的视角之一。西北地区的民俗是清明上坟祭祀祖先。清明是传统宗族社会法定祭祀祖先的纪念仪式活动

---

① 邓缵先：《毳庐诗草》，《三无凭并引》，华东师范大学出版社，2012，第64页。
② 邓缵先：《毳庐诗草》，《送友人之官蔚县》，华东师范大学出版社，2012，第92页。
③ 邓缵先：《毳庐诗草》，《庚申奉和汪参赞矩亭〈六十二初度感怀〉六首并引》，华东师范大学出版社，2012，第95~96页。
④ 邓缵先：《毳庐诗草》，《边塞九首》，华东师范大学出版社，2012，第96页。
⑤ 邓缵先：《毳庐续吟》，《腊月六日，家人寄书云近于故里觅得一地，将为予作寿藏。闻之，矍然赋诗答之》，华东师范大学出版社，2012，第24页。

日，俗谓墓祭，其时是西北地区的农闲季节。而粤东北地区，则重视农历八月上坟祭祀，俗谓"小清明"，其时为地方农闲季节也。墓祭的供品各地不一，其中"饭"是最基本的供品之一，也因各地的主食结构而异。如粤东用大米做成饭或粄上供，而西北地区则是用当地米面制品"麦饭"上供。如《野眺》"郭外荒原墓累累，天涯寒食梨花开。谁家麦饭上冢去，纸钱飞处鹃啼哀。"① 《清明》"东郭齐燔人乞食，北山唐墓纸飞灰。半盂麦饭他乡泪，满径梨花上巳杯。记得坟园芳草路，家家上冢扫苍苔。"②

岭南民俗中有招魂仪式，谓将亡魂从野外招请回仪式现场。粤东客家地区的招魂仪式是焚香加奉色纸，比较简单，而边疆的招魂仪式比较复杂，表现在除了焚香外，加奉剪纸，剪纸比色纸，工艺要复杂得多，这从一个角度反映了西北地区民间剪纸传统工艺的文化特色。如《征妇怨》"征夫从军雪海里，征妇独居幽恨起。匈奴一夜袭汉军。三万壮儿皆战死。沙场白骨无人收，家家哭向海西头。剪纸招魂瘗郭外，离鸾啼处孤云愁。人言征夫间道走，变姓潜行交河口。胡尘已靖不归来，秋月关山隔绝久。"③ 《在昔》"蓬瀛灵境诇物外，安辑便是三神山。……俗缘多扰不易到，尘心未净仍放还。"④

粤东民间是万物有神，俗谓举头三尺有神明，据邓氏观察，边疆俗民也是多神论者。如《杂诗二首》"谷神自不死，道德无能名"。⑤ 《塔》"流沙万里区，一扫靖妖魅。"⑥ 《镇西石人》"凯旋铙吹喧，戍卒俱赏赐。"⑦ 《流沙》"云车风马降王母，绿衣倒挂来扶桑。求仙并

---

① 邓缵先：《毳庐诗草》，《野眺》，华东师范大学出版社，2012，第33页。
② 邓缵先：《毳庐诗草》，《清明》，华东师范大学出版社，2012，第86页。
③ 邓缵先：《毳庐诗草》，《征妇怨》，华东师范大学出版社，2012，第42页。
④ 邓缵先：《毳庐诗草》，《在昔》，华东师范大学出版社，2012，第47~48页。
⑤ 邓缵先：《毳庐诗草》，《杂诗二首》，华东师范大学出版社，2012，第9页。
⑥ 邓缵先：《毳庐诗草》，《塔》，华东师范大学出版社，2012，第22~23页。
⑦ 邓缵先：《毳庐诗草》，《镇西石人》，华东师范大学出版社，2012，第23页。

采不死药，多欲不独汉与唐。"① 《天山碑》"流沙弱水相萦绕，雄镇群蛮绥百戎。……汉皇神武远征讨，廓清胡虏尘氛空。月支大宛贡珍异，葡萄天马河源通。……敦煌太守纪汉德，勒碑绝壁荒榛中。……吏人拓赠东南友，云此行船能避风。……清臣领队某过此，强欲看碑究始终。黄衣道士跪未已，訇然霹雳搜灵宫。……世间事多难索解，海市蜃楼时偶逢。"② 值得进一步思考的是，历史上敦煌太守纪汉德的勒碑，在西北边民心中已被神化，并具有辟邪功用，似与我国东南的妈祖信仰类似。求清吉平安驱除邪恶之俗如民间的国王、公王崇信，妈祖、观音崇信等在粤东乃至岭南地区自古以来很盛行。邓氏在西北发现民俗文化有很多相似之处，只是在表现形式上存在差异。粤东罗浮山为东西走向，因当年葛洪驻足于此炼丹而被俗民视为道教圣地。邓氏家乡即在罗浮山的东部。如《送同乡之任》"君家罗浮西，我在罗浮东。"③ 千百年来，道教文化对岭南影响非常之大。《有所思四首》"我所思兮在瑶池，蕊宫西望香云披。瑶树千年花一枝，猗猗灵犬吠声迟。穆王不来八骏驰，王母未老双蛾垂。此行犹畏群仙知，怕醉琼浆无醒时。……童男采药空往来。"④ 《天山峡》"猿啼风走石，鬼啸夜飞沙。"⑤ 《青烽驿》"人烟黄叶树，鬼火绿萝村。"⑥ 《瑶池》"欲觅长生随羽客，汉家坛馆满秋风。"⑦ 实际上，长生不老百岁千岁甚至变仙升天的羽客是俗民的人生追求，均为道家文化的一部分。《求仙》"神君恍惚来山鬼，枉筑元都太乙坛。"（道教）⑧ 《读洪编修

① 邓缵先：《毳庐诗草》，《流沙》，华东师范大学出版社，2012，第33页。
② 邓缵先：《毳庐诗草》，《天山碑》，华东师范大学出版社，2012，第34页。
③ 邓缵先：《毳庐诗草》，《送同乡之任》，华东师范大学出版社，2012，第25页。
④ 邓缵先：《毳庐诗草》，《有所思四首》，华东师范大学出版社，2012，第39页。
⑤ 邓缵先：《毳庐诗草》，《天山峡》，华东师范大学出版社，2012，第58页。
⑥ 邓缵先：《毳庐诗草》，《青烽驿》，华东师范大学出版社，2012，第59页。
⑦ 邓缵先：《毳庐诗草》，《瑶池》，华东师范大学出版社，2012，第76页。
⑧ 邓缵先：《毳庐诗草》，《求仙》，华东师范大学出版社，2012，第94页。

〈伊犁日记〉》"三边远谪踰唐塞，百日生还过鬼门。"① 《中秋乌苏玩月》"遥想家山当此夕，为探征客卜金钱。"② 《阅〈崆峒志〉》"从来方士谈迂怪，引起蛮舆欲学仙。"③ 《杂诗四首》"神物风云护，巍然表四夷。……寻源传汉使，凿空拾仙葩。……乌孙千里马，龙种亦奇哉。汉将驰轻骑，胡沙骋异材。"④ 《宗农山石龛》"石龛连福地，古佛供何年。箫鼓喧春社，桑麻夹芋田。"⑤ 从邓著报道的信息看，当地的一些民俗节庆与粤东北客家地区的民俗相似，如上文谓供奉古佛，当地在春社时，也要举行节庆活动祭祀仪式，仪式现场还要请鼓乐助兴，俗谓人神同乐。前述西王母，后述仙童采仙药，以及关于瑶池、瑶树、群仙等描述词，即从一个侧面反映道教文化在邓氏脑海中的烙印之深。⑥

西北牧耕文化与粤东农耕文化相比差异太大。如《六别诗并序》"别县人：此邦风俗醇，人情亦简朴。……别县物：晨炊菰米饭，午瀹柳花茶。"⑦ 《回忆少年时四首》"回忆少年时，负竿随钓鱼。柴门临蓼滩，水浅生芙蕖。小鱼一二寸，闻饵来徐徐。……尝闻父老言，朔方有匈奴。战伐立勋业，荷戈剪强胡。"⑧ 原乡的溪鱼虽多，但很小，约二三寸长，而边疆玉河的鱼不但比原乡多，而且"大或三数尺"。此外，原乡捕鱼，多用网罟，而新疆玉河地区却未有闻见。如

---

① 邓缵先：《毳庐诗草》，《读洪编修〈伊犁日记〉》，华东师范大学出版社，2012，第 94 页。
② 邓缵先：《毳庐诗草》，《中秋乌苏玩月》"卜金钱"即民俗问卜，华东师范大学出版社，2012，第 109 页。
③ 邓缵先：铙为岭南仪式用法器之一。《毳庐诗草》，《阅〈崆峒志〉》，华东师范大学出版社，2012，第 121 页。
④ 邓缵先：《毳庐诗草》，《杂诗四首》，华东师范大学出版社，2012，第 49 页。
⑤ 邓缵先：《毳庐诗草》，《宗农山石龛》做社之俗在岭南民间很盛行，华东师范大学出版社，2012，第 56 页。
⑥ 邓缵先：邓在诗著中报道，边疆的道士穿黄衣，似与粤东黑衣不同。穿黄衣者，或为佛徒？待考，华东师范大学出版社，2012。
⑦ 邓缵先：《毳庐诗草》，《六别诗并序》，华东师范大学出版社，2012，第 16 页。
⑧ 邓缵先：《毳庐诗草》，《回忆少年时四首》，华东师范大学出版社，2012，第 17 页。

《玉河鱼》"玉河有神鱼，……小或一二寸，大或三数尺。……尘外无网罟"[①] 西北妇女是养蚕种桑的能手，她们昼种蚕桑，夜在家纺织，生活于异文化的邓氏觉得可与粤东北的客家妇女相比美。《佳人》"昼尔事蚕桑，宵尔勤纺织。"[②] 《杂诗》"清风励末俗，千载称其贤。"[③] 《恶木》"世皆俗艳竞，谁为古道存。"[④]

西北与粤东因自然生态不同，物产也有很多不同，尤其在饮食文化方面。粤东客家地区主产稻谷，辅以薯粟芋等。而西北的农事生产则以小麦、高粱为主产。《乌鲁木齐杂咏十二首》中写有："小麦杂粮年一熟，编氓时唱垦田歌。……七里城东云碓转，城西三里水轮飞。……贪汗山头钻天啸，巩宁桥下墨花鱼。葩经鳞羽多笺注，尚有戎羌土产书。当年都护破羌蛮，铙吹连营夕照还。汉域肃清豺虎窟，至今碑碣纪天山。"[⑤] 市面上卖的粮食也主要是高粱米等。《哈密道中》"十里一小村，百里一小市。村仅三两家，市惟高粱米。"[⑥] 《答故人》"霜后胡棉繁似茧，碛中雕翅大于轮。"[⑦] 《缠庄》"去年雪少桑棉好，生计尚足欢妻挐。……愿得蚕筐茧如甕，川原畜养羊如驹。"[⑧]

西北与粤东的气候条件截然不同，尤其是早晚温差悬殊很远。《早寒》"八月雪霏霏，胡天雁影稀。我家临百粤，寒露尚单衣。"[⑨] 《送人归楚》"鄂北江村树，疆南腊雪山。"[⑩] 因气候影响而形成当地

---

① 邓缵先：《毳庐诗草》,《玉河鱼》,华东师范大学出版社,2012,第18页。
② 邓缵先：《毳庐诗草》,《佳人》,华东师范大学出版社,2012,第21页。
③ 邓缵先：《毳庐诗草》,《杂诗》,华东师范大学出版社,2012,第21页。
④ 邓缵先：《毳庐诗草》,《恶木》,华东师范大学出版社,2012,第22页。
⑤ 邓缵先：《毳庐诗草》,《乌鲁木齐杂咏十二首》,华东师范大学出版社,2012,第120页。
⑥ 邓缵先：《毳庐诗草》,《哈密道中》,华东师范大学出版社,2012,第14页。
⑦ 邓缵先：《毳庐诗草》,《答故人》,华东师范大学出版社,2012,第93页。
⑧ 邓缵先：《毳庐诗草》,《缠庄》,华东师范大学出版社,2012,第47页。
⑨ 邓缵先：《毳庐诗草》,《早寒》,华东师范大学出版社,2012,第51页。
⑩ 邓缵先：《毳庐诗草》,《送人归楚》,华东师范大学出版社,2012,第57页。

饮茶文化特色之一是"凿冰煎茶"。在粤东客家乡村，除大户之家有钱买细茶有时间慢慢品茗外，一般人家多喝自产的山茶、土茶，如黄皮果树叶、布惊树叶、芭乐树叶等，房前屋后果园采摘自制，往往是早上出门劳作前，放一大把茶叶于茶壶，泡开水后带到劳作现场喝一天，而且是用大杯或大碗喝。而边疆民俗也是用碗喝茶，这一点邓氏感到很亲切，然边民泡茶取的水是冰雪融化的冰水，那就大有地方特色了，如《凿冰煎茶》"涧底凿冰倾美液，林间煮茗入香瓶。……数碗已堪消俗虑，居延城外岁华更。"①

边疆的明月、佳果、河川、山石等常常被邓氏入诗，并与粤东文化记忆作比较，体现了作者对边疆的感情。《明月出天山》"我家久住粤海滨，海上明月如相亲。"② 新疆佳果邓氏视为"蛮果"，质量特佳，中外闻名，自古为地方贡品往中原运。《边塞九首》"霜封蛮果龙沙暗，风急胡笳雁碛迷。"③《数诗》"八荒静无事，西域贡葡萄。"④《杂诗五首》"吐鲁蒲桃哈密瓜，当时远道贡京华。"⑤ 据《有所思四首》记，西北的"枣大如瓜费疑猜"，⑥《求仙》"枣大如瓜藕似船，"⑦ 真是前所未见。粤俗重阳节放纸鸢，西北也有。《辛酉九日》"节届重阳对夕晖。……遥忆故园留胜日，青山红树纸鸢飞。"⑧ 其他如：《闺思》"妾心比团扇，炎热同君挥。……边地无菁竹（此间谓绿竹）……妾心似冬笋。"⑨《早秋》"团扇休捐弃，繁华应有期。"⑩

---

① 邓缵先：《毳庐诗草》，《凿冰煎茶》，华东师范大学出版社，2012，第 84 页。

② 邓缵先：《毳庐诗草》，《明月出天山》，华东师范大学出版社，2012，第 30 页。

③ 邓缵先：《毳庐诗草》，《边塞九首》，华东师范大学出版社，2012，第 96 页。

④ 邓缵先：《毳庐诗草》，《数诗》，华东师范大学出版社，2012，第 18～19 页。

⑤ 邓缵先：《毳庐诗草》，《杂诗五首》，华东师范大学出版社，2012，第 109 页。

⑥ 邓缵先：《毳庐诗草》，《有所思四首》，华东师范大学出版社，2012，第 39 页。

⑦ 邓缵先：《毳庐诗草》，《求仙》，华东师范大学出版社，2012，第 94 页。

⑧ 邓缵先：《毳庐诗草》，《辛酉九日》，华东师范大学出版社，2012，第 91 页。

⑨ 邓缵先：《毳庐诗草》，《闺思》，华东师范大学出版社，2012，第 12 页。

⑩ 邓缵先：《毳庐续吟》，《早秋》，华东师范大学出版社，2012，第 92 页。

《石砚寄至家》"贺兰一片石，质润色斑然。售世文无价，承家砚作田。良苗添活水，穷巷望丰年。有谷宜孙子，应教世世传。"① 《夏日怀番禺吴太史澹庵夫子二首》"一代儒宗归粤海，七年亲炙忆丰湖。……何当多买团团扇，遍写癯颜涤暑烦。"②

边疆的蚊虫多，成为当地灾害之一，邓氏深受其害。《聚蚊谣》"清河驿舍延嘉客，河若清流蚊若贼。千百成群夜纷飞，利口伤人眠不得。（眠不得为客语）眠不得，起悲歌。尔众我寡幽恨多，讵知世途经坎轲。天生蟊贼其如何，蚊兮蚊兮群么麽。"③

# 三　民族文化认同在邓著中的印记

新疆位于我国的极西北，清光绪十年（1884）置新疆省，全境160多万平方公里，相当于9个广东省这么大。西北是多民族聚居地区，其中新疆境内有维吾尔、汉、哈萨克、回、柯尔克孜、蒙古、俄罗斯、锡伯、塔吉克、乌兹别克、塔塔尔、达斡尔、满等民族。邓氏在《数诗》曰"九种人庞杂，习俗半淳浇。"④ 此间的九种人应指多民族聚居。

族群分类与族群文化认同。关于民族的概念是从西方传过来的，准确地来说，是清末由受西方民族理论影响的中国知识分子介绍到中国来的，其中影响最大的是孙中山革命理论提出的五族共和。在此以前，国人对于异文化的族群分类以地域、语言作为区别的依据，如对西北呼为胡域，相应的族群呼为胡人，其俗则为胡俗。检视邓

---

① 邓缵先：《毳庐诗草》，《石砚寄至家》，华东师范大学出版社，2012，第57页。
② 邓缵先：《毳庐诗草》，《夏日怀番禺吴太史澹庵夫子二首》，华东师范大学出版社，2012，第71页。
③ 邓缵先：《毳庐诗草》，《聚蚊谣》，华东师范大学出版社，2012，第41~42页。
④ 邓缵先：《毳庐诗草》，《数诗》，华东师范大学出版社，2012，第18~19页。

氏诗著，常常出现胡域、胡戎、胡人、胡俗、布民、缠民、缠回村、缠铺、缠户、回民、准人、百戎、戎蛮、群蛮、蛮府、蛮烟村、蛮果、匈奴、边氓、流氓、土人、土著、粤人、汉人、汉商、湘人、津湘人等人群分类的概念，从一个侧面反映了西北地区不但是一个文化多元的多民族聚居地区，而且是多元文化共存各族人民和睦相处之处。①

邓著字里行间常常阐发中原与边疆的关系，用现当代民族学人类学界流行的术语即谓"中心与边缘"的关系。如"中原"、"汉域"、"汉地"、"汉营"、"边陲"、"边地"、"塞外"等。《只履歌并引》

---

① 邓缵先诗著中先后出现：缠民、缠回村、缠铺、缠户；布民、准人、边氓、流氓、戎蛮、群蛮、蛮府、蛮烟村等，现各属归什么民族？据《何星亮教授致房学嘉信》（2013 - 3 - 29）中解释：

《述古三首》"西域数十国，匈奴（匈奴是秦汉时期北方最强大的少数民族）强莫比。……群戎（泛指北方少数民族）迭消长，乌孙国颇强。……汉使五将军，分道整戎行。……戍卒（泛指汉朝士兵）留车师，屯田实边疆。……边邑偃甲兵，戎蛮（泛指北方少数民族）咸倾慕。……回纥（唐朝时期维吾尔族的先民的族称）十五种，聚居在沙碛。其先本匈奴，魏时称敕勒（魏晋南北朝时的匈奴后裔）。"

《镇边楼》"居环回准三民静，地扼戎蛮（泛指北方少数民族）万里强。"

《杂感》"长沙才子犹嗟命，蛮府参军尚赋诗。"《闻捷》"貔貅十万出蛮邦（泛指北方少数民族地区），胆破乌孙尚未降。"

《布鲁特》"畜牧资生业，穷溪寂涧滨。沾濡思汉土，嗜欲类缠民。"《缠庄》（缠、缠回均指维吾尔族）"缠民饱暖一事无，手辟场圃临路隅。"

《初到迪化》"边荒尽入版图中，瘠土依然禾稼丰。回纥（唐朝时期维吾尔族的先民的族称）归唐怀郭相，诗书化蜀仰文翁。"

《恭祝新城王晋卿方伯八旬荣庆八首》"吏隐名山著述多，龙门碛石旧经过。……国界垦荒皆有记，边氓（与边民同）欢洽七星渠。"

《回回墓》"墓在猩猩峡，相传唐时，有回回（当是指现在的回族）头目来朝，过峡病卒，遂葬于岩畔。"

《养蚕词》"塞外编氓（泛指西域的少数民族）不播谷，饮酪衣皮事畜牧。……忆从酾酒祈神，茧大如甕宜边民（泛指西域的少数民族）。"

土人云"前清光绪四年，南疆底定，流氓安集。……库尔楚近北山河岸高处，旧日缠回（指新疆的维吾尔族）尝掘窖藏谷粮。"

由叶城至坡斯坎，"至新巴杂，缠铺（指维吾尔族店铺）90家，汉4家。""莎车为汉古国，其民三种，缠回（指新疆的维吾尔族）为土著，烟户不下六万家，人口30余万。"由轮台至洋沙缠回（指新疆的维吾尔族）200家，汉8家。

"朝骑匹马踏寒沙，暮随归鸦宿空碛。……边陲山色长悠悠"，① 《恶木》"塞外有恶木，萧瑟蛮烟村。"② 《塞碛歌四首》"此时射猎纷中原，飞禽十无一二存。……罹网罟，何妨忍冻蛮烟村。"③ 《乌鲁木齐杂咏十二首》"当年都护破羌蛮，铙吹连营夕照还。汉域肃清豺虎窟，至今碑碣纪天山。"④ 《天山碑》"流沙弱水相萦绕，雄镇群蛮绥百戎。……汉皇神武远征讨，廓清胡虏尘氛空。"⑤ 《古庭州》"地至流沙尽，寻源使节通。孤悬秦塞外，万古版图中。"⑥ 《松》"天山南北郁苍松，劲节盘根历万冬，边地材奇应足贵，中原地窄莫能容。"⑦ 《边塞九首》"今古安边储豹略，……汉将新收赤谷城。……汉唐营垒对斜曛。……疆陲挞伐原中策，藩翰经营重外边。"⑧ 《喀什和卓》"在吐鲁番东南。此地曾屯大汉营，龙沙淹没数千兵。"⑨ 《镇西歌》"从来漠北本汉地，恢复还将用兵器。武功挞伐强夷慑，文德抚绥远人至。"⑩ 《宿玉河傍》"版籍归汉域，土风见回疆。古称渠莎国，井邑千里强。"⑪ 《杂吟十首》"昔时卅六国，强悍横西域。忽见汉旌旗，万人皆辟易。"⑫ 《回回墓》中记曰，当年回民的首领在赴中原的旅途中，病故在途中，并葬在猩猩峡岩石畔，邓氏适路过猩猩峡，特地拜祭。"墓在猩猩峡，相传唐时，有回回头目来朝，过峡病卒，遂葬于岩畔。"⑬

① 邓缵先：《毳庐诗草》，《只履歌并引》，华东师范大学出版社，2012，第43页。
② 邓缵先：《毳庐诗草》，《恶木》，华东师范大学出版社，2012，第22页。
③ 邓缵先：《毳庐诗草》，《塞碛歌四首》网罟为粤东打鱼工具，华东师范大学出版社，2012，第42页。
④ 邓缵先：《毳庐诗草》，《乌鲁木齐杂咏十二首》，华东师范大学出版社，2012，第120页。
⑤ 邓缵先：《毳庐诗草》，《天山碑》，华东师范大学出版社，2012，第34页。
⑥ 邓缵先：《毳庐诗草》，《古庭州》，华东师范大学出版社，2012，第67页。
⑦ 邓缵先：《毳庐诗草》，《松》，华东师范大学出版社，2012，第75页。
⑧ 邓缵先：《毳庐诗草》，《边塞九首》，华东师范大学出版社，2012，第96页。
⑨ 邓缵先：《毳庐诗草》，《喀什和卓》，华东师范大学出版社，2012，第118页。
⑩ 邓缵先：《毳庐诗草》，《镇西歌》，华东师范大学出版社，2012，第34页。
⑪ 邓缵先：《毳庐诗草》，《宿玉河傍》，华东师范大学出版社，2012，第24页。
⑫ 邓缵先：《毳庐诗草》，《杂吟十首》，华东师范大学出版社，2012，第98页。
⑬ 邓缵先：《毳庐诗草》，《回回墓并引》，华东师范大学出版社，2012，第118页。

　　赴边官员的主要职责是教化地方。民国初时的边民素质不一，如《缠庄》"缠民饱暖一事无，手辟场圃临路隅。不识诗书为何物，诱以学校皆逃逋。俗尚豪奢娴歌舞，繁声促节相嬉娱。"① 《养蚕词》"塞外编氓不播谷，饮酪衣皮事畜牧。汉官劝稼并养蚕，田舍柔桑阴繁绿。二眠蚕起屋角晴，食叶恍闻风雨声。……忆从酹酒祈蚕神，茧大如瓮宜边民。"②

　　赴边官员负有发展边疆生产之责。西北地区地广人稀，有大量闲置的土地荒漠有待垦拓。制定政策招民垦拓，培养税源，征收赋税是父母官之职。邓氏从粤东传统的农耕社会到亦牧亦农的西北地区后，亦注意了解边民的生产与生活、赋税情况等。如《出郊二首》"因骑一马行，言向桑田税。春耕信有期，秋熟理可契。我亦田间来，闾阎思利弊。"③ 《只履歌并引》"叶县西南边境、葱岭南，河源水出焉，毗连天竺国。前清设八札拉卡，并招布民垦殖。"④ 《边塞九首》"今古安边储豹略，浚渠招垦复蒸黎。……万灶兵屯麦陇分。"⑤ 《倭文端纪行》云：在库尔楚巴杂官店左侧有旧碑，碑文500余字，略云："光绪五年夏间，镇兵王玉林遣营兵，开浚库尔楚西北山口河渠，引水灌田四十余里，六阅月工竣。"土人云"前清光绪四年，南疆底定，流氓安集。先是杨侯在库尔楚峡间四十里井子，经营道路，并教民疏河垦种。嗣后渠道淤塞，太守黄公、镇台王公修复之，居民至今赖焉。库尔楚近北山河岸高处，旧日缠回尝掘窖藏谷粮。光绪三年，刘襄勤师逾开都河，正虑粮运不能接济，忽见河岸觅掘窖粮，以应急需"云。

---

① 邓缵先：《毳庐诗草》，《缠庄》，华东师范大学出版社，2012，第47页。
② 邓缵先：《毳庐续吟》，《养蚕词》，祈蚕神，如粤俗，华东师范大学出版社，2012，第32页。
③ 邓缵先：《毳庐诗草》，《出郊二首》，"秋熟理可契"意即订定合同契约形式，华东师范大学出版社，2012，第15页。
④ 邓缵先：《毳庐诗草》，《只履歌并引》，华东师范大学出版社，2012，第43页。
⑤ 邓缵先：《毳庐诗草》，《边塞九首》，华东师范大学出版社，2012，第96页。

岭南在历史上是中原的化外之地，即俗谓古南蛮之地。汉魏隋唐文献对于南方少数民族的记载为"蛮"。① 据陈寅恪说："蛮"可泛指南方少数民族，又特指有盘瓠信仰的盘瓠蛮或有虎图腾崇拜的廪君蛮，属于百越系统。② 从"中心与边缘"看，"蛮"地往往被视为化外之地，直至明以前王化对是区的影响还很有限，尔后才逐渐加强。值得关注的是，邓氏的诗著中认为，不但整个岭南是历史上的蛮地，而且西域也是边陲化外之地，也是蛮。由于邓氏南蛮文化的历史记忆关系，在其诗著中，或与友人交谈中亦常自称南蛮，足见历史上的"王化"对其影响之深。如《漫成》"故乡风味渐遗忘，一听蛮音喜欲狂。"③《即事》"枕畔忽惊起，身疑在蛮村。客从南滇来，剥啄晨敲门。"④ 邓氏在行文中间或亦称西北民族胡戎、匈奴为蛮。如《毳庐自叙》"然窃惟羌蛮之俗，毡毳之乡"。⑤《镇边楼》"居环回准三边静，地扼戎蛮万里强。"⑥《闻捷》"貔貅十万出蛮邦，胆破乌孙尚未降。"⑦《杂感》"长沙才子犹嗟命，蛮府参军尚赋诗。"⑧《送友人归粤》"今君旋粤海，怅我滞胡尘。"⑨《缠庄》"缠民饱暖一事无，手辟场圃临路隅。……问答未已商飚起，胡琴羌笛声调粗。"⑩《布鲁特》"畜牧资生业，穷溪寂涧滨。沾濡思汉土，嗜欲类缠民。"⑪《杂感四首》"种族相安怀社稷，河山经劫感楸梧。……邻寇肆威凭虎

① 《后汉书》卷86《南蛮传》记建武十二年今广西、越南一带蛮里活动，唐李贤注曰："里，蛮之别号，今呼为俚人。"中华书局，1965，第2836~2837页。
② 陈寅恪：《魏书司马睿传江东民族条释证及推论》"蛮"、"獠"条，载《金明馆丛稿初编》，上海古籍出版社，1980，第76~79页。
③ 邓缵先：《毳庐诗草》，《漫成》，华东师范大学出版社，2012，第111~112页。
④ 邓缵先：《毳庐诗草》，《即事》，华东师范大学出版社，2012，第27页。
⑤ 邓缵先：《毳庐诗草》，《毳庐自叙》，华东师范大学出版社，2012，第6页。
⑥ 邓缵先：《毳庐诗草》，《镇边楼》，华东师范大学出版社，2012，第69页。
⑦ 邓缵先：《毳庐诗草》，《闻捷》，华东师范大学出版社，2012，第83页。
⑧ 邓缵先：《毳庐诗草》，《杂感》，华东师范大学出版社，2012，第94页。
⑨ 邓缵先：《毳庐诗草》，《送友人归粤》，华东师范大学出版社，2012，第51页。
⑩ 邓缵先：《毳庐诗草》，《缠庄》，华东师范大学出版社，2012，第47页。
⑪ 邓缵先：《毳庐诗草》，《布鲁特》，华东师范大学出版社，2012，第61页。

豹，遗民袭旧整衣冠。"① 《初到迪化》"边荒尽入版图中，瘠土依然禾稼丰。回纥归唐怀郭相，诗书化蜀仰文翁。"② 《赠边防总指挥》"汉家卫霍戎韬在，知有奇功冠昔朝。"③ 据《毳庐诗草》页89记，"己未春，赴任叶县，路经英吉沙。日将午，过沙堆，大风骤起，沙石飞扬，咫尺莫辨，车轮沦沙过半，随行皆哭。幸土人引路，乃免。"④ 《塞上六首》"借与鸠居便，浑忘雁碛寒。……筹边谋乂安，防患倍艰难。汉阵鼓鼙动，胡儿心胆寒。"⑤ 《杂诗五首》"汉武经营怀远略，中原沃壤尚蒿莱。……遣戍伊犁瘴海边，荷戈惟悴自年年。……琼浆一勺能消渴，边将能忘汉泽深。"⑥ 《恭祝新城王晋卿方伯八旬荣庆八首》"国界垦荒皆有记，边氓欢洽七星渠。"⑦ 据《疆域纪事四首》"抚缓民族屯田策，安集边陲教稼功。"⑧

　　一如上举，邓氏因受南蛮文化影响而视西北为"蛮地"。西北是中原的边疆，相对于"中心"则是边缘，因此也是历史上的化外之地。如《述古三首》"边邑偃甲兵，戎蛮咸倾慕。"《镇边楼》"居环回准三边静，地扼戎蛮万里强。"《杂感》"长沙才子犹嗟命，蛮府参军尚赋诗。"《闻捷》"貔貅十万出蛮邦，胆破乌孙尚未降。"《边塞九首》"霜封蛮果龙沙暗，风急胡笳雁碛迷。"此处的蛮，著名民族学家何星亮教授认为，即"泛指北方少数民族"。

　　检视方志文献史书，西北与中原是一体，历史文化悠久。据《毳庐诗草》记，"己未，叶城奇盘山土人掘获铁铠甲五百四十三……作诗

① 邓缵先：《毳庐诗草》，《杂感四首》，华东师范大学出版社，2012，第70页。
② 邓缵先：《毳庐诗草》，《初到迪化》，华东师范大学出版社，2012，第83~84页。
③ 邓缵先：《毳庐诗草》，《赠边防总指挥》，华东师范大学出版社，2012，第87页。
④ 邓缵先：《毳庐诗草》，华东师范大学出版社，2012，第89页。
⑤ 邓缵先：《毳庐诗草》，《塞上六首》，华东师范大学出版社，2012，第101页。
⑥ 邓缵先：《毳庐诗草》，《杂诗五首》，华东师范大学出版社，2012，第109页。
⑦ 邓缵先：《毳庐诗草》，《恭祝新城王晋卿方伯八旬荣庆八首》，华东师范大学出版社，2012，第129页。
⑧ 邓缵先：《毳庐续吟》，《疆域纪事四首》，华东师范大学出版社，2012，第102页。

纪之。"①《布隆吉驿》"在安西县东。汉时此地渊泉县，耆老相传古战场。城角掘来遗箭镞，依稀二字勒勤王。"②《述古三首》"西域数十国，匈奴强莫比。先祖曰淳维，实出夏后氏。殷时奔北边，世传不可纪。周末七国时，赵秦地密迩。……始皇吞八荒，雄豪瞪虎视。……河西设四郡，天骄断右臂。……群戎迭消长，乌孙国颇强。……可怜汉公主，远嫁乌孙王。……汉使五将军，分道整戎行。……维时汉中兴，年号曰元康。……戍卒留车师，屯田实边疆。……呼韩愿归汉，来朝甘泉宫。……从来制外夷，须夺彼盘据。……边邑偃甲兵，戎蛮咸倾慕。……回纥十五种，聚居在沙碛。其先本匈奴，魏时称勒勒。俗尚高轮车，盛族药罗葛……悉隶都护府，统治防驰突。……德宗三年间，求婚词恳切。听从李泌言，只以安社稷。诏咸安公主，下嫁可汗室。汉唐议和亲，千古蹈覆辙。……从来治国事，安静道为先。"③《榆》"倘尔化钱千万贯，汉家赉赏靖渠犁。"④

入乡随俗，造福地方，是父母官之天职。西北地区寒且热，日照特强，连沙石都被晒黑，由于气候奇旱，边民有祈求上天降雨之俗。如《苦热行》"人言北地寒，讵知西陲热。高昌是火州，夏来尤炎赫。燥云烧天红，汤池煅沙黑。"⑤《出郊二首》"边疆缺水泽，有水即可耕。"⑥ 实际上，祈雨民俗在农耕社会中是很普遍的文化现象，粤东也很盛行，来自粤东的邓氏当然记忆深刻，并积极参与地方祈雨活动为民祈福，还撰《祈雨》祭文，长达220多字。邓氏《祈雨》祭文曰："旱暵兮夏日融，终朝祈雨兮群情同。……苏民兮润民，西畴北陌兮泽如春。变赤地为沃壤，泉涓涓兮如膏浃旬。神之灵兮浩荡

---

① 邓缵先：《毚庐诗草》，华东师范大学出版社，2012，第56页。

② 邓缵先：《毚庐诗草》，《布隆吉驿》，华东师范大学出版社，2012，第117页。

③ 邓缵先：《毚庐续吟》，《述古三首》，华东师范大学出版社，2012，第8页。

④ 邓缵先：《毚庐诗草》，《榆》，华东师范大学出版社，2012，第75~76页。

⑤ 邓缵先：《毚庐诗草》，《苦热行》，华东师范大学出版社，2012，第24页。

⑥ 邓缵先：《毚庐诗草》，《出郊二首》，华东师范大学出版社，2012，第15页。

幽深，好雨沾兮实慰农心。"① 《升天行四解》"再拜稽首，昧死为万民请命，讵惜乎一身。"② 邓氏《祈雨》祭文与韩愈《祭鳄鱼》祭文所处时空背景不同，不具可比性，但作为父母官员，顺应民意，为民祈福的精神是相通的。唐代韩愈从京城贬到潮州做刺史虽仅 8 个月，但写了一篇祭鳄鱼的祭文投于江中为民除害，从此江未再见鳄鱼为害。这虽然是传说，但后人把江改名"韩江"，山则称为"韩山"等，足见韩愈当时为开发岭南教化南蛮之功与日月同辉。

邓氏对韩愈心存崇拜，在《叶迪纪程》记，"文章憎命，徒传风雨之惊；词赋动人，每得江山之助。著书因穷愁而愈富，撷藻历辙轲而益工。是以远谪潮阳，韩吏部学如北斗；侨选惠郡，苏长公名共西湖。仪型垂百世之师，德化洽百蛮之俗。岂特中原地窄，道大莫容。抑亦斯文天鉴，薪传遥接，知人论世，千载同心。"③ 邓氏行走于西北地区发现，边民对左文襄公崇敬有加。《左文襄祠》"今日祠堂遍西域，关城俎豆更莘莘。"由于左宗棠在西域的教化影响非常大，西域各州府县都建左公祠堂供奉纪念。④

西北地广人稀，往往几十里甚至百里荒无人烟。1920 年冬，邓氏从叶城起程到迪化，前后历时 70 天，将主要交通线上所见所闻均作记录，"如山脉、水道、物产、民风、城市盛衰之迹，官治沿革之由，靡弗援古证今，举要陈述。"⑤ 从字里行间可见，当年的西北地区，从人口稠密的县城到边远荒野的村庄，既有单一的缠民村，也有缠回村，甚至有缠汉村。邓氏随行随记，为后人研究地方历史文化与民族关系保存了珍贵的第一手资料。值得进一步思考的是，邓氏在笔记中，有汉、津、

---

① 邓缵先：《毳庐诗草》，《祈雨》，华东师范大学出版社，2012，第 41 页。
② 邓缵先：《毳庐续吟》，《升天行四解》，华东师范大学出版社，2012，第 44 页。
③ 邓缵先：《叶迪纪程》，华东师范大学出版社，2012，第 52 页。
④ 邓缵先：《毳庐诗草》，《左文襄祠》，华东师范大学出版社，2012，第 74 页。
⑤ 邓缵先：《叶迪纪程》，华东师范大学出版社，2012，阎毓善序。

湘等诸人群分类。其中有关村落、人口、族群聚居杂处情况录下参考：

如由叶城至坡斯坎，"至新巴杂，缠铺九十家，汉四家。"至一肯苏巴杂，"缠铺二百家，汉五六家。"至坡斯坎驿，"商铺三百家，汉商二十家。"① 由坡斯坎至莎车县，至小巴杂，"缠铺二十家，汉二家。""莎车为汉古国，其民三种，缠回为土著，烟户不下六万家，人口三十馀万。"② 由莎车小路至"塔哈奇巴杂，缠铺七十家，汉四家。"③ 由塔哈奇至头台"托乎列克巴杂，缠铺六十家，汉四家。"④ 由头台至沙吉里克"小巴杂，铺十家。""沙吉里克巴杂，缠铺百家，湘人九家。"⑤ 由沙吉里克"至阿瓦台，缠民八九十家，汉七家。"⑥ 由阿瓦台"至阿哈墩，缠民六七十家，津湘人五家。"⑦ 由阿哈墩"至四台，缠二十家。"⑧ 由四台"至五台，缠民四十家。"至六台，居民二十馀家。至七台即巴楚，缠户二百，汉十五，计邑内缠民两万三千馀人，汉户一百五家。⑨ 至九台巴杂，缠铺百家，津湘人八家。至十台"宿车店，缠民十馀家。"至十一台，缠户六十七家。⑩ 至柯易克沙里列克巴杂，缠铺二十家，至阿易克宿车店，缠户九十，汉五。⑪ "至札木台，有巴杂，缠铺八十家。"⑫ 至拜城。拜叶两县，名为城而实无城。缠店三百馀家，汉人六七家。由拜城至赛里木，有巴杂，缠铺六十。河色尔巴杂，缠铺三十家。⑬ 库车全县有民三万户共

① 邓缵先：《叶迪纪程》，华东师范大学出版社，第10页。
② 邓缵先：《叶迪纪程》，华东师范大学出版社，第12~13页。
③ 邓缵先：《叶迪纪程》，华东师范大学出版社，第15页。
④ 邓缵先：《叶迪纪程》，华东师范大学出版社，第16页。
⑤ 邓缵先：《叶迪纪程》，华东师范大学出版社，第17页。
⑥ 邓缵先：《叶迪纪程》，华东师范大学出版社，第18页。
⑦ 邓缵先：《叶迪纪程》，华东师范大学出版社，第19页。
⑧ 邓缵先：《叶迪纪程》，华东师范大学出版社，第20页。
⑨ 邓缵先：《叶迪纪程》，华东师范大学出版社，第21~22页。
⑩ 邓缵先：《叶迪纪程》，华东师范大学出版社，第26~28页。
⑪ 邓缵先：《叶迪纪程》，华东师范大学出版社，第30页。
⑫ 邓缵先：《叶迪纪程》，华东师范大学出版社，第33页。
⑬ 邓缵先：《叶迪纪程》，华东师范大学出版社，第38~41页。

十二万丁口，其中汉户百馀家。① 托和鼐，缠铺百馀家。② 由轮台至洋沙，巴杂东西街长三里，缠回二百家，汉八家。至野云沟，缠回八十家。至库尔楚，缠回五十家。③ 从库尔楚至大墩，缠回二十馀家。④

## 参考文献

1. 邓缵先：《毳庐诗草》，黄海棠、邓醒群点校，华东师范大学出版社，2012 年 12 月。
2. 邓缵先：《毳庐续吟》，黄海棠、邓醒群点校，华东师范大学出版社，2012 年 12 月。
3. 邓缵先：《叶迪纪程》，潘震勘定，黄海棠、邓醒群点校，华东师范大学出版社，2012 年 12 月。

---

① 邓缵先：《叶迪纪程》，华东师范大学出版社，第 43 页。
② 邓缵先：《叶迪纪程》，华东师范大学出版社，第 45 页。
③ 邓缵先：《叶迪纪程》，华东师范大学出版社，第 50～52 页。
④ 邓缵先：《叶迪纪程》，华东师范大学出版社，第 52 页。

# 邓缵先文化援疆实践的历史考察与思考
## ——以邓缵先修纂地方志为例

赖洪波[*]

## 一　复活的胡杨

邓缵先，广东紫金县人，生于清同治七年（1868），少聪慧，光绪九年（1883）入泮，时年仅 15 岁；宣统元年（1909）巳酉科拔贡；民国二年（1913），先后出任紫金县县立高等小学校长、县议会议长等职；民国三年（1914）九月，应内务部第三届县知事试验，取列乙等，分发新疆；次年七月，入疆抵迪化（乌鲁木齐），先在省政府公务厅任总务科员，旋外派，先后出任乌苏县、叶城县、疏附县、墨玉县知事和巴楚县县长；民国二十二年（1933），南疆发生"东突"暴乱，卒于巴楚任所。

邓缵先深受中华传统文化浸染，作为中国最后一批士大夫官员群体中的一员，在新疆短短 18 年中，著述丰富，先后有《乌苏县志》（1920）、《叶迪纪程》（1921）、《叶城县志》（1922）、《毳庐诗草》（1924）、《毳庐续吟》（1928）、《毳庐诗草三编》（1930）刊印传世。

---

* 赖洪波，原新疆伊犁州党委党史研究室主任。

在相当长的历史时间里，邓缵先的名声，湮没在历史文献中，不为人们所知晓。对此，著名新疆文化人崔保新先生在其关于邓缵先成边纪事的新著中，称邓缵先是一棵"沉默的胡杨"①。改革开放新时期以来，新疆学界的著述中，邓缵先的名字重新展现②。学者们充分肯定了邓缵先的业绩，称邓缵先是民国新疆官员最具人文价值的历史人物，是新疆现代史上一位标志性人物，现代西域诗开山作家③。在今日新疆文献中，邓缵先无疑是一棵复活的胡杨！

笔者在新疆工作、生活近 60 年，但在前 30 年中，从未听说过邓缵先的名字和事迹。1982 年秋，笔者由伊犁哈萨克自治州人民政府选派，参加了中国地方志学会主办的最后一届（第四届）地方志研究班，结业回伊犁后，在做修志文献搜集时发现，伊犁自治州辖区24 个县中，除寥寥几本清末的乡土志外，民国时期的县志极为罕见，绝大多数是手抄上报本。因此，当笔者在伊宁市图书馆意外发现湖北图书馆油印本的《续修乌苏县志》时，大喜过望！阅后，又发现该志的修纂人，竟是一位广东紫金客家老乡，顿时充满一种他乡遇故知的亢奋！当时，新疆还没有地方志刊物，无可供发表地方志专业方面文章的刊物（《新疆地方志》是在 1983 年 8 月才创刊问世），笔者仅就手头有限资料，立即撰文介绍伊犁地方志文献，在当时的伊犁文学期刊《伊犁河》的"伊犁史话"专栏上刊出④。文中，详细介绍了邓著《续修乌苏县志》的框架内容，指出："《续修乌苏县志》由该县知县邓缵先于民国七年（1918）开始编修，同年底邓卸任，县志是

---

① 崔保新：《沉默的胡杨——邓缵先成边纪事（1915～1933）》，社会科学文献出版社，2010。

② 见赖洪波《史海茫茫觅真迹——漫话伊犁地方志》（1983 年）、胥惠民编注《历代西域诗钞》（1991 年）、王子钝著《一粟诗话》（1989 年）、廖基衡《邓缵先和乌苏县志》（1991年）、廖基衡主编《乌苏县志》（1999 年）、《叶城县志》（2004 年）。崔保新《沉默的胡杨——邓缵先成边纪事（1915～1933）》（2010 年）。

③ 崔保新：《沉默的胡杨——邓缵先成边纪事（1915～1933）》，社会科学文献出版社，2010，第 8、373 页。

④ 赖洪波：《史海茫茫觅真迹——漫话伊犁地方志》，《伊犁河》1983 年第 2 期。

他下野后完成的。据县志（叙言）称：'兹奉训令编辑县志，因举乡土志察验今昔形势，证以见闻，复检前清档案，钞录原文并记其年月，书凡二卷'。可见是做了一番准备工夫的。他的《续修乌苏县志》从体例到内容，均较周详完备，在当时同类志书中是佼佼者。"①笔者认为："以今日伊犁自治州范围而言，广东紫金邓缵先的《续修乌苏县志》较有影响。"②

笔者无意中成为可能是新中国成立后，新疆首位撰文介绍邓缵先事迹的人，这不完全是机缘，因为笔者和邓缵先虽非同代人物，但都有惊人相同的"新疆经历"：我们同是新疆的广东客家人，我们都是国家派遣来新疆的援疆人员，我们都曾经是新疆方志人。这种"新疆经历"是相当独特的，笔者为此自豪！

邓缵先文化援疆实践中，以编纂地方志为起点，独领民国新疆修志事业的风骚，承前启后，为新疆历史文化留下了一笔丰厚的遗产，兹谨以本文阐发其修志事业的成就与影响，以纪念广东文化援疆先行者邓缵先殉难80周年。

## 二 绝域的绝业

修纂地方志是中华文化的一个独特的传统，历代延续不衰。地方志是中华文化宝库中一朵奇葩。

西域新疆地处边徼，乃"毡毳之乡，黄沙黑水之区，断雁盘雕之地"，远离中原文化发达地区，诚如曾流放伊犁的邓廷桢所言："山河本极雄奇，文章略为混沌"。在西域著书撰文之难，正如清代著名史地学家、流放伊犁多年的徐松之所言：一曰穷边绝徼，舟车不

① 赖洪波：《史海茫茫觅真迹——漫话伊犁地方志》，《伊犁河》1983年第2期。
② 赖洪波：《史海茫茫觅真迹——漫话伊犁地方志》，《伊犁河》1983年第2期。

通；二曰部落地殊，译语难晓；三曰书缺有间，文献无征①。且人事复杂，历代战乱频仍，故人们常以绝域称之。在如此绝域修纂地方志，难怪学人称之为绝业了②。

新疆修志之难。难在人才难得。时至今日，新编《乌苏县志》主编廖基衡在回顾自己十多年的修志体会时，还不免感慨地直话直说，本届修志，"举步维艰，困难重重，首先人才难得。且不说基层单位撰写乡土志的人才凤毛麟角，即使是县志办公室的专职修志者亦无一不是'半路出家'的志盲，当初不知志为何物"③。

终于，广东客家文化人邓缵先，这个"男儿负壮志，立功西北陲"的文化行者，选择了新疆，从南海之滨来到了被人称为绝域的新疆，辛勤笔耕，传承绝业，开创了民国新疆修纂地方志的新局面。

民国六年二月（1917年2月）至七年十二月（1918的12月），邓缵先出任乌苏县代理知事。县官一职，俗称绿豆芝麻官，位卑而责重，一人兼握庶政之柄，民生大计皆系之，政务繁杂，事必躬亲，对初试出任"代理"知事的邓缵先而言，承受着巨大的压力，正如他在《续修乌苏县志》序言中所云："乌苏在天山北麓为迪化门户，北通阿塔，西接伊犁，适扼北地要冲，辖境辽阔，关系尤重。丁巳春，缵先猥以庸才，谬宰斯邑，就职以来，夙夜兢兢，唯恐陨越兹奉。"邓缵先把自己的处所起名履冰斋，时刻不忘自己如履薄冰的处境。因之，甫至任所，励精图治，呈报省长杨增新"豁除"乌苏旧土尔扈特蒙王帕勒塔无理向农民收取买水费之陋习；当年，又奉杨增新的指令，"筹划调查水利垦办垦务"④。"邓缵先在乌苏主政两年，遍至乌

---

① 徐松：《西域水道记》，龙万育序，朱玉麒整理，中华书局，2005，第7页。
② 郭丽萍：《绝域与绝学——清代中叶西北史地学研究》，生活·读书·新知三联书店，2007，第51页。
③ 郭丽萍：《绝域与绝学——清代中叶西北史地学研究》，生活·读书·新知三联书店，2007，第898页。
④ 杨增新：《补过斋文牍》，第115~116页。

苏城乡，考察地理，体验民情，多有建树，先后修建五道桥、东关桥（今太平桥），便利交通；开挖六十户庄新干渠及两条支渠，灌溉农田4000余亩，百姓称贤。"①

　　修纂《乌苏县志》是邓缵先在乌苏做出的最重要的文化政绩。该志于民国六年（1917）始纂，翌年脱稿，已是邓缵先卸职之后。《续修乌苏县志》共分两卷，卷上列：建置类（城垣、沿革、沿革表、衙署、卡伦、县图、县城图）、地理类（区域、藩部、牧界、山脉、川流、道路、桥梁、村庄、街市、寺庙）、食货类（户口、租税、田亩、垦辟、沟渠、田业、牧业、商务、储率、物产、矿业）；卷下列：职官类（职官表、政绩、兵事、营防、俸薪）、教育类（学校、学款、风俗、节义、宗教、方言、养育）、交通类（驿站、邮政、电报）、杂录类（古迹、金石、灾异、琐记），共计总目7项，子目47项，全书近4万余字。

　　《续修乌苏县志》是民国新疆境内率先完成的首部地方志范本。今日新编《乌苏县志》主编廖基衡撰文高度评价邓缵先及其《续修乌苏县志》："邓氏《乌苏县志》成书于《库尔喀喇乌苏直隶厅乡土志》之后，不仅对乡土志有所继承，而且更有发展……邓氏《乌苏县志》不仅在内容上有所增补，系统地介绍了乌苏的地理位置、建置沿革、行政区划、物产、矿业、兵事、政绩和名胜特产，生动地反映了乌苏的特色；而且在体例上也因时制宜，因事设目，一反民国以前县志陈陈相因的俗套。摒弃了星野、名宦、仙释等门目，而从当时的乌苏出发，设置了藩部、桥梁、垦辟、沟渠、矿业等新类目，同时配以地图和表格，较为生动、详尽地记述了乌苏的民情风俗、宗教活动、方言、特产以及学校、邮政、电报、矿业等新兴的事物，时代特点跃然纸上。

---

① 　廖基衡主编《乌苏县志·跋》，新疆人民出版社，1999，第807页。

邓氏《乌苏县志》堪称民国时期新疆县志中的佼佼者。"①

邓著《乌苏县志》于民国十年（1921）由他的继任者陈泽虞正式刊印。这本县志，是"民国年间，新疆省内刊印的绝无仅有的一本地方志珍本"②。该志现今流行的藏本有两种版本：铜版刻印本，书名《续修乌苏县志》；石印本，书名为《乌苏县志》，但以前者较常见。

邓缵先编纂《乌苏县志》时，曾得到时任新疆省省长杨增新的悉心指导，两次审阅稿本，对志稿提出了许多具体修改意见，这在民国新疆修志史上是绝无仅有的事例。这显示了杨增新对新疆绝域修葺文化大厦的重视与关怀，对下属严格要求，对政务一丝不苟的作风，当然也是杨增新赏识和有意栽培邓缵先的明显示意。

果然，民国八年（1919）八月，年过半百的邓缵先终于去掉了三等县"代理"知事的帽子，被任命为南疆大邑叶城县知事，并经中央内务部正式批准。为此，邓缵先曾赋诗《初得官，题芑草庐》：年华今五十，一命效驰驱。檄捧慈闻喜，家贫素业腴。陔南怀禄膳，漠北奋征途。遗母惟河鲤，怡然意自娱③。

从荒漠的准噶尔盆地南缘的乌苏县到喀喇昆仑山脚下的叶城县，从北疆游牧行国到南疆绿洲农区，地理环境变化大，人文环境变化也很大，邓缵先此行不免有些许彷徨，有《赴叶城答旧友》诗云：涓埃未报意仍饶，凫舄翩跹上紫霄。多愧庸才如栎散，漫嫌秋鬓似蓬飘。别来知己情犹旧，此去离家路更遥。金玉尔音勿太吝，望将鸿雁寄迢迢④。其实，杨增新将邓缵先委任为叶城县知事，既是开始重

① 廖基衡：《邓缵先和〈乌苏县志〉》，《新疆地方志》1999 年第 2 期。
② 廖基衡主编《乌苏县志·跋》，新疆人民出版社，1999，第 807 页。
③ 邓缵先：《毳庐诗草（卷二）》，黄海棠主编《紫金丛书·诗文》，华东师范大学出版社，2010，第 51 页。
④ 邓缵先：《毳庐诗草（卷二）》，黄海棠主编《紫金丛书·诗文》，华东师范大学出版社，2010，第 78 页。

用，也还有考察期许之意味。叶城土壤膏腴，物产丰富，尤以盛产珍贵玉石闻名，且外贸繁盛，素有"南疆四大肥缺"之名声。但在当年杨增新肃贪整顿吏治的形势下，此乃官场是非之地，但邓缵先处金玉之地而自清，全力留心政务，正如他《赠友》一诗所言：风雪萧萧宦路难，一琴一鹤有余欢……休论薄领无多俸，执戟杨雄定徙官。履新甫定，就去喀喇昆仑山边境考察，"乃于民国九年三月十四日启行，计往返一月"，留有一本《巡边日记》①。

邓缵先在叶城县任职仅一年多（民国八年四月至九年八月），旋离任返回省城迪化，在省公署杨增新左右任文牍、编辑等政府内务事宜，工作生活都相对稳定，有较多时间整理自己的著述。其间，《叶迪纪程》整理出版（1921年），随后开始撰写《时城县志》。

民国《叶城县志》是邓缵先修纂的第二部县志，从未正式出版，目前学界对它的了解甚少，该志的一些内容细节，新编《叶城县志》附录的注解中，曾有透露："1962年，为解决中印边界问题，有专家携带民国时期的《叶城县志》来叶城，县委书记薛义峰得知后，组织人员星夜抄录，遂留下这一珍贵资料。这本《叶城县志》共八卷，残留4~8卷，5.7万字"，残卷中，卷五为教育类，子目为学校、学费；卷六记载了县办养济院；卷八为杂录类，子目为古迹与金石。以上内容均收录在新编《叶城县志》中②。

邓缵先撰写《叶城县志》时，已有了《续修乌苏县志》的修纂经验，且时在省府公署任职，可以方便地查阅历史档案资料，他在叶城任职期间，又曾细心考察过叶城全境地理环境，对当地的人文历史情况，可说是了如指掌。如果说邓缵先修纂《续修乌苏县志》是奉命行事，那么修纂《叶城县志》则完全是出于主动、自觉的文化行

---

① 《叶城县志》附录，新疆人民出版社，2004，第672~679页。
② 《叶城县志》附录，新疆人民出版社，2004，第671~679页。

为，少了功利的驱动，会有更多的个人自由发挥的空间，我们完全可以合理地推断，邓著八卷本《叶城县志》，其体例之设计与内容的含量，较之《续修乌苏县志》更为周详完备，更为丰富，以残卷尚有5.7万字来推估，其志书全本字数至少在10万以上，仅就这一点而言，完全可以肯定，邓著《叶城县志》在已知民国新疆志书中，是一部内容含量最为完备丰厚的文本。

也许将来的某一天，我们能发现邓著《叶城县志》的全本，这将是值得庆贺的文化节日；当然，也可能我们永远看不到该志文本的全貌，留下永远的残缺的美，或许这就是绝域的绝业的宿命。

民国期间，新疆的县志留存十分稀缺。笔者细检《新疆地方志》刊载近二十余年的文字，除较少文章中有所介绍外，未见有专题论及。笔者收藏民国伊犁地区内已知志书抄本中，如《巩留县志》《特克斯县志》《昭苏县志》《河南县志》《续修绥定县志》以及《河南设治局所辖境内兵要地志调查书》《巩哈县兵要地志》《博乐县兵要地志》《温泉县兵要地志》以及新近由伊犁师范学院陈剑平博士收录的牛时撰《伊犁兵要地理（志）》，其字数内容均仅有数千到二三万字之间，这也可以反证邓著《叶城县志》可称为民国新疆县志中之巨著。

《续修乌苏县志》的出版发行，《叶城县志》的完稿，在民国新疆地方志修纂事业上，率先垂范，是一代文化建设之壮举，也是邓缵先新疆绝域弘扬中华文化，传承绝业，做出的实实在在的业绩。以修志为契机，邓缵先的才干和平实、清廉的作风，得到了新疆官场的一致认可，他也因此成为民国新疆官场中最具人文特质的标志性人物。

民国《乌苏县志》和《叶城县志》以其真实的丰富内容，"补史之缺，参史之错，详史之略，续史之无"，惠泽后人，其历史价值，获得各家之肯定。1962年，邓著《叶城县志》被专家作为史证，列中印边境谈判的文件，是"以史卫国"的例证①。新疆石油工业史研究学者王连芳在考证新疆著名石油基地——独山子石油厂的始建时间，引证了邓著《乌苏县志》的记载："1918 年（民国七年）曾任乌苏县知事（县长）的邓缵先撰《续修乌苏县志》记载：'各类矿产唯独独山子石油厂宣统元年开办'，与《新疆图志》记载相同，是新疆近代石油工业开始于 1909 年重要旁证。"② 这两则不同历史年代的实例充分证明，邓著民国新疆县志的独特的历史价值，是经过时间验证的不朽的方志经典之作。

## 三 绝业的绝响

邓缵先民国绝域修志，可谓筚路蓝缕，前驱先路，领一代修志之风骚。然而吊诡的是，这绝域的绝业，后继者寥寥。在修志的艰难小径上，邓缵先形只影单，踽踽独行。这种英雄寂寞，充分凸显了文化行者的无奈！这种诡异是和当时新疆社会时局的发展变化密切关联的。

盛世修志，这是历代的经验之谈，乱世无修志，这是常识。邓缵先在杨增新主政时期，出修志之果，是他的历史机缘给予的造化。

民国初始，杨增新在新疆主政时，内忧外患，纷至沓来，正所谓"国体变更之际"，"全疆糜烂之时"③，存在严重政治与社会危机。但这位多年为官、阅历老道、集古今治术于一身的人物，以其圆滑的高超的政治手腕和办事精明干练，独撑危局，指挥若定。他的施政理想，正如当年挂在新疆省政府大厅堂的杨氏自撰一联之所云：共和实

---

① 崔保新：《沉默的胡杨——邓缵先成边纪事（1915~1933）》，社会科学文献出版社，2010，第 365 页。

② 王连芳：《新疆石油工业史料考析》，《新疆地方志》1990 年第 2 期。

③ 杨增新：《补过斋文牍（甲集上）》。

草昧初开，羞称五霸七雄，纷争莫问中原事；北庭有桃源胜景，狙率南回北准，浑噩长为太古民。人们说杨增新"独裁"也罢，"愚民"也罢，但杨增新统治新疆近二十年间，安内攘外，守土保民，确实维持了新疆几乎一代人的稳定与和平。他希冀的"桃源胜景"，大众"浑噩守法"，基本上做到了，杨增新是治新的绝代怪杰，他有一个十分清醒的治新根本目标：稳定。对此，新疆文史研究专家杨镰曾评说过："在主政期间，杨增新积累了丰富的经验。他的名言还有：新疆乱世是绝地，治世是桃源。在新疆，实际只能打一仗：一仗过后，玉石俱焚。你耗尽人力物力资源拼命一战，可在战后，你得到的只是一个生灵灭绝、文明湮没的荒野。所以，在西部绿洲，通过战乱不可能有胜者。以新疆现代史为证，足以证明，和谐社会应该是政治家最大的成就。"①

1928 年 7 月 7 日，一代枭雄杨增新在血泊中倒下，他的"新疆乱世是绝境"成了谶言！此后，哈密和加尼亚孜领导的农民暴动，首燃战火；1933 年，和田"东土耳其斯坦共和国"闹剧上演；随之，马仲英与盛世才争权大战；盛世才血腥独裁统治延续 10 之久；1944年，伊犁"东土耳其斯坦共和国"宣布成立……一连串的变乱灾难，使新疆变成了水深火热的人间炼狱！民国新疆修志事业，真正成了绝域的绝业。

编修地方志除需要盛世稳定宽松的环境外，还需要主政者具有文化眼光与见识和支持。杨增新对邓缵先从逐步信任到提拔重用，是当年新疆官场中人尽皆知的事实。邓缵先的修志活动得到杨增新的重视关怀并亲自审阅指导，也是人尽皆知的事实。这是邓缵先的幸运。时至今日，"领导支持"仍然是修志成功的一条基本经验。对此，笔者根据亲历修志的体会，曾撰文指出："修志近二十年，

---

① 杨镰：《黑戈壁》，航空航天大学出版社，2011，第 116 页。

各地的主管领导变动多，修志工作也因这种变动和主管领导对修志认识的深浅不一而出现时断时续、时冷时热的不正常现象。成也萧何，败也萧何。修志工作的好坏与领导重视成正比，是普遍规律。"①

杨增新死后第五年，邓缵先也在一场暴乱烈火中倒下。邓氏民国绝域中开启的绝业，画上了永远的句号。邓缵先一人修纂了两部新疆县志，成了永远的文化记录。邓氏《乌苏县志》成了民国唯一出版的县志，这也是绝域的绝业的绝响。

# 四　西域文化江山构建的思考

邓缵先1915年援疆戍边至今快100周年了，他是百年广东援疆的先行者。邓缵先援疆为民的主要业绩，是在新疆的文化建树，他是新疆现代西域诗的第一人，有他的三卷诗集为证；他也是民国新疆地方志修纂事业的先锋，有他的两本县志为证；他还是现代新疆纪游文学的先驱者之一，有他的作品为证，邓缵先是近现代新疆文化名人。总而言之，邓缵先是百年广东智力援疆、文化援疆的标志性人物。

邓缵先文化援疆的实践中，修纂地方志有其特别的意义。笔者认为，这是解读邓缵先文化援疆实践活动的重要切入点。众所周知，编纂地方志完全是非功利的文化行为，是寂寞的文化著述活动。志和诗相比，志是辽阔的海洋，深不可测；诗则是巍峨山峰，雄奇夺目。作诗可以在士大夫为主流的官场中，尽显风流文采，先声夺人，迅速树立自己的良好形象，所以吟诗唱和历来是士大夫乐此不疲的生活主题之一。方志只是一方知识全书，人易其地，价值骤减，备用工具而

---

① 赖洪波：《新疆伊犁修志工作的思考》，《伊犁史地文集》，香港银河出版社，2005；赖洪波：《对修志工作的思考新疆地方志》2001年第1期。

已。邓缵先初入新疆官场，工暇之余，为何全力以赴一而再地编纂地方志？他的目的动机是什么？这是一个有趣的文化现象。

笔者以为，邓缵先修纂地方志之举，有其高远的文化洞察力，是他的下意识的文化行为。地方志是记载一方自然与社会全貌的著述，编纂者可以凭持个人的文化素养通过著述去认知和反映一方地情，志书这种文化文本中，反映着作者自身的文化选择和文化素养，不可避免地留下编纂者个人的深刻烙印。邓缵先修志，要检阅历史档案，深入田野，记录民情，可以迅速熟悉辖区环境与民生民情，为自己施政做准备；通过修志，以其史笔描绘一方地理环境、山脉、山川、区域沿革、道路、村庄、驿站、街市、沟渠、田业等等，构建了一方人们可以具体认识的家园实体，从而筑造了家园认同的文化基础；地方志记载的学校、宗教、方言、风俗、古迹、金石等等，都是一方人们精神家园的重要元素。这既是邓缵先对一方地方文化的认知和尊重，也同时构建了文化认同的基础。邓公绝域继绝业弘扬中华文化之举，可谓用心良苦，其文化援疆之功可谓厥伟矣。

以现代文化为引导，促进各族人民的历史认同、民族认同、国家认同和文化认同，这对新疆的长治久安，具有特别紧迫的历史现实意义。新疆是多元文化之区，也是中华文化圈的边缘地带，文化江山的构建具有特别重要的现实意义。邓缵先殉难的第三年，广东兴宁客家人曾问吾在梳理中国经营西域两千多年的历代得失时，笼统地谈到这个问题①，他还相当详细地叙述那场使邓缵先殉难的暴乱浩劫②。曾问吾在其著述中，对两千年来国家统一和历代对西域社会管理的得失有较系统的论述，但他并未对西域文化构建问题，提出过自己的见解，这是一个明显的文化认知层面上的缺失。

---

① 曾问吾：《中国经营西域史》，上海商务印书馆，1936。
② 曾问吾：《中国经营西域史》，新疆地方志总编室横排复印本，1990，第612~616页。

笔者以为，这种文化认知的缺失，迄今仍未为人们所警觉和深刻认识，有不少管理者仍停留在古典阶级分析误区而不觉，为社会治理的选择留下严重的隐患。物质家园的建设，在今日强大的中国，是容易做到的，但共同精神家园的建设即文化江山的建设，则要复杂得多，困难得多，需要更长的时间，也需要人们的文化自觉的成熟。古代佛教西域人转变为穆斯林新疆人，曾经历了数百年过程复杂甚至十分激烈的转型。从九世纪信仰佛教的高昌回鹘王国到十五世纪初察合台汗国漫长历史进程之后，"畏兀儿族全民信仰伊斯兰教的形势才基本上形成"①②。这是文化选择艰难的历史实例。

笔者所在的新疆西北边城伊宁，历史上属多事之地。20世纪40年代，伊犁曾成立过所谓"东土耳其斯坦共和国"；1962年5月，发生过"5·29"暴乱事件；最近一次动乱，发生在1997年2月5日春节期间，俗称伊犁"2·5事件"，"这起打砸抢骚乱事件，暴徒打死无辜群众7人，打伤198人，其中重伤50人，内有公安民警30人，其中重伤4人，失踪3人。暴徒烧毁车辆6辆，其中警车1辆，摩托车1辆，砸坏车辆24辆，其中警车4辆，消防车4辆。还有两间民房被烧毁，20多家被砸、抢，直接经济损失上千万元"③。12年后，乌鲁木齐又发生了震惊全国的"7·5"事件。这些骚乱事件，背景复杂，这里不作分析。但到目前为止，人们对引发事件的文化因素的认识，还是很不到位的。处理伊犁"2·5"事件的联合指挥部的总指挥，事后曾撰文称："'2·5'事件给我留下了极其深刻的印象，皮肉之苦（他曾被暴徒击伤——引者），切肤之痛，固然难忘，而最重要的还是思想深处留下的创痛。夜深人静，工作之余，我常常在想，新中国成立近五十年来，特别是改革开放近二十年来，伊犁也和

① 编写组《维吾尔族简史》，新疆人民出版社，1991，第141~142页。
② 刘志霄：《维吾尔族历史（上册）》，民族出版社，1985，第298页。
③ 康克俭：《伊犁风云》，中国长安出版社，2008，第297~298页。

全国一样，改革开放不断深入，经济不断发展，人民生活不断改善，虽然我们的工作中，还有这样那样不尽如人意的地方，还有这样那样的缺点、失误甚至错误。但是，这些都是前进中的问题，是完全可以通过正常渠道反映和克服的。为什么会出现这样的事件呢？那仇视的目光令人刻骨铭心！要知道，参加闹事的绝大多数是改革开放后出生的，年纪大多不到 20 岁，他们没有经过三年自然灾害的困难时期，没有挨过饿、吃过苦，没有经过 50～60 年代、70 年代反反复复的阶级斗争的磨难，没有受过罪，他们的仇恨从何而来？年轻人涉世不深，容易受迷惑和煽动，但是他们后面的黑手何以有如此大的魔力？我久久地思索，苦苦地思索，常常地思索。"① 他的这种对动乱事件的思考路径，是有一定代表性。

今日的新疆，走上了有中国特色的社会主义道路，民族平等，经济发展迅速，人民生活不断改善，是日益繁荣昌盛的新新疆。以现代文化为引领，改善和消除由于历史上多种因素形成的中华主流文化的式微甚至缺失所带来的负面影响，是今后必须自觉去做好的历史任务。今日文化援疆事业任重道远。

邓缵先血沃西域，成为文化殉道者，他成为"沉默的胡杨"。经过 80 年的历史淘洗，邓缵先又成为"复活的胡杨"，这个文化现象，正如一位伟大的哲人所说的，历史事件和人物，总是出现两次：第一次是悲剧，第二次是喜剧。

2013 年 3 月 8 日完稿，时进疆 58 周年纪念日也。

---

① 康克俭：《伊犁风云》，中国长安出版社，2008，第 331 页。

# 邓缵先边政思想探研

## ——以《乌苏县志》为中心的考察

王　梓[*]

邓缵先，字芑洲，自号毳庐居士。为惠州府永春县人（今广东省紫金县蓝塘镇布心人）。邓缵先博学经史，13 岁考中秀才，可谓聪颖异常。作为民国政府任命的新疆地方知事，邓缵先从一上任起，就十分留意边疆的地理与历史变迁，风俗与民情，民族与民生等事务，并将所见所想记录下来，有《续修乌苏县志》（1920 年）、《叶迪纪程》（1921 年）、《叶城县志》（1922 年）、《毳庐诗草》（1924 年）、《毳庐续吟》（1928 年）等书传世，这些著作，对于了解新疆叶城、乌苏、迪化等地的历史变迁，社会状况、国家疆域等问题都有重要的参考价值。不仅如此，这些著作还能够反映邓缵先以及戍边官员对于国家，对于边疆的认识。因此，本文拟以邓《乌苏县志》为中心，结合《叶迪纪程》《叶城县志》等著作，考察邓缵先有关治边、边防、边疆民情等问题的认识，剖析邓缵先的边政思想。

## 一　修志传统与边疆文化：邓缵先文化治边思想

地方志是记载某一地区自然、社会、政治、经济、文化等方面的

---

[*] 王梓，福建省图书馆助理馆员。

重要文献资料。国家之政策终究要落实与地方，因而记载一地概况之方志就成为国家官员了解民情，制定合适施政策略的重要参考资料。一如章学诚所言："今天下大计，既始于州县，则史事责成，亦当始于州县之志。"① 尤其在清末民国前期，社会变革剧烈，列强环伺之时，地方志的编写对于边疆州县的治理与保障国家政权之完整尤为重要。正如梁启超在民国《龙游县志》序言中所作的精辟阐述："中国之大，各区域遗传实况，环境之相差别盖甚绩，必先从事于部分的精密研索，然后可以观其全。不此之务，漫然扼拾一姓兴亡之迹，或一都市偶发之变态，而曰吾既学史矣，吾已知今之中国作何状，此又与于不知之甚也。有良方志，然后有良史，有良史，然后开物成务之业有所凭借。故夫方志者，非直一州一邑文献之寄而已，民之荣瘁、国之污隆，于兹系焉。"② 可知方志之撰写，不可轻视。

邓缵先出身粤省，明清时节，广东撰写地方志的风气就十分兴盛，不乏经典之作。如道光十三年（1833 年）屠英修《肇庆府志》，"全书征引既繁，又悉注出处。事记一篇，纲举目张，较为详备，杂记一篇，广征宋明旧志，皆可珍法。"光绪二十四年（1898 年）温仲和纂修《嘉应州志》，"全书博采卷籍及官牍而成，附以己意，考订极其详核，尤以方言礼俗二门为最，寇变以事为纲，用纪事本末体，又以时代为次，亦良史体也。"邓缵先家乡永安县亦有《永安县志》三部，由万历十三年叶春及撰后，至清康熙二十六年张进增撰修《续志》，道光元年叶廷芳再修《三志》，为各县现存志书所罕见者。故而对于地方志的修撰，邓缵先必有所体悟。他在《乌苏县志》序中亦言："县志之作，所以考地形、详建设、昭治理、纪因革、察民

① （清）章学诚著，叶瑛校注：《文史通义校注》下册，中华书局，2004，第587页。
② （民国）潘光旦：《中国地方志综录》书评，《清华学报》1936年第1期，第258页。

俗之纯驳、审物产之盛衰也。"① 民国七年（1918 年），邓缵先就在《库尔喀喇乌苏直隶厅乡土志》基础之上，参考清代档案和实地考察取得的资料，完成《乌苏县志》。《乌苏县志》分上下两卷，建制、地理、食货，职官、教育、交通、杂录七大类。体例上大致依照光绪三十一年（1908 年）《部颁乡土志例目》的要求编纂而成。

地方志除了有记载"今昔形胜，证以见闻"② 之作用外，同时也是地域文化的象征和表达。邓缵先在新疆任职期间，关注不同民族居民的风俗习惯，例如《戎俗》中说："边徼犬养俗，不知轩冕荣。婴孩望蕃育，多以狗儿名。"③ 诸如此类，多有记载。于此之外，邓缵先更加重视同一价值观的塑造，培养对统一文化认同。这一点在《地理类·寺庙》与《教育类》中尤为突出。在《寺庙》条下，记载了乌苏县文庙、城隍庙、文昌宫、武庙、龙王庙、先农坛、社稷坛等，这些神庙享受国家春秋二祭。祭祀与信仰不仅仅是祈求平安的手段，更是沟通国家与地方的纽带。例如乌苏县城隍庙，自"光绪二十八年设盂兰会，每年七月十四日，筑坛迎神，十六日送回。"④ 这一与内地节庆大同小异的仪式，具有十分重要的意义。它作为人们观念中的象征，表达人们对于某一社会秩序的遵从并塑造个体的行为。这一仪式所具有的"隐喻性（Metaphoricity）"⑤，是联系国家与地方民众的纽带。类似的还有，如《左文襄祠》中写道"文襄经略靖边

① 邓缵先：《（民国）乌苏县志·序》，邵国秀编《中国西北稀见方志续编》卷十，中华全国图书馆文献缩微复制中心，1997，第 678 页。
② 邓缵先：《（民国）乌苏县志·序》，邵国秀编《中国西北稀见方志续编》卷十，中华全国图书馆文献缩微复制中心，1997，第 678 页。
③ 邓缵先：《毳庐诗草三编》卷二，黄海棠、邓醒群点校，华东师范大学出版社，2012，第 66 页。
④ 邓缵先：《（民国）乌苏县志》卷上《地理类·寺庙》，邵国秀编《中国西北稀见志续编》卷十，中华全国图书馆文献缩，1997，第 728 页。
⑤〔英〕王斯福：《帝国的隐喻——中国民间宗教》，赵旭东译，江苏人民出版社，2008，第 7 页。

城，出入三朝重老臣。……今日祠堂遍西域，关城俎豆更莘莘。"①
左宗棠作为晚清重臣，平叛陕甘回变、收复新疆。遍地左宗棠的祠
庙，表达的是边疆民众对于统一国家的认可以及对于分裂、战乱的厌
恶。《周义士祠》中讲述周务学"阿山道尹。民国十年（1921 年），
俄败兵窜入阿境，公以手枪自击，死之。"② 此所谓的忠节义士，与
王朝变革之义士死节不同，晚清民国时期，民族国家的观念逐渐形
成，尤在民国时期，一姓之王朝的概念逐渐为民族国家概念所取代，
具有了新的内涵。

较之刻板的宣喻教化，邓缵先对于民间信仰的塑造，更有利于在
当时知识水平尚较低的普通民众心中，培育对于统一民族国家的认
同，以及培养共同的价值观与行为模式。对民族的团结及认同有着不
可忽视的作用。

## 二　边疆史地：邓缵先成边思想

中国的统一王朝自古以来，都留心于西北边疆的控制与治理。如
汉代有西域都护府之建制，唐置北庭、安西都护府，明清以降，中央
王朝对于西域的认识不断加深，对西北边疆已不再只是个模糊的地理
概念，尤在清代，随着沙俄和西方列强的窥视，中央王朝以及有识之
士逐渐重视西北边疆的史地和疆域研究。19 世纪祁韵士在新疆期间，
就留心西北边疆与民情，著有《伊犁总统事略》《藩部要略》《西陲
要略》《西域释地》《万里行程记》《檬池行稿》《西陲竹枝词》等
书。他认为"士大夫于役西陲、率携琐谈、闻见录等书为枕中秘，

---

① 邓缵先：《毳庐诗草》卷二，黄海棠、邓醒群点校，华东师范大学出版社，2012，第 74
　页。
② 邓缵先：《毳庐续吟》卷一，黄海棠、邓醒群点校，华东师范大学出版社，2012，第 49
　页。

惜所载不免附会失实。又于开辟新疆之始末，反就传闻耳食为之演叙，讹并尤多。"① 有关西北边界、民情的记录对于国家统一与边疆安定有十分重要的意义。故而晚清民国时期，西北边疆史地、民情之研究蔚然成风，可谓是一门"显学"。

时至民国，经历了晚清割地赔款的耻辱和边疆史地的研究探索，民国学人对于边疆史地问题更为留心。邓缵先在其《疆域纪事》一诗中就曾说道："强邻窥伺秋防重，戎幕萧萧铁笛风。"②，为了防止晚清耻辱的重演，邓缵先在编写县志以及后来的《叶城县志》《叶迪纪程》等书中都特别留心于收集边疆情报、考察疆界。正如他自己在《屯戍》诗中所言"破羌万全策，先在察虏情"③，《乌苏县志》谈及"乌苏在天山北麓，为迪化门户，北通阿塔，西接伊利，适中扼要，地属冲途，辖境辽阔，关系尤重。"④ 加之民族成分复杂，清朝历史上该地屡有叛乱，战争不断。乾隆初年和硕特叛乱，同治三年（1864 年）又有回族人妥克明的思克反叛。鉴于此情，邓缵先于记述沿革之时参考《圣武记》和《平定新疆纪略》等书，详细介绍了清代各个时期乌苏的武官和卫戍情况以及城池的修筑。邓缵先重视边疆史地及防务的思想，在他的诗词中屡有体现，如《边防》："亭障无防备，偷安富贵身。古今边戍事，贻误此庸臣。"⑤《边陲即事》："梯航琛赆输诚，疆域屏藩俾勿坏。古人不作来者谁，只恐强

---

① （清）祁韵士：《西陲要略·自序》，（台湾）成文出版社 1968 年影印本。转自侯德仁《清代西北边疆史地学》，群言出版社，2006，第 57 页。

② 邓缵先：《毳庐续吟》卷三，黄海棠、邓醒群点校，华东师范大学出版社，2012，第 103 页。

③ 邓缵先：《毳庐诗草三编》卷一，黄海棠、邓醒群点校，华东师范大学出版社，2012，第 29 页。

④ 邓缵先：《（民国）乌苏县志·序》，邵国秀编《中国西北稀见方志续编》卷十，中华全国图书馆文献缩微复制中心，1997，第 678 页。

⑤ 邓缵先：《毳庐诗草三编》卷二，黄海棠、邓醒群点校，华东师范大学出版社，2012，第 63 页。

邻侵境界。"①

在这一思想的指导下，邓缵先调任叶城县知事之后，亲赴中国与坎巨提交界处巡查，并将沿途情形、边界地标等信息记录下来，写成《调查八札达拉卡边界屯务暨沿途情形日记》附于《叶城县志》之后。并且为防止邻国民众越界开垦，导致日后滋生事端，邓缵先特意募民前往开垦居住。他在《日记中》写到：八札达拉卡"与坎巨提交界，亦可通往印度国，防边成边关系重要。近复有坎人越界偷种情事，奉命往查晓谕阻止，并招募缠布各民，前往开垦，以固边围而免侵越。"② 并就中坎分界，做了恰当的评述"谨按：中、坎分界，当以星峡为限，水流出坎巨提者属坎地，水流入县河者属中地。星峡分界中外，分明诚天然界限也。检阅旧卷，光绪二十五年有以玉河为界之议。如果斯言实行，是不啻将玉河流域断送于人，更不啻将玉河两岸地方断送于人。玉河水源不一，支派纷歧。若以玉河为界，胶葛愈多，得寸进尺，越占无厌，且玉河为叶尔羌河，莎、叶、皮、巴等县人民命脉攸关；若以玉河为界，始则占我河西南土地，继必占我河东北土地，甚成秦泾水毒、赵堰遏流，将莎、叶、皮、巴等县数十万生灵受制于人，其贻害曷有极哉。"③

民国九年（1920年）他从叶城前往迪化的路程中亦详细考察沿途的地理情况，著成《叶迪纪程》。民国十五年（1926年）潘震在该书弁言中称赞"其中援古证今，考据精当，记注详明。"④

无论是撰写《乌苏县志》，还是在任职知事的平常工作中，邓缵先

① 邓缵先：《毳庐诗草三编》卷一，黄海棠、邓醒群点校，华东师范大学出版社，2012，第53页。
② 邓缵先：《调查八札达拉卡边界屯务暨沿途情形日记》，载《叶迪纪程》附录，华东师范大学出版社，2012，第80页。
③ 邓缵先：《调查八札达拉卡边界屯务暨沿途情形日记》，载《叶迪纪程》附录，华东师范大学出版社，2012，第89~90页。
④ 邓缵先：《叶迪纪程》，黄海棠、邓醒群点校，华东师范大学出版社，2012，第1页。

都留心考察、记述边疆地理状况与疆界情况。留下的著作无论在当时还是在当下，对于中国西北边疆的建设以及边界勘定都有重要的意义。

# 三　民生与治民：邓缵先民政思想

在编纂方面，《乌苏县志》首重于地理，占县志总篇幅的四分之一。邓缵先在地理类条下，不仅依照传统县志的编纂，记载乌苏县的大致方位，距离省城、京师的距离，还详细记录了乌苏县的经纬度和四至边界的详细信息。除此之外，地理类的二分之一篇幅用来记录乌苏县蕃部与牧界。乌苏县民族复杂，有汉族、蒙古族、维吾尔族、回族等民族，可谓"种族庞杂之区"①。由于民族成分复杂，蕃部众多，因此乌苏县常有因争夺牧产或因租税问题而引发的诉讼、争斗。为缓解冲突，邓缵先留心各族户口及变迁情况，详细查阅乌苏县内各蕃部的历史及传承，地理类中亦专门记载乌苏县治下各蕃部之历史、驻地、职官等，纠正《库尔喀喇乌苏直隶厅乡土志》中的错误。除此之外，为防止纠纷和冲突的产生，邓缵先对于牧界之考察尤为详细，细致记述了各部牧地所在，范围、大小，分界，以及水资源的分配等等。例如甘河子镇谢、冯二家地，因田地范围不清，又为截水取银，引水耕种以致两地居民在水源分配上争讼时有发生。邓缵先查考光绪十三年档案，其中记载："……立石碑为界，界东系汉民耕种，界西系蒙民管理。"并规定"汉蒙不得越界"。"按界内之水多寡，任汉民引水浇足，临时不得阻塞取银，余水仍规蒙管。"除征引前清档案，明确土地、水源归属，又查阅光绪十八年档案，了解争端缘由，"谢家地东边有两户半民地，除此民地，皆是贝子所属之地，光绪十五

---

① 邓缵先：《（民国）乌苏县志·序》，邵国秀编《中国西北稀见志续编》卷十，中华全国图书馆文献缩，1997，第678页。

年……有民雷大荣、王义文、谢金才、苗天荣等报垦谢家地"，"是谢家地有汉民地由来已久。"① 为实际解决争端提供依据。又有承化寺与哈萨克居民牧区界址不清，相互于对方的牧区内放养牲畜，构成争端。邓缵先依据民国五年六月的勘定，厘清牧区界限，又考虑到实际情况，允许"在承化寺界内放牧多年者，缴纳寺僧租银，照旧放牧"。同时规定"交纳寺僧租银，均由地方官代收，转交寺僧"②。避免寺僧直接收租而造成的冲突。

邓缵先任乌苏知事的短短两年时间内，查考《乡土志》和相关档案，厘清牧、田界限，这一系列的考察研究和解决措施，帮助平息不同民族间存在的冲突，促使不同民族得以和平共处，维护地方稳定，有助于防止骚乱的发生。

邓缵先在新疆任职的 18 年间，为新疆地方的发展与稳定奉献出自己的一切。从他的行为和思想中，可以看出一个广东士人对于祖国边疆和新疆人民的感情。在职期间，邓缵先努力化解民族冲突，维护各民族的共同利益。在解决争端中尊重历史，结合实际，通过调查研究，促成对立民族沟通、妥协，在很大程度上防止动乱的产生。又注重文化建设，有意无意地以信仰和仪式沟通国家与民众，培养共同价值观念与行为模式，进而有利于各民族对于统一民族国家的认同。除此之外，他也和许多晚清，民国的有识之士一样，关注边防、守护疆界，考察并且详细记录疆界情况，为国家，为其他地方的有识之士提供了宝贵的资料。邓缵先的边政思想，不仅仅是作为一个来自广东的新疆知事对于边疆的认识，更是晚清民国时期，从民众到国家对于维护国家统一，建设边疆思想的集中体现。

---

① 邓缵先：《（民国）乌苏县志》卷上《地理类·牧界》，邵国秀编《中国西北稀见志续编》卷十，中华全国图书馆文献缩，1997，第 704～705 页。
② 邓缵先：《（民国）乌苏县志》卷上《地理类·牧界》，邵国秀编《中国西北稀见志续编》卷十，中华全国图书馆文献缩，1997，第 713 页。

# 浅议邓缵先修志及其对
# 地方志史学的贡献

杨石健[*]

邓缵先（1868～1933 年），广东省河源市紫金县蓝塘镇布心村人。曾任家乡县立高等小学校长，县议会议长等职，民国三年（1914 年），被委派到新疆省任职。先后任省政务厅总务科员、科长，新疆省乌苏、叶城、疏附、墨玉、巴楚等五县知事。在新疆戍边 18 年，他践行中国民主主义革命先行者孙中山"要立志做大事"的教诲，奉行家乡客家人的传统人文精神，"行万里路，做天下事"，为新疆边区的民族和睦、文化融洽、社会安定作出了特殊贡献。1933 年，年过花甲的邓缵先，在新疆的一次动乱中壮烈殉职。

"西出阳关无故人"，邓缵先其戍边纪事一直鲜为人知，家乡亲人对其亦知之甚少。幸有崔保新教授的著作《沉默的胡杨——邓缵先戍边纪事（1915～1933)》再现了邓缵先的戍边之事迹。阅读此书，使我们知道了邓缵先作为史学家、边塞诗人、爱国清官和戍边壮士，是如此之"大人"，也不禁为我们的先贤击案叫好！

邓缵先作为岭南客家人，"年逾五十不为老"，大爱为德，大事

---

* 杨石健，广东省河源市地方志办公室副主任。

为政。他在新疆大地上身体力行，为当地老百姓特别是维吾尔族群众造福不已，使"父老子弟壶浆饯送，十里五里，长亭短亭，至玉河边，犹留恋涕泣"[①]，可见其亲民之密切！他以文载史，修志保土，亲历编纂《续修乌苏县志》《叶城县志》两部县志，开新疆地方史志先河。他亲撰的一本游记《叶迪纪程》和记载他戍边 18 年工作生活，心路历程的三本诗集《毳庐续吟》《毳庐诗草》及《毳庐诗草三编》等，成为当今研究新疆民国历史的宝贵资料。真可谓："抛妻舍子出岭南，不畏绝地壮士行，躬耕西域十八载，留取丹心照汗青"[②]。

在这里，我从地方志工作者的视角，以自己肤浅的思考，试着探究邓缵先修志及其对地方志史学的贡献。

# 一　邓缵先修志

编史修志是中华民族特有的优良传统之一。编修地方志在我国有悠久的历史。自隋唐时期［隋文帝开皇十三年（593 年）］实行官修志书制度以来，历代都把修志作为一种官职官责，并颁布政令对修志工作统一规范。至清末民初，变法之士废科举，兴学堂，倡导编写乡土教材，以加强爱国主义教育。光绪三十一年（1905 年）颁布《乡土纲目》，令全国各地按目编纂。到了民国时期（包括北洋政府时期）也编修地方志。1917 年北洋政府通令全国各地纂修地方志。一些省份如山西、四川，包括新疆等省还成立了通志馆（局），颁布了志书"凡例"，提出了修志的方法要求。由于当时国内战乱纷争，全国修志工作事实上停顿下来，只有少数地方修成志书。新疆

---

① 崔保新：《沉默的胡杨——邓缵先戍边纪事（1915～1933）》，社会科学文献出版社，2010，第 186 页。
② 崔保新：《沉默的胡杨——邓缵先戍边纪事（1915～1933）》，社会科学文献出版社，2010，第 363 页。

省作为当时相对稳定，少有战乱的地方，能够修成一部县志，足以称奇！

编修《乌苏县志》。我们来看看邓缵先编纂《续修乌苏县志》时的难得机遇和所面临的困难。编修地方志，虽说是官修官责，也要适逢其时，由政府发文颁令才可进行。因此，首先要有政府执政者的重视支持及其依法依理的工作安排。其次对修志人也有能力的约束和限制。传统上认为修志人首先是文化人，必须具有几个条件才行。如：修志人要有一定的学识；要搜寻各方面资料包括古旧志书作参考；要深入现场进行调查研究核实资料；要有充分的编辑组稿时间保证等等。邓缵先经北洋政府内务部全国选拔考试，录入"县知事"发驻新疆，且又在新疆省集中学习培训一年多，在文化学识上有较好的基础，具有作为"修志人"的条件。民国六年（1917年）北洋政府颁令编纂地方志。而此时间前后，正好是邓缵先赴任乌苏县知事之初。先有收集整理乡土教材资料，后有政府颁布修志的任务安排。由此看来，阅览乡土志资料，实地探访调查研究，亲历体察地方风俗风情，了解民族宗教活动现状，学习记录地方方言的情况，既是邓缵先履新任职工作之必要，也是编纂地方志官责之所需。在《续修乌苏县志》的序言里（原文略），邓缵先就向我们透露了许多有关信息，其中主要有：讲明县志收录的内容；指出了乌苏县的战略区位，点明续编县志是奉命修志（因乌苏县前有乡土教材，邓缵先修志自称是续编县志）；述说了县志编辑的方法及其分类；修志时间上的运用等。在《乌苏县志》编纂过程中，时任新疆当政者杨增新省长先后两次亲自审阅《乌苏县志》并发出训令、指导修改。在杨看来，编修县志，是政治经济学，不是绣花做文章，是要产生久远的社会影响的。因而要详加核准，慎之又慎，来不得半点马虎。"民国七年，署县知事邓缵先撰成《新疆乌苏县志》，1921年印刷"。我们通过当今政协乌苏市委员会《文史春秋》来看《续修乌苏县志》的体例框架和内容概况。《文史春秋》是这样看邓缵先的《续修乌苏县志》："不仅以大量丰富的资料，全面系统地介绍了乌苏地理位置、建置沿革、行政区划、物产资源、政绩兵事和名胜，生动地反映了乌苏的地方特色。……而且从乌苏当时的实际出发，设置了新目类，同时配以地图和表格，以新体例反映新内容，详细记载了当时乌苏的民族风俗风情、方言和宗教活动，以及学校、邮电、矿业等新兴事物。"县志中有关乌苏县区域的风俗、宗教、方言等内容详尽具体，既反映出邓缵先身为县知事，了解地方风土人情，勤政为民服务的真实记录，也见证了邓缵先为修志搜寻各类资料，进行地情调查付出的艰辛劳动。

编修《叶城县志》。邓缵先继编纂《续修乌苏县志》后，又编纂了《叶城县志》。"民国五年（1916年）任叶城县知事。民国六至七年（1917～1918年）任乌苏县知事。民国八至九年（1919～1920年）复任叶城县知事"。为什么邓缵先任叶城县知事在前，任乌苏县知事在后，而先有《乌苏县志》，后有《叶城县志》？究其因由，我想，邓缵先1916年任叶城县知事时，全国并无修志任务，只是延续1905年以后编辑乡土教材资料的工作而已。善于吟诗作赋、以文载史的邓缵先只能多用诗文、巡边日记等方式来记事叙情。到了1917年任乌苏县知事时，"奉令修志"，才使其编史修志之天赋得以发挥，一部《乌苏县志》亦破茧而出，应运而生。有这种可能，邓缵先编纂《乌苏县志》定稿后送省长杨增新审定后，杨省长认为邓是一个编志修史之才，又被复任叶城县知事，去完成《叶城县志》。事实上，时下新疆文化落后，人才难得，况且修志之人更是奇缺，邓缵先经省政治培训班学习，又经《乌苏县志》编辑磨砺，得以上司赏识，不足为怪。复任叶城县知事，再"奉令修志"，应该是其中之一大事。

邓缵先编纂《叶城县志》，如同开路，困难很多，与编纂《乌苏县志》一样艰辛。叶城历史悠久，县境辽阔，经济活动、对外交往、宗教生活复杂，加之民族风情及其方言异样。既无现成原始资料参考，又无编志人才可用，一切都要身体力行，从头做起。好在有了《续修乌苏县志》的经历和经验，在技巧方法上驾轻就熟。在邓缵先看来编辑《叶城县志》，如同《续修乌苏县志》的编纂，凡事须有实地调查、实地考察记录，才经得起历史的检验。叶城的地方风情、宗教活动及其民族方言、习惯等，虽有前一次任叶城知事时留下的部分日记纪实，但是要编出一部体例更完整，内容更丰富的县志，还是要加倍的努力才能达到目的。可以想象和肯定的是邓缵先编纂《叶城县志》付出的心血更多。由于现存的《叶城县志》不完整，只能从残卷断章中认识这本县志。我们推断，完整的《叶城县志》在体例、章节上应该和《乌苏县志》大致相同。据考邓缵先编纂《叶城县志》，全书共分八卷，仅残留的 4~8 卷宗已达 5.7 万字，大大超过了《乌苏县志》分上下两卷 2 万多字的容量。从编纂县志的时间上看，邓缵先1917~1918 年任职乌苏县知事，在任上完成《续编乌苏县志》书稿，省长杨增新两阅其稿，1921 年刊印出版，是民国时期新疆省内第一部地方志。1919 年 8 月~1920 年 9 月，复任叶城县知事始编《叶城县志》，到 1922 年还在撰写县志稿及整理收录其颇多的巡边日记。如此大的工作量，没有良好的文化素质和执著的精神是完成不了的。

著作《叶迪纪程》。从史志学角度看，邓缵先的著作也可以视作地方志书类的其中一部分。在任新疆五县知事的履职历程中，邓缵先一直都是在笔耕不辍，苦心修史，播撒文化种子，努力完成作为文化使者的职责。1920 年 10 月 17 日~12 月 26 日从叶城县知事离任返回迪化（乌鲁木齐）的时间里，他化漫长旅途之苦为实地观赏考察之乐，用纪实的方式记录下沿途的实情实景，形成了《叶迪纪程》的初稿。直至 1921 年，《叶迪纪程》整理出版，时任新疆实业厅厅长阎毓善作序，新疆财政厅厅长潘震作序补订，并在序中更详细记述了中印边界之争。用邓缵先自序的话说来，"叶迪纪程者，由叶城返迪化，记其沿途地方山川形胜，经过道里远近也。""计程四千里，历时两月余。""所过关、河、扼、塞、城郭、田畴、戈壁，长途冒涉冰雪。""就身所阅历逐日记录，……"，"检取行箧草稿，编订成帙。"① 1932 年新疆省政府顾问吴霭宸对此评价："阅广东邓缵先著《叶迪纪程》，是书对于南疆记载颇详，且多歌咏，悱恻缠绵②。"

邓缵先所著《叶迪纪程》之特色和价值，与其说是游记，不如说是一部叙述自然风光、地形地貌、边民居所寺庙和沿途小城镇的现状地理书。无形中起到了作为地方志书的作用和影响。

创作诗词歌赋。邓缵先能够修志，更善于吟诗作赋。有道是"诗言志，诗记史。"邓缵先的诗词，同样以自己的方式，为新疆地区后来的社会发展留下了客观真实鲜活的历史画面。把邓缵先的诗词作为史来读，"不仅仅可以读出他个人出使边塞、事必躬亲、敢于迎难而上、任劳任怨、直至无怨无悔献出一生的历史，也可以读出当年外侮日深、百姓涂炭、壮士奋起、血染天涯的一部悲壮沉雄的守疆卫国的历史。"③ 从 1924 年整理出版《毳庐诗草》，内收诗词歌赋 611 首；到 1928 年出版《毳庐续吟》诗集，收录诗词 671 首；后又有《毳庐诗草三编》结集出版，收录诗词 668 首；国民党元老于右任曾为其诗集作跋。诗词歌赋的内容除了咏叹世事、抒发情感外，自然也涉及对新疆省经济社会、城乡面貌、自然环境、民俗风情和方言、宗教等各个方面的记述。先后集结成册的三本诗集，再加上在《续修乌苏县志》《叶城县志》《叶迪纪程》中收录的诗词，超过 2000 首诗词歌赋，不仅仅奠定了邓缵先作为民国边塞诗人的基础，在我们地方志工作者看来，洋洋洒洒的上千首诗词歌赋，在其字里行间透露出来

---

① 崔保新：《沉默的胡杨——邓缵先戍边纪事（1915~1933）》，社会科学文献出版社，2010，第 186 页。
② 崔保新：《沉默的胡杨——邓缵先戍边纪事（1915~1933）》，社会科学文献出版社，2010，第 191 页。
③ 崔保新：《沉默的胡杨——邓缵先戍边纪事（1915~1933）》，社会科学文献出版社，2010，第 19 页。

的地方风土人情、自然风光及边塞纪事、真的就是弥足珍贵的地方史学编纂的历史资料，成就了作为地方史志学资料的一座宝库。

## 二　邓缵先对地方志史学的贡献

邓缵先的前半生是在故乡度过的，年少的他饱读经书，得传统文化特别是客家人文思想之熏陶，又曾任家乡县立高等小学校长、县议会议长等职，可谓是客家人所喜欢尊崇的读书人。四十有六才泪别故里，仗剑西行、戍边不悔、苦心修志、著书立说，用《续修乌苏县志》《叶城县志》两部志书，《叶迪纪程》一部游记（地理志），充满其一生追求和主要思想的三本诗集，执著地传播着中华民族传统文化，在新疆省乃至全国地方志历史上铸就了一座让人仰止的丰碑。其对地方志史学的贡献是巨大的。

修志存史，为中华文明传承发展留下了宝贵的历史资料。编修地方志书，最大的目的就是记述当代社会现状，为后世留存历史。周恩来总理曾经说过，要"使后人知道老根子，这样就不会割断历史。人们都赞扬我国的传统文化，其中就包括丰富的历史记载……，我们要把自己所掌握的历史遗产贡献出来。"① 民国初年国家动荡不安，经济凋敝，民不聊生，很难有条件来修志。而新疆省当时暂离纷争、相对稳定，邓缵先戍边赴任县知事，"奉令修志"，修成《乌苏县志》和《叶城县志》，延续了新疆边区的历史，弥足珍贵。开新疆省民国时期地方志编修史之先河，成就当时国内地方志编修少有的几本县志之一。为中华文明传承发展留下了宝贵的历史资料。

资政护国，为边区经济社会发展和保土安宁提供强力支撑。《乌苏县志》② 有这样的记述："邓缵先编纂的《乌苏县志》是《乡土

---

① 周恩来总理在部分全国政协委员茶话会上的讲话摘录（1959 年 4 月 29 日）。
② 新疆人民出版社 1999 年新版《乌苏县志》。

志》的继承和发展。其资料主要取自《乡土志》，但内容和体例大大超过《乡土志》……《乌苏县志》是民国初期新疆唯一刊印发行的县志"。政协乌苏市委员会《文史春秋》也有记述："邓氏《乌苏县志》是新疆民国时期县志的佼佼者。在成书时间的先后和内容决定的史料价值之大小方面，《乌苏县志》均首屈一指，独占鳌头，领新疆县志文坛风骚数十年。"《新疆地方志》① 谈民国地方志历史状况时也讲到："新疆地处边塞，历来'志乘阙如'。尤其在民国时期，志坛沉寂，未能进行较有规模的修志活动，只有民国初年，幸好当时少数有识之士，凭着他们的远见卓识和对修志传统的执著精神纂修了一批兵要志和县志，尽管大多数未能刊印，但毕竟填补了新疆当时志坛的空白，邓缵先的《乌苏县志》就是其中的代表作。"

再来看《叶城县志》，我们姑且不说《叶城县志》在地方志历史上的影响及其价值有多大，至少，它是为我们留下了叶城县在民国初年时期的宝贵的历史资料。县志中收录的《调查八扎达拉卡边界屯务暨沿途情形日记》，曾在 1962 年作为中印边境谈判文件之一，作为两国领土之争的重要依据，"千里疆土，系于一志"，发挥了以史护国的巨大作用。

笔耕不辍，为现代地方志工作者树立了光辉的榜样。为世修志，为业存史。作为"修志人"，是要有奉献精神的，做到甘苦淡泊、铁心修志。我们感受得到，邓缵先是如何在实地考录、组稿编辑、分门别类、书写校正，到核准事实、定稿送审等大量工作中完成《乌苏县志》和《叶城县志》编修工作的劳苦和艰辛。用崔保新教授所述的话说来，就是"今日修志尚且艰难，邓缵先时代修志更是难上加难。且无论资料奇缺，语言不通，修志人才更是打着灯笼找不到，手下无人可遣。七大类、四十五个子目的《乌苏县志》，邓缵先只能亲历亲为，在公暇时间用毛笔一笔一画写下信史。从编修《乌苏县志》

---

① 《新疆地方志》1991 年第 4 期。

的艰辛及其执著，如何评价邓缵先对新疆史学的贡献都不为过。"①

戍边新疆 18 年，邓缵先都笔耕不停，以文记史。除了奉令修志以反映地方方言、风俗和民族宗教活动和经济社会发展状况等诸方面外，又著《叶迪纪程》述说边疆的自然风光和疆土风貌、名胜古迹。还创作大量的诗词歌赋，或记事录地方风土人情，或舒情念戍边官职官责，或咏叹表忧国忧民之心。邓缵先用其苦心修志的执著精神，为我们当代地方志工作者树立了光辉的榜样。

我们感谢崔保新教授，感谢他为我们还原了一个客家先贤邓缵先，使沉默的胡杨不再沉默。我们也崇敬邓缵先，崇敬他"半生还当戍边人，至死不渝献大爱"的高尚品德。邓缵先戍边之事迹功高当留青史。无论其"戍边之功，爱国之德"，还是其"崇高之品，立身之言"，单就其"立身修志，以文载史"，就令我们为之颂扬。阅读邓缵先，我不由感叹："西出阳关当戍边，以文载史堪称贤。笔耕不辍传天下，修志（为人）当学邓缵先。"

今天的地方志工作者，是可以从邓缵先苦心修志、成就为边塞史学家的无私奉献中得到启迪的。

**主要阅读参考书目：**

[1] 崔保新：《沉默的胡杨——邓缵先戍边纪事（1915～1933）》，社会科学文献出版社，2010。
[2] 新疆人民出版社 1999 年新版《乌苏县志》。
[3] 政协乌苏市委员会《文史春秋》。

---

① 崔保新：《沉默的胡杨——邓缵先戍边纪事（1915～1933）》，社会科学文献出版社，2010，第 121 页。

# 民初新疆一角

## ——邓缵先与杨增新对比研究

王元林　汪　欢[*]

　　随着时代的进步与知识的发展，学术研究日益深化与细化。挖掘不为大众熟知、一度埋没于历史的"名人"，亦为当代学术界一任务。邓缵先，清末民初著名的边塞诗人，就是一位亟需时人关注与研究的人物。他戍守新疆近二十年，历任五县知事，与民初执掌新疆长达十七年的杨增新接触颇多。作为民初西北边陲不可忽视的人物，两人对现代新疆的发展做出一定的贡献。关于杨增新的研究成果颇多，邓缵先则长期被大众所忽视。本文试从两人关系及其对比研究中寻找邓缵先研究的一个突破口，以期更为深入地了解这位文人贤士。

　　西域即今新疆历为边陲重地，政治地位较为特殊，也极其重要。新疆是国内民族关系、国外关系都十分复杂的地区之一。而清末民初风云变幻，政治动荡不安，新疆的特殊性格外突出。"西北接壤苏俄，毗邻英属印度；俄国对于中亚及西伯利亚各地，经营不遗余力；现已修筑西北铁路，回环西北边境，其向中国边境运兵运货，日夕可至……英国自占领印度以后，窥伺西藏新疆青海之心，日益迫切……

---

　　* 王元林，暨南大学历史地理研究中心硕士生；汪欢，暨南大学历史地理研究中心教授，博士生导师。

吾国西北一隅已成俄英交争之场矣。"① 沙俄、英国等帝国主义早已有吞噬中国领土之野心，辛亥革命后边疆危机更为严重。"吾国自改造以来，达见之士，莫不注意于西北之开发；有设立学校，造就开发新疆之人材也；有著文论说，以唤起国人者；唯厥时国事蜩螗，军人分据"②，西北形势缤纷复杂，何人执掌新疆政权甚为重要。1912 年，杨增新接替袁鸿佑成为新疆首任民国都督。至此，新疆进入杨增新时代；民国三年，一个客家人通过内务部文官考试，跋山涉水，克服重重困难，远赴西北边陲，从此他的后半生皆奉献给新疆，"任职期间，教民造水车，灌溉农田，促进了边疆农业生产的发展。在位十余年，政绩甚丰，民多拥戴"③。两人在动乱忧患的年代共事多年，在疆时间大体重合。下文试从两人往来及其对比两个方面，探讨两人之间的互动并以此窥探民初新疆局势之一角。

## （一）时空交接——两人互动研究

目前，有关杨增新的研究成果较多，因谈到民初西北绝不能绕过他。杨于光绪十四年（1889 年）中科举，次年连捷进士，历任甘肃县知县、知州、知府、道尹、提学使等职。当他由京返抵新疆后，即于光绪三十三年七月就任阿克苏道尹。宣统三年四月，旋调镇迪道兼提法使④，民国元年任新疆都督。邓缵先，一个长期隐没于历史之中的人物，却是一个文化成绩突出的戍边英雄，现逐渐为人重视。目前，关于邓缵先的研究成果较少，《沉默的胡杨——邓缵先戍边纪事（1915～1933）》⑤ 一书首次对这位官员做了详细介绍。杨增新是现代

---

① 王金绂：《西北地理》，北平立达书局，1932，第 4～5 页。
② 同上，第 3 页。
③ 《紫金县志》，广东人民出版社，1994，第 864 页。
④ 陈慧生、陈超：《民国新疆史》，新疆人民出版社，2007，第 52 页。
⑤ 崔保新：《沉默的胡杨——邓缵先戍边纪事（1915～1933）》，社会科学文献出版社，2010。

新疆的奠基人，而邓缵先当之无愧是这一历史时期的人文标志。无论由谁执笔来撰写新疆现代史，都决不能略过不提。<sup>①</sup> 纵观邓的一生，其功绩又何止人文方面，他更是动乱时代下保卫边疆的先锋将士。邓、杨两人在新疆的时空大部分是交差的，对于两人互动研究不单单是人物的研究，更是对现代新疆的细微考察。

邓缵先出生于广东省永安县（现紫金县），在赴疆前已颇具名气，15 岁中秀才，后担任华侨所办公司一些高级职位，后任高等小学校长一职。更为甚者，1914 年邓缵先还任县议长<sup>②</sup>。这足以说明邓缵先的知识背景及其声望，也反映出邓思想较为先进，并且能够认清时代发展潮流。从杨增新的记载也可观其端倪。"民国三年七月二十四日内务部即指示新疆一省远处极边，形势重要分发人员，惮于艰阻率多趋避，以致边疆要地任用无才。……于是特考试专备分发新疆任用，他省不得调用等语。并定于民国三年十一月九日午后一时发给分发凭照，并仰各考取该员届日亲持知事凭照赴部领取等语。"<sup>③</sup> 新疆当时局势极其复杂，"新疆边瘠，布哈相错，民族纷杂，吏才乏，费用匮。清季受协饷已不易维持，入民国后加以匪患频仍，外交棘，协款停付"<sup>④</sup>，邓缵先先后任乌苏、叶城等五县知事，足见邓为官之道及从政能力，而这也应该离不开最高长官杨增新的支持。在"乱世是绝地"的新疆戍守近二十载，甘为沉默的胡杨，其精神品格何等令人敬佩。

邓缵先赴疆时，杨增新已在新疆较为稳固地建立起统治。两人初次来往始于何时，由于资料有限，较为模糊。按理说，赴疆任职理应

---

① 《沉默的胡杨——邓缵先戍边纪事（1915～1933）》杨廉序，第 8 页。
② 《紫金县志》，广东人民出版社，1994，第 14 页。
③ 杨增新：《补过斋文牍》历史文献集，引于崔保新《沉默的胡杨——邓缵先戍边纪事》，第 79 页。
④ 杨增新：《补过斋文牍》弁言，《民国文集丛刊》（第 35 册），文听阁图书有限公司影印本，第 2 页。

先到省城报到。且杨曾奏议："凡分发任用之县知事应自到之日起扣满一年，由该长官认真考核，出具切实考证呈现……所有及格人员不论由部分发，由省考验，如果程度尚优，才识稳健者，均请择优量予变通，因材器使不必拘定。到省一年甄别以后始得试署。"① 因此邓首先在迪化（现乌鲁木齐）接受政治学习，同杨增新接触是难免的。这样邓缵先不仅是杨增新的下级，更是他的学生。从邓缵先为官经历看，师生二人关系应甚密。两人的交情应当是建立在此段时间。不难推测，杨作为最高长官，同这些准官员交流、教导再正常不过。邓缵先可能此时深受杨思想影响。1917～1918 年邓缵先出任乌苏县代理知事，两人打交道在《新疆游记》中可窥其一二。"（1917 年 5 月 1 日）上午九时，发乌苏。出北门，折西南行。一里，关帝庙，邓知事送别于此。……其西北三十里宝家庄一带，有熟地六七十户，向未开科。惟清末旧土尔扈特蒙王帕勒塔，以是地渠水来自南山，须经蒙部辖境，岁收每户买水银十余两（渠道仍民自修），积弊相沿，遂成习惯。今年三月，邓知事呈请省长豁除蒙部买水旧规，限期升科纳赋，尚未奉批准行，然办法则甚正当也。"② 依此，邓缵先曾上书于杨，兴除陋规，为民谋福利。其实，处在西北内陆的新疆，水源成为制约其农业及经济发展的关键性因素。由于新疆地深居内陆，四周高山环绕，还有以戈壁、沙漠为主的下垫面，形成了具有极强大陆性气候的特点。年平均降水量不过 150 毫米，相当于全国年平均降水量的 23%③。就新疆整体而言，水源稀缺。革除买水陋规，直接触犯了王公贵族的利益，但与大批新疆民众的利益息息相关。杨肯定也考虑到此事的重要性，对此十分重视，深思熟虑后批复："指令乌苏县知事邓缵先呈报调查水利及筹办垦务文：惟近河十余里沙含碎石，工程不

---

① 杨增新：《补过斋文牍》，甲集上，《民国文集丛刊》（第 35 册），第 114～115 页。
② 谢彬：《新疆游记》，新疆人民出版社，1990，第 71～72 页。
③ 参考苗普生、田卫疆主编《新疆史纲》，新疆人民出版社，2004，第 23 页。

易，招工亦难，仰该知事酌查地面情形，确切计划，呈侯核办，至公报登载。地方官月须下乡数次，一节是指因公下乡而言，或因堪命盗之案，或因民间争水争界，清理诉讼，下乡顺便调查，藉为劝农之图，一举两便，非谓无故下乡也。"① 因此两人在某些政见方面达成了默契。

从电文来看，杨亦非无能之辈，从全局出发，指示邓缵先勤政为民，勘察民情。杨增新统治时期，为维护个人统治出发，力行愚民政策，新疆闭塞、落后，但是亦为新疆近代史上最为安定时期之一②，这也足见杨增新的执政能力。其实在 1915 年，杨便在巡按使署内设立新疆水利委员会。③ 从这次交往来看，两人相处较为融洽，这也足见两人前期的关系。

1918 年邓缵先撰写《续修乌苏县志》，杨增新曾亲自过问。自宋以来，修地方志成为各地建设的重要方面，明清时期风气尤盛。近代以来，国土沦陷，山河破碎，修方志就具有了政治方面的含义。30年代以顾颉刚、谭其骧为首的一批学者成立了"禹贡学会"，用学术研究为国家呐喊，捍卫国家领土。《西北地理》的撰写也是在此背景下产生的，"关于俄英两国侵略西北之往史，皆详为陈述，藉以唤起国人之注意，以谋共筹巩固边疆之策。"④ 在县志编修过程中，杨增新曾"指令卸乌苏县志知事邓缵先呈赉遵令修改编辑县志：据呈，一次改修该志书，按二次所指门目详加核对，图中漏绘土尔扈特牧界图说，称牧地曰济尔葛郎，不言北至何处。该牧界缠讼多年，若仍含混记载，何以永息争端？"⑤ 对此等关乎民族大义问题"斤斤计较"，

---

① 杨增新：《补过斋文牍》，丁集下，《民国文集丛刊》（第 37 册），第 1106 页。
② 杨廉、张颐青：《谢彬和他的〈新疆游记〉》，收于《新疆游记》，第 1 页。
③ 杨增新：《补过斋文牍》丁集上，《民国文集丛刊》（第 36 册），第 887 页。
④ 王金绂：《西北地理》"编纂大纲"，北平立达书局，第 1 页。
⑤ 杨增新：《补过斋文牍》，辛集三，《民国文集丛刊》（第 40 册），第 2697～2698 页。

可见杨必定详加阅读，对其重视程度依稀可见。两人在此方面必定交流甚多，接触相当频繁。可以说，杨增新是比较支持邓的，否则邓缵先不可能在疆任官近二十年。

1918年邓缵先赶赴叶城，面对"肥缺美差"，"风雪萧萧宦路难，一琴一鹤有余欢。……休论薄领无多俸，执戟杨雄定徙官。"[①] 恐怕这也是杨一直较为信任邓缵先的原因吧。学生亦不忘恩，称杨增新"曾闻回纥私相议，道是朝中第一人"[②]。可能有溢美之嫌，但两人可谓亦师亦友。邓缵先于1920年卸任叶城县知事，回到省城迪化，在省公署担任编辑员、文牍员长达两年时间。后回家探亲，1924年回疆后任省政务厅科长，两年之后赴南疆疏附做官。这断断续续长达七八年，两人的来往频繁是毫无可疑的，两人关系必定进一步增进，相互之间更加信任。"一饭情偏重，千金报若何？古来知己少，我辈受恩多。鳌带三山重，禽探片玉过。免修循吏轨，心惬咏菁莪"[③] 这首诗可谓邓对杨知遇之恩的表达。师长大寿，邓作诗"恭祝杨鼎帅六帙晋二寿辰四首"，这种感情应当是建立在之前长期交往与互相理解之上的。

十月革命后，俄大量白军及残余势力逃窜至新疆地区。1919年杨增新便指示周务学派队分扎各要隘：随时侦察，防守各节已悉查，俄乱未息，现在塔城边界各处，俄新旧两党战争互有胜负，难保俄党战兵不窜至齐桑一带，于阿山防务不无影响，亟宜认真防范，务稍疏虞。[④] 在杨增新成功策略之下，1921年苏联红军与新疆军队联合剿灭白军残部。"巴奇赤占领阿城承化，布尔津亦垂手而得，更整军犯

---

① 邓缵先：《毳庐续吟》，引于崔保新《沉默的胡杨——邓缵先戍边纪事（1915～1933）》，第146页。
② 邓缵先：《毳庐续吟》，引于崔保新《沉默的胡杨——邓缵先戍边纪事（1915～1933）》，第148页。
③ 邓缵先：《毳庐诗草》。
④ 杨增新：《补过斋文牍》，癸集三，《民国文集丛刊》（第41册），第3248页。

迪。杨橄大军但征缴，俄新党亦出兵，两军共进，四面环攻。巴军不支，败退科布多。"① 然而战斗也是较为残酷的。鉴于此，邓作诗《喜闻官军收复阿尔泰山辛酉六月》②，欣喜之情溢于言表。崔保新推测此时两人应待在一起，这也合乎常理。在此重要时期，两人同为新疆高级官员，相互交流、商量再正常不过。无论邓缵先是否在现场，两人必定是同仇敌忾，这也恐怕是两人频繁打交道、接触的缘由之一。周务学为国献身，邓不禁感慨万千，作诗《挽周道尹阿山殉难》、《周义士祠》③，以表达对爱国将士的哀悼、惋惜之情。

任政务厅科长后，邓缵先先后赴疏附、墨玉县做官，在墨玉县任职的第二年杨都督遇害。鉴于此前的长期交往，两人这段时间可能有琐事上的来往，而且期间局势紧张，交通、通讯亦不便，鲜有资料直接显示。但从杨多次任邓缵先为县知事来看，杨是非常信任邓的。

从以上分析可知，邓缵先、杨增新，一个芝麻小官，一个新疆都督，两人最重要时期皆在新疆度过，而且时空大部分是交叉在一起的。两人政治见解在某些方面达成共识，但我们无法全方位地考察两人交往的细节以及两人关系，且文献记载多为公务上的来往，但从有限的记载来看，两人作为上下级，政治见解颇为相同，可谓杨的得力干将；作为师生，两人应该较为融洽，亦师亦友。

## （二）同路异路——两人对比研究

对于杨增新的评价有褒有贬；关于邓缵先，此前鲜有提及，现渐被人重视，功绩大受赞誉。他们有相同之处，也有明显的区别。对比

---

① 王子钝：《杨增新轶闻》，收于《新疆文史资料选辑》（3），新疆人民出版社，1979，第85页。

② 邓缵先：《喜闻官军收复阿尔泰山辛酉六月》，见胥惠民编著《现代西域诗抄》，新疆人民出版社，1991，第8页。

③ 邓缵先：《毳庐续吟》，华东师范大学出版社，2012。

两人，亦可更深入地了解邓缵先，也是对杨增新研究的补充。

执政新疆 17 年的杨增新，无论功过与否，其一举一动对现代新疆的发展都会产生深远的影响。其与邓缵先共通之处最明显的莫过于在民族主义上的坚守。"杨氏在治理新疆的 17 年的过程中，特别是民国元年至七年，为了安定社会秩序，统一政令，据已公布的文件统计，曾枪毙、遣送出境、戕杀官吏 17 名，会党成员 178 名（其中大部分被枪毙），以后还杀过一些人。"① 不可否认，为了巩固统治，实行一些强权措施是必要的。然而，正如包尔汉所说"他在新疆 18 年，同帝国主义或它们的代理人没有签订过丧权辱国的条约或作过类似的口头默契，他没有依靠过他们谋求什么，也没有借过外债。在对外交涉上，他是极力卫护他的统治的。"② 在关乎民族大义上，杨增新是绝不含糊的。如英俄在新疆设厂掠夺中国资本，杨"电覆外交部请向俄使拒绝商求在喀什建厂制货"：喀什中俄商路近被俄乱阻滞，中商损失甚巨，此次俄领要求建厂制货，如再允许，中商损失甚巨③，在弱国无外交的时代，其具体效果如何另当别论，然其民族立场是值得肯定的。清末大量英俄商人在中国境内偷种鸦片，大赚其利且严重残害中国人民的身心健康。邓缵先后来任职的叶城是偷种鸦片较为严重的地区之一，杨于 1915 年指令叶城县印委各员呈报查禁英俄人民偷种鸦片："岂能任英俄寄居我国人民破坏约章，妨我政务……而偷种鸦片者当不止叶城一县，除饬喀什道尹与英俄领事交涉凡在南疆各属寄居之外人，均不得偷种鸦片，以固邦交。"④ 最惠国待遇是帝国主义利用坚船利炮攫取的一项不平等权益，经全国人民的努力，20 世纪 30 年代在全国废除。而杨增新依据十月革命苏维埃政

① 罗绍文：《西域勾玄》，兰州大学出版社，2002，第 206~207 页。
② 包尔汉：《新疆五十年：包尔汉回忆录》，中国文史出版社，1994，第 100 页。
③ 杨增新：《补过斋文牍》庚集二，《民国文集丛刊》（第 39 册），第 2191~2192 页。
④ 杨增新：《补过斋文牍》庚集二，第 2311 页。

府废弃帝俄时代对中国的不平等条约，据理力争，1921 年照会英国领事："英人在新疆并无通商专约，英商系援俄商暂不纳税之例，亦不纳税，现在俄商免税办法既已取消，则英商在新疆等处自不能再援照最惠国待遇之例。自（民国）十年四月一日起，所有英商在新疆各处运售货物，应照俄商一律完税。"① 最后英国必须纳税，这确实为了不起的举动。杨增新虽然通过羁縻政策统治上层，但他特别提防王公贵族们同外国人接触。凡是所谓外国的"游历"或"考察"团体或个人以及外交人员来到新疆，他都尽量不使他们同王公贵族们接触；必须接触时，他也布置亲信暗中监视。② 诸如此类，不胜枚举。仅《补过斋文牍》国防就有八编，电文众多，杨极为关注帝国，捍卫中国的权益。从实际效果来看，一些电文、命令等不见得取得如期目标，但就抵抗白军一事，就可见其在民族主义上的坚守，加上包尔汉等人的回忆，各种外交条文应不假。此方面杨值得十分肯定。

在个人品格上，杨也是十分注重分寸的。"就我所知他是不受馈赠、不纳贿赂，自奉俭约，不讲求排场，不注意衣食享受的。"③ 但同时他也生财有道，利用新疆币值不统一，汇率复杂来赚取大量钱财。人也许就是复杂的，多方面的，不能苛求前人。

而邓缵先更是坚定的爱国分子，以各种形式捍卫国土。近代以来，边疆危机不断。邓缵先出任叶城知事不久就开始巡查边界，历时一月，留有"调查八扎达拉卡边界屯务暨沿途情形日记"④。邓用实际行动坚守国土不能陷的真理。"此卡既为中国土地，主权所在，任得任听坎人越界偷种。此次我为实地查勘而来"⑤，面对高山大川，

---

① 杨增新：《补过斋文牍》续编，卷十一，第 29 页。
② 包尔汉：《新疆五十年：包尔汉回忆录》，第 79 页。
③ 包尔汉：《新疆五十年：包尔汉回忆录》，第 63 页。
④ 《叶城县志》，新疆人民出版社，2004，第 672 ~ 678 页。
⑤ 《叶城县志》，新疆人民出版社，2004，第 672 ~ 678 页。

山川险阻，邓没有退缩，"不能半途而止也"，此乃真英雄也！一介文弱书生且年过半百，面对"羊肠途九折，狼尾路千盘"，是何等勇敢也！是何等豪气也！我们不能不为他的民族豪情而赞叹不已。

在 1921 年白军窜扰新疆时，邓缵先闻道尹周务学自杀，赋诗《挽周道尹阿山殉难》，这是对烈士的惋惜，亦是其爱国之心的外露。鉴于新疆特殊的地缘政治，邓作有多首此类主题的诗歌，如《卡拉胡鲁木达坂》《遥戍》《赠某统军》等。"以史卫国"[1] 这一标题恰当地表达出邓功绩的特点。很难说邓一开始就是怀揣伟大理想而赴疆的，但在疆处事近 20 年，兢兢业业，做好自己的本职工作，亦是个人人生价值的最好实现。

因此，在某些方面的一致成为两人交往密切的纽带，共事多年的两位民初新疆官员相处是比较融洽的。两人都有较好的教育背景，为官多年留下了几部作品，《毳庐续吟》《毳庐诗草》和《补过斋文牍》《补过斋日记》等都成为后人了解现代新疆不可不读的文献。

当然，因职务、利益、知识背景等不同，两人也有很多不同之处。历览有关杨的研究成果，对于其愚民政策、保守主义政策基本达成一致。确实，在清末民初政权变幻多端的政治背景下，杨增新从前清官员变成民国都督，还未跳出原有阶级属性，为维护其统治，实行愚民政策。"杨增新重唯心，轻科学，在迪化整修庙宇，如上帝庙、定湘王庙、城隍庙、娘娘宫等，不胜枚举。"[2] 杨增新为了表示对袁世凯的愚忠，1916 年元旦亲率新疆文武官员，到迪化"万寿宫"（即文庙）举行朝贺仪式。从此以后，他一再电奏袁世凯早日登极，以显示他对袁的赤诚之心[3]；力持"国会既有大总统召集，则国会地点

① 崔保新：《沉默的胡杨——邓缵先成边纪事（1915~1933）》，社会科学文献出版社，2010，第 174 页。

② 王子钝：《杨增新轶闻》，收于《新疆文史资料选辑》（3），第 85 页。

③ 陈慧生、陈超：《民国新疆史》，新疆人民出版社，2011，第 153 页。

当然由大总统指定"①，主张国会一定要在北京召开；等等。杨增新是封建地主利益的代表者，通过羁縻封建上层来统治整个新疆，从而对这些人的利益基本不会触动。他警示地主不要过分压榨老百姓，但是大商人在交易上对普通居民尤其是对牧民诈欺取财，重利盘剥以及诸如此类的罪行，他是置若罔闻的②，在某些方面他是需要被批判的。邓缵先与杨增新的阶级立场是不同的。从所著诗歌及其游记来看，邓坚守边疆18年，为当职各地的发展做出一定贡献，同时又是一爱国清官。其他方面我们无法探其详情，对其一生是应当肯定的。虽然默默无闻，事迹难以俱全，但正是这种平凡铸就其不朽的精神品格。

从一"封疆大吏"和"无名"县官的人生轨迹亦可窥探当时的边陲要地乃至中国的形势。杨增新治疆多年，说不上丰功伟绩，新疆当时依然危机四伏、吏治黑暗。但他未屈服于英、俄等帝国主义，正是众多此类人不懈的努力，新疆乃至中国才没有灭亡。邓缵先，远离家乡守卫祖国边陲，最终献身边塞，岂不悲壮！为了心中对祖国的信念，为民服务，勘察边界。其实他是默默为中华民族解放、崛起而奋斗的大众之一。正是万千"小人物"的不懈努力才使今天祖国独立和繁荣富强成为可能。

记住杨增新，缅怀邓缵先，亦纪念为民族复兴做出贡献的万千邓缵先！

---

① 杨增新：《补过斋文牍》甲集上，《民国文集丛刊》（第35册），第3页。
② 包尔汉：《新疆五十年：包尔汉回忆录》，中国文史出版社，2013，第81页。

# 第四部分
## 边政研究

# 论新疆治与乱的辩证关系

## ——邓缵先县治思想研究

何利民<sup>*</sup>

鉴古察今，新疆安全，西北稳固，中央无虞；新疆丧失，西北难保，中央危殆。新疆稳固，外敌难侵，国土不失；新疆大乱，外侮必至，丧权失土。新疆贫困，中国难富，新疆富裕，中国必强。邓缵先1914 年（民国三年）被委派到新疆任职，先后任新疆乌苏、叶城、疏附、墨玉、巴楚等五县知事，当小官，立大志，做大事，坚守边疆 18年的县治经历，可以用治与乱两个字概括，治理就团结，就稳定、就繁荣，各族人民就得实惠，不治就分裂，就动乱、就衰败，各族人民就遭殃。邓缵先"抱负远大，忠于职守；文韬武略，爱国戍边；廉洁从政，务实爱民；加强团结，维护稳定"的县治思想，为后人留下了戍边之功、爱国之德、崇廉之品，立身之言，为治疆、治县提供历史借鉴，有力推进新疆跨越式发展和长治久安，促进新疆走向更加繁荣美好的明天。

## 一 新疆具备跨越式发展和长治久安的条件

新疆发展进入了新时期、新阶段。新中国成立以来，特别是改革

---

\* 何利民，中共喀什地委委员、莎车县委书记。

开放以来在中国共产党的领导下，在党的民族政策的指引下，在中央和内地省区市的大力支持下，新疆各族人民高举民族团结的旗帜，牢固树立"三个离不开"的思想，实施了以发展为中心的伟大战略，各民族共同发展，新疆一穷二白的落后面貌得到明显改变，天山南北发生了翻天覆地的巨大变化，经济社会取得历史性的辉煌成就，经济实力明显增强，基础设施建设取得巨大进展，特色优势产业快速兴起，改革开放成效显著，各族人民生活水平不断提高，各项事业得到了前所未有的发展，谱写了从落后走向进步、从封闭走向开放、从贫穷走向富裕的壮丽乐章，新疆已进入新的发展时期。

## （一）中国在国际上的地位更加巩固和提高

我国实施全方位的外交政策，不仅同发达国家关系全面发展，而且同周边国家睦邻友好不断深化，同发展中国家传统友谊更加巩固。我国积极参与国际多边事务，承担相应国际义务、国际地位和国际影响显著上升，在国际事务中发挥了重要建设性作用。国际敌对势力在中国强大的国际影响力和外交斗争的打击下，生存空间越来越狭小。我国经济连续保持高速增长，综合国力不断增强，国际地位不断提高，各族人民安居乐业的大好形势不断巩固。

## （二）新疆维护稳定的基础更加夯实

始终站在维护国家核心的政治高度，坚定不移地反对民族分裂、维护祖国统一和国家安全，坚持一手抓发展，一手抓稳定，把维护稳定置于重中之重的位置，严厉打击"三股势力"，依法加强宗教事务管理，维护社会稳定的各项工作常态化。加强民族团结教育，引导各族群众牢固树立"三个离不开"的思想，增强"四个认同"，推动各民族和睦相处、和衷共济、和谐发展，民族团结进步事业不断向前发展。

### （三）推进新疆跨越式发展和长治久安

新疆是我国西部大开发的重点地区，是对外开放的重要门户。新疆发展和稳定关系全国改革发展稳定大局，关系祖国统一，民族团结，国家安全，关系中华民族的伟大复兴。没有新疆的小康就没有全国的小康，没有新疆的现代化就不可能实现全国的现代化。新疆已经进入了建设成为西部强区、全国可持续发展的重要支点的阶段，不断满足全疆干部群众求发展、谋富裕、思稳定、盼和谐愿望的阶段，形成了齐心协力谋发展、促发展的生动局面。自治区党委、政府认真贯彻落实科学发展观和"稳疆兴疆、富民固边"重大战略，大力实施优势资源转换、"科教兴新"、对外开放和可持续发展战略，着力保障和改善民生，走出了一条具有新疆特色的发展之路。同时，随着西部大开发的深入实施，中央新疆工作座谈会议的召开，中央进一步加大政策支持、资金扶持，内地省市的对口援疆，批准设立喀什和霍尔果斯两个特殊经济开发区，极大地提高了新疆对外开放水平，推动了新疆跨越式发展和长治久安。2012 年，新疆国民生产总值达到 7500 亿元，增长 12%；城镇居民人均可支配收入达 18151 元，增长 17%；农民人均纯收入达 6442 元，增长 18.4%，人民生活水平有了很大提高。党的改革开放政策开创了新疆经济发展、政治稳定、文化繁荣、社会进步、各族人民安居乐业的大好局面，使新疆进入了历史上发展与稳定的最好时期。新疆迎来了千载难逢并且可以大有作为的重要战略机遇期，站在新的历史起点上，实现新的更大发展条件已经具备、时机已经成熟。

## 二 影响新疆跨越式发展和长治久安的几个成因

新疆是一个多民族聚集的边疆地区，由于历史、自然、区位、经济社会发展等原因，新疆的治与乱除内政因素外，还有民族、宗教及周边国家影响等特殊因素，由此决定了新疆县治的特殊性、复杂性、艰巨性。

## （一）民族分裂势力活动成为影响新疆社会稳定的主要危险因素

新疆民族分裂活动由来已久的历史根源。历史上，新疆就是一个多事之地。20 世纪 30 年代起，民族分裂势力首次打出所谓"东突厥斯坦"的旗号至今，新疆的民族分裂活动就一直没有停止过。新中国成立后，我们同民族分裂主义进行了毫不妥协的斗争，一次又一次地粉碎了敌人的罪恶阴谋。随着东欧剧变、苏联解体，受国际局势变化影响，新疆的民族分裂活动不断加剧。总之，新中国成立以来，我们同民族分裂主义的斗争虽然时起时伏，但从来都没有停止过。反对民族分裂将是一项长期而艰巨的任务。新疆的分裂与反分裂斗争是长期的、复杂的、尖锐的，有时甚至是十分激烈的，是不以我们的意志为转移的。唯物辩证法认为，任何必然性都是通过许多偶然的形式表现出来的。在内忧外患、积贫积弱的旧中国，帝国主义和民族分裂势力尚且不能把新疆从祖国的怀抱中分裂出去，在社会主义中国日益强大的今天，一切分裂图谋必将以敌人的彻底失败而告终。近代以来，敌对势力不愿意看到社会主义中国发展强大，不愿意看到我国各族人民团结和睦，不愿意看到中华民族实现新的伟大复兴，顽固地对我实施西化、分化战略，千方百计利用"疆独"、"藏独"等民族分裂势力对我国进行渗透破坏，成为影响新疆安全与稳定的最大外部威胁。

## （二）周边国家局势持续恶化，暴力恐怖组织活动空间增大

由于历史上外国势力策动分裂活动的影响和泛伊斯兰主义、泛突

厥主义思潮的传播，新疆一直存在着形形色色的民族分裂势力，周边国家恐怖活动频发，政局持续不稳，对境内外"三股势力"特别是活跃在新疆周边的境外暴恐组织具有强烈的刺激作用，并为他们提供了生存、发展和活动空间。

### （三）宗教问题历来是影响新疆稳定的晴雨表

新疆是多民族、多宗教地区。现有伊斯兰教、佛教、基督教、天主教、东正教和道教等六种宗教，信教群众逾千万，其中穆斯林群众占全国穆斯林人口半数以上，宗教在新疆的影响性、群众性、民族性的特点十分突出，而且特殊的地理位置，使得新疆的宗教问题与地缘政治、经济、文化、民族问题紧密交织在一起，同国际斗争的风云变幻紧密交织在一起，具有特殊的复杂性。特别是境内外"三股势力"和其他敌对势力，始终把"新疆独立"与"宗教自由"紧密联系在一起，大搞非法宗教活动，煽动宗教狂热，极力向群众灌输宗教极端思想，企图挑起宗教冲突、煽起民族仇恨，制造社会动乱。

## 三　邓缵先的县治经验

邓缵先坚守边疆18年，我认为其县治思想归纳起来就是"抱负远大，忠于职守；文韬武略，爱国戍边；廉洁从政，务实爱民；加强团结，维护稳定。"。

邓缵先抱负远大，忠于职守。"天下兴亡，匹夫有责"，在国难当头之时，邓缵先"男儿负壮志，立功西北陲"，挺身而出，担当匹夫之责，毅然决定参加明知是为新疆建设举办的文官考试，背井离乡、抛家出关、妻离子别，奔赴万里之遥的新疆，保卫边疆，建设边疆，报效祖国。到新疆接连担任乌苏、叶城、疏附、墨玉、巴楚五县知事，固守边疆18载，就像西域的大漠胡杨——扎根荒漠，守护家园，牺牲青春，庄严国土。胡杨精神是英雄精神，是共产党人的精神，邓缵先是顶天立地的胡杨。我有缘能在邓缵先任职的叶城县担任县委书记。以我的体会，县委书记官虽小，但政治经济社会的责任重大，尤其在新疆最边远、最艰苦的南疆地区边境县兼贫困县工作，既要保境，又要安民，平安工程和繁荣工程两个轮子要一起驱动。县委书记是一个小官，但它是一个做大事的舞台。我们要像邓缵先一样，具有远大的抱负和强烈的责任心，这是我们工作的动力源泉。美国著名的五星上将麦克阿瑟曾为西点军校写下著名的校训——"责任、荣誉、国家"，可见责任心对一个国家、一支军队，以致任何一个团体的重要性。孔繁森两次赴藏，"青山处处埋忠骨，一腔热血洒高原"，"是七尺男儿生能舍己，作千秋鬼雄死不还乡"，用实际行动为责任心做出诠释。"在本位，尽本分"，"在其位、谋其政、做其事、尽其责"。新疆区情特殊、地位重要，与内地其他省区市相比，在维护稳定、发展经济上负担的责任更大。我们必须树立强烈的责任意识、忧患意识，树立雄心壮志，敢于突破、敢于担当、敢于争先，竭尽心智、竭尽心力、竭尽全力，紧紧抓住历史性机遇，努力实现科学跨越、后发赶超。

邓缵先文韬武略，爱国戍边。邓缵先先后任新疆五县的知事，遍至五县城乡，兢兢业业为新疆人民服务18年，尤其多年在南疆为当地维吾尔族群众造福，不包括当时的迪化（乌鲁木齐）人口，每一百个新疆人中，就有15人是邓缵先管辖和服务过的。邓缵先所著的《调查八扎达拉卡边界屯务暨沿途情形日记》，以文载史、以史保土，当仁不让，寸土必争，成为新疆边界争端中维护国土和国家主权尊严的有力证据，为维护祖国领土的完整做出了贡献，迄今仍具有重要的价值。根据《巡边日记》的启示和后来的勘探叶城县把矿业富县作为县委、县政府的发展战略，为叶城矿产资源开发奠定了基础，成为拉动工业经济快速增长的"助推器"和主力军。特别是邓缵先笔下的昆仑核桃神树，叶城县委、县政府着力把林果业特色核桃做大做强做精，已成为全疆乃至全国县级最大的核桃产区。受其影响。到莎车后，我把"世界少有，中国唯一"的巴旦姆产业作为农民增收的第一支柱进行打造，成为全国巴旦姆面积第一大县，使特色林果业已成为大幅度提高农民收入、长远造福人民群众的支柱产业。

邓缵先坚守边疆18年，著成了《乌苏县志》《叶迪纪程》《叶城县志》《毳庐诗草》《毳庐续吟》。邓缵先撰写的《乌苏县志》是当时新疆唯一出版的县志。邓缵先在新疆任职时，把广东的客家文化、海派文化、中山精神带到了新疆，并且通过著书立说的方式保留下来，我们既可以将邓缵先当作一任县官，也可以将他视作一位文化大使，为新疆文化史学做出了巨大的贡献。在新疆，"三股势力"是"乱"的根源，愚昧落后是"乱"的根本，我们必须坚持破立结合，治标治本，治乱先治愚。一个人的生命和力量是有限的，而文化生命和力量是无限的。文化是根、文化是魂、文化是基。文化是一个国家和地方的软实力。新疆确立的以现代文化为引领的战略思想是完全正确的，抓住了事物发展的本质，是生根之策。在叶城县我们确立了"金果玉叶，铜铁之城"的文化定位，金果玉叶是对叶城资源、经济、生态的描述，铜铁之城是对叶城政治、军事、经济、文化的浓缩。在莎车我们深入挖掘中国巴旦姆之乡、中国维吾尔十二木卡姆故乡内涵，提出发展"两姆"（巴旦姆、十二木卡姆）文化，增强县域软实力，以现代文化为引领，激发各族干部群众的凝聚力、向心力，把蕴涵在现代文化中的精神力量，贯穿到服务经济、维护社会稳定之中，促进经济跨越发展。

廉洁从政，务实爱民。"三年清知县，十万雪花银"。当时新疆政坛积弊已久，吏风败坏，贪腐成风，纲纪松弛。邓缵先任职新疆，置身尔虞我诈，争权夺利，贪污腐化，陷阱丛生，密探遍布，明枪暗箭，凶险莫测的环境中，作为一方"霸主"的他，身处日渐糜烂的大染缸，要保持着清廉节俭的作风，不攀权富贵，不爱慕虚荣，洁身自好，谈何容易。而邓缵先深知民间疾苦，痛恨官场腐败之风，保持本色，力戒贪腐，清廉俭朴，堂堂正正做人，清清廉廉做官，实心实意为黎民百姓做实事。邓缵先在新疆长达18年，只回家过一次，探望病重的母亲，在反对民族分裂的第一线壮烈殉国，身后甚至无钱将尸骨运回家乡安葬。特别是邓缵先奉令辞别乌苏，向民风简朴的民众告别时，群众携带瓜果远远相送，恋恋不舍。离开叶城时纯朴善良的老百姓哭成一片，长长的送行队伍，跟随着邓缵先的马车，一直送到30多公里外的泽普，老百姓用哭声和眼泪最真实地回答了邓缵先的廉洁从政，实心办事，务实爱民。我们是人民的公仆，为政清廉才能取信于民，秉公用权才能赢得民心，必须牢记"立党为公、执政为民"，学习邓缵先关注民生、体察民情、了解民意、化解民忧，切实做好为民服务。

加强团结，维护稳定。邓缵先，坚守新疆戍边18年，为新疆人民服务18年，把边陲视为家乡，把新疆各族人民视为亲人。1933年，新疆发生波及南北疆的大动乱，邓缵先在巴楚县长任上惨遭分裂势力杀害，以身殉职。邓缵先生为岭南人，死为西域魂，他不朽的灵魂将与他热爱并付出生命的土地共存。"人生有死，死有重轻，死以为国，身毁名荣。漠漠沙场，烈骨所暴，崭崭新国，烈士所造。"邓缵先是天山的儿子，是民族团结的楷模，他就像一千年生长、一千年不倒，倒下一千年不朽的胡杨。他牺牲了，在南疆倒下了，却又是永生的，永远耸立在高原上的顶天立地的戍边英雄。加强民族团结，维护祖国统一，维护社会稳定，永远是新疆各族人民的最高利益，永远是中华民族的最高利益，坚决维护新疆团结稳定的局面，确保新疆的发展与繁荣，这是新疆2200万各族人民的福祉所在，也是13亿中国人民的共同梦想。

# 四 实践邓缵先县治思想，推进跨越式
## 发展和长治久安

我有幸在新疆叶城县了解邓缵先施政大纲，"抱负远大，忠于职守；文韬武略，爱国戍边；廉洁从政，务实爱民；加强团结，维护稳定"的县治思想一直贯穿于邓缵先从政生涯，其思想中有许多精华为后人治疆、治县提供历史借鉴。以史为鉴，我们应该借鉴其县治精华，牢记全心全意为人民服务的宗旨，自觉肩负起"保一方平安，富一方百姓，建一方文明"的历史重任，从政治和历史的高度把握战略机遇，树立强烈的责任感、使命感、紧迫感，团结带领全县各级党政干部和广大群众，万众一心，迎风战浪，克难攻坚，不断谱写各族人民美好生活新篇章。

## （一）要一心一意谋发展

我任县委书记的叶城、莎车县距乌鲁木齐市 1500 多公里，地理位置偏远，自然条件艰苦，环境尤为恶劣。如何在这样一个人多地少、自然条件恶劣、环境脆弱、基础设施落后、自身发展能力有限、维稳任务繁重的国家级贫困县实现经济社会快速发展，始终是摆在我们面前的头等大事，我们始终把发展作为第一要务，作为开展一切工作的出发点和落脚点，切实把主要精力和心思用在加快发展、富民强县上，在全国上下为全面建成小康社会，为开发西部而努力奋斗之时，中央大力实施"援疆大政"，我现在任职的莎车县作为叶尔羌河绿洲的地区性中心城市，肩负着率先发展、跨越式发展的重任。围绕跨越式发展和长治久安两大历史任务，我们提出了"农业稳县、工业强县、商贸富县、旅游活县、科教兴县、文化塑县、生态立县"的发展战略，立足县情和比较优势，统筹城乡经济协调发展，认真分析加快发展的有利条件和制约因素，找准优势和工作重点，围绕经济建设这个中心，提升农业现代化、新型工业化、城镇化建设水平，千方百计促增收，不折腾、不争论，坚持一届干给一届看，一任接着一任干，狠抓工业发展，狠抓粮食、畜牧业、林果业、设施农业、劳动力转移等产业，形成了农业产业化、工业规模化强势。如今，叶城的核桃达到50万亩、莎车的巴旦姆达到100万亩，粮食实现了"吨粮田"，为农民增收打下了坚实的基础，实现了农业富民、工业强县，确保与全疆同步建成小康社会。

## （二）要全力以赴保稳定

我所工作的叶城和莎车都处在反分裂斗争的前沿，是防范"三股势力"的桥头堡。叶城、莎车不能乱，乱则影响喀什，波及全疆；安则拱卫喀什，护持全疆，维护稳定的任务异常艰苦。稳定是新疆各族人民的生命线，团结稳定是福，分裂动乱是祸，没有稳定就没有一切。没有团结，就没有力量，就会一盘散沙，就不会有各民族的共同繁荣发展。只有团结稳定，才能粉碎敌对势力破坏民族团结、破坏祖国统一的图谋，才能维护新疆经济发展、安定团结的大好局面和各族群众来之不易的幸福生活。破坏稳定、破坏团结、破坏人民安居乐业的大好局面，只会成为历史和人民的罪人。利莫大于治，害莫大于乱。新疆不能乱，新疆也乱不起来。新疆的多年稳定，带来了百业兴盛，带来了持续发展，带来了人民的安居乐业，带来了社会的文明进步。新疆各族人民的大团结具有深厚的历史渊源和广泛的现实基础。千年历史熔铸成的民族情，是任何邪恶势力撼动不了的，动摇不了的。各民族大团结是做好一切工作的重要思想支撑，稳定的社会局面是一切发展的根基。我们要深刻认识与"三股势力"做斗争的长期性、复杂性和艰巨性，牢固树立"稳定压倒一切"的思想不动摇，坚决落实各项维稳措施，依法加强宗教事务管理，强化社会治安综合治理，确保社会稳定。我们坚信，各族人民经受过共同捍卫祖国统一的风雨历程，有血浓于水的深厚情感，有坚如磐石的团结基础，有同呼吸、共命运、心连心的优良传统，任何敌人分裂破坏的图谋都不会得逞。新疆各族人民必将在党中央坚强领导下团结奋斗，永不停歇，走向更加繁荣美好的明天。

### （三）要心系百姓倾真情

县是安民之区，县长是亲民之官，国泰才能民安，县富才能国强。心系群众，才能真正转变作风；热爱群众，才能真正深入群众。我们对人民群众要怀有深厚感情，把"做官先做人，万事民为先"作为行为准则，牢固树立"群众利益无小事"的思想，我们所有工作的出发点和落脚点都应以百姓利益为重，牢固树立群众利益第一的思想，时刻把人民群众的安危冷暖放在心上，时刻与群众保持血肉联系，时刻不忘把群众当亲人，真正把群众的呼声和意愿作为指导工作的第一信号，把关心和服务群众作为自身的第一职责，把群众评价作为衡量工作成绩的第一尺度，把为群众服务的公仆心当作德正之美，视民不富仕不荣为品格之贵，视为官一任致富一方的责任感为立身之本，经常深入基层，深入农村，深入农户院落，深入田间地头，倾听民声，了解民意，掌握民情，关爱民生，满腔热情地为群众办好事、办实事，真心实意地为群众排忧解难，做到凡是有利于群众利益的事情就坚决去做，凡是不利于群众利益的事情坚决不做，诚心诚意为人民群众谋利造福，做群众家的"常来客"，当老百姓的"解忧人"，使各项工作的成效体现在为人民群众的利益上。

### （四）要勤政廉政树榜样

要始终保持克难制胜、奋发有为、勇争一流的意识，始终保持坚持不懈、锲而不舍、争先创优的劲头，始终保持努力拼搏、不甘落后、敢为人先、敢于争先的进取精神，立大志，干大事，创大业，有红旗就扛、有第一就争，以超前意识和敢为天下先的胆识，以对党的事业和人民的利益高度负责的态度，尽职履责，勇于拼搏，努力干一流工作，创一流业绩。奢靡之始，危亡之渐。必须始终坚持谦虚谨慎、艰苦奋斗的工作作风，始终坚持勤俭办一切事业，坚决不能大手大脚糟蹋浪费，坚决反对讲排场比阔气，坚决抵制享乐主义和奢靡之风，坚持厉行节约，反对奢侈浪费，以我们的表率作用，带动全社会形成厉行节约、反对浪费的良好风气。正人先正己。官位是为人民服务的岗位，权力是为人民服务的工具。必须牢固树立马克思主义的世界观、人生观、价值观和正确的权力观、地位观、利益观，讲党性、重品行、作表率，堂堂正正做人，清清白白做官，干干净净干事，一身正气、两袖清风，把自己的一切奉献给新疆的开发建设事业，奉献给各族人民，在群众心中树立像邓缵先一样廉洁从政、务实爱民、实心做事、造福人民的良好形象。

邓缵先坚守边疆18年，为的就是心中那份坚定的理想信念，为的就是坚守心中那份美好的精神追求，为的就是实现造福新疆各族人民的心中抱负。18年如一日，致力于边疆经济发展、民生改善、民族团结和社会稳定，造福南疆各族群众，实践了治理就稳定繁荣，不治就分裂动乱。邓缵先的县治思想启迪着后人，我们要不断丰富和完善邓缵先的县治思想，按照既定的发展目标，多谋民生之利，多排群众之忧，多夯维稳之基，为全面建成小康社会，完成新疆跨越式发展和长治久安两大历史任务、实现中华民族伟大复兴的"中国梦"做出自己应有的努力！

# 邓缵先成边思想研究

平兆龙[*]

邓缵先（1868～1933 年）[①]，字芑洲，自号毳庐居士，又号履冰斋主人，广东省紫金县人。生于晚清，卒于民国。邓缵先是岭南客家人，自幼深受其父影响，其在晚年写诗回忆其父的教导："余幼时初读唐宋诗，家父口授指画，谆谆解析，尝以《暮秋》题课友，限'添'、'尖'、'檐'、'淹'韵，以时、地、物、我分点，窃初学一诗，亟为赞赏。"[②] 当时的条件虽然很艰苦，但是其父还是在其六岁的时候将其送入私塾。一般情况下，对于农村的六岁孩子而言，是不可能去私塾上学的。从这里可见，其父希望他以后获取功名。"六岁

---

* 平兆龙，暨南大学历史地理中心硕士生。

① 关于邓缵先的出生年份，尚无定论，新疆人民出版社 1999《乌苏县志》第 806～807 页和新疆人民出版社 2004《叶城县志》第 656～657 页为 1870 年，而广东人民出版社 1994《紫金县志》第 864 页却成了 1875 年，然而经过崔保新在《沉默的胡杨——邓缵先成边纪事（1915～1933）》社会科学文献出版社 2010 版第 30～31 页中考证认为邓氏既非生在 1870年也非生在 1875 年，而是生在 1868 年。黄海棠、邓醒群点校《毳庐诗草·附录》中《邓缵先生平年谱》认为生于同治七年（1868），华东师范大学出版社，2012 版第 130 页。本文从 1868 年说。

② 邓缵先：《毳庐诗草》卷二《暮秋》，黄海棠、邓醒群点校，华东师范大学出版社，2012，第 63～64 页。

读孝经，姿钝声咿唔。稍长如黄犊，蓬头鄙而粗。高堂时谴责，严厉声色俱。诵书至半夜，青灯照庭隅。穷年咬菜根，家贫山泽癯。"① 和他同龄的孩子，大部分是没有机会上学的。在如此贫穷的状况下，哪怕是嚼菜根，其父还是让他上学，而且时刻叮咛、陪伴着读书。正是在其父严厉的督促下，邓缵先博学经史，十五岁就中了秀才，在当地轰动一时。从此使科举入仕成为可能。第二年，也就是光绪十年（1884年），邓缵先来到著名的惠州丰湖书院读书。此时正值中法战争期间，清政府又一次签订了丧权辱国的条约。随后中日甲午战争，昔日的中央大国竟然败于一向以学生自居的蕞尔小国日本。可想而知，这在当时给中国人带来多大的冲击。而后又是八国联军侵华，清政府的腐朽与无能让人无法想象。这些对邓缵先冲击太大了。所以，他在心里一直有着"尝闻父老言，朔方有匈奴。战伐立勋业，荷戈剪强胡。男儿能报国，麟阁铭宏模。斯语永不忘，头白奋长途。"② 国家如此贫弱，受尽列强的侮辱，作为热血青年的邓缵先，投笔从戎，征战沙场，建功立业。但是邓缵先的宏大志向直到中年才有机会得以施展。

民国三年（1914年）9月，应内务部第三届县知事试验，取列乙等，受北京中央政府派遣分赴新疆，不远万里来到新疆戍边安民。此后在新疆的18年中，他曾任省公署文牍员、编辑员，政务厅总务科员、科长，新疆覆选区选举调查会会长等职，并先后出任乌苏、叶城、疏附、墨玉、巴楚五个边境县知事。1919年末，邓缵先来到与皮山县相邻的叶城县任知事，1927年5月任墨玉县知事，1932年任巴楚县长。邓缵先在乌苏主政两年，先后修建五道桥、东关桥，开挖六十户庄新干渠及两条支渠。任职期间，教民造水车，灌溉农田，促进边疆农业发展。在位十余年来，政绩甚丰。作为主政一方的地方大

---

① 邓缵先：《毳庐诗草》卷一《五十初度志感》，黄海棠、邓醒群点校，第15页。
② 邓缵先：《毳庐诗草》卷一《回忆年少时》四首其四，黄海棠、邓醒群点校，第18页。

员，除了积极处理好各种政务，还面临着列强蚕食的危险。与此同时，他积极施展各种措施，保护国土的安全。最终，邓缵先永眠于新疆，一直守护着这片热土。邓缵先戍边思想有着深刻的时代烙印，还具有一定的合理性和前瞻性。可能因为邓氏只不过是民国万千官员中的一个不起眼的边疆小吏。关于邓氏戍边思想的研究基本还是空白，而研究邓氏的戍边思想对于处理当今边疆问题有着一定的借鉴意义。本文重在探讨邓氏的戍边思想，不足之处祈请方家斧正。

# 一　新疆时局状况（1915～1933年）

本文重点探讨邓缵先的戍边思想，故而把年限断在邓氏在新疆活动的时段内。从民国三年（1914年）9月，应内务部第三届县知事试验，取列乙等，受北京中央政府派遣分赴新疆。但是从岭南到新疆远达万里，加上交通不便路途花费近一年的时间。直到第二年七月，才抵达新疆首府迪化（今乌鲁木齐）。任新疆省公署科员，参加政治研究所学习考试，合格后待分配。此后，除了中间有一次回乡探亲，邓氏把大部分时间留给了新疆，直到1933年在巴楚遇难，邓氏一直在新疆任职。要想清楚地了解邓氏的戍边思想，就必须了解新疆的时局，这是邓氏戍边思想的背景来源。

清朝寿终正寝之后，进入民国时期，但是中国积贫积弱的状况没有改变。诚如中山先生所说："中国人民遭到四种巨大的长久的苦难：饥荒、水患、疾病、生命和财产的毫无保障……中国所有一切的灾难只有一个原因，那就是普遍的又是有系统的贪污。这种贪污是产生饥荒、水患、疾病的主要原因，同时也是武装盗匪常年猖獗的主要原因。"[①] 而新疆政坛积弊已久，贪污腐败成风，如果不下大力气整

---

① 《孙中山全集》第一卷《中国的现在与未来》，中华书局，1986，第89页。

治吏治，不足以安抚新疆。民国初年，杨增新主政新疆，在新疆就刮起了吏治风暴。从1915年春天杨增新给内务部的公文可见一斑。其文直接以《呈覆整顿新疆内政情形文》①为名，历数新疆吏治败坏，官吏以钻营为能，以狡诈为才之不正之风。杨增新还特别指出官员贪渎盛行的原因，新疆开省以来，光绪三十年前牧令被参者并无一人。换句话说，在新疆贪渎是没有风险的。对此，杨增新深恶痛绝，严加处理，对迪化县知事谢维兴、伊宁县知事廖焱，均施以极刑。再者当时新疆面临着极其恶劣的内外环境。"杨增新于民国元年就职时，正值伊犁革命，全疆哥老会滋扰，加之英俄觊觎，外蒙狼贪，八方风云，危机四伏。"②为了新疆的长治久安，杨增新还从内地引进官员，以此改变新疆任人唯亲的官场状况，而邓缵先正是杨增新从内地引进的官员之一。

## 二 邓缵先在新疆从政经历

在内陆省份任职不用考虑边防问题，但是在新疆任职，尤其在边境地区任职必须要考虑边防问题。这在当时是一件非常重大的事情。众所周知，1840年以来，列强已经将世界大部分地区变为殖民地或半殖民，除了中国这么辽阔的土地还未被彻底瓜分。新疆作为边境省份正是列强瓜分首当其冲的目标，尤其以英、俄两国为代表。在内忧不断，外敌环伺的情况下，对于孱弱中国的边疆小吏而言，必须要有守土卫国的责任心。

邓缵先到新疆之后，不是马上被授官上任，而是进入政治研究所学习，待考核合格之后，才被授予官职。从政治研究所开设的课程来

---

① 杨增新：《补过斋文牍》甲集上，呈文编上《呈覆整顿新疆内政情形文》，台北文海出版社，第74~78页。
② 张大军：《台湾风暴七十年》第一册《自序》，台北兰溪出版有限公司，1980，第33页。

看，县知事必须要有文武兼备的素质，必须熟知新疆省情。不过邓氏通过了层层考核，最终还是得以主政地方。在省公署期间邓氏心情显然有些郁闷，① 先入政治所学习考察一年，再到乌苏县代理知事一年，直到赴任叶城县知事，才接到正式的任命。

民国六年二月九日至七年十二月，即 1917 年 2 月至 1918 年 12 月，邓缵先出任乌苏县代理知事。乌苏地处北疆腹地，南枕天山，北控平原，境内地形复杂，历来为兵家必争之地。"其民汉、回、缠、哈四种杂居，而蒙古旧土尔扈特，黄教喇嘛，复羼伺其间。（察罕乌苏新寺四百人，将军沟寺二百人，月牙台承化寺四百人）故其族类杂糅，趋向多歧。②" 邓氏是如何处理这么复杂的民族关系呢？入乡随俗和尊重各族的宗教传统，邓氏首先了解各族的风俗习惯，"汉人自关内迁往，尚沿内地礼俗习惯。回俗不祀神……缠文凡二十九字母……蒙古风俗好饮酒，惯坐地，居无室以蒙古包（蒙古人称蒙古包曰格尔），用木作架，高不及一丈……"③ 了解各族风俗习惯和宗教传统是尊重和处理好民族关系的前提。邓氏在到任乌苏县知事之前就积极学习，尽快了解当地习俗。在其主持修纂的《乌苏县志》中展示了其对当地的熟稔。

在其到任几个月之后，即民国六年（1917 年）九月二十七日，杨增新给邓氏发出了一份公文，明确指示重视水利、垦务，处理好各族关系。④ 在乌苏任上，其政绩可圈可点，总体上说，是比较成功的。如果邓氏政绩乏善可陈，杨增新是不可能再给他机会，将其调入

① 邓缵先：《毳庐诗草》卷二《遣闷》二首，黄海棠、邓醒群点校，第 59 页。
② 谢晓钟：《新疆游记》，收入沈云龙主编《近代中国史料丛刊》第三十一辑，台北文海出版社，1966，第 142 页。
③ 陈泉渭主编：《西北希见方志文献》第七卷，《中国西北文献丛书》二编，《续修乌苏县志》，兰州古籍书店出版社，1990，第 444～448 页。
④ 杨增新：《补过斋文牍》丁集下，水利编下《指令乌苏县知事邓缵先呈报调查水利及筹办垦务文》，第 1124～1126 页。

叶城任县知事。当时的叶城,是新疆比较富庶的地方。人人都争而趋之,而邓氏得以宰理叶城,定是因为其能力突出,为官清廉。

"丁巳年春奉宰乌苏;戊午冬,调署叶城;在任年余,调省。"①即邓氏在民国八至九年(1919～1920 年)任叶城县知事。叶城,地处喀喇昆仑山北麓,塔里木盆地西南缘,与当时英属印度接壤。英国不断向北推进,而俄国也不断向东推进,都想将帕米尔高原揽入囊中,边境局势十分紧张。邓氏在叶城短短的一年时间里,以实际行动捍卫祖国的领土完整。邓氏上任不久,就亲自调查边境状况,并为后人留下了宝贵的第一手资料。在此之前,中国政府对叶城一带的边界认知一直处在模糊的层面上。民国九年(1920 年)"计自三月十四日至四月十三日,往返路程共三千七百五十里"②实地考察边境。关于这次实地考察,后文将专门讨论,在此不详述。"自庚申(1920 年)十月十七日起,至十二月二十六日抵迪化止,计程四千里,历时两月有馀。"③邓氏接到上级调令,离开了叶城。在其出发回省城的那一天,"父老子弟壶浆饯送,十里五里,长亭短亭,至玉河边,犹留恋涕泣。余慰勉至再,于是送行者自崖而返。"④叶城百姓如此不舍,不难想象,邓氏在叶城一定做了不少得民心的事。他自己也很感慨"县官清俭若平生,百里闾阎合动情。晴雪添流渠应姓,春风送暖鸟呼名。园桑叶老缫车响,篱豆花疏络纬鸣。瘠地居然成沃壤,佛心儒术慰边氓。"⑤回到省城之后,邓氏被任命为新疆省公署文牍员,为杨增新撰写公文。1922 年,由于其母病重,回乡探亲。这也是他戍边18 年中唯一一次回乡探亲。1924 年,他返回迪化,任新疆省公署政

---

① 邓缵先:《叶迪纪程》,黄海棠、邓醒群点校,自序,华东师范大学出版社,2012,第 7 页。

② 邓缵先:《叶迪纪程》,黄海棠、邓醒群点校,附录,第 96 页。

③ 邓缵先:《叶迪纪程》,黄海棠、邓醒群点校,自序,第 7 页。

④ 邓缵先:《叶迪纪程》,黄海棠、邓醒群点校,第 11 页。

⑤ 邓缵先:《毳庐诗草》卷二《县官》,黄海棠、邓醒群校注,第 79～80 页。

务厅内务科长，进入省署核心，深得杨增新信赖。之后，1926～1927年，任疏附县知事，而疏附是当时新疆最大的都会，人口多达 29 万之多。1927 年 5 月，调任墨玉县知事，任内新疆政局发生剧变，杨增新被暗杀，金树仁继任，新疆开始动乱。1931 年，任巴楚县县长，1933 年，新疆发生暴乱，巴楚县多次遭兵燹。邓缵先、长子、儿媳、孙子，同亡于巴楚。至此，邓氏结束了一生，但是他所留下的遗产至今还影响着中国当下。

## 三　邓缵先以史卫国

邓氏在新疆活动时间虽然只有短暂的 18 年，但是给新疆留下了宝贵的文化遗产。不仅留下大量的诗歌还主持修纂了三部县志和一部游记。"民国七年（1918 年）署县知事邓缵先撰成《新疆乌苏县志》。"① 这本小小的县志，开创了民国时期新疆修纂地方志的先河。1921 年正式刊印，成为民国时期新疆省内第一部地方志。邓缵先在《续修乌苏县志》序言中写道："县志之作所以考地形，祥建设，昭治理，纪因革察民俗之驳，审物产之盛衰也。乌苏在天山北麓为迪化门户，北通阿塔，西接伊犁，适扼北地要冲，辖境辽阔，关系尤重"。② 邓氏在此，重点强调了修纂方志对于地方的重要性。短短数句，把乌苏的战略区位阐述得清清楚楚。自 19 世纪以来，西方探险家不断进入新疆，他们搜寻文物，走访民间，勘察土地，普查矿藏，测绘山川。沙俄更是将新疆的资源分布，河流走向，土地人口，在其出版的地图上，明目张胆的标上俄国人的名字。外国人对新疆的认识超过了中国人。中国的领土竟然没有自己的地方志，怎么说

---

① 《乌苏县志·大事记》，新疆人民出版社，1999，第 17 页。
② 陈泉渭主编《西北希见方志文献》第七卷，《中国西北文献丛书》二编，《续修乌苏县志》，第 387 页。

明这块土地是你的呢？续修地方志，溯其源流，以史志保卫国土。杨增新"指令卸乌苏县知事邓缵先呈赉遵令修改编辑县志文"① 而且两次提出许多修改意见，其重视程度可见一斑。"邓氏《乌苏县志》堪称民国时期新疆县志中的佼佼者。……自其刊印之日起，至 1990 年新《哈密县志》出版，领新疆志坛风骚 70 年"。② 时隔 68 年，即 1999 年乌苏县出版了新中国成立后的第一部《乌苏县志》。而主编廖基衡还是很感慨："本志历十三载始克完成，殊非易事"。③ 今日修志尚且如此艰难，可想而知，邓氏修志是多么困难。

民国十一年（1922 年），撰写《叶城县志》。这是邓氏继《续修乌苏县志》之后编纂的又一史志。当时最大的难处在于没有原始汉文资料，清末虽刊印过《新疆风土志》，但有关叶城的记录很少。当地民族语言、风俗、宗教和对外关系等都非常复杂。一切都要从头做起，身体力行，但为后代留下了宝贵的文化财富。1962 年，为解决中印边界问题，有关专家携带民国时期的《叶城县志》来叶城。④ 若没有邓缵先编纂的《叶城县志》，就没办法说清楚，边界的具体位置，很可能在边界划界问题上吃亏。诚如崔保新先生的评价：邓缵先编纂的《叶城县志》的最大成就，不是为后人贡献了什么观点，而是为后人保存了鲜活的历史细节。我们不能笼而统之地认为叶城县历史悠久、文化灿烂，却拿不出具体的实证，提供不了历史的细节。历史文物丢失了，只要细节叙述还在，就不难复原。记述历史细节，是邓缵先为叶城县人民做出的文化贡献。⑤

---

① 杨增新：《补过斋文牍》辛集三，令文汇编上《指令卸乌苏县知事邓缵先呈赉遵令修改编辑文》，第 2717 ~ 2719 页。

② 廖基衡：《邓缵先和〈乌苏县志〉》，《新疆地方志》1991 年第 4 期。

③ 《乌苏县志·跋》，乌鲁木齐：新疆人民出版社，1999，第 895 页。

④ 崔保新：《沉默的胡杨——邓缵先成边纪事（1915 ~ 1933）》，社会科学文献出版社，2010，第 180 页。

⑤ 崔保新：《沉默的胡杨——邓缵先成边纪事（1915 ~ 1933）》，社会科学文献出版社，2010，第 185 页。

## 四　邓缵先身体力行保卫国土

　　民国九年（1920 年）三月十四日，开始为期一个月的边境实地调查。并给后人留下的弥足珍贵的《调查八札达拉卡边界吞务暨沿途情形日记》，后文简写为《巡边日记》。邓氏所作《巡边日记》至今还有重要价值。他亲临其境，考察具体的边境地区情况，留下了宝贵的第一手资料。在邓氏之前没有哪个官员愿意亲自冒险勘察边境，险要的自然环境阻挡应是重要的原因。"苍莽边垣策马登，寒山崒嵂路千层。华夷界划铜标迥，河汉楂通玉露凝。葱水珠波翻瑞蚌，昆冈瑶室绾仙藤。为查牧务探幽险，折荻烹茶凿涧冰。"[1] 艰难险阻没有吓阻邓缵先，而是激发了其探索到底的热情。

　　《巡边日记》开始就说明八札达拉卡的具体位置和战略地位。

　　"卡在叶城县西南一千二百八十里，西距喀什道治一千九百二十里，北距省治五千四百六十里，与坎巨提交界，亦可通往印度国，防边戍边关系重要。近复有坎人越界偷种情事，奉命往查晓谕阻止，并招募缠布各民，前往开垦，以固边围而免侵越。乃于民国九年三月十四日启行，计往返一月。县署知事邓缵先谨识。"[2]

　　由于叶城进入喀喇昆仑山的道路十分险要，在邓缵先之前，没有一个中国官员能说出喀喇昆仑山段中国的边界具体到什么地方。直到他去边境考察之前，还有人以天寒路险为由，劝告知事邓缵先不要轻身前往边卡。邓氏答曰："危险者境也，处境者心也，常存此处处有危机之心，则恐惧修省，自可转危为安；常存此时时有险象之心，则思

---

① 邓缵先：《毳庐诗草》卷二，《奉赴叶城西南八札达拉卡调查牧务》，华东师范大学出版社，2012，第 79 页。
② 邓缵先：《叶迪纪程》附录，华东师范大学出版社，2012，第 80 页。

患豫防，自能履险如夷。况该处并非人迹所不能到者，何虑焉？"① 有人说前官员从未到过边卡，邓再答曰："该而古奴牙（此卡）既系中国土地，主权所在，任得任听坎人越界偷种？此次我为实地查勘而来，不能半途而止也。"②

帕米尔高原山高雪多，道路崎岖，天气变化剧烈，但风景非常壮观。这些在邓缵先的日记中都有出色生动的描述。"十六日，晨初，由普沙向西南行。入山峡，峡宽半里或数十丈，沙路，渐入渐高，巨石蹲路。又石子路。过达坂下马步行。又下坡，共一百里，至阿哈麦什的，缠户二家，饮水缺少。又上阿克阳达坂至顶，万峰在望。下坂，甚峻急，石山色绿，荦确崎岖，路旁石白如玉。羊肠旋绕数里，颇奇险。又过峡径，阴森逼人。申正至港，即提滋拉普河边。原有官店一所，日久倾圮。乃宿于毳房。计程一百五十里。是夕大风作。十七日，巳初，由港换马向南行。大石路，两岸复嶂，层峦高插云表，河流夺山而出，埼岸石壁似凿，鬼斧神工，奇怪莫可思议。水性怒而湍急，阔四五丈，滩石散乱，大如斗如轮。终日行山根，河排路仅数寸，下则绝涧无垠，上则悬崖欲坠。纡曲盘旋，十步五折，或左或右，涉是河者四十二次。若夏间河水涨盛，行人阻绝。河边产药物，麻黄、甘草尤富，山腰有草湖，宜牧放。酉初至库提麻扎，在万山中有卡房一所，坐西向东，面河。牧户四家，地八亩。卡房六间，东西深十丈，南北宽十二丈，缭以土墙。光绪二十六年建卡，兵二人看守，爨薪采于百里外。土人有善骑马者，询其术，对曰：'驭马之道，在顺马之性，控纵有度，毋太急毋太缓而已。'此言虽小，可以喻大。是日，随从有自马上坠下者，有患头痛者，逾日乃瘳。计程一百二十里。"③ 作为一位边疆小吏，如此不畏艰险，躬身调查，让人

---

① 邓缵先：《叶迪纪程》附录，华东师范大学出版社，2012，第80页。
② 邓缵先：《叶迪纪程》附录，华东师范大学出版社，2012，第80页。
③ 邓缵先：《叶迪纪程》附录，华东师范大学出版社，2012，第81~82页。

肃然起敬。虽然，险象丛生，但是没有阻挡住邓缵先的脚步。

"十八日，停憩一日。据土人称：'通行印度道路，山径异常险峻，由库提麻扎卡起至条拜提共十六站。一站南行一百三十里至条洛黑里。二站由条洛黑里南行二十里分两路：一西南至八札达拉卡；一东南至条拜提，再行一百里过达坂至胡浪乌地。三站南行一百一十里至库阿提。四站南行偏东九十里至克思敏吉尔哈。五站东南行一百里至哈普隆。六站东南行一百二十里至阿哈塔黑，该处上年闻有人行，不能走马之小路通乌沙巴什，今则冰达坂，路不通行。又阿哈塔黑路东通皮山之素提卡，仅两站，约百馀里。七站南行七十里，至得思布勒克，又名得拉瓦思色勒克。八站西南行一百二十里至巴牙孜，又名巴阳司。九站南行一百里至卡拉胡鲁木炮台，即中、英交界界碑，基址完固，竖一巨石，上刻汉文、英文字样。卡拉胡鲁木达坂，即僧格喀巴布山，又称和阗之南山，或谓昆仑山脉。又由卡拉胡鲁木炮台南行至条拜提，路有八站，里数不能记忆，该路无站口，自清晨起行，至近暮时，择有水地方即便歇宿。再由条拜提西行至英属之克什米尔地方，未有走过'等语。十九日，辰正，由库提麻扎卡向南行，冒雪溯河旁而上。二十里，毛克里吉力克，系大石路，河冰尺许。又三十里至都耐，路东有一水来汇河。午刻雪晴，山上有草湖，即草场。县属草湖，惟牙思东等处在河边，馀皆在山上，并未有湖，又产蘑菇。径复涉河者十四次，又过古吉尕里克，积雪皑皑，寒气逼人，石骨嵯峨，景象枯寂。又行涧谷中，维时日白也，风黑也，沙黄也，岭赭也，苍莽荒凉，深入不毛之境。前途有山羊数群，闻炮声则奔走绝尘，倏忽莫睹。至条洛黑里，是处为提滋拉普河源头，有流泉数穴，半为坚冰，申正宿于雪窖毳房。计程一百三十里。二十日，巳初，由条洛黑里向西南行。大石路，冒雪过雪坡。二十里，有路二，东南通条拜提，西南至八扎达拉卡。又行雪沟，又过冰海子，约数十里，骑牦牛上雪岭，地名沙黑达坂。山立如壁，路曲如蜒，雪大如席，风劲如刀，人缩如猬，马小如狗，或前或后，悄无人声。下坡陡绝，俯临无地，复骑牦牛。牦牛者，出西南徼外，色黑，角尖，身肥脚短，蹄缓，遍身皆毛，腹毛长数寸，尾毛尺馀，度越险阻，非伊莫属。杜子美诗：'天马跋足随牦牛。'是也。未刻雪止。又行岔沟坚冰上。酉初至奇拉克沙底布拉克，宿于毳房。寒暑表降至冰度十度。计程二百四十里。二十二日，住。……查八札达拉卡，系前清光绪二十年间，匪类时出时没，潜逃边境，因于二十一年三月，委陈源灏前往设卡，兼办喇斯库穆屯牧事宜。该处旧有卡房数间，年久坍塌，即在八札达拉卡另修卡房数间，并于喇斯库穆一带安插布回二十二户，发给成本食粮，按年扣还。至光绪二十二年，因卡地高寒，援照素盖提卡成案，于冬春退驻库库雅尔卡，以避严寒云。八札达拉卡地方，在叶城县西南，兹再为列明。"[1] 溯其源流，搞清楚八扎达拉卡历史沿革和具体的地理位置。十六天之后，即三十日正午，邓缵先到达八扎达拉卡，风起雪飘。次日又翻越一雪岭，土人云："此处夏间常雨，七月飞雪。""此去石霍叙，山中多瘴气，感之头昏涕流，脚软腰痛。曰瘴气者，邪气也，正气不足而邪气乘之，携带药物备豫不虞而已。"[2] 之后邓氏继续深入调查，条件更加恶劣，但是邓缵先坚持做完所有调查并做了非常详尽的调查报告。

作为边境县知事，邓缵先在实地考察后对划界有一番宏论："谨按：中、坎分界，当以星峡为限，水流出坎巨提者属坎地，水流入县河者属中地。星峡分界中外，分明诚天然界限也。检阅旧卷，光绪二十五年有以玉河为界之议。如果斯言实行，是不啻将玉河流域外断送于人，更不啻将玉河两岸地方断送于人。玉河水源不一，支派纷歧。若以玉河为界，胶葛愈多，得寸进尺，越占无厌，且玉河为叶尔羌

---

[1] 邓缵先：《叶迪纪程》附录，华东师范大学出版社，2012，第84页。
[2] 邓缵先：《叶迪纪程》附录，华东师范大学出版社，2012，第82～84页。

河，莎、叶、皮、巴等县人民命脉攸关；若以玉河为界，始则占我河西南土地，继必占我河东北土地，甚成秦泾水毒、赵堰遏流，将莎、叶、皮、巴等县数十万生灵受制于人，其贻害曷有极哉。"①

邓氏如此不顾艰难险阻，为后人留下了最生动的第一手资料。看完《巡边日记》，为之动容，民国一边疆小吏，竟有如此胸怀，实在让人佩服。

## 五 重视民族团结

新疆历来是多民族聚居的地方，民族关系融洽有利于地方稳定和发展，也是保证边境安全的重要前提。如果处理不好民族关系，地方不会稳定发展，边疆安全得不到保障。历来新疆官员都比较重视民族问题。邓缵先也认识到在民族地区从政必须处理好民族关系，其认为"抚绥民族屯田策，安集边陲教稼功。"② 安抚民族和重视农业生产，双管齐下以达到边疆稳定。"种族相安怀社稷，河山经劫感楸梧。"③ 民族和睦相处，使得天下太平。"妖星半夜出复没，隐患渐萌人所忽。飞刍挽粟备秋防，铁骑雕弓练边卒。居民未喻疆场情，驼马一糇粮纷屯集。耕耘不辍商贾安，十年何曾见兵革。孤城日落猎火红，百夫守陴皆哭泣。狼奔豕突骇见闻，蹂躏边陲烽火急。……况乃一区悬塞外，准回杂处五戎侔。白云苍狗多迁变，奠安边圉贻远谋。"④ 加强练兵积极防御以保卫边疆安宁很重要，在各族杂居之地，也要重视民族关系。在邓氏给其家人回信中提到"屡

---

① 邓缵先：《叶迪纪程》附录，华东师范大学出版社，2012，第89页。
② 邓缵先：《毳庐续吟》卷三，《疆域纪事》四首其四，华东师范大学出版社，2012，第102~103页。
③ 邓缵先：《毳庐诗草》卷二，《杂感》四首其四，华东师范大学出版社，2012，第70页。
④ 邓缵先：《毳庐诗草》卷一，《喜闻官军收复阿尔泰山》辛酉六月，华东师范大学出版社，2012，第30页。

次遭兵燹，重为抚哈蒙。英谋筹百胜，大略驾群雄。铸剑成农器。诛茅薙晚菘。"① 在屡遭战乱的情况下更要重视民族关系，运用谋略抚定群雄，化解兵戈，重视农业生产。不仅如此，他还看到深远的问题"边境无端虏气侵，坐看成败是何心。疆陲日蹙悲蚕食，千古英雄感慨深。外侮纷纭由内讧，阋墙兄弟起兵戎。伤心国辱家倾荡，俱在前车覆辙中。"② 边疆阴云密布，疆土被列强不断侵吞，这些都是因为兄弟阋墙造成外侮而入，前车之鉴啊。

虽说他很重视民族关系，但是把各族同胞团结起来，这也是个令人头疼的问题。邓缵先想到了农业。"时和瘠壤遍桑麻，年丰边地多麦黍。民不饥寒租税完，从无催役敲蓬户。试观轮台城东千顷田，土膏脉脉通流泉。即今荷锄人思汉，犹是当年避秦乱。"③ 发展农业生产，使各族百姓安居乐业，边疆各族人民都会追随政府。内部安定团结，外来势力就没有什么可乘之机。但是"边疆缺水泽，有水即可耕。东皋泉脉动，凿渠禾黍生。因念箦中粟，粒粒汗血成。田家无乐境，何以劳群氓。"④ 政府重视兴修水利使老百姓安居乐业。"垦辟安民责守疆，牧场薄税马驼羊。锄耘沙碛招缠哈，灌溉沟渠溯汉唐。谷雨催耕春乍暖，柳阴观稼夏仍凉。谬膺民社难胜任，喜得箴言药最良。"⑤ 屯垦戍边，薄赋少税，招徕百姓，重视民族团结和水利建设。

# 六　结语

本文主要探讨了邓缵先的戍边思想，为了实现自己的抱负，年近

---

① 邓缵先：《毳庐诗草》卷二，《答家人函询迪省风景》，华东师范大学出版社，2012，第60页。
② 邓缵先：《毳庐诗草三编》卷二，《边词》四首其三其四，华东师范大学出版社，2012，第89页。
③ 邓缵：《毳庐诗草》卷一，《劝农》，华东师范大学出版社，2012，第38页。
④ 邓缵先：《毳庐诗草》卷一，《出郊》二首其二，华东师范大学出版社，2012，第15页。
⑤ 邓缵先：《毳庐诗草》卷二，《再步杜先生原韵》四首其三，华东师范大学出版社，2012，第81页。

五十只身来到离家万里之外的新疆，开始了 18 年新疆生活。一介书生，修纂两部史志和一部游记，并出版了三部诗集，为后人留下了生动的第一手资料。历任五县知县，注重民族团结和农业发展，深得百姓爱戴。躬身边境，调查实际情况，搞清楚了外族侵入我国领土屯种之事。国家虽然贫弱，但是国土不容外族侵犯，邓氏作为一位边疆小吏，不畏艰险，亲身前往边境调查，给后人留下了珍贵的《巡边日记》。邓氏在《巡边日记》最后用诗总结此次巡边活动——或问："沿途路径何如？"曰："羊肠途九折，狼尾路千盘。""行装何由？"曰："霜天银烛短，冰窖铁衣单。""卡伦何如？"曰："古戍人踪少，穷陬马骨多，眠食奚似醴，旃幕小于舟。""荒辟何如？"曰"霜积鳞崖坼，风狂卵石飞。""山川何如？"曰："山势如奔马，河声若走雷。""旅行何如？"曰："水宿偎驼影，山行趁马蹄。""风景何如？"曰："悲风号万壑，斜日照三边，炊爨奚似日，薪燃红柳畔，冰凿碧溪湄。""晨景何如？"曰："五夜入吹角，千岩马踏霜。""夜景何如？"曰："貂裘宵不暖，兽炭火难温。""疆界何如？"曰："玉山资保障，星峡固边陲。""险阻何如？"曰："保邦非特险，谋国不忘危。""善后何策？""羊亡牢可补，牛壮牧应求。"有吟曰："葱岭留诗草，银河掇塞花。""闻见何物？"曰："风急饥鹰健，崖枯猛虎过。""霜雪何如？"曰："霜封玄兔塞，雪暗黑雕天。""烽堠何如？"曰："残垒迷青草，荒墟聚碧磷。""边防何如？"曰："竟误鸿沟割，须防虎视眈。""气候何如？"曰："鸟啼边月白，骑逐塞云黄。""有怪异否？"曰："枫林蛇唤鬼，榛林鸟呼犍。""有馈送否？"曰："怀璧应罹罪，捐金自保身。""阅历奚似？"曰："风冷眉黏雪，天寒袂卷冰。""毕竟此行探险何如？"曰："探奇增学识，履险见精神。"[①] 邓氏的戍边思想在此诗中显露无遗，读罢此诗，可以更好地理解邓氏之思想。

---

① 邓缵先：《叶迪纪程》附录，华东师范大学出版社，2012，第 95~96 页。

# 感情援疆　科学援疆

—— 试论粤新百年边疆民族情的传承与弘扬

李水华*

## 一　邓缵先文化工程的缘起与回顾

2011 年 3 月 19 日《南方日报》上，推介了崔保新著的《沉默的胡杨——邓缵先戍边纪事 （1915～1933）》一书，邓缵先这个名字从此印在我脑海里。我当即约了崔保新先生，又从他手中获得了《瞭望周刊》《中国周刊》介绍邓缵先的文章。不久，我还获悉，时任中央政治局委员、广东省委书记的汪洋就邓缵先事迹作了批示，省委宣传部为省四套班子配了书。

邓缵先是广东省紫金县蓝塘镇人，1914 年作为中央政府从全国选派的 19 名支援新疆的知事之一，被派遣到新疆任职、戍边安民，曾任省公署相关职务，先后出任乌苏、叶城、疏附、墨玉、巴楚五个边境县县长（知事），1933 年在巴楚县长任内为分裂国家的暴徒所杀害，一家 5 口一同殉难。

在邓缵先英勇就义 87 年后，按照党中央、国务院新一轮援疆工

* 李水华，中共广东省委副秘书长、广东省对口援疆工作前方指挥部总指挥。

作部署，广东省对口援助喀什地区，与喀什人民一道富民强疆，更有意思的是，当年邓缵先曾任职县长的疏附县，再次由广东派出干部任职县委书记。这与其说是一种历史的巧合，不如说是一种历史的必然与精神的传承。

百年以来，广东先后有四批仁人志士响应国家的号召，来到遥远的西域肩负保疆援疆兴疆之责。第一批即是以邓缵先为代表的民国时期的官员；第二批是上世纪 50 年代，南粤 8000 知识分子开赴新疆，成为新疆经济社会文化发展的生力军；第三批从 1998 年开始，广东先后派出五批共 203 名干部对口支援哈密地区，与哈密地区干部群众一起，团结奋斗，迅速改变了哈密的面貌，打造了广东援疆品牌，有力地推进了粤新两地的交流与合作。第四批是 2010 年国家实施新一轮对口援疆战略后，广东迅速选派 200 多名干部人才进驻喀什地区、兵团三师，正式拉开为期十年的全方位大规模的对口支援的序幕，粤新两地的合作与发展从此进入新的历史阶段。

以粤新百年关系为背景，2011 年 7 月 30 日，我们在乌鲁木齐召开了"粤新百年边疆民族情"座谈会。新疆维吾尔自治区党委常委、宣传部长胡伟与时任广东省委常委、宣传部长的林雄都出席座谈会并讲话，开创了粤新文化交往的新篇章。林雄在会上表示，广东与新疆虽然远隔千山万水，但友谊源远流长，粤新两地人民情真意笃、心心相连，在相互交流合作中结下了深情厚谊。长期以来，广东人民为保卫和建设新疆付出了心血、汗水甚至生命，在新疆发展中留下了许多广东人光辉的足迹。同样，新疆人民也为广东的改革发展贡献了他们的智慧与汗水，没有新疆的大力支持，广东也不可能有繁荣发展的今天和美好的明天。回顾总结百年来广东人戍边援疆的历史，进一步深入挖掘粤新之间双向交流与联系的优良传统，目的是为做好新一轮援疆工作提供历史借鉴与现实动力，促进粤新建立更紧密的交流合作关系。

　　座谈会特别邀请了广东 50 年代进疆老干部、广东省客属海外联谊会领导、《沉默的胡杨》作者崔保新、邓缵先侄子邓质生、河源市纪委书记苏全贵赴会。座谈会之后，他们积极推动邓缵先文化工程建设。经过两年的不懈努力，在老干部梁日明等领导下，他们征集了大量珍贵文物，在乌鲁木齐建起了"粤新百年边疆民族情陈列室"，目前已接待千余名来访者，广东河源市、紫金县纪检部门领导三次前来参观交流邓缵先史料。中国侨联主席林军为展室题词"粤新磐石情"，中国侨联副主席乔卫给展室题词"永不泯灭赤子情"赞扬归侨侨眷的奉献。自治区侨联为展室挂牌"新疆侨联学习教育基地"。他们还与新疆政协文史委员会合作创作出版《广东人在新疆百年实录》、与新疆卓悦视界文化艺术发展中心合作出版《岭南儿女天山情》，两本书正在编辑，计划年内发行。广东客属海外联谊会成立了邓缵先电影筹拍领导小组，先后三批次到喀什地区采风、选址，完成了两个电影剧本创作。崔保新新作《新疆 1912》，将邓缵先放在辛亥革命的大背景下重新审视，阐述了孙中山思想、广州黄花岗 72 烈士与新疆辛亥革命与社会进步的关系，被权威媒体认为填补了新疆近现代史研究的空白。维吾尔族学者古力娜尔教授与崔保新合作将《沉默的胡杨》译成维文，即将出版发行。苏全贵同志在原河源市委书记陈建华支持下，以河源市纪委为平台，筹资 300 万元建成邓缵先纪念馆，促成了邓缵先四本著作的再版发行，组织全国一流的学者专家，深入开展邓缵先精神研究，已收到论文 50 多篇，论文集将在社会科学文献出版社出版发行。政府指引目标，官方与民间相互配合实施，大大丰富了邓缵先文化工程的内涵，使广东文化援疆有了实实在在的内容和工作的抓手。喀什日报社社长阎旭光，率领喀什文化代表团首访邓缵先的家乡，看望邓缵先的后人，以喀什地委的名义赠送胡杨根雕，成为纪念馆的镇馆之宝，喀什日报成了粤新民族情发布平台。叶城县委书记李国平也到访紫金县看望邓缵先后人，并将向纪念馆赠送昆仑玉以作留念，以表达叶城 50 余万各族人民对老县长邓缵先的缅怀与敬佩之情。紫金县委、政府分别将邓缵先雕像赠送喀什地委、叶城县委、粤新百年边疆民族情陈列室。

粤新百年边疆民族情犹如接力赛，一棒比一棒精彩。

## 二　邓缵先是广东援疆干部的精神标杆

邓缵先是民国时期广东援疆的杰出代表。那时的中国，积贫积弱，内忧外患，中央政府无暇无力西顾，与当前作为一项重大国家战略的新一轮援疆工作相比，时空背景是不同的，支援的规模、范围与力度更无法比拟，但在维护国家统一、推进民族团结、加快边疆发展、实现民族复兴的战略出发点和立足点上则是一致的。而邓缵先精神就是历史与现实的连接点。

百年前，邓缵先应中央政府征调，以 47 岁之龄进疆。面对国家使命召唤，他"年逾五十不为老，壮年出塞戍边垣"，为了国家、割舍小家，万里迢迢奔赴遥远陌生的边疆，体现了"苟利国家生死与，岂因祸福避趋之"的勇于担当精神。邓缵先勤于笔耕，著述甚多，细品其诗词，大气磅礴，境界高远，格调清迈，颇具李杜韵味、唐人雄风，当中自有一股浩然正气。文如其人，这股浩然之气正是邓缵先其人其事的真实写照！面对国土遭侵，他以身涉险、排除万难，巡查边情、勘查疆界，以文载史、以史保土，不但巩固稳定了边防，直到今天还为国家解决领土之争、保卫神圣国土留下了重要依据，体现了位卑忧国、守土有责、寸土必争的使命感和责任感。在事关国家分裂、国土安危之际，他决不妥协、率众守城，英勇就义、以身殉国，"半生多感慨，一死竟从容"，体现了国难当头、匹夫有责、奋起抗争的凛然之志。这些，都是邓缵先留给当代援疆干部最宝贵的精神财富。

　　邓缵先在新疆 18 年，勤政爱民、重视农耕，巡查边情、稳固边防，重文兴教、修志载史，威武不屈、反对分裂，深受当地各族百姓爱戴，为边疆的发展稳定、民族的团结和谐、国家的统一完整，做出了不可磨灭的历史贡献。他由岭南一根青葱翠竹化为西域一棵大漠胡杨，铸就了民国时期广东"援疆干部"的历史丰碑。

　　新一轮援疆作为一项重大的国家战略，事关维护祖国统一、国家安全、民族团结，是推动中华民族伟大复兴的大事，必将成为我们国家崛起、民族复兴进程中浓墨重彩的篇章。援疆干部作为这一国家战略的具体执行者、实践者，需要一定的能力素质，更需要一份神圣的使命意识、责任意识和一种为国为民无私奉献、敢于担当的精神，只有像邓缵先那样，自觉把个人的事业、个人的工作与国家、民族的前途命运紧密联系起来，始终把忠于祖国、忠于人民放在心中最高位置，始终保持崇高的理想追求和强大的精神支柱，才能抛弃个人得失，忘我奋斗，全力以赴做好对口支援工作，为推动新疆跨越式发展和长治久安做出积极贡献。

　　就思想和精神层面而言，邓缵先堪称当代广东援疆干部的精神标杆；就工作与实践层面而言，邓缵先在新疆多地长期主政一方、戍边护民的历史事迹、历史经验，启示我们必须始终坚持"感情援疆、科学援疆"的工作理念，帮助新疆实现跨越式发展和长治久安的目标。

　　正是在这一意义上，我们将崔保新先生的《沉默的胡杨——邓缵先戍边纪事（1915～1933）》《新疆1912》分发广东援疆干部人手一本，激励广东援疆干部学习先贤的精神与品质，像天山雪松、绿洲白杨、戈壁红柳、沙漠胡杨一样，植根和挺立于南疆大地。

## 三　感情援疆是粤新百年民族情的传承

　　历史人物的研究，离不开对人物所处时代背景的分析。20 世纪初，民国初立，国力羸弱、内忧外患，中央政府对边疆地区鞭长莫及、控制无力，新疆事实上处于军伐封建割据式的独裁统治，制度多变，局势动荡。沙皇俄国对新疆觊觎已久，不断强化渗透和侵略；英国、印度大力扶持分裂势力，鼓吹、推行极端的宗教主义和民族主义。新疆尤其是南疆地区民族矛盾激化尖锐，分裂与反分裂斗争形势十分复杂。

邓缵先身处乱世、离乡远宦，先后在新疆多地为官，始终爱民亲民，团结各族群众，造福当地百姓，每当离旧赴新之时，当地各族"父老子弟壶浆饯送，十里五里，长亭短亭，至玉河边，犹留恋涕泣"。感情援疆的效果由此可见一斑。发展与当地各族百姓之间的鱼水深情，这恰是邓缵先对当前新一轮援疆工作特别有参考价值的地方。

新疆在我国历史上国力最羸弱时尚且无法分裂出去，当代中国国力强盛、民族复兴，中国力量日益增强，中国道路越走越宽，离实现"中国梦"的目标越来越近，就更加不可能分裂出去。但是也要看到，与其他省区相比，新疆的发展有其特殊性。新疆是我国最大的多民族聚集区，又是边疆地区、欠发达地区，经济社会发展相对滞后，贫困人口多，内外形势错综复杂，经济与社会、民族与宗教、国内与国际等各方面的情况和问题互相交织，是境内外敌对势力利用分裂势力对我国进行渗透破坏的重点地区。与邓缵先时代一样，当前新疆同样需要面对渗透与反渗透、暴力与反暴力、分裂与反分裂的问题。这也就决定了新疆的工作关系着全局，新疆的发展不仅意味着经济实力的增强和百姓生活水平的提高，对于加强民族团结、增强民族凝聚力和向心力有着极其重要的现实意义和深远的历史意义。同时，这也决定了今天我们开展新一轮援疆工作，必须把增进民族感情、促进民族团结作为根本出发点和归结点，把"感情援疆"作为根本理念，工作中要着力解决好民生与民心两大问题，不断增强中华民族大家庭的凝聚力。

中华民族是内地各族与边疆各族人民在历史互动中形成的历史共同体。作为一个多民族的历史古国，中国在边疆治理上积累了丰富的经验，其中也包括邓缵先戍边给我们的启示。感情援疆，正是对我国传统治疆方略的继承与发展。新中国成立以来，我们党坚持平等、团结、互助、和谐的民族政策，得到各族人民的衷心拥护。面对当前复杂的国内国际形势，坚持感情援疆，要着力增强"四情"：一是"党情"。使各族群众深刻认识只有中国共产党才是全心全意为他们谋利益，才能让他们过上幸福生活，从而真心感念党的恩情。二是"国家情"。使各族群众深刻认识正是国家对新疆的大力支持、特殊关爱，正是全国各兄弟省市无私援助、与当地人民共同奋斗，才有今日新疆的繁荣发展、蒸蒸日上，从而进一步增强国家情。三是"民族情"。使各族人民深刻感受中华民族大家庭的温暖，认识到各民族之间谁也离不开谁，衷心拥护党的民族政策，共同把新疆建设好、开发好。四是"粤新情"。推动粤新经贸联系、人员往来，互利共赢、合作发展，增强两地人民的兄弟情谊。

## 四　科学援疆是时代赋予广东的重任

新疆地域辽阔，自然条件恶劣，社会经济发展长期落后于内地；新疆自古又是多民族聚居之地，相对于内地，民情、社情更加复杂。因此，历史上中央政府治疆都强调多策并用、多管齐下。史书中关于邓缵先如何治理地方的记述并不多，但从散见于《乌苏县志》《叶城县志》等志书中片言只语和《耕稼词》《蚕桑词》等诗作中，我们仍可发现邓缵先在疆先后任五县县长，主一方之政，也是从多方面入手来达到稳定地方、发展经济的。比如，他注重民族团结，爱民如子、清廉执政，与当地各族百姓融为一体；在地方上重文兴教，开通风气，建桥修路、便利交通，开挖水渠、教民造水车、灌溉农田、发展蚕桑。按今日的援疆"行话"来讲，其中涉及文化援疆、民生援疆、产业援疆等多方面内容。

历史是不同类似场景的时空组合，过往的经验、教训对今天的现实生活有着重要的借鉴、启示作用。虽然，在新的历史条件下开展新一轮援疆工作，与过往历朝历代的治疆政策有着本质的不同。新一轮对口援疆的目标是实现推动新疆跨越式发展和长治久安的战略目标，支援内容包括经济援疆、干部援疆、人才援疆、教育援疆和科技援疆等方方面面，也包括通过对口支援新疆，促进思想观念的转变，既学习东、中部地区的成功经验，又避免东、中部地区在发展中走过的弯路，实现高起点、高水平、高效益发展。但是，也正因为新一轮援疆具有这种全方位大规模支援的特点，邓缵先从多方面入手主政一方的经验也就更值得今天借鉴。广东援疆前方指挥部正式进驻喀什以后，我们在总结、吸取历史经验的基础上，坚持以科学发展观为指导，提出"科学援疆"的工作理念，更加突出以人为本、科学谋划、统筹推进社会、文化和经济等各方面支援工作。

"科学援疆"作为对口支援的一种理念与一项策略，是新时期治疆方略的发展与创新，贯穿于广东新一轮援疆工作的方方面面。通过三年多的实践，"科学援疆"这一理念与策略取得了较好成效，初步走出了一条具有广东特色的援疆新路子。这条新路有几个特点：一是突出民生为主，发挥当地主体作用。广东三年来投入援疆资金22.43亿元，援建了富民安居房、棚户区改造房39880多户，完善了一大批与当地群众利益密切相关的水电路暖、教育医疗、劳动就业、广播电视、气象服务等基础设施，积极帮助各族群众改善生产、生活条件，改善各族群众的民生福祉；在援建中创新"交支票不交责任"援建模式，将支援资金、项目交由受援地来实施，支援方通过完善机制来加强监管，着力发挥了当地各族干部群众主体作用。二是推进产业援疆，培育"造血"功能。大力推进产业援疆，加快当地资源优势转变为经济优势，推动粤新产业、企业深入合作，实现粤新优势互补、合作发展。三是开展智力援疆，推动全面交流交往交融。站在增进民族团结的高度，组织新疆干部人才赴粤培养与交流；发挥援疆医生、教师在业务科研、培养人才、促进交流等方面的作用；大力推动两地各级党政团体广泛互访对接，策划开展"百万广东人游新疆"主题活动，带动两地民间全面交往交流，架起了粤新交流合作的桥梁，增进了粤新民族情谊。

2013 年 5 月

# 走在邓翁当年的路上

## ——广州援建疏附的实践与认识

王　坚[*]

在爱国老人邓缵先成边捐躯八十周年之际，2013 年 4 月 23 日，老人殉难地——巴楚，又一次发生暴恐事件，15 名干警牺牲，暴徒采用割喉、追杀、放火焚烧等方式，杀害社区进行家访且手无寸铁的女性同胞，追杀干警甚至连发小也不放过。手段之残忍，人性之泯灭，令人发指，现场惨状与八十年前比有过之而无不及。八十年光阴，八十年斗争，分裂斗争一幕一幕如出一辙，从未停息，多少民汉烈士喋血疆场。时代已翻过多少崭新篇章，今日南疆之环境已远非邓翁当年，抚今追昔，巴楚的血腥，让我们又仿佛看到老人以风烛残年之躯与暴徒抗争的场景，从而更加激发我们缅怀老人爱国主义的浪漫情怀，更加体会这份打击分裂势力、维护国家统一任重而道远的责任。

## 邓缵先精神再发现

作为新一轮援疆干部，来自邓缵先家乡的广东人，叩履前行，走

---

* 王坚，广州市援疆干部，疏附县委常委、县政府常务副县长。

在邓翁当年的路上。如何继承先贤爱国主义精神财富？如何践行邓翁"献身边塞、圆梦报国的志向"？在新的时代里，实现先人未竟的统一祥和、安宁幸福的新疆，为跨越式发展和长治久安做出贡献。"稳定"与"发展"的责任又落广东客家——先贤后人广东援疆干部身上。

邓翁戍边18年，1926年任疏附县知县。如今该县作为受援地，2011年始由广东援建，并且作为全疆5个试点县之一，由广州派出人员任职县委书记。我想，这或许就是为完成邓翁未竟事业冥冥之中的安排吧。疏附县当年的辖域尚包括阿图什、乌洽，比今天要宽泛许多。府址位于今天的喀什噶尔，是当时的政治经济文化和宗教中心，"瑰货雾集，华夷荧榴，迁引之盛，甲于南疆"①、"习俗奢靡，多妓女，娴歌舞"②，疏附俨然繁华盛世，足见其当年在南疆的分量。由于区划调整，1955年疏附县治从原址迁出。今日疏附3162平方公里，人口33万，为喀什地区12个县市之一。而在广州援建前的2010年，疏附县GDP仅为21.2亿元，公共财政预算收入5426万元，农业占三产近70%，农民人均收入实际不足3000元，是典型的国家级贫困县。

八十前老人任疏附知县时，就曾催耕劝农，种桑养蚕，设学重教，且经常深入百姓家中，了解耕作收成，体现爱农护民赤诚之心，这从邓老任职时留下的《耕稼词》《蚕桑词》可见一斑。应该说，老人对发展一产作为民生基础，二产提高民生水平是有所认识的。民不富庶，何以知书；国家积弱，何以安邦！在当时背景之下，应当说疏附已街道有序，商贩往来，汉回咸集，且为英俄觊觎，确有都会气象。但与内地城市，甚至北疆相较，作为回汉城之地，偏居西北，交通闭塞，文化多元，外强虎视，且又民族宗教问题缠合，经济社会既

---

① 谢彬：《新疆游记》，杨镰、张颐青校注，新疆人民出版社，2000，第129页。
② 谢彬：《新疆游记》，杨镰、张颐青校注，新疆人民出版社，2000，第129页。

复杂又落后，邓老曾任职的墨玉、叶城和巴楚这些"悍然僿野"之地，同样面临"稳定与发展"课题，即既要发展生产，又要处理民族宗教问题，还要与分裂分子斗争。这比在广东等地任职要艰巨、困难得多。但他凭一腔爱国为民的情怀，孜孜不倦，带着富民强国的愿望，迎难而上，最后以身殉职，谱写了一曲岭南人献身祖国西北边疆建设的壮烈史诗，亦为后人建设南疆奉献出一笔无形的财富。

面对新疆尤其是南疆的形势，自治区确立的"稳疆兴疆，富民固边"总体战略是历史的选择，亦是邓翁等无数先行者给后人留下的遗产。解决南疆问题，必须依靠包括广大少数民族同胞在内所有人民群众。作为援建方，广东一开始就确立了"一个龙头，两翼齐飞"的援建思路，提出改善民生以凝聚民心；发展产业以增就业促造血；智力援建以实现人的现代化，开启新疆文明与发展的不竭源泉。

## 建设现代新疏附的规划与实践

广州援建疏附后，一帮人前方拉缰，千万人后方鼎力，开启南疆疏附新的篇章。统筹谋划：广州党政四赴疏附，并把其作为第13个区县纳入广州新型城市化建设总体布局，提出"1336"发展思路：1个目标（建成富民强县和谐幸福新疏附），3个理念（民心向党是根本、市场机制是关键、文化引领是方向），3个突破（推进战略性基础设施、战略性主导产业、战略性发展平台实现三个重大突破），6大工程（民生、基础、产业、人才、融合、保障），实现中央提出的"五个明显"（2015年经济发展明显加快、各族群众生活明显改善、城乡面貌明显改观、公共服务水平明显提高、基层组织建设明显加强）和"一个确保"（到2020年确保实现全面建设小康社会）的目标任务，争当对口支援工作排头兵。

**规划先行**：编制广州市对口支援新疆疏附县总体规划（2011～

2015），完成了基础设施、城乡住房、产业发展、公共服务、农业发展、职业培训、促进就业、旅游、教育、卫生和城乡等10多个专项规划的编制。协助疏附完成"十二五"规划、疏附广州工业城及疏附商贸城园区规划、疏附县城乡体系规划、县城总体规划（修编）、近期建设用地控制性详细规划、援疆项目修建性详细规划、安居富民试点工程规划、商贸旅游综合区控制性详细规划、《疏附老城区控制性详细规划》、《疏附物流园控制性详细规划》和村镇规划等20多项规划的编制工作，为科学援建奠定基础。

**改善民生**：安居富民：启动13个乡（镇）安居富民示范村建设工程，完成10231户自来水入户和13450套安居富民房建设。民生设施：完成146个村（社区）的文化卫生、村级组织活动场所和警务室建设，完成县城有线电视改造和农村无线数字电视覆盖项目、青少年中心、县人民医院、妇幼保健站和计划生育指导站、布拉克苏等乡镇卫生院建设。新修乡村道路400余公里。培训增收：开展职业技能、创业和劳动力转移培训，实施"农业十大项目致富行动"，实现就业再就业16329人，转移输出劳动力23.48万人次，创收14.72亿元，农民人均纯收入达5720元以上，较2010年增加1532元。扶贫济困：据不完全统计，广州有关部门、各区县及社会各界捐款捐物4900多万元。

**发展产业**：建设产业平台：规划建设疏附商贸城、工业城，并先后被批准为自治区级园区。工业城入驻企业52家，投资总额32.6亿元；商贸城入驻广州新城、广东商品城等10多家企业。援疆以来，签订投资项目361个，投资总额423.49亿元，实际到位资金45亿元。优化产业结构：先后引进了广州新城国际物流园等商贸流通项目、中建材光伏发电新能源项目等工业生产项目，产业结构得以提升。推进重大项目：疏附广州新城、广东商品城、粤丰国际家具批发城一期开业运营；全面启动阿凡提乐园建设。工业城齐创钢构、鑫宏电缆、松叶电子等 15 家企业投产达效，广州及各区县政府支持 4000 万元及广州开发区额外投入 1500 万援建标准厂房动工建设。发展特色农业：发挥广州农业科技优势，重点推进特色蔬菜、玉米种植示范基地和优质鲜果销售加工生产示范基地建设。穗疏合资优质石榴种植示范基地首批无籽红石榴 2012 年 10 月成功广州上市。促进旅游产业：实施旅游强县，策划 2012 世界旅游小姐新疆赛区总决赛暨首届中国·新疆疏附县旅游形象大使选拔赛，实施广州旅行社组织游客赴疏附（喀什）旅游奖励方案。注册喀什广之旅公司，整合、策划、包装旅游资源，提升旅游档次。2012 年疏附接待游客 38.2 万人次，旅游总收入实现 2430.5 万元。

**人才培养**：培训：30 名县级领导参加社会管理专题学习，对 400 名党政干部领导力和执行力培训，180 名村干部新农村建设培训；85 名专业领域人才清华大学培训；285 名未就业高校毕业生赴援疆省市培养。同时，举办党政领导干部周末大学堂 18 期，邀请国内名校专家学者、社会知名人士，行业精英和领军人才到疏附培训各级干部人才 11900 人次。交流：选派广州市 60 多名优秀党政干部和专业技术人员到疏附县任职挂职，组织大批各类考察组赴疏附县学习交流，促进两地交流。37 名后备干部赴广州挂职锻炼，220 名专业技术人员赴广州对口单位跟班学习。据不完全统计，近 3 年来，先后组织穗疏两地各界别各层次人士互访交流达 280 多批计 4210 多人次。

**制度保障**：创新机制：建立和完善企业服务、项目代建、投资评审、工程交易、土地储备和政府采购"六个中心"及电子监察和服务评价系统，优化政务服务环境、提高行政效能。政策配套：进驻疏附广州新城经营的企业商户，享受国家、自治区、喀什地区、喀什经济开发区各项优惠；申报成立"边境经济合作区"和"边民互市区"。资金保障：制订年度投资计划并根据项目建设进度足额拨付了援疆资金，保障了援建项目的顺利实施。强化监督：建立对口支援监督检查联席会议、工作报告和审计监督，制定对口支援监督检查工作方案。

戍边安民、圆梦报国，维护与促进民族平等、团结、融合。邓翁身体力行为我们做出了榜样。援建仅仅三年，我们就为当地发展打下了坚实的基础。

援建项目72个，资金投入11亿元，实现了"项目开工百分之百、完成投资百分之百"目标，项目援建发挥效益、招商引资落地出产和产业发展得到优化，城乡面貌焕然一新。

广大少数民族住上了新房，并解决了用水用电；做到基层设施完善，教学、医疗环境优良；小学、中学、高中入学率分别达99.73%、94.7%和75.2%，双语普及率达57.5%，学前双语入园率为96.7%；实现乡乡新卫生院，村村新卫生室，新农合医疗全覆盖。城镇乡村有无线数字电视实现全覆盖，电影、演出、图书下乡入村，百姓业余文化生活渐趋丰富。

2011年和2012年疏附县分别完成地区生产总值25.23亿元、32.71亿元，增长21.8%、29%，两年累计完成投资58.38亿元，年平均增长65.8%，超过规划目标（年均增长30%）35.8个百分点，公共财政预算收入分别为1.14亿元、1.78亿元，增长109.7%、57%，公共财政预算收入和全社会固定资产投资增长跃居全区第一。实行商贸先行、以贸促工、贸工联动，投资环境改善，行政效率提高，一系列招商引资优惠政策，强化服务，促进了大小项目落地和企业发展。农业引入市场机制，调动了农民主观能动性，农民人均纯收入连年增加近千元。三产结构渐趋合理。关注生态，造林种草，土壤流失、荒漠化和沙化面积明显减缓。实施防洪防污工程，生态环境不断改善。

民族之间、穗疏交流、交往频繁，疏附各界别各层次人士到广州等内地发达地区参观考察、交流学习，少先队员两地"手拉手""万人游疏附""投资推介考察"等活动，由政府层面发展到了民间，促进了相互了解。

"一个龙头，两翼齐飞"思路深入人心。干部群众观念新，眼界阔，综合素质提高，为疏附大建设、大开放、大发展奠定了基础。现在的疏附百姓心气顺，干部攒足劲，赶超有目标，上下思稳定。

## 稳疆兴疆的再认识

尽管喀什大地形势总体向好，但不时的暴恐影响着南疆的发展，不论是先贤邓缵先时代，还是发生"7·5事件"、"巴楚事件"的今天，历史不断地重复，不仅考验着新疆当地的干部群众，也考验着援疆干部。境内外三股势力在当前国际形势大背景下，不断挑起事端，复制分裂事件，意欲里应外合，妄图使新疆独立。稳边固边，维护统一，历史重任始终摆在我们这些邓缵先后人面前。

喀什有句话叫"不到喀什不算到新疆"，也有句话叫"喀什稳新疆才能稳"，还有句话叫作"喀什不实现小康，新疆也完不成跨越"。可见稳定与发展是相辅相成的，是辩证统一的。因此，在南疆必须树立稳定压倒一切的思想，类似先贤邓缵先以身殉职的历史事件证明，我们的反分裂斗争是长期的、复杂的、尖锐的和激烈的，稳定是跨越式发展的前提和基础。作为援疆干部，要适应这一形势，要敢于面对，敢于担当。喀什地委就稳定工作提出处理好三个关系：即为了谁依靠谁、治标与治本、依法治区和先行先试。推进跨越式发展和长治久安、实现全面建成小康社会的根本目的是为了人民，实现这一目的也必须依靠人民。各族人民是创造喀什过去、现在和未来的主体，也是实现跨越式发展和长治久安的主力军和基本力量，这个作用发挥得怎样，事关事业兴衰成败，事关跨越式发展和长治久安。维护稳定的目的就是要使各民族和睦相处、和衷共济、和谐发展。

稳定是前提，发展是目的。统一祥和、安宁幸福的新疆是历代爱国人士的一生追求，亦是广州援建疏附的最终目的。万门必有钥匙，我认为交往、交流就是启门之钥。

援建当以现代文化为引领，走资源开发生态环境可持续之路，充分发挥好国家差别化产业政策，加快产业和创新发展，加快产业结构调整，以大喀什为突破口，推进新型城镇化建设。而在这些措施中，又当以现代文化引领各民族人民的交流、交往、交融为重点，只有通过交流交往才有利于引领人、塑造人。现代化就是人的精神世界现代化，精神世界现代化的重要性，不仅表现在具有实现现代化的能力、意志、技艺等方面的作用，而且还表现在现代化的阵痛过程中，抵御、防止、消解社会弊害和心灵毒汁的危害，从现代科技和现代物质生活中升华，结晶出健全优雅的人文精神。这一点在南疆尤为重要，我们要与落后的、反动的极端宗教主义争夺人，争取群众，要以此为目标，规划我们稳定与发展之路。

要为各族人民提供有效的交往交流，实现交融。第一，要坚持和完善民族区域自治政策，实现这一政策的与时俱进。民族之间倡导相互尊重相互平等，一个区域内不同民族的人们也应秉承相同的政策，比如就业、就学、生育和社保等，有了平等与尊重，各民族间交往交流交融才会步入常态。

第二，是完善交往的软硬件设施。一是要完善交通设施，加强疆内外高速铁路、公路和航空建设，加快实施中吉乌、中巴铁路建设，实行喀什机场落地签证制度，促使与中亚各国交往便捷。二是利用上海合作组织机制，推进旅游免签制度，方便各国间的商务往来。合作组织框架内的投资企业实行优惠政策，建立大市场、大通关。三是摒弃人为的障碍，地区间，兵地间除稳定关卡外，实行全面的开放。

第三是改进国家转移支付方式。着重通过宏观指导、市场调节方式安排投资，增加补贴，引导企业投资西部投资喀什。比如对符合环保、生态的产业，企业一律免征各类税收，并采用差别化政策对国家鼓励类行业实行倾斜，利用市场机制引导企业落户喀什，从而带来人才、技术和观念。

第四加快新型城镇化建设。通过走城镇化道路，由农村人口转入城镇，从而创造更多的非农就业岗位，拉动消费，带动人口和产业的聚集，率先在户籍、社会保障、住房、医疗、教育和就业制度改革，形成农民自由迁徙权利、激发农民工融入城镇，从而释放城镇化巨大潜力。

第五是加强各领域各层次交流。通过对口援建，促进东西部干部交流；通过市场引导，加强民间尤其产业间的转移与递补，从而促进人员的交流。发挥志愿机制，鼓励和支持志愿服务，形成以利他主义的社会环境。形成东西部、城乡间人员志愿交流。积极组织劳务输入输出。大力发展旅游业，增加来自民间自发的人们往来机会。

第六是加强双语教育和文化宣传。语言是沟通的桥梁，是文化的主要载体之一。双语教育不仅是中小学必修课，而且要成为社会的普遍要求，各领域人员要做到能说能用，形成学双语用双语的风尚，从城镇到乡村，实行青年人、机关干部不会双语的不得上岗。利用生动的形式继续做好"热爱伟大祖国，建设美好家园"活动，让各族人民用心体验不同民族的瑰丽丰富的文化内涵。

第七是坚持科教兴喀兴县，积极引进人才。加快网络及广播电视普及乡村工程建设，让党和政府的声音进入千家万户。逐步扭转人们从边远往中心城市周边调动，城市周边往中心城市调动，而中心城市又调往东部调往乌鲁木齐调往北疆的趋势；要改变孩子考疆外留疆外，父母随子女出疆的倾向。关注民族结构的协调。人员引进不拘一格。鼓励好儿女留新疆，提高志愿建设新疆、留守新疆人员的各种待遇。

第八是利用新疆地大物博优势，积极探讨利用广袤的未利用国有土地，设定一定年限，让有财力有爱心的人购买冠名或开发使用权，可合作可署名可继承可转让，一方面筹集开发边疆资金，一方面彰表爱国情怀。

交往、交流、交融，促进情感与观念的融合，打破各种包括就业、居住等传统格局，促使多元文化和谐共生，"夫合实生物，同则不继。以他平他谓之和，故能丰长而物归之，若以同裨同，尽乃弃矣。"① 实现各族人民"各美其美，美人其美，美美与共"②，保持各民族独特文化个性基础上，增进对祖国大家庭的认同，促进中华民族共同文化的发展。

文化认同也即广东提出智力援疆的终极目标，也就是为实现跨越式发展和长治久安的目标创造条件，假以时日，终能进一步告慰广东先贤邓缵先。

**参考文献**

①②谢彬：《新疆游记》，杨镰、张颐青校注，新疆人民出版社，2000，第 129 页。
③《郑语》，《国语解集》卷 16，北京中华局，2002，第 470 页。
④费皖编《费孝通在 2003》，中国社会科学出版社，2005，第 170～171 页。

---

① 《郑语》，《国语解集》卷 16，中华书局，2002，第 470 页。
② 费皖编《费孝通在 2003》，中国社会科学出版社，2005，第 170～171 页。

# 从邓缵先看中国传统士大夫精神

冯景山[*]

2011 年初，我成为一名援疆干部，在赴疆任职之际，有幸拜读了崔保新老师的《沉默的胡杨》，才知道原来早在九十多年前就有一位叫邓缵先的紫金客家老乡，到新疆任职，先后任乌苏、叶城、疏附、墨玉、巴楚五县知事（县长），在疆工作 18 年，最后就义于巴楚任上。读后既深受感动，又心潮澎湃，为有如此同乡感到骄傲与光荣，同时也更加坚定了我援疆的决心，有这样的先贤楷模，我亦不能有负梓里。

从改革开放的前沿特区——深圳到祖国西部边陲重镇——喀什，南国海滨到戈壁荒滩，繁华都市到大漠边关，踏着前辈的足迹，肩负着组织的重托，到了一个完全陌生的异域他乡，反差很大。很多朋友问我：为什么来援疆？我说，如果你读了《沉默的胡杨》，你就明白了。人生在世，总要有一些理想情怀，有血性和品节，为国出点力，为民做点事。1914 年，已是 46 岁，民国初年即出任紫金县议会议长的邓缵先，胸怀"年逾五十不为老，壮年出塞戍边垣"的壮志，毅

* 冯景山，原中共喀什市委副书记，深圳市援疆干部。

然应内务部第三届知事试验，取列乙等，受民国中央政府派遣，不远万里来到新疆戍边安民。他在新疆工作18年，先后担任乌苏、叶城、疏附、墨玉、巴楚等五个县的县长。在任期间，为官清廉，为民服务，以"借问荒碛胡为乐，经岁不闻贪吏呼"为理想，治理辖地，开智授业，民生，卫国戍边，成绩斐然。《乌苏县志》记载："邓缵先在乌苏主政两年，遍至乌苏城乡，考察地理，体验民情，多有建树。先后修建五道桥、东关桥今太平桥，便利交通；开挖六十户庄新干渠及其两条支渠，灌溉农田4000余亩，百姓称贤。"卸任叶城知事时，"父老子弟壶浆钱送，十里五里，长亭短亭，至玉河边，犹留恋涕泣"。1932年邓缵先任巴楚县长，1933年和田叛乱势力进攻巴楚，时任县长的他，发出了"我有守土责，城亡与亡。今日之事，唯有一死报国，何逃为？"的豪言壮语，带领官兵及各族百姓与叛匪进行了为期16天的殊死搏斗，终因"弹尽援绝"而失败，城破殉国，享年65岁。一个南粤的士绅，在国家需要时，"苟利国家生死以"，背井离乡，甘冒风险，万里迢迢远赴边疆，清廉勤政，造福于民，卫国戍边；在国土危难之时，"岂因祸福避趋之"，尽忠职守，持节不屈，壮烈殉国，这是何等的血性男儿，这是怎样的理想情怀？我以为这正体现了中国传统知识分子的士大夫精神。入疆之后，深入到喀什的山山水水，结识了喀什的许多干部群众，又经历一次次直面生死的大事件，凡此种种，愈加让我深切感受到邓缵先——这位民国时期广东援疆第一人之伟大，中国传统士大夫精神之光辉。他不仅是威武不屈的胡杨，勇敢的战士，也是维护民族团结、传播先进文化和守土富边的典范，持节为官者的模范，更是援疆干部的楷模。新一轮的援疆工作，从全国的横向比较来说，仍是相对危险和困难的，特别是在情况更加复杂、条件更加落后、困难更多的南疆喀什，但却是邓缵先那个时代所无可企及的，每念及此，我就更能感到援疆先贤带给我们的精神力量，更能感念他们留给我们的未竟遗愿和梦想。

回眸历史的星空，是谁，在国家危难、民族存亡之际，挺身而出，不惜抛头颅、洒热血，力挽狂澜，为民请命，献身赴义？——秉笔直书的晋董狐、齐太史、司马迁，威武不屈的苏武、岳飞、文天祥……他们刚直不阿的浩然正气，尤为后人所传诵；是谁，在当百废待兴、社会发展时，为国家兴盛，社会发展，人民安居乐业奉献智慧，在治国理政中建功立业？——辅佐唐太宗开创"贞观之治"的魏征、房玄龄、杜如晦，遭受贬谪时，仍不忘为民造福修"苏堤"、"白堤"的苏轼、白居易……；是谁，在文明进步时代变迁时，写诗著文、著书立说、教书育人，为后代留下了宝贵的文化遗产？——谪居洛阳广揽门徒创建洛学的程颢，不畏权贵、抒发浪漫情怀的诗仙李白，感惜民苦、关切民生的诗圣杜甫，集大成于一家、开思想之先河、著述宏富的王守仁（王阳明）、朱熹……

一个伟大的文明古国，曾无数次历经沉浮磨难，但却能历经几千年兴亡更替而绵延不衰，就其根本原因来说，就是有一批凝聚中国传统士大夫精神的仁人志士，奉行"达则兼济天下，穷则独善其身"信念、怀抱"修身齐家治国平天下"的理想，"以天下为己任"，为国为民奉献智慧、勇气和心血。几千年的历史演化和传承积淀，使"士大夫"成为为国家、民族和人民服务并且德行高尚、勤政爱民的从政者的尊称，这个群体为国家安定富强理政，为社会发展进步出力献策，为黎民百姓谋福，还创造思想、传承文化，左右社会风气，示范价值取向。孔子说：行己有耻，使于四方，不辱君命，可谓士矣；士大夫精神成为中国历代士大夫群体所追求的人生理想、价值取向，恪守的道德信仰、行为规范，体现的社会责任感、使命感等融合而成的结晶体。一个伟大的文明，必然有伟大的精神，必然有伟大的情怀，对于中国来说，士大夫精神就是这个伟大的精神的代表，历代士大夫们淋漓尽致地展现了这种伟大的情怀。这些士大夫们真正实践了"在本朝则美政，在下位则美俗"的赞语。特别需要说明的是，士大夫们珍惜名节，为官清正廉洁。他们在"省己"、"戒贪"方面严格要求自己，包拯在盛产端砚的州府为官，卸任时砚工特制一块精砚送他以作纪念，他婉言谢绝，"不持一砚归"；海瑞以74岁高龄病死官舍后，仅余葛帏旧衣，靠同僚捐治葬俱方得葬殓。同乡苏民怀检点其衣物，发现只有竹笼一只，内有俸金8两，旧衣数件而已；康熙年间张伯行说"一丝一粒，我之名节；一毫一厘，民之脂膏。宽一分，民受赐不止一分；去一文，我为人不值一文。谁云交际之常，廉耻实伤；倘非不义之财，此物何来？"这类见利思义、廉洁自守的道德故事读来令人动容。

忧国忧民、忘我为他、民族气节、国家大义、舍生忘死，这些都是超脱于个人利益之上的一种精神升华。尧舜禹，屈原，孔子、孟子，张良、诸葛亮、魏征、王安石、范仲淹、王阳明、岳飞、曾国藩、左宗棠，包括前述的邓缵先等，他们就是这个古老的文明培养出来的忧国忧民之士，他们就是中国的士大夫，其所体现的精神就是中国的士大夫精神。先天下之忧而忧，后天下之乐而乐。范仲淹的一句名言，充分说明了士大夫精神的内核。他们的处世智慧不仅仅在于他们面对危机、困境或人生选择时的应变之法，更多地体现在他们追求的人生信仰和支持他们选择的价值取向。"为天地立心，为生民立命，为往圣继绝学，为万世开太平"代表了中国历代士大夫群体的名臣贤相们恪守的道德规范，是他们的社会责任感与使命感的价值体现。他们的人生智慧、处世哲学，以及为官之道，在千百年兴亡成败、分合交替的历史画卷中，经世不衰。爱国者爱民者，千秋万代，都受到民众的认可和崇拜。

当今社会，一些从政者（特别是领导干部和公务员）忘却了执政的基本宗旨，信仰缺失、信念迷离，人生观和价值观发生扭曲、变质和转向，奉行"人不为己，天诛地灭"、"一人得道，鸡犬升天"、"权力权力，以权谋利"的特权、专制、宗法思想和"拜金主义"、

"享乐主义"、"极端个人主义"等腐朽糜烂思想，丧失基本的官德和底线，因为权力、金钱、美色而走上不归路，人民公仆变成了人民公敌。忘记历史，就意味着背叛，没有精神和文化的传承，就会迷失方向。这样的时代，特别需要呼唤中国传统士大夫精神的回归与升华，汲取中华文明的人文精华，向先贤学习，去其糟粕取其精华，让士大夫精神在新一代从政者群体中闪耀和升华，我们共产党人，更要勇于直面历史和现实，让"为人民服务"的宗旨意识和传统士大夫精神完美结合，融入肌肤，深入骨髓，重拾新时代士大夫的光辉。

习近平同志在中央党校 2011 年秋季专题研讨班开学典礼上，强调领导干部不管处在哪个层次和岗位，都应该读点历史，从中汲取有益于加强修养、做好工作的智慧和营养，不断提高认识能力和精神境界，不断提升领导工作水平。历史是一个民族、一个国家形成、发展及其盛衰兴亡的真实记录，是前人各种知识、经验和智慧的总汇。领导干部要通过研读优秀传统文化书籍，吸收前人在修身处事、治国理政等方面的智慧和经验，养浩然之气，塑高尚人格，不断提高人文素养和精神境界。

扎根于贫瘠荒漠的胡杨高大挺拔，顶天立地。"活而一千年不死，死而一千年不倒，倒而一千年不朽"，是邓缵先等民国时期优秀戍边援疆官吏的生动写照，他们是士大夫精神的代表，也是我们这些新时代援疆人的精神楷模，邓缵先"戍边爱国、务实为民、廉洁从政、以诗证史、献身边塞"的精神和"廉政厚德、忠诚爱国、戍边守信、修志笃行、复兴边疆"的事迹，从各个不同的侧面构成了一种完整丰厚的精神内涵。这些丰厚的精神财富，需要用我们的努力和奉献为之添加更浓郁的现代色彩。

# 邓公文化遗产对现代治疆的启示

阎旭光<sup>*</sup>

邓缵先，一个出生在广东的客家人，从民国五年（1916 年）到民国二十一年（1932 年）18 年间历任叶城、乌苏、叶城（二次任职）、疏附、墨玉县知事，巴楚县县长，直至 1933 年殉职于巴楚任上，八十年后的今天，我们在这里缅怀邓公，用研究邓公的德、政、文等丰厚成果来告慰先烈，勉励后人，邓公在天之灵当安息。

邓缵先是一个时代的缩影，他给后人留下的东西太多太多，但我认为，他首先留下的是一笔精神财富，是对新疆的文化贡献。作为一个爱国主义诗人，作为从辛亥革命的发源地广东前来援疆的客家人，他带给新疆这个高天远土最为传统又最为先进的理念、思想以及文化著作，传播着新生的民国时期的政治思想、引领人们从封建走向民主。从他的文笔描述中我们可以看到近一个世纪前的新疆的政治、经济、文化、历史以及风土人情，他每到一地，必修史立著，为当地留下宝贵的历史文献，他以文化人，用自身丰厚的文化底蕴影响着一地一域的文化氛围，直到今天，他对新疆特别是对喀什的文化价值与文化贡献，首先是不可估量，其次是研究与弘扬。

---

* 阎旭光，中共喀什地委副秘书长兼喀什日报社总编辑。

# 一　邓公的文化贡献彰显中华文化软实力

文化是一个国家和地方的软实力。软实力看似没有吃饭重要，关键时刻则关系到国土存亡。在现代文明飞速发展的今天，这个道理已被高度关注和普遍认可，邓公身受开明之教化，又为文明之使者，自是倡导文治和打造文化软实力的先驱之一。

笔者认为：不是只有现在才有现代文化，只要是能够把不同历史时期最为先进的思潮来引导人们的社会实践活动，都应该称之为现代文化引领。邓公正是这样一个现代文化的引领人。他出生在广东紫金县，广东是辛亥革命的策源地，辛亥革命推翻了中国几千年的封建帝王制，开启了中国一个全新的时代，在当时来说，它的先进性不言而喻，邓公生逢其时，接受了辛亥革命的先进思想，并积极投身于革命，可以说，在他身上融合了中国从古至今都有的忠君爱国思想和民国时期打破一个旧世界的改革思想，两种不同的文化思潮的碰撞并有机地结合在一起，造就了邓公齐家治国平天下的仁人志士胸怀。

邓公给我们留下宝贵的文化财富，首先是国家层面的。用当下的话语就是：富强、民主、文明、和谐。邓公在叶城等新疆多地履新时撰写和编纂的文稿、史志，无一不是研究当地政治、历史、风俗、民情和自然资源的宝贵财富时任叶城这样一个边境县知事，邓公可能不会想到，近半个世纪后，他在叶城实地考察后撰写的《巡边日记》对中印边界争议的勘界确认起到决定性作用。在《巡边日记》有这样一段记叙："谨按中坎分界当以星峡为限，水流出坎巨提者属印地，水流入县河者属中地。星峡分界中外，分明诚天然界限也。检阅旧卷，光绪二十五年有以玉河为界之议。如果斯言实行是不啻将玉河流域断送于人，更不啻将玉河两岸地方断送于人。玉河水源不一，支派分歧，若以玉河为界，纠葛愈多，得寸进尺越占无厌。且玉河为叶尔羌河，莎、叶、皮、巴等县人民命运攸关，若以玉河为界，始则占我河西南土地，继必占我河东北土地，甚成秦泾水毒赵堰遏流，将莎、叶、皮、巴等县数十万生灵受制于人，其贻害曷有极哉。"在巡边日记中，邓公更精确讲到巡关卡的地理位置："卡在叶城县西南一千二百八十里，西距喀什道治一千九百二十里，北距省治五千四百六十里，与坎巨提交界，亦可通往印度国，防边戍边关系重要"。邓公是不是历史上第一个深入到昆仑山深处勘查边界的官员我们不能断言，但是，正是他守土有责的强烈爱国精神，使他写下了极具价值的《巡边日记》，这篇日记，已断然不像也不是一个文人的文弱气质，而是一位镇守边关的三军统帅。邓公的《巡边日记》在 1962 年中印边境之争中派上了用场。以其巡查边情的报告作为领土之争的重要依据。可见邓公对于维护祖国统一、领土完整所作出的贡献。新疆的叶城县域面积几乎与海南省陆地面积相当。邓公虽是民国时期的官员，但是却恪尽职守，以文载史、以史保土，为维护祖国的领土完整做出了贡献。说到历史，修史，亦是他对新疆做出的巨大的文化贡献之一，邓缵先每到一地任职，都不忘修史，先后编辑了《乌苏县志》、《叶城县志》，撰写了《叶迪纪程》，其历史文化价值难以估计。

邓公是社会活动家。他以诗文游记描述新疆的风土物产，也开了民国之先河，给我们展开了一幅幅瑰丽的边塞画卷，其社会层面的贡献尤为壮观。其中一篇《昆仑赋》非常有代表性，文中曰"其中有山，名曰昆仑。巍峨崔崒，弗郁胚浑。奇标邻界，雄镇戎藩。西控榆谷葱岭，东扼阳关玉门，南驰仙乡佛国，北走康居大宛。茏岹塞陲，视天下而若小；崛崎寰宇，推此山为独尊。此言昆仑形势冒起。尔其玉涧黄芽，瑶池紫蕊；云桂月芝，琳腴石髓。雪山三面以珠环，星海百泓而流驶。奇花异草，香浮阆苑之中；仙果灵瓜，秀苗层城之裹。疏条则百尺无枝，密叶则五纹成绮。荫嘉木于扶桑，竦寒柯于弱水。博物志未详其名，大荒经莫纪其美。郁郁纷纷，连绵万里。此言草木瑰富。"极言喀什之大美、壮美、奇美。

邓公是诗人。诗言志、抒情、记事、录史，一切皆有。这是邓公对文化层面的贡献。而邓公的边塞诗词不仅是个人文采彰显，学有建树，也是客家文化和新疆西域丝路文化的宝贵社会财富。新近整理的《毳庐诗草》集诗611首，《毳庐续吟》集诗671首，若再加上《叶城县志》《乌苏县志》《叶迪纪程》中的诗词，近1400首诗词足以奠定邓缵先在边塞诗坛中的地位。

研究与赏析以邓公边塞诗，侧重研究这位民国客家边塞诗人，系统地探讨他诗词的内容、特点、方法、情感、情操等反映民国初年的时代风貌和士大夫的情操。通过以诗证史的方法，为客家文化和新疆西域丝路文化增添一朵奇葩，不仅可以填补客家诗词研究空白，再现客家人忧国忘家、重义忘利的高尚情操，打造广东客家文化新名片，更能以史为鉴，让邓缵先的精神服务于国家援疆大政。

崔保新先生在策划研究邓公边塞诗时曾有这样的感慨：邓公诗词与众不同，不在其形式创新，而在其内容博大精深，鲜有人及。一个人岭南文人胸怀马背立功之志，仗剑出关，游走于昆仑与天山之间，此中阅历几人能有？西域的朔风填充了邓缵先的胸襟，将岭南红棉化作西域胡杨。然而，由于种种原因，邓缵先对边塞诗做出的杰出贡献被后人忽视了。它尘封历史90年，它的密码尚无人破解，尚无闪耀它应有的光辉。"男儿负壮志，立功西北陲。投鞭万里去，骏马如飚驰。愿携鸾为群，不与鸡争食……"

原新疆师范大学博导、古代西域文化研究家胥惠民教授对邓公的事是这样评价的："最初读到邓缵先的诗词时，即感受到一种思想的震撼力，诗作者不仅是旧体诗的行家里手，而且是边塞诗承先启后的代表人物，他的诗词真实地记录了民国时期的历史。"就现代边塞诗而言，无论从数量或质量而言，邓缵先不仅是一个无法绕开的重要人物，甚至是民国诗坛一个罕见的高峰。

## 二　邓公的文化贡献给我们的启示

邓缵先为新疆文化做出了如此贡献，为什么我们到现在才发现他？我们应该从他身上学到些什么？

文化的功用。文化作为某一历史条件下人类共有的精神品质、精神意志，其内涵的核心是一定和统一的。这是由人类共同的道德标准、价值追求决定的。从社会历史功能上看，文化是柔性和刚性的统一。文化以精神意志、道德情操等柔性内容和方式，作用于主客观世界，提供思想旗帜，整合社会意愿智慧，形成精神动力，实现社会功能。同时，文化又是刚性的。文化是共有的精神意志，也是共有的行为准则，它提供发展进步的精神动力，更要为发展进步提供以制度文化为代表的高一级的社会规则、规范、秩序。由此理解文化的功用，邓公的文化贡献所在也就不言而喻了。

报国之志。作为一个民国的官吏，邓公常怀报国之志，常书爱国之情，邓公自幼受国学熏陶，自然秉承了中华民族的这一优良传统，已不惑之年从婉约灵秀的岭南，来到粗犷豪放的漠北。可谓五十功名尘与土，若没有报效祖国的强烈愿望，怎么能去万余里之遥赴新？若没有爱国之精神，又何以50多岁的年纪去巡边？1921年春天，阿山道尹周务学以身殉国，邓公写下一首五言诗词《挽周道尹阿山殉难》："犯塞妖氛急，捐躯热血浓。半生多感慨，一死竟从容。浩气霄冲鹤。英魂剑化龙。阿山收复后，立马望残烽。"这是常怀报国志，一死竟从容，为国捐躯的真实写照。

边疆学研究的重要部分。对邓公的研究涵盖了政治、经济、军事、文化、治疆方略等多个领域，但就其文化而言，应当说应尽快纳入边疆学研究的重要内容，进而转化为以现代文化为引领的主题教育的一部分。笔者薄见，在我国以研究任务或专著的各类学会很多，但针对疆土或低于研究的却较少，如对边疆学的研究可能不及美国。邓公在疆十八年，留下了丰富的遗产，涵盖的层面很多，归结起来就是边疆学重要的组成部分，近现代的文史作品、远及祖国最西端的喀什噶尔，可以说在时空上具有填补空白的价值。

从胥惠民先生广泛收集边塞古体诗词，并从 3000 余首诗词中精选出700 篇佳作，编注成《现代西域诗钞》看，其中不乏大家、名家之作，诸如杨增新、吴蔼宸、于右任、李根源、罗家伦、朱绍良、王子钝、王孟扬、王蒙、董必武、陈毅、叶剑英、沈钧儒、郭沫若、刘萧无、星汉、黄瑞云、冯其庸、吴丈蜀等等。单就数量而言，诗钞中收录邓缵先与王子钝的诗词作品最多，分别为 87 首和 70 首，那些大名鼎鼎的诗人反居其后。仅从这一个方面可以佐证邓公在边疆学中应有的地位。

2011 年 7 月底，由新疆社会科学院、中共喀什市委、人民政府主办的喀什噶尔学研讨会，国家清史编纂委员会、中国社科院文学研究所、中国社科院中国边疆史地研究中心等 20 余位专家学者与会，建言献策喀什噶尔学研究与编纂。与会专家学者认为，启动喀什噶尔学研究、编纂《喀什噶尔学研究》的条件已经成熟。喀什噶尔学是新疆学乃至中华国学的重要组成部分，研究喀什噶尔学，既符合历史文化内在的规律，也会满足广大群众日益高涨的文化需求，必将对喀什今天和明天的改革与发展，产生不可低估的作用。笔者有幸参加会议，今天回想起来，在整个研究的策划、成果汇集、编纂成书等具体方面，还是一个弱项，当重推之。

由此进而之，边疆学的研究到喀什噶尔学的研究再到历史教育，邓公当之无愧的应有重要地位。

## 三　邓缵先研究的现实意义

文中提及对邓公的研究，许多前辈以对邓公之敬仰不遗余力，潜心研究，笔耕不辍，建树丰厚，但是，历经一个世纪以来的沧桑巨变，留给我们的反思似乎多于成果的分享。笔者认为：研究邓缵先的工作，仅一个世纪来都在进行中，取得了一定成果，但可以说，对这一段历史的研究还不够，还缺乏科学的、社会的、综合性研究的思想认识不够，推力不足，成果转化更为不足。就是在今天，一本赞誉邓公的书《沉默的胡杨》从成书到面世、电影或电视剧的制作，竟然受制于市场、困窘于经费，又如何说明对文化软实力重要性的认识。

2011年初夏，笔者与崔保新先生请益《沉默的胡杨》创作体会时，有这样几点可以与大家分享：

——研究邓缵先，旨在高度重视和发展地域文化，文化是软实力，软实力平时似乎没有吃饭重要，关键时刻则维系国家安全、领土完整。

——研究邓缵先，不仅仅是攥史作书，更是通过发掘像邓缵先这样的地方文史素材，丰富喀什的人文、历史，追溯喀什多元文化的渊源。

——研究邓缵先，可建立邓公纪念博物馆，增加一个爱国主义教育基地，一个文化研究基地，一个集历史、人文于一体的旅游胜地。喀什不仅有高台民居、艾提尕清真寺、阿凡提、香妃，还有班超、张骞、邓公等等……

——研究邓缵先，可借此做好文化搭台，经济唱戏的大文章。客家经济、客家文化是世界瞩目和研究的重点，对邓缵先准确的历史定位，必定会引起海内外客家人的关注，客家人重礼仪、重孝道，邓公在这里奉献、逝去，客家的海内外商贾名流、文人墨客来喀什必定要对邓公进香、谒拜，带动喀什的大旅游、大投资。

邓公为人、为官、做事，做文其研究正逢其时，其成果正日渐成熟，本文不敢赘述。

就在本文草就修改之时笔者应邀前往巴楚参加"巴楚反恐英烈

事迹宣讲"材料的审定，看着一篇篇英勇悲壮、感人肺腑的烈士事迹材料，听着宣讲员包含对烈士崇敬怀念之情和对暴恐犯罪分子无比憎恨的宣讲，心中却是无限感慨，两相对比，令我们思考的东西太多太多：

从巴楚反恐勇士到80年前的邓公在巴楚县长任上罹难，笔者想起新疆著名学者王念慈老人的一段回忆："我父亲案头放着邓缵先两部诗集——《毳庐诗草》和《毳庐续吟》，是他最爱。18岁时父亲告诉我，1933年春，和田来的大头棒队袭击巴楚，邓爷临危不惧，一方面安抚百姓，一方面自正衣冠，从容说道：丈夫死，必正其衣冠。贫贱不能移，富贵不能淫，威武不能屈，邓爷死得惨烈，死的悲壮，死的庄严，死的令暴徒生畏，死的令君子感佩小人汗颜。邓缵先的形象早早就在我心中扎根，年长后诵读其诗词，更觉其人气度非凡。英烈们生前对国家表现的大忠，铸就了他们死后的英名。"

80年前巴楚暴乱和"4·23"暴力恐怖案件的反人类罪行如出一辙，烈士的英勇无畏同样悲壮，在历史的长河中有许多节点如此相似，但一切善良人们决不允许暴徒肆虐，勇士们决不让悲剧重演，留给我们的事对惨痛教训的深刻反思

英烈身处不同的社会，英烈的境遇也截然不同。用英烈的事迹强化爱国主义教育、民族大团结教育、敬畏历史教育、干部群众五观教育、暴恐犯罪是各民族共同的敌人，

英烈的牺牲激励我们化悲痛为力量，转化为建设家园，建设特区的强大动力，转化为完成两大历史任务的动力。

2013年5月8日于巴楚

# 《沉默的胡杨——邓缵先成边纪事（1915～1933）》维吾尔语翻译的现实意义

姑丽娜尔·吾甫力[*]

援疆是时代催生的产物，是中华民族复兴大业的召唤。但援疆人的足迹，却从未受过时空的限制，可以追溯到久远之前。邓缵先的故事，让我们认识了一个与援疆同样重要的鲜活的命题——新疆各民族人民荣辱与共的交流史、奋斗史和建设史，伴随着中华民族追逐中国梦的始终。

优秀的文学作品，总是能够承载时代的强音、表达人民的心声。优秀文学作品的翻译不仅能加强不同民族间的交流、交往，提高对彼此文化的认识和了解，成为连接文化的桥梁，更能达到如费孝通先生所言的"自美其美、美人之美、美美与共，天下大同"这样的效果。

传记作品《沉默的胡杨——邓缵先成边纪事（1915～1933）》就是这样一部优秀的文学作品，也是能够进行再阐释和挖掘的作品。新疆特别是喀什在中国强国战略中具有战略意义，具有划时代意义的援疆工作，不仅要有政策、政治行为，也需要有文化的诠释，需要深入

---

* 姑丽娜尔·吾甫力，女，维吾尔族，新疆喀什市人，1966 年生，博士、教授，现供职于喀什师范学院。

人心，被群众理解、认同，并能发自内心地支持和参与，主动作为，这需要文化工作者积极做出努力。《沉默的胡杨》维吾尔文版的现实意义大致可以总结为以下几个方面：

1.《沉默的胡杨》生动有力地诠释了新疆精神，该作品的维吾尔文翻译，能将一个活生生的反映新疆精神的人物形象植入民众的心里。新疆精神绝不仅仅是干巴的条文，而是新疆历史上特别是近现代以来各民族群众荣辱与共、共同发展的奋斗史、建设史、精神史和思想史。新疆精神一定是活生生的人的精神体现。对于新疆的少数民族群众来说，由于史料的缺乏特别是由于语言的障碍，关于汉族官员了解也许只有对林则徐等会有些印象，对其他人可能却一无所知。而实际上，新疆的近代史留下了许多来自内地的汉族官员的足迹，他们之中不乏精忠报国之士，也不乏亲民爱民、关心爱护各民族群众的官员。少数民族群众对他们确实不了解。传记主人公邓缵先是一位人品高尚、忧国忧民、才华横溢的人物，为了新疆的事业，呕心沥血直至献出了自己的生命。他是一代具有高风亮节的汉族官员的典范，也是汉族干部学习的榜样，更是各民族之间相互认同的重要桥梁。这部作品的维吾尔语翻译，会使维吾尔族群众了解那段历史，了解那个时期的汉族官员，从文字中感受新疆的历史确实是由各民族共同缔造、共同书写的。各族人民荣辱与共的奋斗史、精神史，恰恰是我们今天所提倡的新疆精神的有力诠释。把邓缵先的事迹用维吾尔语翻译出来，使新疆各民族群众对新疆精神的理解和把握的作用是显而易见的。

2.《沉默的胡杨》的维吾尔语翻译，搭建了新疆各族人民相互了解、相互认同的平台。各民族的交融、交流，必将是以文化为载体，也只有文化的沟通才能完成真正意义上的各民族的交流与交融。《沉默的胡杨》迈出了积极的一步。这部著作的维吾尔语翻译，必将搭建各族人民相互了解、相互认同的桥梁。一位汉族官员的思想和精神历程，是代表他所在的汉族的、儒家的文化。通过对邓缵先的文化涵养、个人品行、诗赋才华的了解，可以使少数民族群众了解一个文化背景不同的汉族官员与他们原来如此之近，并且这位汉族官员对少数民族文化如此熟识并有研究。他们虽然民族不同，却有共同的国家利益、中华民族的立场、保家卫国的信念和追求幸福的美好理想。正是这些，将新疆各族人民紧紧联系在一起。这个力量无疑是巨大的。就像少数民族群众通过阅读鲁迅的作品、认同鲁迅精神进而用自己的思想文化诠释中国知识分子精神，使得鲁迅精神成为中国各民族知识分子精神，中华民族精神的标志性体现一样，邓缵先等一大批爱国志士以及今天援疆干部们的感人形象，一定会使援疆工作不再抽象和空洞。

3. 邓缵先故事的维吾尔文翻译，能将一个深入了解维吾尔文化、研究伊斯兰文化，并能将儒家文化与伊斯兰文化有机结合的儒雅的汉族官员形象在百姓中树立起来。群众需要这样的官员。这部作品树立的优秀援疆干部的形象，也将深入各族人民的心里。邓缵先不仅是一位胸怀伟大理想，具有忧国忧民思想的人物。他来到新疆，对新疆的历史文化有了深入的了解甚至研究。他对新疆宗教的研究可谓非常深入，对西域宗教演变史的研究使他把握了新疆特别是南疆开展工作的命脉，这是援疆干部要上好的第一课，也是他能深得民心的根本原因。了解一个民族、尊重这个民族的文化，从民众的思想和情感加以引导、领导，是在新疆特别是南疆开展工作的一个关键环节。特别在南疆宗教文化传统较为浓厚、文化较为封闭、群众文化交流相对较少的情况下，邓缵先的工作方式和思路，显得尤为重要。特别是他从国家战略思考新疆问题，毅然赴边，且将生命献给了这里的人民。这样的胸怀和追求，是值得深入研究和推广的。

4. 《沉默的胡杨——邓缵先戍边纪事（1915～1933）》的维吾尔文翻译能有助于各族人民群众从历史的角度理解援疆的意义、作用，更好地理解国家对喀什等地的战略思路，激发群众团结一心建设家园的主动精神。近现代新疆历史，由于种种原因，不仅复杂多变，而且至今都是研究、著述相对较少的一个领域。即使有，也是相互没有翻译，这些成果在各民族中自言自语，很多作品，由于在民间尘封太久甚至消失，令人扼腕。因此，这本著述的翻译，不仅回应了自治区党委对文化互译工程的期待，而且也突破了目前自治区文化互译工程中互译工作偏重于文学作品而较少史传、学术著作的现象。新疆的文化互译，应该向更广泛的国际视野迈进，有了对国际最前沿理论的正确把握、焦点问题的深入思考，才能站在更高的起点上思考新疆的问题、各民族文化前途的问题。这将有力推动自治区文化翻译事业向更广领域、更高层次迈进。援疆工作，是新疆最重要的政治话题、民生话题、发展话题，援疆工作工作的民间讨论，还远没有展开。关于《沉默的胡杨——邓缵先戍边纪事（1915～1933）》的维吾尔文翻译的讨论、邓缵先事迹的研讨，是将援疆工作引入民间、深入群众的一个极好的契机和有效尝试。在这个意义上，关于邓缵先，我们还有太多的讨论空间。

# 新疆 80 周年治乱循环的警示

## ——巴楚 4·23 暴力事件与南疆 1933 年动乱比较研究

崔保新

## 巴楚暴力事件之回顾

4 月 24 日，我还在德国旅游时，即收到广东嘉应学院周博士一条简短的邮件："巴楚发生暴力事件，重读史书，历史有着惊人相似！"。所谓史书，即我写的《沉默的胡杨——邓缵先成边纪事（1915～1933）》一书，该书以治乱为主轴，记述了主人翁邓缵先为新疆大治所做的贡献，并在新疆大乱中付出了生命代价，其遇害地点正是巴楚县。在我看来，这则短信一是告诉我一桩刚刚发生并震惊国内外的新闻；二是给我出了一个题目：4·23 巴楚暴力事件与邓缵先遇害相隔 80 载，它们之间有何异同？在西欧申根国家行走途中，我一直在思索这一问题。

关于 4·23 巴楚暴力事件过程，综合新疆门户网站天山网和新华社主办的《环球时报》的消息："4 月 23 日 13 时 30 分，新疆喀什巴楚县色力布亚镇 3 名社区工作人员到居民家中走访，在一居民家中发现多名可疑人员和管制刀具，遂用电话向上级报告，之后被藏匿于屋内的暴徒控制。接报后，镇派出所民警和社区干部分头前往处置，先后遭屋内外暴徒袭杀。此前被控人员也被杀害，暴徒点燃房屋焚烧。随后赶到的民警击毙继续暴力对抗的暴徒，控制现场事态。该暴力恐怖案件造成民警、社区工作人员 15 人死亡（维吾尔族 10 人，汉族 3 人，蒙古族 2 人），受伤 2 人（维吾尔族）。处置过程中击毙暴徒 6 人，抓获 8 人。初步查明这是一个预谋进行暴力恐怖活动的团伙，案件正在进一步侦破中。"新疆维吾尔自治区一名知情官员 24 日向《环球时报》透露了事件的相关细节。据他描述：3 名社区工作人员正常进行民居走访时正好撞上恐怖暴力分子聚在一起观看境外流入的恐怖活动视频，现场还发现大量管制刀具。由于大家平日里都是乡亲，工作人员一边试图稳住对方情绪，一边悄悄向派出所报案。接到报告的派出所所长带着联防队员及社区工作人员赶到现场时，3 名被控工作人员已被杀害。赶来的众人遭多名暴徒持 1.2 米长刀具伏击，唯一携带手枪的派出所所长打光了 6 颗子弹，仍未能突围，众人被逼入一个房间。暴徒随后堵死房门，灌入汽油，并纵火将众人活活烧死。据悉，遇害者中包括色力布亚镇副镇长孙超（蒙古族）。

　　"4·23"巴楚严重暴力恐怖案件发生后，党中央高度重视，习近平总书记等作出重要批示，对案件处置、善后、维护全疆稳定等作出指示、提出要求。4 月 25 日上午，新疆维吾尔自治区召开副省级以上领导干部会议，中共中央政治局委员、自治区党委书记张春贤主持会议并讲话，通报"4·23"严重暴力恐怖案件情况，研判近期维稳形势，进一步安排部署维护稳定工作。①

　　新疆地处世界文明冲突的前沿地带，新疆发生的暴力事件总会引起国际关注。针对巴楚暴力事件，美国国务院 24 日表达了关切。美国国务院代理副发言人文特雷尔说："我们深切关注到有关报道，新疆暴力冲突导致 21 人死亡。我们将继续密切监控形势，我们对暴力

---

　　①　天山网信息。

事件造成伤亡感到遗憾，并将鼓励中国政府采取措施缓和紧张局势、促进新疆长期稳定。我们敦促中国当局对事件展开全面透明的调查，并向所有中国公民，包括维吾尔人，提供正当程序的保护。中国外交部发言人华春莹表示，中国人和美国人都是恐怖主义的受害者，华盛顿应该表现出更多的同情心。这不仅是依据中国宪法，也是依据国际人权法则。"①

继而，有关媒体继续追踪报道4·23巴楚暴力事件，譬如，涉嫌暴力的25名嫌疑犯被公安机关抓获，经初步审讯，犯罪经过更加明晰。自治区表彰了在暴力事件中牺牲的15名基层工作人员，并举行了高规格的追悼大会。有朋友来电说，巴楚暴力事件中，暴徒组织之严密，手段之残忍，气焰之猖獗，下手之狠毒，过程之恐怖，令人发指。②

周博士关于"历史惊人相似"所指何事？这要从1933年说起。

## 1933年南疆发生了什么？

20世纪30年代初，哈密爆发农民起义，南疆各地纷起响应。农民起义领袖和加尼亚孜为对抗政府军镇压，将驻扎在甘肃敦煌沙洲一带的甘肃回民军阀马仲英引入新疆，新疆的政治平衡随即被打破。

1933年1月，乘乱入疆的马仲英一部围困省会迪化（乌鲁木齐），一部经吐鲁番、库尔勒攻打库车，库车脚夫揽头铁木耳乘乱响应。他们当时所用的口号为"灭汉兴回"，"建立伊斯兰教国"。库车被占，接着又打阿克苏，并于2月5日入城。

2月15日，和田人穆罕默德·伊敏策动暴乱，先将新疆省政府

---

① 新华网信息。
② 新华网信息。

自印度购买的一批快抢子弹截获，在墨玉发动暴动。伊敏随即攻下和田，称和田王，举沙比提大毛拉为领袖。接着又攻打皮山、叶城、泽普、莎车诸城。

4月中旬，乌什、巴楚、伽师等县皆被铁木耳与马仲英部攻破。巴楚县长邓缵先等官民遇难。

同月，和田的伊敏与铁木耳会师伽师，决定联合攻打喀什。

5月2日，以回城（疏附）加纳伯克和乌斯满为内应，暴徒攻下喀什回汉两城，马仲英部占领汉城（疏勒），铁木耳等势力占据回城。

这时，喀什地区形成四派势力，一是库车的铁木耳，而是马仲英的下属马占仓，三是地头蛇乌斯满，四是和田的沙比提大毛拉。这几派势力明争暗斗，都想伺机吞并对方，独占南疆称王。①

以上是《新疆简史》中所述1933年南疆动乱概况。历史概况代替不了历史细节，因为历史细节更形象逼真，往往给后人一种身临其境的感觉，继而引发出震撼心灵的效果。这恰恰是历史学的魅力所在。

由于不断的打仗、征兵、征马，造成田园荒芜，市场萧条，劳力缺乏，财政困难。伪政府无力开支军需，便强迫每户必需负担若干兵丁的给养。商人无法经营，只好逃到外地或国外。当时出版的杂志《天山》第一卷报道："汉人则无异穴中之鼠，不敢冒险逃生，只有敛迹潜踪，以避免仇杀而已。"②

由于马仲英的势力近在咫尺，分裂国家者们特别鼓吹仇视回族："东干回比汉人更为吾人之仇敌，……对东干须小心防备，要激烈对付，决不能客气。"③

---

① 《新疆简史》第三卷，新疆人民出版社，1980，第195~197页。
② 《新疆简史》第三卷，新疆人民出版社，1980，第202~203、240、197页。
③ 《新疆简史》第三卷，新疆人民出版社，1980，第202~203、240、197页。

分裂国家者还建立了宗教法庭，对各民族滥施肉刑，不按教规戴面纱的妇女竟遭枪杀。他们滥征税收，公然宣称"这个年头，条子（应赋税证明）就是木棒。"①

分裂者的个人品行更是令人侧目，乌斯满统治回城后，一心抢劫财物与妇女，娶妾达 30 余人之多。肆无忌惮，枪杀汉人，连维吾尔族亦难幸免。②

所谓"东土耳其伊斯兰共和国"，显然具有反人类、反国家、反科学、反进步、反其他民族的邪恶性质。

中国社会科学院杨镰研究员一直致力于这方面史料的搜集、整理与出版，我们不妨从他主编的系列丛书中寻找被当事人记录下的一些历史细节。

《驼队》的作者叫尼尔斯·安博特，是瑞典德隆大学教师、天文学家，1927 年受聘于中国西北科学考察团。1933 年南疆动乱时，他正在和田一带从事科考工作。他在经历和记录了那场动乱后，凭借胆略和运气逃过死劫，经印度回国。以下是安博特的记录：

这地方每逢战乱，人们总是把值钱的财务埋藏起来。许多富有的镇民正趁黑在干燥的灌木丛中忙乎着。这种习惯自远古以来即在新疆盛行，也是为什么考古学家时常在他们出土文物中发现如此美丽的装饰品的原因之一。藏宝的主人自己当然清楚，不久就会脑袋搬家。

# 2 月 25 日的日记

据维吾尔人说，500 名士兵还有两天就要兵临城下。舒大人（且

---

① 《新疆简史》第三卷，新疆人民出版社，1980，第 202～203、240、197 页。
② 《新疆简史》第三卷，新疆人民出版社，1980，第 202～203、240、197 页。

末县一个小镇的镇长）到底是选择一战，还是放弃赢得自由的愿望？他只有 35 名士兵可供差遣，可他们像什么样子？他连一个可信任的人也没有，毫无疑问，他们一开头就会投向敌人。这是合乎情理的。"交出你们的全部武器弹药。"众人交了。下午，一箱箱的弹药移交给新主人。成百的汉人皈依了伊斯兰教，镇长的宝座划在阿古柏那个"幸运者"名下。安博特在兵燹中来到克里亚（今于田），即被兵丁抓了起来，去见所谓的帕夏。

"帕夏正坐在长老议事厅，被一群年高德劭的白胡子老头围着。我以为问题很快就会解决，但并非如此。我发表了一通有关气象学的长篇大论，特别强调它对农业的好处、预报风暴的重要性、得到防涝措施的必要性等等。长老们退下去商量了一会儿，帕夏亲自用下面这些话系统地阐述了他们的决议：'天凉的时候，我们穿上厚皮大衣；天暖的时候，我们只穿衬衣。但我们，新伊斯兰教的信徒，不需要什么气象学。'于是，我只好回去拆掉我的气象站。

古拉姆·穆罕默德描述了革命席卷克里雅（于田）的经过。

先是命令汉人交出所有的金银钱财和印玺等等，他们都照办了。

第二天，所有'不洁'的人都皈依了伊斯兰教，并得到从此将进入和平的保障。

随后，是公费举办的盛大庆祝活动。新伊斯兰教宣告诞生。

革命的第四天，35 名汉人与 2 名印度人被杀害。

4 月 20 日是巴扎日，人挺多。我上街买食品，路上碰到一小股在巴扎四处转悠的士兵，讨厌的情景令我作呕。走在头里的大兵持一支长矛，矛尖上绑着一个人的手。犯人是个贼，跟在大兵的后面，光着脊背，右臂高悬，流着血，缠着绷带。士兵们走在身后，用皮鞭抽打他。那可怜的人被迫不停地喊：'我偷了东西，我是个贼，我偷了两只碗，罪大恶极。'

在游行期间，每天都有稀稀落落的子弹射进被捣毁的汉人住宅。

庭院里不断有战争发生。丈夫打妻子，母亲打儿子，兄长打妹妹，监工不时走上前来让所有的伙伴尝尝他毫不客气的鞭打的滋味。"①

安博特经过和田目睹了如下景况：

最近，那场战争狂潮给和田造成的创伤历历在目。贯穿城市的一个宽阔地带里，所有的房屋都成了废墟。在战斗中，他们从城墙上向房顶喷煤油，并点起了火。

有个大兵不无自豪地给我看城门坑坑洼洼的金属板，"那是我们大炮的记号，瞧那儿。"毋庸置疑，进攻的维吾尔人在围城期间之所以伤亡不大，是因为汉人用老习惯向天开火来抗击敌人，这是一种人道甚至友爱的真正方式，不过可能非常无效。

城外也有战斗的痕迹。扎瓦和库姆驿站之间的战役凶猛激烈，几具尸体沿路横陈，至今未葬。低矮的坟堆比比皆是。在帕勒玛的小村庄，有个官员自豪地讲述他们如何消灭了叶尔羌的驻军。

忍受了几个月的围攻之后，汉人以交出全部武器弹药和钱为投降条件，作为交换条件要准许他们安全撤离。维吾尔人同意了这个条件，不过却预先往汉人要去的方向派出了一支全副武装的军队。他们又派了另一支军队跟在汉人后面。从城里出发一整天的行军，逃亡者们被夹在这两支武装之间，落在后头的人被屠杀，无论男人、妇女还是儿童。②

杨镰老师告诉我，《驼队》一书中更加血腥残忍的描述在出版前已被删去。

关于1933年波及新疆的那场大动乱的描述，散见于许多书籍。

曾任过新疆省主席的包尔汉，在1933年3月30日的日记中，记录了北疆的片段："玛纳斯也遭了劫。3月13日反金政府武装攻打玛

---

① 杨镰主编《驼队》，〔瑞典〕尼尔斯·安博特著，新疆人民出版社，2010，第172~173页。
② 杨镰主编《驼队》，〔瑞典〕尼尔斯·安博特著，新疆人民出版社，2010，第173页。

纳斯南门。这里也有些人被杀了，县政府也烧光了。县长当时逃掉，他的一个女儿没有被带走……"①

"库车的失陷，拜城、库尔勒等地被暴民占领，阿克苏即陷于惊恐的洪水之中。阿克苏为通迪化古丝道上重镇。阿克苏全城汉族文武官员闻杨团长在前方失败，尽逃巴楚。阿城失守，迪化及喀什噶尔无论交通、电讯均告断绝。"②

"连日所得南疆消息，殊为恶劣，喀什马绍武行政长逃入英领馆，各县县长生死不明，有汉官十四名逃往苏境被拒，恐亦无法生存，将来收复南疆，实费周章。"③

## 动乱给巴楚带来了什么？

巴楚地处南疆重镇喀什、阿克苏、莎车三角地带，为喀什门户，莎车屏障，阿克苏后援基地，战略位置十分重要。既然喀什、阿克苏、莎车相继沦陷，那一年春天，巴楚县究竟发生了什么？与4·23暴力事件有何异同？

毕竟80年过去了，当时的亲历者早已过世，我们无法通过他们的口述还原历史的细节，但从中外的历史档案里依然可以找到蛛丝马迹。

在《巴楚县志》大事记中，我们找到一段1933年的简史："春，南疆各地爆发反对金树仁统治的暴动。和田的穆罕默德·伊敏和沙比提大毛拉等人在英国间谍的策划下成立伪政权，派出部队向喀什推进，其中一股用大头棒武装起来的部队窜扰巴楚。6月，马仲英先遣

---

① 包尔汉：《新疆五十年》，文史资料出版社，1984。
② 张大军：《新疆风暴七十年》，台湾兰溪出版有限公司，1980，第 2799~2805 页。
③ 吴霭宸：《边城蒙难记》，新疆人民出版社，2010，第 77 页。

军在今巴楚县城南将和田的大头棒部队歼灭。"①

"库车人铁木尔与马仲英部马世明联兵进攻喀什，在巴楚东北境图木休克一带，与金树仁部杨庆明团交火，杨战败。喀什派副官李登龙为第二路指挥率骑兵、炮兵来图木休克阻击马军。李登龙战败自杀，师长刘鼎新在恰尔巴格一带遭暴动者伏击身亡。"②

"此次战乱双方均以巴楚为主要争夺要地，加之民国 23 年（1934）的盛大巴楚大战，使县境备受战火摧残、洗劫。战乱之中，大片民房被焚烧拆毁，县城内的两座大建筑——县政府和监狱亦遭焚毁，县政府历年来档案化为灰烬。未倒塌的房屋成了军队喂马养牛之所，县城实际上成了一座空城。战火使大片土地荒芜，大批牲畜被宰杀，生产力遭到极大破坏。百姓生活无着，流离失所，大批汉、回、维吾尔、柯尔克孜族同胞死亡。"③

尽管 1933 年之前的政府档案被焚，但我们还是在《巴楚县志》中找到了更早的资料："关于汉族人口统计，光绪三十年（1904 年）巴楚县有汉族 388 人，到民国三十三年（1944 年）才有正式统计，当年汉族仅有 100 人。1908 年，县城有龙神庙、城隍庙、火神庙、昭忠祠等。"④

我们在《巴楚县志》中还是找到了当时幸存的人。他叫"阿布都热合曼喀孜·阿胡努木（1898～1962 年），男，维吾尔族，巴楚县人。民国元年（1912 年）考取喀什汗里克麦德热斯经文学校，学会了波斯语和阿拉伯语。20 岁当选喀孜（乡长）。30 年代南疆战乱期间，一些民族分裂分子以伊斯兰教为借口煽动圣战，对不信伊斯兰教的其他民族要么屠杀，要么驱逐。当时在巴楚县城内许多汉族人也被强迫信伊斯兰教，让他们穿上维吾尔族式的衣服，头戴塞拉，一天作

---

① 《巴楚县志》，新疆大学出版社，1998，第 20 页。
② 《巴楚县志》，新疆大学出版社，1998，第 20 页。
③ 《巴楚县志》，新疆大学出版社，1998，第 20 页。
④ 《巴楚县志·人口》，新疆大学出版社，1998。

5 次乃麻孜，并强求男子割礼，不许吃宗教禁止吃的食物，违者就遭屠杀，有十几个汉族人因此而被杀害。阿布都热合曼喀孜为了解救这些汉族人的生命，反复劝诫宗教首领们'流血是安拉禁止的行为，不应该乱杀无辜'。他还收养了 1 名汉族孤儿，名叫吴昌民，后成为巴楚有名的翻译。新中国成立后，他任巴楚县政协副主席，中国伊斯兰教协会会员。"①

笔者在新疆档案馆找到了一份历史档案：

"……当时，温宿、疏附、巴楚、莎车、泽普、叶城、伽师等县被缠民乱兵杀戮汉族，戕害官长，劫抢银物，从未有遇而脱险者，据塚毁庙并勒令改装入教，残暴已极，统计汉人被害者约在千余人，哀我汉族无辜遭难。生者既被劫抢，死者犹受劈棺展刑，每念及此不觉潸然泪下。

巴楚电报局主任陈金山<br>民国二十三年四月十一日"②

《巴楚县志》没有详细记载 1933 年的巴楚暴乱，是因为不知当时陈金山留下的一封信。陈金山所以能作为巴楚暴乱的少数目击者而免于杀戮，是因为其有一技之长，可以操弄电报机。陈金山之言不仅真实可信，而且是巴楚暴乱最为珍贵的原始资料。县长邓缵先及家人遇难巴楚，由此真相大白。

连年不断的兵燹和由此造成的社会动乱，就像胶片曝光、磁带消磁、大脑失忆、泥石流掩埋城市、龙卷风留下一片狼藉，历史出现了大倒退，人口出现大置换，文明遭受大洗劫。使我真正体会到了古书上所说的玉石俱焚的含义。玉是权力、高贵、财富、宫殿的象征，石是平头百姓的生命，安居乐业的生活。一场持久的战争，无论什么理

---

① 《巴楚县志·人物》，新疆大学出版社，1998。
② 新疆档案馆巴楚卷宗。

由，不但可以摧毁权力，杀死贵族，平头百姓的生命也不能幸免。在玉石俱焚之中，已知的有县衙、监狱、寺庙、学校，还有县长邓缵先及一家 5 口人的骨灰。

## 1933 年新疆作乱者的结局

综上所述，1933 年的动乱，给新疆人民带来了一场人祸，生命被戕，财产被抢，田园荒芜，商业凋敝，民族关系被撕裂，人的尊严被践踏，政权组织被破坏，社会失去公平、公正，极端宗教势力将社会强行拉回中世纪。这场动乱的始作俑者的命运又如何呢？

先说库车的铁木耳。1933 年 8 月，铁木耳与马占仓联合，欲杀乌斯满。马占仓则另有企图，设伏兵击杀铁木耳于途中，占领回城。[①]

马仲英的下属马占仓占据喀什回汉两城后，和田的沙比提大毛拉联合地头蛇乌斯满，打败马占仓一部，夺回疏附。

在英国的支持下，1933 年 11 月 12 日，伊敏与沙比提大毛拉建立了所谓的"东土耳其伊斯兰共和国"，推举和加尼亚孜担任总统，沙比尔自认国务总理。1934 年 2 月 6 日，马仲英部再度攻占疏附城，"东土耳其伊斯兰共和国"随即土崩瓦解，领导人作鸟兽散。沙比提逃往塔什库尔干边境。1934 年 5 月，逃往阿克苏的和加尼亚孜抓住了沙比提，交予省政府，押往迪化，死于狱中。[②]

祸害新疆的马仲英部在新疆省军与苏联红军联合夹击下，节节败退，最终马仲英携巨金逃往苏联，并死于苏联，死因不明。其所属36 师由其姐夫马虎山统率，1934 年 7 月在和田消灭了以伊敏之兄满素尔为帕夏（王）的所谓"伊斯兰教国"，打死满素尔，伊敏叛逃

---

① 《新疆简史》第三卷，新疆人民出版社，1980，第 197 页。
② 《新疆简史》第三卷，新疆人民出版社，1980，第 203 页。

印度。①

地头蛇乌斯满幸存下来，被盛世才政府招安。1940 年之后屡次叛乱。新疆和平解放后，于 1950 年 3 月发起叛乱，流窜于新、甘、青三省交界处。1951 年 1 月，在青海西北海子边被活捉。同年 4 月，在迪化公审后处决。②

将马仲英引入新疆的哈密农民起义领袖和加尼亚孜，因抓捕沙比尔有功，被盛世才政府招安，出任新疆省政府副主席。1937 年，盛世才以"阴谋暴动案"将其逮捕，次年死于狱中。③

历史事实证明，在新疆制造动乱并从事分裂国家活动者，无论当时多么风光得势，最终都没有好下场！

## 关于新疆动乱的若干思考

"新疆之乱，在历史上是客观存在的，而且具有规律的周期性。自清朝平定准噶尔，收复南疆后，二百多年来，基本上是 10 年一小乱，20 至 30 年一中乱，50 年一大乱。"④ 1933 年是一场波及全疆的大乱，是在国内外因素共同作用下（外部政治力量和宗教势力煽动并提供物质支持），加上南疆世居民族之间固有的矛盾，塔里木盆地犹如烧红的铁锅，稍有不慎就会酿成大乱。那时的民国政府也是内忧外患，自顾不暇，没有足够的力量平息动乱。一支几千人的武装力量就足以打破脆弱的平衡。

回顾新疆百年历史，从辛亥革命前后哥老会领导的戕官运动，到1933 年新疆大乱，南疆各县汉族官民逃过此劫的寥寥可数。新疆发生的每一次动乱，无不以基层政权和组织被瓦解，民族结构失衡为惨

---

① 《新疆简史》第三卷，新疆人民出版社，1980，第 204 页。
② 《西北民族词典》，新疆人民出版社，1998，第 706 页。
③ 《西北民族词典》，新疆人民出版社，1998，第 263 页。
④ 崔保新：《新疆 1912》，汤永才序，社会科学文献出版社，2012，第 3 页。

痛代价。而基层政权与组织恰恰是制约限制极端宗教势力发展的基础力量。

尽管各个历史时期政权的政治属性不同，但动乱制造者采用的手法却是一致的：以政府为袭击施暴对象，以极端手段残害官民，在社会上制造心理恐慌，排挤所谓"异教徒"，以达其政教合一的政治目的。循环往复的动乱，使各民族内心的恐惧感前伤未愈，后伤又至，前政权所做的一切民族融合、限制宗教极端化的努力付之东流，一切不得不重新建构。内心伤害不弥合，生命财产没有保障，结果官员不愿到任，移民不敢前往，乱后重建基层政权与组织困难重重。新疆近代史周期性动乱的主要原因就在于此。

1933年的南疆动乱，造成了南疆基层政权与组织的大破坏，此后新疆如沸腾的铁水，动荡不已。南疆基层政权与组织重建并真正发挥功能，直到1949年之后才完成。

历史经验证明，要治理新疆这样民族、宗教有异于内地的边疆地区，中央政府政治稳定且有权威，方能建立稳定的地方政府及基层组织，在长期执政中，采取一以贯之并循序渐进的民族融合政策，改变新疆治与乱的周期率，以完成长治久安的历史使命。新中国建国之后，新疆的治乱周期，无不围绕着中央政府政治稳定度波动，新疆在"文革"动乱中能长期保持稳定，与基础政权与组织健全有着极大的关系。

以史为鉴，可以知更替。如何评估新疆今天的执政局势，不妨以新疆1933年作一历史参照物：

从周边关系看，1933年，苏联、英国、土耳其，包括日本，相继插手新疆，怀有独占新疆利益的野心。苏联已于1991年解体，现今由中国和俄罗斯主导、中亚国家参与的上合组织，一致将打击三股势力列为共同目标，新疆周边环境得到根本改善。

从国家政治形态看，1933年，国内军阀在国外势力支持下，政治四分五裂，内战连绵不绝，中央政府虽在名义上拥有新疆，但新疆地方政府与中央政府若即若离，政令不通。现今国家在共产党领导下，政治统一，政令畅通，稳定新疆有国家作强大的后盾，不存在社会失控和失衡的问题，暴力分子想掀起大浪的概率较低。

从民族分布情况看，1933 年，南疆汉民族仅占地区总人口的 3% 左右，现今新疆汉民族已成为仅次于维吾尔族的第二大族群，加之半军事化组织的新疆生产建设兵团的存在，维护祖国统一、反对分裂的力量空前强大。

从内政来看，1933 年，吏治腐败，贪渎之风蔓延，是引起民怨的内政原因。现今中央及各级政府对吏治腐败常抓不懈，巴楚县委书记刘喀生因贪污腐化被查处判刑就是明证。自 20 世纪 90 年代中南疆巴仁乡事件以来，中央特别重视加强新疆基层组织建设，在这次巴楚暴力事件中，基层组织即发挥着一线维稳的作用。新疆没有 1933 年波及全疆动乱的内部条件。

从国家综合国力看，1933 年国家积贫积弱，新疆财困民穷，中央政府自顾不暇，既无精力亦无财力支援新疆。现今，国家综合国力位居世界前列，国家对新疆的援建力度前所未有，新疆有条件实现民生与经济跨越式发展。

从民族关系看，1933 年的民族关系不是建立在平等基础之上的，官民关系紧张，族群关系扭曲，为极端宗教势力滋生蔓延提供了温床。现今的民族关系是建立在民族自治基础之上的，各民族政治地位平等，国家在诸多政策上照顾少数民族。在 4·23 巴楚暴力事件被害的 15 人中，有 10 名是维吾尔族，2 名蒙古族，3 名汉族，少数民族占到遇害者的四分之三，就是现今民族关系的试金石。受美国政府支持的所谓"世维会"发言人故意扰乱视听，称巴楚暴力事件是民族仇杀，昧良心、违事实的发言，显然苍白无力。

再从新疆教育发展、各民族人才培养、干部素质与执政水平等方面看，现今新疆进步与发展的程度远非1933年可比拟，这些均是新疆社会长期稳定的有利因素。

从全球范围来看，新疆的反恐形势愈益复杂化，维稳任务愈益艰巨繁重。历史的经验告诫我们，新疆要稳定，首先，要继续保持对"三股势力"的严打高压态势，对暴力恐怖犯罪要毫不手软，坚决将其消灭在萌芽状态，心慈手软可能酿成大祸。其次，各级政府要密切联系群众，相信群众，动员群众，深耕基层，依靠党的领导，依靠组织的力量，上下思想统一、同仇敌忾，形成反恐维稳的合力。

谈及合力的内涵，必须指出的是，我们不能指望解决了经济与民生问题，高举起反恐的大旗，新疆从此就会天下太平。解决新疆问题历来是系统工程，除政治、军事、外交、经济之外，其中还涉及理想道德与宗教信仰、科学教育与宗教传播、历史研究与历史认同、民族平等与民族融合、文化尊重与文化认同、区域自治与国家认同、人才培养与执政水平等诸多领域。新疆要形成长治久安的合力，无疑要包括上述软实力在内。

历史是一条长河，有其发展演变规律，我们不能搞历史虚无主义，更不能割断历史，为执政的短期目的有意掩盖历史真相，我们不能搞史学上的软弱主义，绥靖主义，谈乱变色，自设樊篱，作茧自缚。搞乱了历史，以己之矛攻己之盾，实际上是乱了自己的阵脚。历史教训不容忘记，前人的鲜血不能白流，只有把历史真相和性质说清楚，历史才能发挥指导现实的功能，历史才能为现实服务。这既是邓缵先之死给我们的启示，亦是执政党的责任和史学界的使命。

# 第五部分
## 诗词研究

# 光到天山影独圆

## ——邓缵先边塞诗词赏析

李维青[*]

邓缵先，是民国初期由广东到新疆的一位官员，戍边 18 载，历任新疆五个县的知事，为治理新疆而以身殉国。

邓缵先的一生是奋进的一生，是悲壮的一生，是充满故事的一生。邓缵先，是广东紫金之子，也是新疆现代史的标志性人物。

然而，邓缵先并没有引起人们的注意，倒是邓缵先的著作存留在世，偶被文人们挖掘，现在才一点一点、一层一层地再现其人。

邓缵先民国四年（1915 年）来新疆任职，时年 47 岁，1933 年壮烈殉职在新疆巴梦县。他是一位民国官员，来新疆是公务任职，在新疆 18 年的政务生涯中，留下了两本县志：《叶城县志》和《续修乌苏县志》；一本游记：《叶迪纪程》；三本诗集：《毳庐诗草》《毳庐续吟》《毳庐诗草三编》……邓缵先虽然曾用心出版过，但这些作品散落在各地并不受世人瞩目。

---

* 李维青，原新疆维吾尔自治区政协文史资料和学习委员会主任。

一

20 世纪 70 年代后期，曾有一位在乌鲁木齐煤矿工作的文学青年从《毳庐诗草》中知道了邓缵先，他听乌鲁木齐文化界人士说，邓缵先是最后一位古典西域诗人，第一位现代西域诗人，而他的《毳庐诗草》就是一座诗歌的通道。这位文学青年后来成为中国社科院研究员，他就是杨镰——一个有影响的文化人。他说："我读了《毳庐诗草》，邓缵先与杨增新都成了我崇拜的人物，同时却发现，关于邓缵先的文献记载并不多见。"[①] 1983 年冬，新疆人民出版社在出版了吴蔼晨先生选辑的《历代西域诗钞》之后，向新疆师范大学中文系胥惠民教授约稿选注一本《现代西域诗钞》，当胥惠民教授读完《毳庐诗草》时，就决定《现代西域诗钞》的压卷之作非邓缵先莫属。因此收录邓缵先诗词作品 87 首，占全部诗选 700 篇的 12.4%，排列第一。胥惠民教授曾说："最初读到邓缵先的诗词时，即感受到一种思想的震撼力，诗作者不仅是旧体诗的行家里手，而且是边塞诗承前启后的代表人物，他的诗词真实地记录了民国时期的历史。"[②] 2003 年，新疆人民出版社出版了杨镰编著的《诗词中的新疆》，收录诗词 110 首，其中就有邓缵先的《红柳》《星星峡》《宿库木什骚》《叶城记事》。

2007 年 10 月，在《山水首府》（新疆人民出版社）中，收录邓缵先的《雪鸡》。

2007 年 12 月，在《名人与天池》（新疆人民出版社）中，收录

---

① 崔保新：《沉默的胡杨——邓缵先戍边纪事（1915～1933）》序二，社会科学文献出版社，2010。

② 崔保新：《沉默的胡杨——邓缵先戍边纪事（1915～1933）》，社会科学文献出版社，2010，第 282 页。

了邓缵先的《试看天山南北路》。

2012 年 10 月,《天山天池志》(新疆人民出版社)中,收录了邓缵先《博克达山》《玉山》《瑶池》《乌鲁木齐杂咏》四首诗词。

……

这仅仅是我手头上的图书。邓缵先的诗词被文人们传诵着,赞赏着。这些收录邓缵先诗篇的图书中,对邓缵先的介绍是模糊的,有误的,但邓缵先诗词表达的意境却是清晰的,准确的。邓缵先的边塞诗人地位是鲜明的,牢固的。

今天,我们在赏析邓缵先诗词的同时,我们面对的是文人还是政要?是诗者还是官者?这很重要。我们要从邓缵先的人生境地去体味邓缵先作品的文学境界,我们可顺着邓缵先的乐步,在想象和思量中咂味诗意。

邓缵先在新疆 18 年中,仅诗歌创作近两千首。可是,我看邓缵先,首先是官员;公务,是他的主业;作诗写文,是他的情感宣泄,是他的精神寄托,是他的价值补偿。诗词伴随着邓缵先的仕途生活。

## 二

我们选择邓缵先围绕天山的一些诗篇来欣赏、来品味。因为,天山是新疆的书脊,在天山南北这书页上,都有邓缵先任知事的痕迹;在中国"天"最大,以"天"为姓的山,是最雄伟的山;在中国的汉字中,"天"字最尊,在天山,留下笔墨,留下传说,这里有敬畏、有"神"味……

自古以来,亲历西域者,大有把自己所见、所闻、所感借天山之景吟成诗篇,表现天山雄浑壮阔,同时也暗示着自己的情感与胸怀。

### (一)天山诗篇选

天山横亘于亚欧大陆腹心,全长 2500 公里,西起吉尔吉斯斯坦共和国的伊塞克湖畔，东止于我国新疆的星星峡，横跨新疆全境，天山在我国境内长达 1700 公里，以乌鲁木齐为界，划分为东、西天山，按山势而论，以北、中、南组成了天山天体的三列山脉。

### 1. 六歌

看邓缵先诗吟天山，首选"六歌"，这是他对天山的整体认识和情感表露，大约是 1921～1924 年在乌鲁木齐所写。这时，他已历经乌苏、叶城知事，撰成《乌苏县志》，出版了《叶迪纪程》，并撰写《叶城县志》，他亲历踏勘了天山南北，有资格有底气描写天山的整体。

在这首诗中，以东、西、南、北、上、下，全方位地六歌天山：

> 天山东兮莽漠野，寒气萧萧木叶下。
> 伊吾城头晨烟迷，之子远征胡为者。
> 塞雁不逢乡信迟，日落荒郊嘶驿马。
> 呜呼一歌兮思无穷，玉关何处来春风。

> 天山南兮阳关道，汉疆烽靖胡尘扫。
> 万世功高定远侯，野菊畦旁获秋稻。
> 客心悠悠思古人，淹留转觉韶光老。
> 呜呼二歌兮歌声悲，隙驹迅促华鬓滋。

> 天山西兮雪漫漫，岩谷宠炊千峰攒
> 昆仑佳气徒悄忾，白日惨淡阴风湍。
> 怅望瑶池郁何极，美人未来愁肺肝。
> 呜呼三歌兮情毕露，从古琪花叹迟暮。

> 天山北兮胡氛恶，猰狁咆虓蟒蛇玃。
> 鼓声不起胡为乎，黑云冥冥烟漠漠。

壮士驰驱贾馀勇，一扫匈奴靖边廓。

呜呼四歌兮歌正长，边塞功成归故乡。


天山上兮高万丈，峦岫虚无气苍莽。

斜日长天无纤云，空际飞鸿引清响。

欲登层峰恣观览，只恐危途增怅惘。

呜呼五歌兮天之涯，银河何处寻灵槎。


天山下兮古战场，野旷沙平多白杨。

狐狸夜鸣鬼昼哭，征客闻之空断肠。

不贪为宝远人服，从古安边戒杀伤。

呜呼六歌兮歌词毕，引领中原深叹息。


一歌天山东：

这是以乌鲁木齐为界的天山东段，最高山脊海拔 4000 米左右。南坡：海拔 1600 米以下是山麓荒漠带；上至 2000 米为半荒漠带；2000～2650 米为半草原带，阴坡局部有稀疏的云杉林；再往上就是狭窄的草甸带，以上过渡到了高山寒冬风化砾沙带。而北坡：在海拔 1600 米左右的半荒漠带上已改造成农田和牧场。上至海拔 2200 米为山地草原带的春秋牧场，再往上至海拔 2850 米，是山地森林。在海拔 2200～2600 米，分布的是雪岭云杉。海拔 2600～2850 米，是西伯利亚落叶松的林区，再往上至 3600 米为亚高山草甸带，是草被茂盛的夏牧场。当然，东天山常见的还是寒冻风化的岩屑坡。东天山一带，是新疆与内地的通道，自古被称为"西域襟喉，中华拱卫"，是新疆的东大门。诗中的伊吾城，是北魏地名，《魏书》伊吾戌，为哈密一带，古时常与匈奴争战于此。特别是 1912 年 2 月，在辛亥革命影响下，这里又爆发了哈密农民起义……结合地势、形势，再观

"一歌天山东"就清晰了，苍色草莽的郊野，马鸣声、风声、落叶声，一派征号嘶北风。这里充满战火气息，这第一门户，塞外派官此时心情：盼信盼春归——思无穷。

二歌天山南：

这里可认为是南天山，是天山的精髓所在，全长 1100 多公里，巨大高耸的山，众多海拔 6000 米以上的高峰，天山第一峰海拔 7435.38 米的托木尔峰就在此，但是，在邓缵先的诗中并没有描述天山雄峰，而是阳关道、秋稻、汉疆烽靖、万世功高……笔锋一转，念古人也隐叹自己，美好的时光也会逝去，白发增多——歌声愁。

三歌天山西：

在乌鲁木齐以西的天山山体的走向为北西西到南东东，西段山势较高，平均海拔 4000 米，邓缵先曾任知事的乌苏就在这一带。

这里有天山景观的精华，冰川的进进退退及其融落，成为这里山地地貌变化的主要外营力之一，浸蚀、创蚀出形形色色的高峰、刃脊、冰斗、U 形谷；沉积、堆积出各种冰碛垄岗、倒积堤；形成了奇特多样的融冻地貌。这在邓缵先的诗句中"岩谷"，描述的真切。可是在此，景美人失意，"雪漫漫""千峰攒"山景可观，而人的前景模糊不清，惨淡、水险，在不得志的心情中，美景更增添了忧愁，虽是人才，却对自己今后信心不足，叹迟暮——情毕露。

四歌天山北：

这里可以认为是天山以北的北疆，还可以理解为天山北坡。由于天山对大气环流的屏蔽作用。南北疆形成迥然不同的两个亚气候带，北疆是温带，南疆是暖温带。从地貌上看，天山北坡如披发的美女，天山南坡就是修行的高僧。北坡湿润，南坡干燥……在诗中，带给读者的先是"猴叫虎吼毒蛇跑"的景象，这与北疆生物繁茂的环境相吻合，在"冥冥""漠漠"的氛围中，自己一身抱负，效力国家，功告回乡是邓缵先的期望——歌正长。

五歌天山上：这里邓缵先看到了天山的天势、气势、场势。傍晚登高，天地之间的广阔视野，盼能有书信带来内地的消息，越想登峰观览，就越担忧自己仕途而惆怅迷惘，偌大的宇宙空间难找自己的一席之地——天之涯。

六歌天山下：这里，完全是当年新疆大地的写照，社会背景的反映，作者内心的吐露。语简意浓，结束语是"引领中原深叹息"——歌词毕。

这首六歌，邓缵先对天山的立体描述，流畅美妙。纵观全诗，可以看到作者熟悉天山，在他的生活中离不开天山，他面向天山，发出一连串的感叹，造成一股弥漫六歌的凄惨愁沉的气氛，抒唱出作者内心的愁绪。

**2. 乌苏县斋书事**

县门遥对雪山斜，近郭田畴数十家。
深碛泉肥宜绿芋，边城人瘦比黄花。
村连稑秬牛羊健，俗劝耕畬鼓笛哗。
佳士不来春欲去，聊驱塞马问桑麻。

这首诗的写作应该是在1917~1918年，邓缵先1915年7月入疆抵迪化任省公署科员，1917年2月出任乌苏县代理知事，担子重，困难多，但他很努力，遍及城乡，考察地理、水利，体验民情，多有建树。

乌苏地处中天山段，是天山北坡中段山地，扼伊犁、博州、塔城、克拉玛依、阿勒泰之咽，南枕天山，北控平原，境内地形复杂，其位置和地势造就了攻守咸宜的战略地位，历来为兵家之争。

从诗中看，乌苏县城遥对天山，在天山的北部，城区不大，耕地也不多，方圆也就几十家，这里水源丰厚，地肥土沃，稻田相连，牛肥羊健，当时是个半耕半牧区，不算富裕，百姓生活时有困窘。这年春天，邓缵先骑马来到田间，建议开耕播种前先焚烧田地里的草木以作地肥，这是邓缵先到田间体察民情的写照。

乌苏是邓缵先来新疆后任官的第一站，时年五十，踌躇满志，但也如履薄冰。这在邓缵先《续修乌苏县志》的序言中可见。"县志之作所以考地形，详建设，昭治理，纪因革察民俗之驳，审物产之盛衰也。乌苏在天山北麓为迪化门户，北通阿塔，西接伊犁，适扼北地要冲，辖境辽阔，关系尤重。丁巳春缵先猥以庸才，谬宰斯邑，就职以来，夙夜兢兢，唯恐陨越兹奉。"落款：中华民国七年仲冬月知事邓缵先序于乌苏县署履冰斋。再查阅邓缵先在乌苏任职两年多中创作的诗词，特别是"六别诗"，让后人看到了他当时的环境与心境。

### 3. 遮留谷

> 在焉耆西百馀里。
>
> 不识遮留谷，开都河北岩。
>
> 阴崖磷火动，怪石涧云缄。
>
> 汉代传奇迹，天山落古杉。
>
> 征鞍来两度，诗味别酸咸。

这应该是在 1920 年 12 月所作，遮留谷是汉代地名，故址在今新疆库尔勒北部山中哈满沟。清代博斯腾湖南端出口的地理位置，是孔雀河的源头。开都河：清代河名，俗称通天河、海都河、流沙河。发源于天山中部海拔 5000 余米的萨尔明山的哈尔尕特和扎克斯台沟，按不同类型分三段，上游段，曲折迂回 200 多公里。中游段进入峡谷，两岸山势逼近，峭壁凌空夹峙，层峦叠嶂，水流湍急，长约 164公里。下游段就是焉耆平原，水势平缓，穿过焉耆平原注入博斯腾湖。这段约长 126 公里。诗中"汉代传奇迹"是指丝绸之路，这是邓缵先所敬赏并有追求之意。"天山落古杉"是天山特有树种"雪岭云杉"，曾被评为中国最美的十大森林的第一名，统领着天山植物世界。邓缵先这是第二次来此地。第一次是 1919 年 8 月，由乌苏县知事调任叶城县知事，路经此地赴任。这二次是 1920 年 10 月，离任返省，从叶城到迪化。《叶迪纪程》中记载："12 月 3 日，由哈尔阿满沟到四十里城子七十里。""12 月 4 日，由四十里城子到焉耆县休息，四十里。"12 月 5 日、6 日、7 日这三天他们住停。12 月 8 日，他们才离开焉耆，此刻前往六十户庄。估计，这首诗就是他在此触景生情，因物起兴，回味两次路径感受而赋。这次回省城任文牍员、编辑员，撰写公文和县志，虽然邓缵先富于文采，但与县知事相比，难免失落，难怪"诗味别酸咸"。诗意隐晦，暗喻现实，表明心迹。

## 4. 春日登迪化城楼

纤纤沙柳拂轻烟，楼倚天山景物妍。

万里尘氛销塞外，百年勋业在樽前。

长城鼓角吹寒月，大漠关河接远天。

闻说中原戈暂息，凭栏东望思凄然。

这是 1921～1925 年在乌鲁木齐的一个春天所作。邓缵先在乌鲁木齐曾有过两段经历，一是刚来任省公署科员，学习考试待分配有一年多。再是 1921 年初到 1925 年。在第二段的四年中，邓缵先写下大量诗篇，特别是有关乌鲁木齐的，该诗，就是其中之一。亚洲地理中心点是在乌鲁木齐，亚心区自然型旅游资源中的地文景观类，多数与天山有关。根据诗中所描写，大概是四五月份，细长的柳絮飘逸，天山衬托的城楼点缀，景美，天山美！此时，正是杨增新执政新疆，深谙稳定新疆复杂局面的诀窍，政治上实行闭关偏安自守，尽可能为保全和稳定新疆创造条件。对邓缵先来说，从广东到新疆，建功立业是主要的，在他豪迈的气概和远大的抱负下，个人前途不定时，思念家乡，时而也有忧虑烦闷的心绪。

赋诗释怀是一种生存状态，邓缵先从美妙景色到百年勋业再到"凭栏东望思凄然"，这里着意渲染一种邈远虚惘的境界气氛，一种执著缠绵而又略带感伤的情调，一种向往追寻而渺茫难即的意绪。

### 5. 明月出天山

我家久住粤海滨，海上明月如相亲。

芳宵清夕惬幽赏，月华香绕江楼春。

无端远行至西域，关山人月长离别。

三春不见天山云，五月犹春天山雪。

月还随我出塞来，照我旅馆常徘徊。

东望天山近咫尺，携樽邀客登瑶台。

天涯万里情缱绻，闺中忆我谁能遣。

香阶拜月卜金钱，征夫归期应不远。

月色楼头缺复圆，人事浮云多变迁。

城南思妇颜色改，塞北劳人非少年。

寒风吹断天边树，飞霜时节送君去。

去时怜君车马劳，苍茫月满天山路。

据推算，这首诗写成的时间是1921～1924年邓缵先在省城工作期间。多读几遍，隐隐感到诗中所述像是邓缵先探家的那年中秋在家乡的情景。

世上佳景无数，最是明月之夜富有诗意。邓缵先开始四句赞美家乡明月，"芳"、"清"、"惬"、"赏"，中秋时节，月亮周围的五彩光环香绕江楼。回想着自己七八年的边塞生活。当初，并没有什么事件强迫离开家乡去那么遥远的地方，那是广东立志，新疆立身，天山虽雄伟，但天气寒冷。月随人走，见月怀人，望月思乡，让人犹疑。在乌鲁木齐所见到的最清明的天山那就是博克达峰，博峰下的天池是待客饮酒的最好地方。而家人相隔万里，情意绵绵，他知道，夫人的思念怎能排解消除，去寺庙敬拜求签，期待远道的人能早点功成回来。月有缺圆，世事多变，人都已过半百，寒冬还要送别，一路辛苦，人生苍茫。

读着这首诗，让人感受到的是一种月下的凄苦和奉命戍边的坚守，从中秋到隆冬。一幅幅画面，海滨与天山，都是一腔愁情满怀的心事。岁暮之际，归期无望，仕途渺茫，伤感蕴涵于字里行间。

## 6. 岁暮过天山达坂

一叶飘然万里人，
西来云磴蹑仙尘。
画工写得天山景，
风雪骑驴是此身。

看这首诗，眼前一幅仙画，南海之滨一人才，虚幻地、神话地、顺势地飘到了天山，天山景美如画，让人欣赏和陶醉，而回到现实，是要在美景险景的环境中孤独地、默默地、实干下去。

## 7. 海上

海上论兵不记年，
闺中永夜未成眠。
微茫一片罗浮月，
光到天山影独圆。

全诗文辞简约，意蕴深刻，篇幅短小，回味无穷。"罗浮月"意示广东家乡，"影独圆"指的就是邓缵先。这四句明示给人们的太少而暗示给人们的太多。"光到天山影独圆"是邓缵先新疆18年最贴切、最深刻、最经典的诗言和写照。

### （二）博克达峰诗篇选

博克达峰是博克达山的主峰，位于天山中段，海拔 5445 米，以奇为著，以险为绝。是新疆维吾尔自治区对外开放的 11 座山峰之一，也是历代文人墨客集中赞美点之一。

#### 1. 博格达峰

三峰入霄汉，五岳似儿曹。

秦塞黄云远，胡天白日高。

雪山横大漠，银海卷奔涛。

西极华风被，神功自断鳌。

这是一首很有气势的景色赞美诗，博克达峰世称"雪海三峰"，中峰略高，海拔 5445 米；东峰 5287 米，称帕格提峰又称灵峰；西峰 5213 米，称未万别克峰又称圣峰。三峰并立，雄伟挺拔。从中可以看到诗作者的志向远大，包容通达。邓缵先流畅的笔势、奔腾的情思涌泻着他澎湃的激情，倾注着他热切的憧憬。

#### 2. 博克达山

博克达山万古雪，皑皑凌虚高莫测。

胚胎五岳势郁蟠，阜康县南火州北。

巍峨天外耸三峰，中原地窄容不得。

山腰藏纳两巨海，异卉奇葩千年在。

博望遗踪尚渺然，定远丰碑终不改。

龙潭源与河汉通，兴云致雨天无功。

试看天山南北路，沃野万顷泉膏融。

年年边氓足衣食，耕凿依然大古风。

这首诗是邓缵先在 1924 年以前所作，全诗对博克达山做了整体的描述。博克达山位于天山段，博克达峰仅是博克达山的一座主峰。博克达山唐代叫"折罗曼山"，宋代叫"金岭"，元代叫"阴山"，明代叫"灵山"，清代叫"博克（格）达山"，蒙语为"神灵"之意。清乾隆年间列入祀典，赐名"福寿山"。诗中的"阜康县"位于乌鲁木齐东北部，西汉为单桓国，卑陆国地；东汉为郁立师国，车师后国地；三国为车师后部地；周为突厥地；隋为东突厥地；唐为庭州、冯洛、沙钵诸地；宋、元为西州回鹘地；明属卫拉特；清初为准噶尔图古特部，乾隆二十五年（1760 年）筑，四十一年（1776 年）升县，光绪年间置县，称阜康，如今是阜康市。著名的博克达峰下的天池，就在阜康市境内。诗中的"火州"是指吐鲁番，由于夏季气温高，人们常称之为"火洲"。"耸三峰"所指的就是博克达"雪海三峰"。"山腰藏纳两巨海"按其地理位置分析，应该是天池和西小天池。这里云杉树干端直，挺拔苍劲，这里有 300 多种高等植物，30 多种大型真菌……这里湖周层峦叠翠，云杉如海。绿草如茵，远处博克达峰白雪皑皑，银装素裹，湖光山色美不胜收。诗中说到的"龙潭源"是指"东小天池"，即"飞龙潭"，在天池东北岔口处，天池水经此处，下跌几十米，形成水潭。这水潭水面海拔 1875 米，平均水深 6 米，最大水深 11 米，面积约 1 万平方米，进出口都有飞流如银帘似的瀑布。当风静雨住，骄阳直射时，瀑布上方有彩虹出现。博克达景区，有"异卉奇葩"的自然景观，还有亿万年间完整的地质演变结构及由此形成的丰富多彩的植物垂直景观带，还有厚重的天山文化，在历史的时空中回想着高亢的旋律，邓缵先此时此地此景，观赏着，享受着，追忆着，思考着。

### 3. 游博克达山

　　用东坡《白水山佛迹岩》韵。

博克达山，为天山最高峰，在迪化州东南二百馀里。三峰峭拔，咫尺在望。近顶有潭，周数十里，土人称"大海子"；山腰有池，周十馀里，称"小海子"，不溢不泄。岩间长松万株，瀑布注百馀丈，冬则冰柱玲珑。有达摩岩、观音洞、仙人对弈古迹。余以乙丑六月初旬，与儿子卓偕游，因纪其胜。

边风吹长松，石磴落钗股。雪径无人踪，古干翻凤羽。

飞轮递晦明，大荒相吞吐。伟哉造化功，融然海天补。

灵穴泻冰湍，云根泛琼乳。当年拓地险，劈涧运鬼斧。

鳞甲蟠蛟龙，千崖无尺土。海波接云汉，青鸟自翔舞。

铿锵丝竹声，杂乐异濩武。幽都角鼍鼍，逐人走血拇。

窈冥阻溪壑，咫尺起雷雨。逍遥乘木筏，跼跌闻粥鼓。

若非裘褐人，奚识神仙府。绝域翔鲲鹏，中原多豺虎。

万古天山尊，海内谁敢侮。浪花喷层峦，雨雹如连弩。

苍藤飞瀑间，谁欤棋戏赌。瑶草满幽谷，探奇休尽取。

携儿登灵山，信宿叨地主。却忆昆仑游，玉英餐蕙圃。


这首天山诗是1925年6月上旬，邓缵先和儿子邓俦卓一起登游博克达峰后写出。

邓俦卓是邓缵先大哥的儿子，过继给邓缵先为子。在家乡接受了正规教育后，十八、九岁来到新疆。一来父子之间有个照顾，再者经受磨炼今后成大气候。这首诗邓缵先是很用心写的，对于博克达山的地理、历史、动植物等方面的知识他都很知晓，面对山中的人文、古迹他也有考证。他带着儿子在山上停留两三日，感受着天山灵气，敬畏天山尊严。天山至尊无上，也让邓缵先父子自信、自强了许多。境界高了，视野大了，目标远了，"绝域翔鲲鹏""万古天山尊"。在此，可以看到邓缵先要做大事，成大业，并且也寄希望于儿子邓俦卓有一番成就。

## （三）天池诗篇选

天池是天山东段主峰博克达峰下的高峰湖泊，在乌鲁木齐东 110 公里的地方。湖面海拔 1980 米，面积 4.9 平方公里，湖深平均 40 米，最深 105 米。是一座天然的高山冰融冰碛堰塞湖。古代称"瑶池"、"冰池"、"龙潭"、"神池"等。先秦古籍《竹书记年》《山海经》等古籍中都不同程度地描写了瑶池。古代的神话传说把"瑶池"称作玉皇大帝的天庭花园，由王母娘娘打理的事已深入老百姓中。自古以来，众多的诗词、歌赋、演义、小说等文学作品都直接与瑶池紧密相连，邓缵先涉及瑶池、瑶台的诗词也很多，这里选择四首，赏析如下：

### 1. 瑶池

> 瑶池宫阙接崆峒，
> 山色虚无荡远空。
> 天马晓行银汉外，
> 石鲸秋度玉潢中。
> 露凝仙蕊珊瑚碧，
> 日射金茎玛瑙红。
> 欲觅长生随羽客，
> 汉家坛馆满秋风。

这是邓缵先来新疆后，曾在 1924 年以前到天池欣赏美景，他的诗呈现给人们一幅天山景区的生活情景，宫殿虚无缥缈在山腰池边上，天马行空在银河外，有地面的景，有人为的景，有道士，有汉家馆，这里的人气真旺啊。由此，可以看出此时此地的邓缵先理名词顺，俊快自得。

## 2. 鹤

> 瑶台月下一枝安，微俸分来养羽翰。
> 遥念鹭凫沙岸宿，满天风雪蓼花寒。

也许邓缵先是冬天来到天池，又是一番情景，另是一种心情，他对故乡一往情深，但还要面对现实。

借景抒情，触景生情，内容单纯，诗意显豁。

## 3. 瑶台

> 我到昆仑麓，怀古登瑶台。
> 琪花何寂寞，彩凤空盘回。
> 赪霞楼影散，黄竹歌声哀。
> 穆王不复返，西母安在哉。
> 青骡逐蒲坂，玉杯埋尘埃，
> 池上阆风苑，萧条秋色来。

这首诗应该是写于从叶城返回乌鲁木齐之后，来到天池，坦露出他心灵痛楚，万般无可奈何的思想感情。诗尽而言未尽，反映出作者对自身命运的观照，是他心底忧患意识的延伸。

## 4. 天马

> 西来天马骋长途，塞草边花岁月迁。
> 莫叹人间兴废事，瑶池楼阁竟虚无。

《史记·大宛列传》："得乌孙马好，名曰'天马'。及得大宛汗血马，益壮，更名乌孙曰'西极'，名大宛马曰'天马'云。"公元前119年，张骞第二次出使西域后，乌孙昆莫派出使者，带上几十匹马做礼品，随张骞一起返抵京城。乌孙马第一次到了内地，汉武帝亲取其名为"天马"，后得大宛马后，又将乌孙马更名为"西极"，并为之做歌："天马来兮从西极，经万里西归有德。承灵威兮降外国，涉流沙兮四夷服。"由此。天马就常常出现在多人的天山诗篇中，后人也将"天马"看作神马。

在这首诗中，"瑶池楼阁"已被认定为一种美好愿望与美好空想，诗作者的情思超越了诗料，诗中的境界也升华到一个新的高度，耐人寻味。

## 三

纵观邓缵先的作品，赏析邓缵先十四首天山诗，让我们有了这样一些认识：

### 1. 邓缵先诗词是他人生世相的返照

诗歌是表达情感的，"书以道事，诗以达意"。诗中的境界是用"直觉"见出来的，每诗都自成一种境界。人生世相本来是混想的，常住永在而变动不居的。"诗对于人生世相必有取舍，有剪裁，有取舍剪裁就必有创造，必有作者的性格和情趣的浸润渗透"。①

今天我们赏析邓缵先的诗词是为了更清晰更深刻了解邓缵先其人，而选择他所著的天山诗篇，是在一个景观上，以不同的时间，不同的心境，不同的思索而得出的情感反应，是其准确的人格特征。为了便于理解诗意诗性，在赏析中，交代了大量的天山景观、地理知识和历史故事，这是为使赏析者先对景有了认知，再结合诗而进入邓缵先的心中。在邓缵先的天山诗中我们感受到，他写景显，写情隐，显

---

① 朱光潜：《诗论》，人民出版社，2009年3月，第41页。

到轮廓分明，隐到含蓄深永，我们的结论，诗中的邓缵先是真实的，鲜活的，可信的。

**2. 邓缵先诗句中的人生气度**

邓缵先65年的人生途径、人生体验都在他的文字创作中融入和支撑，从而在他的诗中体现出他的精神气质和性格、风度。

邓缵先出自于一个耕读并重，崇尚功名的家庭，在诗理传家的客家传统影响下，重教育、走仕途是家庭及他的价值取向和路径。本指望科举出仕，促使邓缵先练文章习诗词，打下来写作的坚实基础，因而他有着可靠的文化基本功。但是传统的科举之路在他面前戛然而止。他要探求新的道路，为此，他不怕吃苦，不怕险恶，远离家乡来到新疆。他是个有志向、有抱负之人，这在他的诗词中时时流露。但是到了新疆这并不是一条得意之路，但他仍然自信，仍然不断追求。在新疆的18年，他遍及天山南北多个地区，多个岗位，都是兢兢业业，力求完美。但是邓缵先也是重情重义之人，在新疆期间，无时不在思念家乡，这在他的天山诗篇中也不断表现出来。

他走的这条路，他能走的这条路，是挑战的路，是艰苦的路，他一路实践，他一路吟诵，足以看到他志高远大，勤奋好学，情感丰富。

赏析选择的邓缵先十四首天山诗篇。主要是邓缵先1925年以前对天山考察感受而作，诗歌表现了邓缵先与天山一次次邂逅，反映的是他的人生气度：豪迈、坚韧、踏实、幽感。

**3. 邓缵先诗词的心理调解**

在邓缵先的天山诗篇中时而又充满着前路渺茫、人生难测的顾虑与感伤，在科举取仕的时代是一条路，而废除后，仕途之路并不平坦。邓缵先本意并不是要成为诗人，而是指望着在政治上有所作为，可是他孜孜以求一生，政治理想往往落空，他是一个怀有远大理想而又怀才不遇的文化人，既然人生总是有太多的不如意，志向理想往往无以兑现，他就通过诗文表达人生的空漠之感，天山的自然风光是永恒，美丽的，邓缵先就把天山作成诗歌描写的对象，他的失意都在这些诗里表现了，他的洒脱和超逸，也令读者钦佩。可以说，邓缵先的诗歌创作，也是他追求的一个方面，也可以说是他失意时的一种补偿，苦闷时的一种安慰，无聊时的一种消遣。

读邓缵先的边塞诗，心中总是会起波澜的。边疆是艰苦的地方，也是危险的地方，但是在精神昂扬的时代，边疆往往就是有积极追求的人们寻找机会建立功勋，光辉祖宗，报效祖国的用武之地。所谓边疆的光就此普遍带上了壮丽的色彩。

邓缵先的天山诗篇是一个整体，量大味美，耐人思考和回味，文中选择的十四首，仅仅是开始……

## 参考文献

1. 邓缵先：《毳庐诗草》，华东师范大学出版社，2012。
2. 邓缵先：《毳庐续吟》，华东师大出版社，2012。
3. 崔保新：《沉默的胡杨——邓缵先戍边纪事（1915～1933）》，社会科学文献出版社，2010。
4. 编写组编《古代汉语词典》，商务印书馆，2012。
5. 胡文康：《天山地图》，新疆人民出版社，2006。
6. 新疆天山天池管理委员会编《天山天池志》，新疆人民出版社，2012。
7. 厉声等：《中国新疆历史与现状》，新疆人民出版社，2009。

# 邓缵先新疆诗文研究

周　轩[*]

邓缵先（1868～1933 年），字芑洲，自号毳庐居士、履冰斋主人。广东紫金县人。早年涉足科场，并录优行。曾任县立高等小学校长，新加坡南洋雪茂埠华侨实业调查员，紫金县议会议长。民国三年（1914 年）46 岁参加内务部知事试验，取中分发新疆，次年入疆，任新疆省公署科员，考试合格后，民国五年（1916 年）任叶城县知事，民国六年（1917 年）调乌苏县知事，民国七年（1918 年）撰成《乌苏县志》（为民国年间新疆唯一刊印发行的县志），民国八年（1919 年）复任叶城县知事，民国九年（1920 年）冬卸任，十月十七日自叶城起程，十二月二十六日抵达省城迪化（乌鲁木齐），记沿途行程见闻，而成《叶迪纪程》（以下简称《纪程》）。后任省公署文牍员、编辑员，撰写公文。民国十一年（1922 年）撰成《叶城县志》后，请假回乡省亲。民国十三年（1924 年）返回迪化，任省公署政务厅内务科长，颇得省长杨增新器重，同年出版《毳庐诗草》

---

* 周轩，新疆大学教授。曾任新疆大学出版社副总编辑，现任新疆大学西北少数民族研究中心研究员，全国林则徐基金会学术顾问，《新疆文库》特聘常任专家。

（以下简称《诗草》），收录出塞后十年间诗作 611 首。民国十五年（1926 年）任疏附县知事，民国十六年（1927 年）任墨玉县知事，民国十七年（1928 年）出版《毳庐续吟》（以下简称《续吟》），收录自十三至十七年四年间诗作 671 首。民国十九年（1930 年）出版《毳庐诗草三编》（以下简称《三编》），收录自十七年后两年间诗作 668 首①。民国二十年（1931 年）任巴楚县县长。民国二十二年（1933 年）在新疆发生的暴乱中以身殉职，终年 65 岁，长子俦卓及儿媳、孙子同时遇难。

作为一名民国官员，他任职叶城、乌苏、疏附、墨玉、巴楚五县知事（县长），每到一地，都能真心实意地尽职为民。在新疆 18 年，仅回乡一次，公而忘私。

他亦是一名戍边壮士，其《巡边日记》（收入《叶迪纪程》和《叶城县志》）言之确凿，1962 年作为中印边界谈判的历史证据之一，他以自己的血肉之躯在为国戍边。

他还是一名边塞诗人，留下两部县志，一部纪程，三部诗集。仅三部诗集就收录诗作 1950 首，无论是数量，还是质量，都足以奠定其人在边塞诗坛上的地位。

本文主要从以下四个方面论述邓缵先的新疆诗文。

## 一　歌颂新疆壮美的山河

（1）昆仑　昆仑当之无愧地列为中华名山之首。古代人们由于认为昆仑山是黄河的发源地，高大雄伟并盛产美玉，于是对它极大地

---

① 邓缵先：《毳庐诗草》，黄海棠、邓醒群点校，华东师范大学出版社，2012。
　邓缵先：《毳庐续吟》，黄海棠、邓醒群点校，华东师范大学出版社，2012。
　邓缵先：《毳庐诗草三编》，黄海棠点校，华东师范大学出版社，2012。
　邓缵先：《叶迪纪程》，黄海棠、邓醒群点校，华东师范大学出版社，2012。

崇敬，尊为万山之祖，通天之山。围绕着昆仑山，古人发挥丰富的想象，创作出许多神话和传说，将昆仑山描绘得雄伟神奇、美丽壮观，当然也就引起后人莫大的兴趣和神往之情，古往今来，关于昆仑的诗文不胜枚举，从屈原、司马迁、李白、杜甫、王安石、苏东坡、洪亮吉、谭嗣同到毛泽东，无不赞美昆仑，抒情言志。但他们都未能亲眼见到昆仑，邓缵先则是两任昆仑山下的叶城知事，得地利之便，三番五次地吟咏昆仑。

《诗草》咏《昆仑》："天下四昆仑，苍茫一气浑。名区控中外，终古峙乾坤。云接三霄迥，灵钟五岳尊。高山殷仰止，胜迹缅轩辕。"（第65页）他列举古来关于昆仑在于阗、肃州、青海、冈底斯山四说，从中华一体的观念来追溯到始祖黄帝。

《续吟》中《昆仑篇》："陟彼昆仑巅，凭高望寰海。王母仙禽去不还，瑶池瑞草今何在。"（第41页）《登昆仑望黄河源》："沧海横流蹙中原，鸣鞭走马登昆仑。仙区缥缈万古意，玉石磷磷黄河源。发源如丝来天上，咆哮积石驰龙门。"（第46页）而《昆仑山珠树》："昆仑高万仞，珠树郁丰茸。枝茂丹瑶圃，根蟠碧玉峰。仙霞应作伴，尘世莫能容。遥羡千年鹤，巢栖物外踪。"（第98页）将昆仑描绘的雄伟壮观，美轮美奂。

《三编》中更有《昆仑赋》，自序说自己"十馀年间，足迹所经，几遍边域。两游昆冈，北麓遥望，峰峦缥缈，云气往来，恍有城阙宫室园池之象，虽不能至，然心向往之。"其词曰："繄疆域之形胜，为河岳之根源。定地维以永奠，建天柱而长存。其中有山，名曰昆仑，巍峨崔嵂，崒郁胚浑。奇标邻界，雄镇戎藩。西控榆谷葱岭，东扼阳关玉门，南驰仙乡佛国，北走康居大宛。尨岲塞陲，视天下而若小；崛崎寰宇，推此山为独尊。"先说昆仑形势，又说草木瑰富、禽兽灵异，再说宝藏奇秘、仙宅渺茫、祥符应兆，最后感慨："地因人而并传，德比山而俱大。政平则志熙，时清则道泰。俾渐臻乎朴淳，又何恃乎险隘。则此山也，为中夏之藩篱，实边陲之襟带。"（第127～128页）他对昆仑的赞美之情，溢于言表。

（2）天山　天山横贯新疆中部，将新疆分为南北两大部分，东起哈密星星峡，西到乌恰县克孜河谷，长达1700多公里，南北宽200～400公里，天山西部最高峰托木尔峰海拔7435米，附近的汗腾格里峰6995米，乌鲁木齐以东5445米的博克达峰为天山东部最高峰。

他在《续吟》中写了《登天山绝顶》："东望玉门关，西望瑶池隈。南望蒲昌海，北望单于台。狂飚吹黄沙，怀古心悠哉。"（第12页）又写《天山》："缥缈玉关西，天山七百梯。望中诸国小，塞上万峰低。朔气横葱岭，雄风扫月氏。神仙如可接，骏马奋霜蹄。"（第94页）意犹未尽，再写《天山》："迢迢驿路上天山，仙使骖鸾信往还。群岳葱茏横海表，孤峰缥缈出人间。"（第107页）目接千里，神驰古今。其胸怀与气势，远在杜甫的"会当凌绝顶，一览众山小"之上。

《诗草》中写《博克达山》："博克达山万古雪，皑皑凌虚高莫测。胚胎五岳势郁蟠，阜康县南火州北。巍峨天外耸三峰，中原地窄容不得。山腰藏纳两巨海，异卉奇葩千年在。博望遗踪尚渺然，定远丰碑终不改。龙潭源与河汉通，兴云致雨天无功。试看天山南北路，沃野万顷泉膏融。年年边氓足衣食，耕凿依然太古风。"（第30页）《续吟》中有《游博克达山》："伟哉造化功，融然海天补。灵穴泻冰澌，云根泛琼乳。当年拓地险，劈涧运鬼斧。万古天上尊，海内谁敢侮。浪花喷层峦，雨雹如连弩。苍藤飞瀑间，谁欤棋戏赌。瑶草满幽谷，探奇休尽取。携儿登灵山，信宿叨地主。却忆昆仑游，玉英餐蕙圃。"（第11页）《博克达峰》："三峰入霄汉，五岳似儿曹。秦塞黄云远，胡天白日高。雪山横大漠，银海卷奔涛。西极华风被，神功自断鳌。"（第88页）歌颂天山及博克达峰雄伟壮观，气势非凡，在五岳之上。所游的博克达山，清代称灵山，山中有著名旅游胜地天山天池，诗中描写了石门一线、龙潭碧月、悬泉飞瀑等天池景观，其魅力至今依在。

《纪程》中的《大坂赋》写的是乌鲁木齐以南达坂城一带，"天山之峡、高昌之西，有大坂焉，与浮雪齐。"他把这里描写得十分神奇："上有千仞之崇峦，下有百尺之回溪。花发奇岩而簇簇，草滋灵境而萋萋。我所思兮在玉山，欲往从之道路艰。"尽管道路艰，但他豪气不减："登崇冈而顾盼，觉豪气之纵横。时则尚未凌绝顶也，然且俨然越仙峤而游玉京。吁嗟乎！高处多危，秋风可悲。平陂倚伏，寒暑推移。感迷途其如昨，悟坦道其如夷。"（第 74 ~ 75 页）他在感叹山川的同时，也在感悟人生。

《诗草》中的《冰达坂》，写的是西天山的别迭里山口（即唐代玄奘曾翻越的凌山）和以东温宿境内的木扎特山口。"伊犁台南乌什北，地处极边称扼塞。两台相距百里馀，冰山雪海途崎岖。雪海空蒙无涯涘，塞外烟涛画图里。"接着写清晨奇幻，"城郭楼台参差是"；海市消失，"举头瞻仰皆冰山"；攀登之难，"悬空凿蹬如天梯"；途中之险，"大壑时闻冰裂声"；但也欣赏到冰山美景，"珠宫贝阙影玲珑"。结句感叹："噫嘻边地皆严寒，斯游第一奇境观。冰兢夙夜能匪懈，人间无虞行路难。"（第 37 ~ 38 页）此后的任何艰险都不在话下了。

（3）乌鲁木齐　乌鲁木齐自乾隆朝统一之后，为仅次于伊犁惠远城的第二大城，及至光绪十年（1884 年）新疆建省，乌鲁木齐成为新疆首府。《诗草》有《乌鲁木齐》："西北有福地，佳哉冠中原。烟靖首蓿烽，林深大羊村。西郊无豹虎，永夜不扃门。种田通涧水，禾稼如云屯。熙熙太平民，不识兵甲烦。初因避秦来，息躯边塞垣。风雨慰晨夕，屡思归故园。世事随转烛，生儿还抱孙。栖迟即为家，日计在饱温。欣言得我所，贻谋裕后昆。"（第 10 页）描写了当时的乌鲁木齐为衣食无忧、夜不闭户的世外桃源。内地避难来者，虽说初来乍到也怀念故乡，但最终还是在这里扎根安家。

乌鲁木齐有胜景红山、鉴湖、水磨沟等。《诗草》有《春日约侣重游红山》："红山佳气抗天山，携榼重游信往还。烟火万家归眼底，云霞五色荡胸间。边城杨柳花逾白，绝壁枫林叶尚殷。世事茫茫今昔异，几人展策度重关。"（第71页）《续吟》有《登红山嘴玉皇阁浮图远眺》："高台秋气迥，迁客望乡园。漠野乾坤大，沙场日月奔。南中纷战伐，兵后几生存。"（第87页）两首诗都写了登红山的所见所想，前诗勾勒出乌鲁木齐的美景，希望有更多的人来此施展才能；后诗则写了登山时的思乡之情和对国事的关心。

《诗草》有《鉴湖》："会稽有鉴湖，名区震人耳。巩宁有鉴湖，胜地阙于史。"说浙江绍兴（古称会稽）的鉴湖很有名气，但乌鲁木齐同乐公园（今人民公园）内的鉴湖却人多不知晓。"莹然一鉴开，湖名此缘起。"湖名是由朱熹的诗句"半亩方塘一鉴开，天光云影共徘徊"而来。"湖面只数亩，湖光含万里。春秋有佳日，游赏人如蚁。"（第26页）说鉴湖是春秋时节的游览胜地。《同友人游鉴湖》说："楼台杨柳古庭州，地辟湖亭翠影流。绝域烟销沙塞晚，平泉波静玉关秋。魏征未老图金像，诸葛依然运木牛。人与灵区齐不朽，水光山色自悠悠。"（第95页）以魏征、诸葛借指杨增新，说鉴湖旁已立起他的铜像，他像诸葛亮一样，巧用智谋来治理新疆。

水磨沟是乌鲁木齐的又一美景，青山碧水，泉水温热，水质凝滑，真是美好的享受。《诗草》有《夏日游巩宁城北水磨沟迎曦亭》："离城六七里，胜地觉幽深。树色添岚影，溪声杂鸟音。天涯忘别路，尘外结迟心。亭迥秋先到，微霜沾客襟。"（第54页）

（4）其他　新疆有壮美的山河，也有恶劣的环境与气候。《诗草》有《十三间房》："十三间房地，古之黑风川。冥冥鬼啸雨，漠漠尘蔽天。山险不可越，狂飚走沙石。孤行入迷途，往往无踪迹。"描写哈密以西十三间房可怕的飓风。行人为躲避，多走小南路"幽蹊一径开，行人纷来往。"（第23页）又《苦热行》："人言北地寒，讵知西陲热。高昌是火州，夏来尤炎赫。燥云烧天红，汤池煅沙黑。鸟从波间游，人在隧中歇。疲马卧幽坂，枯桑飘残叶。"（第24页）描写盛夏吐鲁番的酷热难耐。

《诗草》有"己未春，赴任叶县，路经英吉沙。日将午，过沙堆，大风骤起，沙石飞扬，咫尺莫辨，车轮沦沙过半，随行皆哭。幸土人引路，乃免。至暮，风始息云"："黑风卷地起黄尘，得路翻成失路人。破额山前悲旧梦，惊魂桥下见危津。士经忧患终为福，境历冰霜似有因。依耐古称边要郡，万峰如戟石如鳞。"（第89页）说民国八年（1919年）他赴任叶城，途中在汉代依耐国的英吉沙突遇沙尘暴，黑天昏地，随行都吓得哭喊。由当地维吾尔人引路，才脱离险境。

他在《纪程》中对新疆地名给以美好的解释，如"今沙雅、沙湾、哈喇沙尔、英吉沙尔，亦以沙名。就四时观之，春则寒沙落雁，夏则松沙伏流，秋则平沙无坝，冬则暗沙如雪。"（第61页）其实除沙湾为汉语本意之外，沙雅为"沙合雅尔"的简称，意为"首领爱抚部众"。哈喇沙尔意为"黑城"，即今焉耆县。英吉沙尔意为"新城"，即今英吉沙县。

值得指出的是，《纪程》中对黄河河源的记载，由于时代的局限，沿袭了黄河初源于昆仑山，注入罗布泊，潜入地下，然后在青海积石山重新涌流而出这一两千年来的传统说法，今天看来当然是错误的。这是当时受地学发展水平的影响所致，不可以苛求前人。也正如黄文弼先生在《罗布淖尔水道之变迁及历史上的河源问题》一文中所说："河出西域说、重源说，虽然都是错误的，但所反映出来的祖国山河相连的观念却是可贵的。"[1]

---

① 黄烈编《黄文弼历史考古论集》，文物出版社，1989，第314页。

## 二　描绘新疆民情与风物

在描绘新疆民情与风物方面，首先应当谈到《纪程》。如阎毓善序中所言："凡所叙途间经历，如山脉、水道、物产、民风，城市盛衰之迹，官治沿革之由，靡弗援古证今，举要陈述。"（第5页）

（1）《纪程》　记载当时的莎车"南门外，官亭向南，额曰'昆冈在望'四字。"又记："莎车为汉古国，东界叶城，北连英吉沙，南毗蒲犁，东北接巴楚。饶地利，擅行胜，俨然西域一大都会。其民三种，缠回为土著，烟户不下六万家，人口三十馀万。回城街巷曲屈错杂，中间地势隆起。相传城东南隅，为汉时莎车王宫室故址，今为麻札云。"（第13页）还记"南疆缠妇，颈旁常有赘疣，小如橘，大如柚。"（第17页）鹿碛氏附记："莎车回城，居民饮料，皆以涝灞蓄水。其水性阴寒，饮之易生赘瘤，男妇皆有，妇人较多。汉人之久于莎者，亦得斯疾。医者谓常煮食海带则可消。"（第18页）这种病俗称大脖子病，颈项上长着囊状赘生物，在当时的新疆很流行。这是因为缺碘造成的地方病，煮食海带是对的，但不是"水性阴寒"的缘故。如今食用加碘再制盐，此病早已绝迹。

记南疆一路，"夹道胡桐树，类内地之乌桕，秋深叶黄，夕照灿烂。自叶尔羌至阿克苏千馀里，所在皆有之。"（第27页）其实即胡杨，新疆最古老的树种之一，抗干旱、耐盐碱、御风沙，生命力极强，人称"胡杨能活一千年，死了不倒一千年，倒下不朽一千年。"

记"南疆多桑子，色白味甘美。入夏椹熟，缠民将釜甑出售，视桑葚繁密处，铺一毡，仰卧以候其坠，啖饱即偃卧，葚尽始去，尝数月不举火。瓜果熟时，亦如之。"（第31页）如林则徐在《回疆竹枝词》所咏："桑椹才肥杏又黄，甜瓜沙枣亦糇粮。村村绝少炊烟起，冷饼盈怀唤作馕。"①

记库车"城东北数十里山中，有小佛洞、大佛洞，皆凿穴绘佛像。又城南托和拉旦达坂之西南，俯瞰渭干河，有千佛洞，人称丁谷山，今遗址尚存。"（第44页）《诗草》有《梦游千佛洞》："冥冥山雨草萋迷，龛殿玲珑错不齐。仿佛旧游南海岸，一花一叶一菩提。"（第106页）

记库尔勒西北的兴修库尔楚河渠木碑（今藏新疆博物馆），"旧碑高四尺馀，宽二尺馀，碑文五百馀字，略云：光绪五年夏间，镇兵王玉林，遣营兵，开浚库尔楚西北山口河渠，引水灌田四十馀里，六阅月工竣云。碑颇残剥，字学颜体，摩灭十馀字。"（第52页）《三编》有诗《库尔楚路旁碑》："纪功铭德尽谀祠，姓字销沉石半欹。惟志山泉渠远近，尚留光绪六年碑。"（第87页）

记独木舟："渭干河（会入塔里木河）、开都河、孔雀河等处，两岸产柳，高十数丈，大合数抱，心空，土人刳以为舟，呼为卡盆子，无桨无柁，渡者用木桿撑去。相传博斯腾淖尔，为张博望乘槎处，卡盆殆槎之遗制者欤。"（第52页）《诗草》中吟《卡盆》："大柳刳为舟，榆篙置两头。黄沙千浦晚，白日半河秋。是处通霄汉，何年访斗牛。张骞遗制在，风景尚夷犹。"（第56页）将独木舟与张骞乘槎联系起来，饶有兴味。

记托克逊的坎儿井："路旁土高一二尺，轮辙悉落窠臼，颇不舒展，坎井联络，累累如贯珠。"（第71页）此前道光二十五年（1845年）初，林则徐赴南疆勘地，在《乙巳日记》中记载到吐鲁番之前："见沿途多土坑，询其名，曰'卡井'，能引水横流者，由南而北，渐引渐高，水从土中穿穴而行，诚不可思议之事。此处田土膏腴，岁

---

① 周轩、刘长明编著《林则徐新疆资料全编》，新疆大学出版社，2009，第440页，312页，314页，253~278页。

产木棉无算，皆卡井水利为之也。"① 坎儿井作为一项重要的水利工程，至今还在造福当地人民。

记达坂城"大坂城，旧名嘉德，乾隆四十七年建，又称噶逊营，为粮员守备驻防。又粮仓一，居民六七百家，关帝庙向南。是处东、南、西三面山甚高，形势扼要。"（第 76 页）如今王洛宾一曲《达坂城的姑娘》，更使这里蜚声中外。

记"戈壁如海，车行如舴，远树如帆樯，风沙如波涛，堠斥如岛屿，电桿如渔篙。"（第 30 页）还记冬季戈壁遭遇飓风："是日将晓，烈风大作，声振林木，天地合籁，波涛自惊，墙屋摇摇欲倾，沙砾撩乱，黯惨窈冥，咫尺莫辨。"（第 70 页）没有戈壁夜行与遇险的切身经历，是不会写得如此形象与逼真的。

（2）《诗草》《玉山》："昆仑北冈麓，一片叶县城。玉山咫尺间，悠悠怀远情。瑶池生琼树，葳蕤灿朱英。时有雪鸡啼，恍闻丹凤鸣。仙区无远近，只在寸心澄。世人羁俗虑，徒慕玉山名。行到玉山处，嶙峋碔砆横。嗒然失所望，安见玉晶莹。踽踽空手返，前功废半生。讵知璞蕴玉，琢磨器乃成。玉质未造就，何如瓦缶精。镈罍整而洁，可以荐神明。"（第 17 页）说进山采玉需要心诚，而要雕琢出精美之器，还要有高超的技艺。

还有《璞玉》："叶尔羌南三百里，密尔岱山产玉美。大者万镒小数千，葱白蜡黄均可取。纯玉莹然九仞峰，人迹不到牦牛通。攀援牛尾陟危巘，锤凿石落翻虬龙。自隶版图赆浮玉，千斤万斤运辘辘。长途沙碛摧车轮，远道风霜伤马足。毡包席裹辇帝关，泪血染成羊脂斑。"（第 36 页）写了采玉运玉的艰辛，接着写了弃玉："嘉庆庚申贡菁茅，宝玉献自昆山坳。万牛挽送行不得，安置焉耆城东郊。"嘉

---

① 周轩、刘长明编著《林则徐新疆资料全编》，新疆大学出版社，2009，第 440、312、314、253～278 页。

庆四年（己未，1799 年）正月，刚亲政的嘉庆帝得知维吾尔民众运送玉石劳苦情状："朕心甚为怜悯，将此速谕所经各城大臣，接奉此旨，所解玉石，行知何处，即行抛弃，不必前解。"① 几年后，来疆任职的和瑛有诗《喀喇沙尔大玉》。其实弃玉具体地点在焉耆（又称喀喇沙尔）以东今和硕县的乌什塔拉。咸丰年间，来疆任职的倭仁在《莎车行纪》中亦有记载。林则徐在《乙巳日记》中记载乌什塔拉："此台之东，有大玉三块，闻系乾隆年间由和阗入贡，运至此地，忽抬不起，奏奉谕旨不必运送，遂留于此。今视之若小山然，盖未琢之璞也；其旁露出一面，碧色晶莹，可玩而不可凿，亦神物也。"② 谢彬《新疆游记》记载民国六年（1917 年）9 月 6 日来此"今残存系大者，而次者、小者早已被人零截尽矣。"③ 有幸的是此诗记载了残存大玉后来的下落："幸逢大匠怜奇姿，三越庚申后车载。载来迪化豫园旁，复置农林试验场。塞垣百倍增声价，边庭万丈腾辉光。"（第 36 页）说民国九年（1920 年）由杨增新当局将残存的大玉运至迪化（今乌鲁木齐）。至于豫园与农林试验场在今何地，大玉的最终下落如何，还有待调查考证。

《观打猎》："野豕蕃多鹿正肥，八月雪飞枯白草。猎人腰箭臂角弓，霜蹄疾走如游龙。"（第 35 页）《缠庄》："天山南路古危须，土风还与庭州殊。气暖四时少瘴雾，泉流千顷成膏腴。俗尚豪奢娴歌舞，繁声促节相嬉娱。五六月中林深处，东邻西舍随招呼。磊落堆盘青毷觕，辉煌藉地红氍毹。"（第 47 页）写了新疆牧民的狩猎和农家的歌舞。而《哈密回王宅》："伊吾春色满闾阎，知是边城雨露沾。

---

① 周轩、修仲一整理订补《清实录新疆资料辑录·嘉庆朝卷》清仁宗实录卷 38，新疆大学出版社，2008，第 23 页。

② 周轩、刘长明编著《林则徐新疆资料全编》，新疆大学出版社，2009，第 440、312、314、253～278 页。

③ 谢彬著、杨镰、张颐青整理《新疆游记》，新疆人民出版社，1990，第 225 页。

七宝云车双鹤健，万株烟柳九龙潜。园瓜入贡甘如醴，岩瀑悬空密似帘。世效忠诚膺爵禄，穹庐毳幕静恹恹。"（第 90 页）写了哈密维吾尔王的生活及对朝廷的世代忠诚。

（3）《续吟》《叶县山中观雪山飞瀑》："黑云横天风怒号，昆仑北麓雪山高，四面玲珑雷吼哮，万里浩渺飞银涛。我行正值十月交，洞口玉虹悬彩桥。峰回路转境寂寥，水净霞明影动摇。洪波喷流玉龙膏，冰柱千丈横山腰。如楼如阁如堂坳，非珠非璧非琼瑶。山川人物相容包，草木鸟兽胥甄陶。剑气峥嵘拂霜杓，蓬壶倾倒群仙逃。上有凝泉之截蛟，下有沧波之断鳌。皎皎相看烟雾消，铮铮时闻金铁敲。势若边将短兵麾，十万军人皆握刀。又若白马冰河跑，千骑缟练连青袍。伟哉造化工镂雕，阴阳为炭铜炉销。千变万化非一朝，达人与道翔且翱。我家岭外瘴黄茅，罗浮瀑布青松梢。得观此景意气豪，黄鹄青鸟游边郊。得观此景意气豪，黄鹄青鸟游边郊。心花才开目力劳，世间万事皆幻泡。立马须臾天香飘，猨狖群啸熊罴咆。蕊珠宫阙在层霄，明星玉女应见招。此心淡泊志坚牢，振瞀相忘云路遥。"（第 31 页）诗中将叶城的雪山瀑布描写得千姿百态，令人神往。

《松梯歌》起句介绍古松生长在昆仑山下的和阗（又称赫探）南山："昆仑山麓云五色，福地相传古佛国。群峰秀压赫探城，二水波漾干端碛。"接着描写古松的形态和环境："佳气葱茏灵境开，松梯遗留更奇绝。松根半死饱风霜，梯级万寻倚石壁。上有岩峦渺无垠，下临溪谷深不测。淙淙泉响答猿声，落落蹄痕认马迹。"再下来是关于古松的传说："客言沙塞西极天，树木森疏千百年。疑是瑶池百木长，枝柯培植洪荒前。巢氏云间白犬吠，娲皇石上青牛眠。又疑张骞探河源，刳木为槎凌风烟。河汉清浅去复返，舟楫掷置胡沙边。"最后评说："我闻此语倾心久，六合之大无不有。茯苓香结劫灰馀，石筏秋横戎马后。旷观千载如须臾，俯览三山若培塿。蜀川剑栈已消沉，罗浮铁桥今在否？休将伟器世莫知，当与仙山名不朽。"（第 47

页）读诗使人感到古佛国和阗充满传奇与神秘色彩。

《焉耆怀古》："骄虏今何在，寒涛入乱山。沙横星海宿，云黯铁门关。赆玉梯航至，韬兵鼓角闲。危须多古迹，断碣藓纹斑。"（第91页）焉耆为汉代西域三十六国中的大国，汉统一西域前，匈奴曾设僮仆都尉于此。危须（在今和硕县）后并入其国。诗中写了焉耆境内有浩渺的博斯腾湖，有扼守天山峡谷的铁门关，众多的古迹在诉说着千年沧桑。

（4）《三编》及其他 《龟兹曲》："龟兹歌舞女当垆，筝笛箜篌声调粗。"（第69页）龟兹（今库车）自古以歌舞闻名，诗说龟兹歌舞女子如汉代在成都卖酒的卓文君一样美丽动人，伴奏乐器有筝、笛和箜篌，而伴唱的曲调激昂粗犷。

《缠俗》："天涯缠俗尚狂榛，瓜芋村篱自结邻。射鹿胡儿腰拔箭，骑驴羌妇额垂巾。葡萄款客村棚敞，筚篥祈年俚调新。最是边氓忘宠辱，为嫌簪绂绊闲身。"（第109页）一首诗，写了维吾尔农家院落比邻，物产有瓜芋，待客有葡萄，乐器有筚篥，男子骑马挎箭好威风，女子则多戴头巾骑毛驴。最后表达他对百姓不头戴簪子、不穿官服，平平淡淡、宠辱两忘生活的赞美。

就巴里坤石人，邓缵先竟有三吟唱。一是《诗草》中的《镇西石人》："路遇玉塞翁，箕踞谈轶事。镇西有八景，鼍城现海市……道旁两石人，屹立寒林际。霜痕留髻鬟，苔纹缀眼鼻。形像本天生，刻划颇有致。"（第23页）说巴里坤有八景：天山松雪，瀚海鳌城，尖山晓日，岳台留胜，屯稼堆云，黑沟藏春，镜泉宿月，龙宫烟柳。而道旁两石人又刻画得栩栩如生。二是《续吟》中的《巴里坤道旁石人》，序言说："巴里坤城东五十里，有二石，状如人立，高五尺许，眼鼻酷肖。古传有战士，有功，不伐赏赉，亦弗及隐避，而形化为石云。"诗曰："宛若硕人状，相传战士魂。功成不矜伐，化石终无言。"（第55页）说石人是在为埋没战功的战士鸣不平。三是《三编》中的《道旁石人》："渺渺长途间，悠悠远山曲。中有石人像，莽苍云郁蠹。不知何年代，绘塑遗轨躅。眄彼远行客，嚣尘车马逐。朝往而暮来，人事随转烛。阅世俱不言，块然立于独。风霜经岁晚，烟雾隐岩麓。时俗薄卑贱，谁为延驻目。有客趁前途，车行恐不速。长跪石像前，灼骨私求卜。"（第 16 页）说石人像如今已成为往来车夫祭拜的路神。而俄属芬兰男爵马达汉《西域考察日记》1907 年 10 月 20 日记巴里坤石人子村，"村里有一座小庙，庙里供了两块石头，其中一块形状像人的石头，有头和肩部。中国人把石人当作给初入新疆的军队指路的路神。两块石头都呈黑色，并在滴油。赶车的人往石人身上抹油，意在保佑车轴赶路时完好无损。我的车夫们也不吝啬他们的储备油。"①

## 三　赞扬建功立业的先贤

自张骞通西域以后，历代不断经营西域，有许多人在此建功立业，也有许多人因各种组缘由先后来此，他们都为西域的历史增添了光彩。邓缵先在诗文中都给予赞扬。

（1）张骞与班超　《续吟》中《咏古》四首，即有立功西域的张骞、班超。"匈奴西陲患，奉使适流沙。悠悠万馀里，召募河汉涯。豪杰开风气，后儒空叹嗟。乃知张校尉，是谓纵横家。"（第 28 页）张骞（？—前 114 年），汉中城固（今陕西城固）人。汉武帝时郎官，为联合大月氏，于前 138 年首次出使西域，被匈奴拘留十多年，直到前 129 年逃脱再度西行，经大宛（今费尔干纳盆地）、康居（今塔拉斯流域）到达大月氏（今阿姆河流域），十三年后返回汉朝，

---

① ［芬兰］马达汉著、王家骥译《西域考察日记》，中国民族摄影艺术出版社，2004，第 318 页。

封博望侯。前119年第二次出使西域，与伊犁河流域的乌孙和亲联盟。经过多年的艰辛努力，汉宣帝神爵二年（前60年），汉朝在轮台设立西域都护府，册封地方首领，管理各地事务，西域从此归入西汉王朝的版图。

"少年负奇志，横戈扫塞漠。立功取封侯，安能守葵藿。燕颔啄旄墙，虎穴辟戎幕……玉门望生返，庇身见几许。乃知班仲升，崇尚老氏学。"（第28页）班超（32～102年），扶风平陵（今陕西咸阳）人。胸有大志，投笔从戎，公元73年（永平十六年），率三十六人出使西域天山以南，以杰出的外交、军事才能，坚韧不拔的奋斗精神以及知人善任、能容人之过的品质，获得极大成功。到永元三年（91年），塔里木周边各国归顺汉朝，汉朝重新设置西域都护府（于龟兹它乾城），以班超为都护，管辖西域各国，封为定远侯。班超在西域整整三十年，晚年上书："臣不敢望到酒泉郡，但愿生入玉门关。"102年秋回到洛阳，一个月之后即辞世。

（2）裴岑碑和姜行本 《诗草》中有《天山碑》："永和二年秋八月，诛呼衍王蒲海东。敦煌太守纪汉德，勒碑绝壁荒榛中。石质年深如黑玉，晚烟凝碧霞映红。碑高七尺六十字，篆书残蚀苔藓封。吏人拓赠东南友，云此行船能避风。更有唐碑在绝顶，高踞群峦临一峰。盘空鸟道数十里，神祠清闷森古松。碑额大书十五字，征服突厥铭丰功。"忆昔抚今，他希望"张营岳垒再整顿，边塞威扬兵马雄。"（第34页）"张营岳垒"指清初驻守巴里坤的将军岳钟琪和张广泗。其怀古之情历汉唐至清，追缅为国开边守边的将士。

诗中的天山碑，指的是东汉敦煌太守裴岑碑和唐代姜行本纪功碑（原藏哈密与巴里坤之间的天山庙，今藏新疆博物馆）。顺帝永和二年（137年），云中（今山西大同）人敦煌太守裴岑率本郡三千兵马出击北匈奴，在巴里坤斩杀呼衍王，取得四十年来汉朝在这个地区的一次重大军事胜利，赢得了该地区十三年的安定局面。如此重要的战役，《后汉书》中却未记录，原因是东汉末年朝廷大乱，档案丧失，使裴岑诛呼衍王这一重大战役在魏晋时已无人知晓了。幸有裴岑仿窦宪勒铭燕然，此碑保存至今，六十个字得以补史书之缺。

姜行本纪功碑，碑文八百余字，详述了贞观十四年（640 年），唐太宗李世民决定出师步骑数十万人平定麴氏高昌国，以吏部尚书侯君集为交河道行军大总管，薛万钧、姜行本为副总管。姜行本负责攻城器械的制造，他带领中原地区的能工巧匠，从哈密翻越天山，进驻山北松树塘，制造云梯、抛石机等，攻城器械有力地配合了高昌攻城，高昌王麹文泰病死，继任高昌王麹智盛请降。唐军取得超越两汉西域都护郑吉与班超的辉煌。平定高昌是唐朝统一西域的第一步，唐于此地设安西都护府，又移置平定后的龟兹（今库车），设立安西四镇，控制了天山以南地区。半个世纪后，在天山以北的北庭（今吉木萨尔）设北庭大都护府，与升格的安西大都护府分辖西域。而作为见证历史的《姜行本纪功碑》，无疑具有很高的史料价值。

（3）耿恭 《三编》有《读〈耿恭传〉》："耿恭衔汉命，修缮屯车师。校尉名戊己，地美饶东蓝。孤城单兵守，虏骑经年围。凿山涌飞泉，煮弩持作糜。势胁与利诱，忠节终不移。"（第 28 页）耿恭，字伯宗，扶风茂陵（今陕西兴平县）人。东汉开国功臣、名将耿弇之嫡孙。公元 75 年冬，戊校尉耿恭以单兵守孤城，凿山为井，煮弩为粮，毙敌数千百计，以数千之兵抗击数万匈奴，坚守疏勒城。援兵赶到时，只剩二十六人，回到玉门关时，仅存活十三人。时称"节过苏武"，感动朝野。关于耿恭守卫的疏勒城，有人认为在奇台，有人认为在吉木萨尔。光绪初年，清军幕僚萧雄在喀什听到耿恭在此守卫疏勒城的传说，赋诗《耿公井》："疏勒城中古井深，飞泉千载表忠忱。"后人出于对耿恭的热爱，有意或无意将这段史实安在了喀什，虽是误会，却也包含了许多真情实感。

（4）岳钟琪　《续吟》有《岳台留胜》："秦关今不闭，走马赋西征。问讯前朝事，荒凉大将营。镜潭蒸蜃气，蒲海断鼍更。松雪天山路，犹闻鼓角声。"（第86页）岳钟琪为南宋岳飞二十一世孙，雍正七年（1729年）以宁远大将军进驻巴里坤，在此建成汉城。"岳台留胜"为旧时巴里坤八景之一，在巴里坤城南五里，北倚雪山，面对草原，据说岳钟琪曾在山头练兵点将，蔚为壮观。

（5）纪晓岚　《诗草》有《读纪文达公〈乌鲁木齐杂记〉》："天山路远雪华浮，选胜依然玉局游。月照荒城群犬吠，春融沃壤百泉流。客中花鸟饶诗兴，塞外鱼盐裕国谋。物产民风今昔异，一篇稗史备咨诹"（第93页）纪文达公即纪昀（1724～1805年），字晓岚，直隶河间府献县（今河北省沧县）人。乾隆三十三年（1768年），45岁在翰林院侍读学士任上因漏言泄密被革职，流放乌鲁木齐两年之久，写出《乌鲁木齐杂诗》160首，后人将其自注辑为《乌鲁木齐杂记》，反映乾隆朝统一西域十年来乌鲁木齐地区巨大的历史进步，也反映了夜半群犬吠城的恼人情景。晚年写成《阅微草堂笔记》，收入在乌鲁木齐搜集的志怪传闻近百条，对后人了解和研究当时的新疆很有价值。为《四库全书》总纂，官至礼部尚书、协办大学士，谥号文达，是乾嘉时期杰出的文学家，官方学术领导人之一，也是清朝流放新疆的早期著名人物。①

（6）洪亮吉　《诗草》亦有《读洪编修〈伊犁日记〉》："一封匡谏岂狂言，伉直批鳞胆气存。便佞群臣皆欲杀，怜才天子沛殊恩。三边远谪踰唐塞，百日生还过鬼门。从古诗人多坎壈，漫敲檀板对金樽。"（第94页）洪编修即洪亮吉（1746～1809年），字君直，号北江，江苏常州人。45岁考中一甲第二名进士，受到乾隆帝接见并重用，他为此感戴皇恩。嘉庆四年（1799年）秋上书洋洋千言，问题

---

① 周轩、修仲一编著《纪晓岚新疆诗文》，新疆大学出版社，2006。

尖锐，言辞激烈，不仅一口气点了数十位内外大臣的名，甚至对嘉庆帝也不客气地直言批评。尽管他是一片忠心，但嘉庆帝受不了这种冒犯，下旨将洪亮吉革职严审。大臣们心领神会，议定罪名"大不敬"，惩处是"斩立决"。嘉庆帝发布谕旨：洪亮吉著从宽免死，发往伊犁，严行管束。到达伊犁百日后即获释回籍。其悲剧令人感慨叹息。①

（7）林则徐　《诗草》中还有《读林文忠公〈荷戈纪程〉》："贬谪坐何事，荷戈聊纪程。穷荒宁九死，片石证三生。夷衅芙蓉启，谗言薏苡成。中原留毒草，千古恨难平。"（第61页）林文忠公即林则徐（1785～1850年），福建福州人。以湖广总督受命钦差大臣主持虎门销烟，实授两广总督坚决抗英，获得崇高的威望，又以被无辜戴罪革职流放，受到社会各界的广泛同情。从西安到伊犁的日记辑为《荷戈纪程》，记载了百余天的艰辛戎途。②"三生"为佛教语，指前生、今生、来生。三生石常用为前因夙缘的典实。说林则徐被流放是因为禁烟，外有英人挑衅，内有谗言攻击的结果。"芙蓉"即鸦片的别称"阿芙蓉"，"薏苡"系一种草本植物，果仁白色，叫薏米，可杂入米中作粥饭或磨面。《后汉书·马援传》载，他出征时常吃薏米，为轻身省欲，以胜瘴气。南方薏苡果仁大，马援回师时便拉回一车。死后，有人攻击他拉回一车明珠。后人遂以指涉嫌而被诬谤者，谓之薏苡之嫌。邓缵先想象着林则徐为烟毒继续泛滥而难抑胸中的不平之气。

（8）左宗棠　《诗草》中还有《左文襄祠》："文襄经略靖边尘，出入三朝重老臣。博望才猷工挫敌，卧龙旗鼓勇如神。妖星夜落千营静，虏塞烟开万井春。今日祠堂遍西域，关城俎豆更莘莘。"（第

---

①　修仲一、周轩编著《洪亮吉新疆诗文》，新疆大学出版社，2006。
②　周轩、刘长明编著《林则徐新疆资料全编》，新疆大学出版社，2009，第440、312、314、253～278页。

74页）左文襄即左宗棠（1812～1885年），湖南湘阴人，晚清一代著名将领。他在中国近代史上的杰出功绩，是在19世纪70年代，亲自指挥大军，收复被外来侵略者占领下的新疆失地。诗说左宗棠功绩神奇如张骞，用兵谋略似诸葛亮，遍布西域的左公祠堂都在纪念他。

邓缵先在诗文中赞扬建功立业的先贤，并不仅仅是发思古之幽情，他正是追随着先贤足迹，怀着一腔报国壮志，毅然远赴万里之外新疆的，从45岁到64岁，一干就是18年！

# 四 抒发安定边疆的抱负

（1）以史为鉴 邓缵先《诗草》中的《镇西歌》，先是追溯汉唐历史："汉皇遣使通西域，镇西旧称蒲类国。纪功裴勒永和碑，斩馘姜铭贞观石。"说汉武帝派张骞出使西域，裴岑和姜行本各立纪功碑。接着回顾清朝统一西域："天子临轩赐颜色，将军策马驰风烟。旌旗蔽空山岳动，帐幕屯云戈矛拥。"最后总结历史的经验教训："武功挞伐强夷慑，文德抚绥远人至。边陲事坏跋扈臣，日蹙百里沦胡尘。坐糜军饷七千万，犹复劳敝中原人。客谈往事镇西多，旧垒荒台生薜萝。路旁石人今安在，为君试作镇西歌。"（第34页）指出边臣的好坏，直接关系到边地的安危。古往今来，皆是如此。

他深知民心向背与边疆安定与否息息相关。《续吟》中《和阗览古》："玉关班超返，和阗任尚戍。任尚性褊急，边情乏善驭。四面皆烟氛，十万弃师去。往迹几消沉，沙平不知处。从来边城将，每被才名误。"（第25页）任尚于永元十三年（公元前101年）继班超为西域都护。移交时，任尚就工作问题请教，班超鉴于他性格太严厉急躁，告诫他应"宽小过，总大纲"，宽宏大量、平易近人，要抓大局，不要计较小事。事后任尚不以为然地对人说，我原以为班超之诚，一定有奇策指导我，谁知竟是这么平淡的几句话。任尚后因一意孤行，使上下失和，离心离德，引起西域各国的不满和反抗，被朝廷召回。到永初元年（公元前 107 年），西域各国与汉朝的关系就断绝了，距班超去职仅仅五年！

《续吟》中《疆域纪事》四首，其一："穆王高宴延金母，汉武雄风扫麲酉。"说的是周穆王西巡在西域瑶池会见西王母，汉武帝扫荡匈奴势力，汉朝得以在轮台建立西域都护府。其二："牙纛云收婆勒渡，肤功石刻格登山。"说的是清乾隆帝平定准噶尔，在伊犁格登山立有《平定准噶尔勒铭格登山之碑》。其三："惆怅膏腴千里蹙，误人家国是庸臣。"说的是近代以来沙俄不断逼迫割占中国西部领土。其四："抚绥民族屯田策，安集边陲教稼功。"说的是抚绥边地民族是稳定边疆的重要举措。最后吟道："强邻窥伺秋防重，戎幕萧萧铁笛风。"（第 102 页）呼吁加强边防，以防备强邻的窥伺。

（2）从我做起　他在《诗草》中有以明心志的《县官》："县官清俭若平生，百里间阎合动情……瘠地竟然成沃壤，佛心儒术慰边氓。"（第 79 页）认为只要县官清廉俭朴，勤政为民，就会感动老百姓。兴修水利，改良土壤，瘠地就会变成沃壤。佛心即善心，儒术即公平，他决心以佛心儒术来善待和抚慰边民。

正因如此，他的《诗草》中才有离开乌苏的《六别诗》，别县山："相对终无言，悠然仰高亮。我去送我行，临岐意惆怅。"别县水："我渠有行潦，我沟有长流。永望活泼来，心清长与俦。"别县田："欲将筑田宅，终老西湖间。简书良可畏，话别情绵绵。"别县地："今夕话桑麻，明日知何处？停车不忍别，指点村边树。"别县人："此邦风俗醇，人情亦简朴。愿俟贤令尹，新猷敷惠育。"别县物："北路风物美，乌苏最可嘉。田翁相送远，贻我寻支瓜。"（第 16 页）邓缵先奉命辞别乌苏，向民风简朴的民众告别，田翁携带瓜果远远相送，恋恋不舍。从诗中的字里行间可以看出，他对曾经任职的乌苏的山水、田地、人物充满了留恋。因为他在这里，他用心为民做事，所以有惠政、有民心，当然就有感情了。而在叶城任职也是如此。《叶迪纪程》记："临别，父老子弟壶浆饯送，十里五里，长亭短亭，至玉河边，犹留恋涕泣。余慰勉至再，于是送行者自崖而返。"（第11页）

《诗草》中《五十初度志感》："我父归道山，伤心十载逾。我母年已高，晚景逼枌榆。我兄将周甲，躬耕忘艰劬。为寄一封书，天边风俗殊。游子远行役，应将返征途。"（第15页）流落出思乡欲返之情。而《三编》中《六十初度述怀》："我生六十身如寄，北庭栖寓无欣戚。边笳互动胡沙黄，牧马悲鸣塞草白。"（第51页）竟一诗成谶，慷慨而悲壮！

《诗草》中有《送同宗之喀什》："勋高廿八将，世德种先民。当日门称盛，吾宗家尚贫。一车随掾吏，万里慎风尘。是处多珠玉，应须洁乃身。"（第54页）"廿八将"指汉明帝时邓禹等开国功臣二十八名画像被悬挂于南宫云台。邓禹系东汉南阳人，邓缵先视为邓氏祖先，诗中劝勉将赴喀什任职的同宗，要抵挡住珠玉的诱惑，洁身自好。因为官员的操行如何，直接关乎社会的稳定与否。

（3）重视边防 《诗草》中多有这方面的诗作。如叶城的巡边诗《八札达拉卡》："万里烟瘴外，硤水涌寒波。旧垒人踪少，穷荒马骨多。鸿沟防未已，虎视近如何？无限沧桑感，青崖白日过。"《库底麻札卡》："山溪非设险，设险在人心。关隘严中外，昆仑自古今。戍楼悬绝壁，塞柝响空林。驭远筹良策，群蛮岁献琛。"（第52页）他在边卡面对着外敌逼近，想到防边设险，首先要在心中重视边防，筹划良策。

又如《头痛山》："山名头痛旧曾经，瘴疠哀猿不忍听。毒草沾衣烟漠漠，乱峰如戟雨冥冥。投荒万死乡音断，冒险孤征客泪零。从古忧劳多奋发，休将华发叹星星。"（第80页）"头痛山"见于《汉书·西域传》："历大头痛、小头痛之山，赤土，身热之阪，令人身热无色，头痛呕吐，驴畜尽然。"即今叶城县南喀喇昆仑至乔戈里峰一带。诗中写了愿在此险恶之地，为国为民，万死不辞，奋发有为。

再如《闻友人谈戍边轶事》："天公有意老奇材，策马投荒志不灰。朔漠已闻苏武返，夜郎犹见谪仙来。艰危历试增雄略，逸乐偷安是祸胎。至竟刀环成利器，英豪平地奋云雷。"（第83页）诗中为友人从边防返回而庆贺，但更强调了为国守边就是要经历艰难危险，以增加英雄胆略，而"逸乐偷安"绝对是毁我边防的隐患祸害。

还如《赠边防总指挥》："五夜边城栖未稳，十年故国梦全销。旌旗秋卷寒飙动，鼓角声传塞月遥。雄视万夫鹰落落，疾驰千队马萧萧。汉家卫霍戎韬在，知有奇功冠昔朝。"（第87页）诗中称赞边防总指挥为国守边，功劳如同汉代的卫青与霍去病。

另如《送人从军》，先说："安不忘危事若何，预防胡虏备干戈。"最后又说："功成万里休骄侈，西北由来外患多。"（第88页）《边防纪事并赠黎参谋》以"冰行铁骑千蹄响，霜拂雕戈五夜寒。帷幄运筹资擘画，不须露布与人看"，描绘了戍边的辛劳，结句"安不忘危筹远略，且携壶酒上楼台。"（第89页）强调保卫边防要筹划远谋，以防外患。

（4）安不忘危　民国十年（1921年），溃败的白俄军八千人从苏联窜入阿尔泰，阿山道尹周务学在承化（今阿勒泰市）城内饷械两缺时，以手枪自杀身亡。新疆省长杨增新与苏联合作，同意苏军入境消灭白俄军，使阿尔泰山得以收复。《诗草》有《喜闻官军收复阿尔泰山》："河山收复庆完全，凯歌声欢万人喜。万人欢喜将军忧，外患方炽何时休。"（第30页）诗中写了庆祝胜利时，杨增新对新疆外患的忧虑。

他又有《挽周道尹阿山殉难》："犯塞妖氛急，捐躯热血浓。半生多慷慨，一死竟从容。浩气霄冲鹤，英魂剑化龙。阿山收复后，立马望残烽。"（第 54 页）杨增新为其建烈士祠于同乐公园内（就在立有铜像的杨增新生祠后）。《续吟》还有《周义士祠》："身可杀寇不可避，家可忘城不可弃。万里荷戈烈士心，百年殉难英雄事。金山八月秋气高，困兽犹挟天狼骄。数声胡笳泪如雨，回看戍卒皆潜逃。从容赴义异仓猝，一片丹心满腔血。壁间遗句恳且诚，毋伤我民毁我室。恢复河山羽檄飞，英风千载震馀威。卢奴城外烟氛净，只恐殇魂犹未归。"（第 49 页）诗中赞颂了周务学慷慨赴死保全城的英雄气概。

（5）关心现状　邓缵先关心历史，更关心现状。《纪程》附录巡边日记中记载："布鲁特人，俗称黑黑子，面貌黧黝，喜穿枣色衣服，紫帽顶尖，与缠民同教不同种。少胡髯，以牧畜为业，嗜游猎。其妇人容颜颇伟美，以花巾裹头，巍辣其髻，背垂花布，颈旁缀以珊瑚玉饰，亦惯骑猎。"（第 84 页）《诗草》有诗《布鲁特》："畜牧资生业，穷溪寂涧滨。沾濡思汉土，嗜欲类缠民。椎髻梁鸿妇，卉裳苏武宾。穴居貐作伴，岩处鹿相亲。脸黑风霜苦，唇丹笑哭真。遗黎收毳罽，旧种识休循。乾竺山常暗，无雷地不春。酪浆餐冷淡，蓬窦石嶙峋。兽臂飞行惯，禽言细译频。若教编戍卒，亦足备边尘。"（第 61 页）他清楚地认识到，边地少数民族是保卫边防的重要力量。

《纪程》中可见每到一地，都注意记载维吾尔、汉族的民户与商户数量，考察民族关系。记载巴楚，"前清中叶，居民不下千家，迭遭兵燹，逃亡殆尽。今废垣、废渠、废囿、废垒、废井、废寺，历历在目。"去图木舒克途中，"两山夹道，左奇矫如龙蟠，右雄直如虎踞，形势最为扼要，遥望左山顶垒墙，宛似吾粤之虎门炮台。"他总结"巴楚山水奇绝，为西四城关键。二疏（即疏附、疏勒）、二阗（即和阗、于阗）、莎（车）、叶（城），堂奥也。巴楚，门户也。葱岭、昆仑，为喀什噶尔之藩篱也。"（第 26 页）与林则徐英雄所见略同。道光二十五年（1845 年），林则徐南疆勘地时，往返途经巴楚，他细心了解巴楚屯田的历史和现状，"夜往市中，与贸易人谈屯田事"。在此基础上，他推动上奏："查叶尔羌为回疆重镇，尤以巴尔楚克一处为扼要，道光十二年奏准大开屯田，广招民户，而未种之地极多。如目下有民可招，应先尽巴尔楚克安插，以成巨镇而固藩篱。"对友人说："巴尔楚克，回疆要地，平衍饶水草，若酾渠导流，大兴屯政，实以耕种之民为边徼藩卫，则防守之可兵减，度支省而边防益固。"在家书中说："如果南路欲严备边之法，只有将巴尔楚克旷地大为开垦，设为重镇，厚集兵力，不难成一都会，则卡外各夷如浩罕辈，永远不敢窥边。"① 2004 年 2 月 19 日，在巴楚县城以东挂牌成立军垦新城图木舒克市。他们的远见卓识最终得以实现！

这一举措，正如邓缵先在《纪程》中论述从乾隆朝的南疆八大城到光绪朝的各地分别建县时所评说的："夫区域沿革，关系乎种族盛衰，民俗纯驳，与夫边防张弛，非细故也。"（第 40 页）

综上所述，正如崔保新先生在《沉默的胡杨》中所言："古往今来，有人以诗言志，有人以诗抒情，有人以诗警世，有人以诗载史。邓缵先四者皆有。有之，其心不孤，其诗不朽，其气长存也！"②

我们中华民族对自己的先贤英烈，总是不能也不应忘怀的。邓先生虽已远去，但他的诗文犹在，魂魄犹在，英名犹在，精神犹在！

2013 年春节于天山脚下新疆大学红湖畔

---

① 周轩：《巴楚移民屯戍的历史考察》，《新疆大学学报》1998 年第 3 期。
② 崔保新：《沉默的胡杨——邓缵先成边纪事（1915～1933）》，社会科学文献出版社，2010，第 298 页。

# 在家与国之间：以 1915～1933 年的
# 邓缵先为重点分析

钟晋兰[*]

## 一 前言

邓缵先，字芑洲，自号毳庐居士，广东省紫金县蓝塘布心村人。博学经史，13 岁中秀才，任过紫金县立高等小学校长、县议长。民国三年（1914 年）受北京中央政府派遣分赴新疆，不远万里来到新疆戍边安民。在新疆的 18 年中，他曾任省公署文牍员、政务厅总务科长、新疆覆选区选举调查会会长等职，并先后出任乌苏、叶城、疏附、墨玉、巴楚等 5 个边境县的知事，后在新疆暴乱中殉职，享年65 岁。

邓缵先本人死得很壮烈，跟随他的一个儿子及儿媳、孙辈均在暴乱中惨遭杀戮。他的紫金老家及后人的境况也是让人十分同情，由于当时他是受国民政府委任，新中国成立后没法正名。这一身份使"文革"时期在紫金家乡的子孙遭到迫害，祖屋田地等全被"瓜分"。当年邓缵先远赴新疆任职时，没带妻儿老小，只有一个儿子追随，其

* 钟晋兰，嘉应学院客家研究院副研究员、《客家研究辑刊》副主编。

余都留在紫金。邓缵先离世后，蓝塘邓家逐渐没落。据说，新中国成立后因饥荒等灾祸，邓家饿死很多人，就剩下邓缵先的孙子三人。"文革"时期，尽管他们三兄弟都是有文化的人，却被赶下讲台。更让人扼腕长叹的是，三位老人终身未娶，至今仍是孤家寡人，住在破旧的土坯房中。很难想象英雄的故居、英雄的后代竟是如此遭遇![1]。

邓缵先在新疆 18 年间，仅有一次因为母亲病重回到紫金老家。乍看之下，都会以为他寡情、冷漠！似乎只顾自己的仕途，而不管万里之外的父母、妻子、兄弟。那么在这漫长的 18 年中，家乡的亲友在他的心中究竟占有什么样的位置？在家人与国家的需要之间，邓缵先做出了怎样的选择？本文将试着对邓缵先对家乡、家人、故友的情感与在新疆的贡献作一分析，以便人们对邓缵先在家与国之间的选择，对他的舍家爱国精神有个更深的理解。

## 二 月是故乡圆：邓缵先的思家诗词

邓缵先戍边 18 年，留下不少著作，仅收集出版的诗词就有三部：《毳庐诗草》《毳庐续吟》与《毳庐诗草三编》。他不仅在诗词中表达了一个地方官对边疆风土人情的眷爱，还表达了一个离家万里的游宦对家乡亲朋故友的思念之情。从邓缵先的诗词可看出：他对父母、妻子、兄长乃至家乡的一景一物都有深厚的感情，以下逐一进行举例分析。

### 1. 邓缵先倾诉对妻子的感情与思恋的诗

邓缵先在新疆戍边期间，给妻子写的诗词主要有《闺思》《闺情》《闺怨》《寄内》等。数量虽然不多，但从中可以看出他对妻子真挚的情感与深切的思念。他西出阳关不久就给家中妻子写来十首《闺思》，表达自己对妻子的思念之情：

---

[1] 《勿让英雄事迹湮灭——瞻仰紫金先烈邓缵先故居》，载紫金论坛（www.gdzijin.com）。

塞外音书滞，天涯霜雪迷。佳期空复尔，
芳圃春草凄。妾心随朔雁，飞到玉关西。

远别情如昨，秋风又一年。眷此田园好，
念彼岁时迁。妾心比明月，夜夜照胡天。

采玉良人去，昆仑路可通，道途几千里，
畏雨复愁风。妾心同白璧，珍重守闺中。

粤峤冰霜少，花开人未还。如何共一天，
冷暖异此间。妾心如积雪，皎洁在天山。

鹔鹴鸣蕙草，蟋蛄啼古梅。荣华皆幻境，
富贵如飞灰。妾心若鸠妇，深树唤春回。

君游葱岭西，妾住粤山曲。质皓尘不侵，
志坚资更淑。妾心如贞石，可攻于阗玉。

冰窖雪花飞，君从塞上归。暄凉征世态，
艰险见尘机。妾心比团扇，炎热同君挥。

帘卷西风入，黄花淡影存。秋来情悄悄，
谁肯与言言。妾心类畦菊，瘦色对柴门。

边地无萁竹，梅竹谁与邻。试看芳径晓，
疑是故园春。妾心似冬笋，篱畔净无尘。

风劲长城阴，丹枫霜雪林。俗艳争旦夕，
清标自古今。妾心若松柏，岁晚益萧森。①

诗中既有对边疆与岭南家乡景物的对比，塞外狂风飞卷，霜雪迷离，凄风苦雨；岭南田园青翠、梅兰竹菊，四季常青。也有对妻子的赞赏与思念，把妻子比喻成朔雁、明月、白璧、积雪、鸠妇、贞石、团扇、畦菊、冬笋、松柏，对妻子的种种情感均蕴涵其中。另一《闺

---

① 邓缵先：《毳庐诗草》，华东师范大学出版社，2012，第12~13页。

思》有七首，道出了两人的苦恋，每每睹物思人，频频叹息；离愁别恨，尽在其中，又因为久难相见，免不了心中作种种猜疑。诗曰：

> 昨夜度天山，良人雁信还。不知途愈远，闻道近乡关。
> 园中连理树，秋老半莓苔。睹此频叹息，良人亲自栽。
> 妾居临铁水，君住在交河。远寄回文锦，为添出塞歌。
> 异乡怜寂寞，传说有新人。别恨蘼芜路，离愁芍药春。
> 北斗中宵望，秋空天愈高。寒边衣未寄，砧杵肯辞劳。
> 荷锸去种瓜，瓜苗满篱东。苗好瓜复苦，妾心苦正同。
> 良人事长征，边塞无锋镝。反恐早归来，故乡戈未息。①

《闺情》诗曰：

> 苦雨未足愁，凄风奚可悲。不恨道里远，讵哀生别离。
> 愿得同心人，恩情两不疑。君颜如皎日，照映芙蓉池。
> 皎日回流光，池水恒清漪。但恐苍蝇来，污白点微疵。
> 物情恶鲠谔，艳质嫉蛾眉。古来谗言进，摇惑听不聪。
> 忠信反获咎，邪曲常害公。趋承各希宠，谁肯为先容。
> 愚悃抱区区，明镜君心中。②

《闺怨》：

> 十年君戍雁门西，妾守金缸未忍啼。
> 遥忆沙场耽独宿，谁家梁上燕双栖。

---

① 邓缵先：《毳庐诗草》，华东师范大学出版社，2012，第100页。
② 邓缵先：《毳庐续吟》，华东师范大学出版社，2012，第16页。

征夫梦见在流沙，携手言言苦忆家。

惊觉幽闺灯有晕，夜凉蕉雨湿窗纱。

当时消息傍琴台，海誓山盟酒一杯。

共许白头敦旧好，新人忽报入门来。①

他的《闺思》《闺情》《闺怨》正是他与妻子长期相隔万里浓浓思念的写照。刚开始，思念是比较甜蜜的，笔调也比较轻松，期盼不久会有重聚的一天。但随着时间一年年过去，浓浓的思恋变成苦苦的思忆，而且还伴随着难以避免的猜疑。

除了《闺思》《闺情》与《闺怨》，邓缵先还写有数首《寄内》，同样表达了一个远离家人的戍边官员对妻子的思念。如

《寄内》一：

旅梦依然铁水湄，醒来风雪遍天涯。艰难关塞思闾里，贫贱夫妻感别离。锦字回文添远恨，刀环经岁卜归期。料应月下怀征客，欲寄音书教凤儿。②

《寄内》二：

天涯风雪夜，客邸忆糟糠。道路犹多梗，归期讵暂忘。

功名惭燕颔，音信阻羊肠。内顾应无虑，持家赖汝良。③

邓缵先的一首《莫离别》，更是真实表达了思念的凄苦，希望天下"人人莫别离""保聚常欢颜"。词曰：

---

① 邓缵先：《毳庐续吟》，华东师范大学出版社，2012，第68页。
② 邓缵先：《毳庐续吟》，华东师范大学出版社，2012，第107页。
③ 邓缵先：《毳庐续吟》，华东师范大学出版社，2012，第92页。

莫离别，别时心绪忱千般。行李出门情惘惘，骊歌载道涕潸潸。征人魂断云山外，思妇魂绕沙场间。红豆凄凉悲远塞，青烽缥缈愁重关。秋月春风空寂寞，寸心两地长往还。愿得人人莫离别，室庐保聚常欢颜，终老乐土无关山。①

民国时期，官商士绅纳妾并不罕见，尤其像邓缵先那样离家万里，未带家眷的官员。但邓缵先与妻子两地分居 18 年却并未纳妾，甚至还嘲讽朋友纳妾。他的《嘲友人纳妾》诗曰："琴瑟才堪听，窥廉来美人。俗情皆厌故，世议尚嫌新。荇菲嗟阴雨，蘼芜怨晚春。毋将鸠妇语，遽作雁奴瞋。"② 又在《兔丝水萍篇》中写道："糟糠之妻不下堂，五十当官相劳慰。"③ 可见，邓缵先对待感情是十分专一的，对结发妻子不离不弃。

邓缵先曾写过一首《闻友人欲选婚作此劝之》："诸葛布衣耕垄亩，论婚选择经心久，沔南名士黄承彦，寄语草庐意良厚。自言有女年未字，黄头黑面堪配偶。敢将弱息备裙钗，载送先生供箕帚。娶妻重德不重色，此道今人亦何有？试观梁鸿妻许允妇，颜色非妍颇黧丑。举案齐眉无所苟，一生相敬如宾友。"④ 从中可见邓缵先的择偶标准是注重其德行，而不是注重相貌。他的择偶观与婚恋观折射出他高尚的道德情操。

**2. 邓缵先写给儿子的诗**

邓缵先写给儿子的诗主要有训子诗与示儿诗，诗中表达了对儿子的期望，对儿子的劝导，体现了对儿子的爱。

（1）教导儿子要从小立下志向，承基祖业。如《示在家岑、森

---

① 邓缵先：《毳庐诗草》，华东师范大学出版社，2012，第 38 页。
② 邓缵先：《毳庐续吟》，华东师范大学出版社，2012，第 97 页。
③ 邓缵先：《毳庐诗草》，华东师范大学出版社，2012，第 45 页。
④ 邓缵先：《毳庐续吟》，华东师范大学出版社，2012，第 50 页。

两儿》曰："莫惮带经锄，青山环敝庐。少年端志趣，流水勉居诸。久大基谋始，周旋事慎初。老夫垂暮景，爱恋在诗书"。① 又如以下两首训子诗：

《训子》一：

      城南读书处，一首退之诗。骥尾青云附，驹踪白日驰。家贫文可富，质美德为基。勉汝情无限，衰翁未免痴。②

《训子》二：

      远祖高勋诸将先，一经遗训守家传。多财愚智皆贻累，寡欲身心是象贤。穷巷回车陶靖节，施衿刻鹄马文渊。田园幸托前人荫，愿汝承基慰九泉。③

（2）教导儿子要勤奋，要早起晚睡，要学"梁上燕"，"衔啄未曾停"。此类诗有三首。《示在家两儿》曰："远祖高密公，训垂十三经。人各习一业，世世可为型。幼毋耽放逸，勉哉劳汝形。试观梁上燕，衔啄未曾停。"④ 另一首《示在家两儿》曰："沙尘浪迹催吾老，村僻贫家望汝贤。春野课耕须早起，寒灯勤读合迟眠。涤烦惟玩窗前竹，习静宜观石上泉。门户他时当自立，仍教雁序乐翩翩。"⑤ 第三首为《春日怀山居，示在家两儿》，诗曰："杏雨添膏泽，桑鸠集野庐。农人告春事，乐地在山居。田润晨驱犊，灯明夜读书。倪宽家计

---

① 邓缵先：《毳庐诗草》，华东师范大学出版社，2012，第63页。
② 邓缵先：《毳庐续吟》，华东师范大学出版社，2012，第88页。
③ 邓缵先：《毳庐续吟》，华东师范大学出版社，2012，第108页。
④ 邓缵先：《毳庐诗草》，华东师范大学出版社，2012，第10~11页。
⑤ 邓缵先：《毳庐诗草》，华东师范大学出版社，2012，第74页。

足，勉勖带经锄。"①

（3）教导儿子要惜时。邓缵先在 47 岁时就写下《过玉门关，寄信示两儿》，希望儿子能珍惜时间："汝年方犹稚，未识玉门关。旅舍逢三月，征车过万山。雪飞时拂面，景好屡酡颜。望汝须珍重，光阴莫等闲。"② 又如《示在家岑、森两儿》诗：汝年俱长大，吾老愧风尘。学业毋中辍，书帏最可亲。韶光驹过隙，世事鸟鸣春。黾勉承前绪，莹然玉守身。③

邓缵先的一些诗则综合表达了上述几种期望。如《老来吟示卓儿，并寄岑儿、森儿》："老来每忆幼稚时，数间茅屋双柴扉。高堂二亲正康健，遣我辍学鞭笞施……罔极深思未易报，百年逝水不复归。儿曹读书须努力，转瞬韶光驹隙驰。老来忧虑意何为，他日汝心当自知。"④ 另一首与之类似："春野课耕须早起，寒灯勤读合迟眠。庭树欲静风不止，对止令人心伤悲。罔极深思未易保，百年逝水不复归。老来忧虑竟何为，他日汝心当自知。" 又如《寄在家两儿暨诸弟侄》：艾发霜侵白，平安寄汝知。我行在远道，时念旧园池。常恐汝业荒，岁月如驹驰。寸阴比尺璧，古训讵吾欺。勿言学易殖，播种舍耘籽。良田生恶草，嘉谷何由滋。古来有志者，不患贫与饥。但患学中辍，为山一篑亏。灯火荧茅屋，烟霞绕槿篱。乱后谋生计，残书当补治。汝能守先业，暮年情自怡。一纸数行字，恳恳倾心脾。春华须勉力，秋实见芳姿。⑤

除了写给妻、子、侄的诗，邓缵先还写了不少与父母、兄长、老师、友人相关的诗词，在诗中表达了对家乡的思念之情。如《奉呈

---

① 邓缵先：《毳庐续吟》，华东师范大学出版社，2012，第 84 页。
② 邓缵先：《毳庐诗草》，华东师范大学出版社，2012，第 58 页。
③ 邓缵先：《毳庐诗草》，华东师范大学出版社，2012，第 65 页。
④ 邓缵先：《毳庐续吟》，华东师范大学出版社，2012，第 33 页。
⑤ 邓缵先：《毳庐续吟》，华东师范大学出版社，2012，第 30 页。

蓝湘湄师》中的："东粤西陲万里程，征人乡思已怦怦。旅囊惭比壶公药，归路欣随使者旌……想教慈母频悬望，倚杖柴门夕照明。"①又如《夜宿沙碛闻笛，寄家兄》：芦管吹何处，凄凄故里情。壎箎人万里，车铎月三更。旧梦池边草，新音雪外城。好寻无核枣，远饷白头兄。②

### 3. 怀念老家与家乡的诗

邓缵先写了不少思念家乡景物的诗作。颇具代表性的是《怀旧居》，诗曰：

> 我有二顷田，岁收百十粟。桑阴午鸣鸡，溪流晨放犊。秋来蟹正肥，客至酒初熟。野畦接欹桥，幽壑成小筑。一为邀俸缗，鞍马相驰逐。何当归故田，躬耕碧山麓。

> 我有十亩园，秀挺万竿竹。清韵露跳珠，寒姿风戛玉。烹茶泉可汲，供膳笋堪劚。森然既生孙，苞矣还聚族。一为客天涯，形骸惭龌龊。何当返旧园，可使食无肉。

> 我有半房山，阴浓千章木。檐牙吼松涛，篱角溅崖瀑。门径滋薜萝，糇粮饶杞菊。烟火隔深坞，牛羊度平陆。一为寓他乡，此心在涧谷。何当还敝庐，方寸濯垢俗。

> 我有双井塘，波摇一篙绿。池上椒柏馨，沼中菱荇馥。沙僻鹤独眠，川晴鹅并浴。朝晖而夕阴，遐瞻复近瞩。一为渡西海，风尘岁月促。何当旋故里，渔钓清溪澳。

> 我有五车书，庋藏数椽屋。带经荷春锄，映光借邻烛。博闻万卷储，致用一编足，亥豕误巾箱，蟫鱼憎简牍。一为投边城，冠带自羁束。何当理旧书，课儿夜深读。③

---

① 邓缵先：《毳庐诗草》，华东师范大学出版社，2012，第73页。
② 邓缵先：《毳庐续吟》，华东师范大学出版社，2012，第91页。
③ 邓缵先：《毳庐续吟》，华东师范大学出版社，2012，第27~28页。

另外《漫成》十首也描写了故乡的不少风物。《忆梅》：梅花村畔旧时游，一谪边尘又十秋。明月清溪家万城，梦中几度到罗浮。[①]

（1）月夜思乡诗

此类诗词有《关山月》、《天山月》各两首，还有一首《罗浮月》。另外有一些诗词的名称中未出现"月"，但诗句与词句中有睹月思乡的内容。月圆月缺这一自然现象最易勾起离人的思绪，邓缵先与家人也不例外，从他的诗中可看出，有多少个不眠的夜晚，他在月下彻夜徘徊复徘徊，思念万里之外的家乡，万里之外的家人。而他的妻子也应该一样，在月夜想念塞外戍边的夫君，期待着他的归还。

《关山月》一：

明月满关山，关山望明月。征夫去不还，冰轮盈复缺。清辉千里同，川路难超越。不照人团圆，只照人离别。月下独徘徊，风寒木叶脱。还期汉飞将，净扫月支窟。[②]

《关山月》二：

关山月，圆复缺，城上风凄笛声歇。关山千里万里遥，月为征人照离别。关山月，缺复圆，别离经岁又经年。倡妇高楼夜鹤怨，荡子灞亭星骑迁。月圆月缺见来惯，水远山长无限恨。陌上晓寒弯玉弓，闺中凉夕悲纨扇。出门何处无关山，但得还时须早还。天涯明月干戈静，莫使繁霜侵鬓鬟。[③]

《明月出天山》：

---

① 邓缵先：《毳庐诗草》，华东师范大学出版社，2012，第 105 页。
② 邓缵先：《毳庐诗草三编》，华东师范大学出版社，2012，第 36 ~ 37 页。
③ 邓缵先：《毳庐诗草三编》，华东师范大学出版社，2012，第 45 页。

我家久住粤海滨，海上明月如相亲。芳宵清夕惬幽赏，月华香绕江楼春。无端远行至西域，关山人月长离别……天涯万里情缱绻，闺中忆我认能遣。香阶拜月卜金钱，征夫归期应不远。月色楼头缺复圆，人事浮云多变迁……①

《天山月》：

十年侨寓天山北，千里相思故乡月……人生聚散何尝定，明月关山同此时……天山明月圆复缺，两载故园书断绝。江湖烽火叹流离，亲友死生嗟契阔。夜来何处胡笳声，迁客闻之无限情。戍楼月落雪花碎，虏塞山空寒鸟鸣。②

《罗浮月》：

罗浮月色好，天山月色老。南海西陲同此时，谁家今夜起相思。相思夜复夜，君在天山边，妾住罗浮下。闺中望月几回圆，相隔路万千。回文织就无人传，可怜天畔如钩月，犹似蛾眉初嫁年。秋来月皎洁，游人归未得。独处误佳期，十年叹离别。叹离别，待团栾。但远道，常平安，荣旋不觉关山难。③

**（2）睹物思乡诗**

此类诗词主要在邓缵先收寄家书或久未收到家书，看到大雁，听到笳、笛等乐声与杜鹃的啼叫时，有感而发所吟作。包括《得家书》《徼外寄家书》《闻笳》《思旧》《雁》《放雁》《始闻杜鹃》等。其中

---

<del>
</del>

① 邓缵先：《毳庐诗草》，华东师范大学出版社，2012，第31页。
② 邓缵先：《毳庐续吟》，华东师范大学出版社，2012，第43页。
③ 邓缵先：《毳庐诗草》，华东师范大学出版社，2012，第37页。

《放雁》一首是在乌苏任上时作，当时有人献上一只小雁，邓缵先因见它"困于笼中，不禁恻然，因系彩绳于足，放之"。

《得家书》：

> 一缄书信到边城，狂喜相将转若惊。头尾数行看约略，平安两字认分明。黄沙碛外荒村路，红豆灯前故里情。报道罗浮春气暖，梅花窗角一枝横。[1]

《得家人书》：

> 我本岭南人，应思岭南事。岭南何所思，曩日钓游地。传闻南方乱，豺虎逞骄恣。井邑满烽烟，江关拥兵器。征客怀旧乡，恨无搏风翅。天涯道路遥，昨夜家书至。呼童急燃灯，细读书中意。上言尚平安，下言颇顺遂。馀事难尽述，某年月日寄。参差七八行，约略数十字。读罢天欲曙，疑信不成寐。徘徊复徘徊，悠哉故园思。[2]

《徼外寄家书》：

> 徼外孤村感岁寒，书中两字报平安。每怀慈竹霜凝白，只愿修龄灶觅丹。雁塞风烟兄弟隔，旌墙灯火道途难。枕戈待旦心期事，复听邻鸡夜色阑。[3]

《久不得故园消息》：

---

① 邓缵先：《毳庐诗草三编》，华东师范大学出版社，2012，第 117 页。
② 邓缵先：《毳庐续吟》，华东师范大学出版社，2012，第 23 页。
③ 邓缵先：《毳庐续吟》，华东师范大学出版社，2012，第 108 页。

海上夕烽横，音书断驿程。应知群雁影，不到五羊城。旅馆蛮花寂，家园野觅生。乱离人易老，数载未休兵。①

又一首《久不得故园消息》：

阻绝乡音已两年，几回安稳戍楼眠。珠江风月凄凉夜，仿佛惊鸿书札传。②

《即事》：

驱车出玉塞，一别十年间。时危岁月促，世事如转环。相去万馀里，故园无消息。天寒鸿雁稀，思奋双飞翼。昨夜归乡关，梦中路不识……客从南溟来，剥啄晨敲门。遗我一绮札，喜色正欣欣。开缄览起讫，一纸数百字。上叙离忧情，下叙飘零意……前寄一封书，计时已三年。但恐未详尽，苦无邮筒传……以我怀故人，故人先忆我。书中意缠绵，一读泪双堕。泪堕不忍读，焚之已成灰。烟氛尚可扫，此恨齐龙堆。③

《闻笳》：

向晚笳声急，呜呜咽复清。哀音传远塞，苦调发孤城。壮士悲歌地，征人离别情。会当擒丑类，一听骗骊鸣。④

---

① 邓缵先：《毳庐诗草》，华东师范大学出版社，2012，第67页。
② 邓缵先：《毳庐续吟》，华东师范大学出版社，2012，第71页。
③ 邓缵先：《毳庐诗草》，华东师范大学出版社，2012，第27页。
④ 邓缵先：《毳庐诗草》，华东师范大学出版社，2012，第53页。

《思旧》：

丰湖一别后，良友半凋零。胜地波光绿，当年灯火青。六桥怀旧雨，三岛认晨星。玉笛关山曲，声凄越客听。①

《雁》：

菊篱西畔挂青帘，酒盏初干别恨添。玉塞光阴孤剑在，珠江消息片帆淹。芦花飘白依长浦，木叶微黄落短檐。欲作家书凭寄远，朔风吹泪蘸毫尖。②

《放雁》：

憔悴樊笼事可哀，天涯霜雪费疑猜。呼僮快向檐前放，逐侣须从日下回。秋水一汀应顾盼，闲云万里合追陪。南飞若到罗浮下，珍重家书汝带来。③

《始闻杜鹃》：

家在庾岭南，人游交河北。心随边垒笳，梦逐戍楼笛。异域十年淹，几忘身是客。何处杜鹃啼，一声泪一滴。雪飞白狼水，木落黄沙碛。鸟啼一何苦，客心一何悲。离家万馀里，岁暮不得归。传语枝上禽，勿作故园音。④

---

① 邓缵先：《毳庐诗草》，华东师范大学出版社，2012，第 60 页。
② 邓缵先：《毳庐诗草》，华东师范大学出版社，2012，第 74 页。
③ 邓缵先：《毳庐诗草》，华东师范大学出版社，2012，第 79 页。
④ 邓缵先：《毳庐续吟》，华东师范大学出版社，2012，第 20 页。

（3）佳节思乡诗

每到中秋节、重阳节、春节等中国传统节日，邓缵先总是加倍思念远方的家人，为此，他写下《辛酉九日》《中秋乌苏玩月》《除夕》等诗表达自己的情感。《辛酉九日》曰：

> 粤俗放纸鸢，多在重九：年过半百困尘鞅，节届重阳对夕晖。满架葡萄瓤酒熟，一天风雪塞鸿归。卷帘人比黄花瘦，扫径烟含紫荻肥。遥忆故园留胜日，青山红树纸鸢飞。[①]

《中秋乌苏玩月》曰：

> 乌岩秋夜净无烟，沙白芦黄月色鲜。遥想家山当此夕，为探征客卜金钱。[②]

《除夕》：

> 天涯令节等闲过，今夕胡为泪眼沱。饯腊家人应忆我，一年白发一年多。

又一首《除夕》曰：

> 一声爆竹雪漫天，腊酒华灯映几筵。
> 往事悲欢留此夜，称心功业卜来年。
> 途经宦海交情见，春入家山旅思悬。

---

① 邓缵先：《毳庐诗草》，华东师范大学出版社，2012，第91页。
② 邓缵先：《毳庐诗草》，华东师范大学出版社，2012，第109页。

聊趁芳时同守岁，梅花忽报数枝鲜。①

《重阳前五日先忌》曰：

　　白鸡终古恨，憔悴忝馀生。南国松楸老，西风涕泪倾。蓼莪惭九地，寒菊淡孤城。游子逢佳节，天涯骨肉情。②

此外，还有《九日忆故里》、《寒食前一日》等，不一一列出。

（4）旅途思乡诗

邓缵先戍边 18 年间，曾任五个县的知事，他的许多日子是在新疆考察县域民情，检查当地生产，体察百姓生活中度过的，因此，他经常奔波在塞外艰险的道路上，在单调寂寞的艰难旅途中，他留下不少旅途思家的诗词。

在首次到新疆途中写的《出关》曰：

　　一出嘉峪关，千里何萧索。浮云从西来，黯黯日色薄。四顾渺无垠，草木皆黄落。狂飚振危峦，惊沙走绝漠。冰横野桥断，雾昏石崖削。塞鸿唳一声，天地莽寥廓。感此伤客心，霜根寄秋壑。每当羁旅忧，转念室家乐。③

《旅思》曰：

　　初日照边墙，征人两袖霜。路遥花寂寞，野旷树微茫。白发

---

①　邓缵先：《毳庐续吟》，华东师范大学出版社，2012，第 127 页。
②　邓缵先：《毳庐续吟》，华东师范大学出版社，2012，第 93 页。
③　邓缵先：《毳庐诗草》，华东师范大学出版社，2012，第 11～12 页。

催寒碛，青山忆故乡。龙城消息近，望眼复徬徨。①

又一首《旅思》曰：

十年兵燹故园悲，道路艰难得信迟。鱼腹书传儿女事，明珠
薏苡起猜疑。②

《重经哈拉玉尔滚驿》曰：

去年来此地，古柳八九株。今年复经过，卧查拥前途。旧游
如昨日，风景竟悬殊。尝读倭公记，绿阴自清娱。追寻不可得，
目极秋蒴蒲。黯黯日将暮，悠然怀故都。③

《张掖道中》曰：

张掖道中石如卵，武威道中石如碗。狂风翻空石欲飞，冻辙
凝冰轮不转。滔滔天外黄河长，漫漫碛间白昼短。征人对此思故
乡，况复寒边听芦管。④

还有《途次》七首提到"昼短途长旅思回"，"车行漠野夜漫漫，
朔气萧森夏亦寒。惭愧家人离思苦，鱼书频道寄衣难。"⑤《阿克苏道
中》亦写道："迁客几回悲驿路，离人多是忆乡园。"⑥

① 邓缵先：《毳庐诗草》，华东师范大学出版社，2012，第53页。
② 邓缵先：《毳庐续吟》，华东师范大学出版社，2012，第72页。
③ 邓缵先：《毳庐诗草》，华东师范大学出版社，2012，第25页。
④ 邓缵先：《毳庐诗草》，华东师范大学出版社，2012，第36页。
⑤ 邓缵先：《毳庐续吟》，华东师范大学出版社，2012，第75～76页。
⑥ 邓缵先：《毳庐续吟》，华东师范大学出版社，2012，第116页。

　　甚至在《叶迪纪程》，他也写下自己思乡的感受，最形象的是在十月二十八日他把离家在外的游子比喻成离群之雁、衔泥之燕、水宿之鸥、病鹤、寒雀、精卫、黄鹤，载曰：

　　羁旅他乡，道途仆仆，有七似焉：初出门时，割慈忍爱，离乡去里，歧路沾巾，叮咛致语，似离群之雁。信宿时，惓念家室，强颜壮游，谓营升斗，稍慰孙谋，似衔泥之燕。迨夫骨肉远，俦侣亲，谈旅况，话风尘，彼呼此应，又似水宿之鸥。无何一赴绝国，千里荒烟，托芦中而乏食，过沸井而无泉，载饥载渴，路路绵绵，又似病鹤。瘦影自怜，尔其雪暗邮亭，霜封旅店，寒风起兮萧萧，白日匿兮黯黯，裘敝不温，灯昏无焰，又似寒雀。栖迟冷槛，或乃予羽翛翛，予音哓哓，频年憔悴，水远山遥，不量力，不惮劳，斯时又似精卫。至若君在龙堆，妾在越台，望子山兮成蹊，望夫石兮生苔，春晖秋月，光阴往来，游子行行，一去不回，斯时又似黄鹤。虽然鸟倦而知还，何以人而不如鸟乎？①

　　到十一月三日晚在巴阿交界时，邓缵先接到家中二哥的书信，信中说"家内老幼均托平安"，于是"怀念故园，夜不能寐，因忆杜子美有：'草黄骐骥病，沙隐鹬鸰寒'之句……不意人与地、与古诗暗合也"②。

　　十二月一日邓缵先由库尔楚至大墩写下《戈壁赋》并序，其中提到："十年兮别离，归来兮无期。行踪转徙兮伊人，远道渺绵兮天涯……云黯黯于穷荒，风萧萧于古渡。鸦欲阵而先啼，马失群而未驻。铁衣着兮宵寒，金柝传兮岁暮。凄凉宝剑之篇，惨淡阴陵之路。况复贱妾岭南，征人漠北。红豆迷离，黄花惨恻。叹荒碛之难淹，泣回文而罢织。君贻马上之诗，妾怨鱼中之札。相忆相思，此情何

---

① 邓缵先：《叶迪纪程》，华东师范大学出版社，2012，第 23～24 页。
② 邓缵先：《叶迪纪程》，华东师范大学出版社，2012，第 29 页。

极……古来征役，几人回里。人事如何，穷途实多，削芦代笔，为戈壁之歌。歌曰：天山碑兮日悠悠，单于台兮风飀飀。春笳动兮多悲，秋雁断兮生愁。春复春兮秋复秋，哀王孙兮他乡不可以久留。"①

由于邓缵先对家乡及家人感情深厚，故他每到夜晚，每到佳节，每每听到笛、笳等乐声，看到大雁，听到杜鹃的啼声……均夜不成眠。甚至人在旅途仍时刻挂念家人，在久未收到家人音讯之时，久思成疑，难免作种种猜测，《传闻》三首应该就是这种心境的产物。《传闻》曰：

> 传闻故里盗贼如牛毛，啸聚劫掠腰藏刀。十家膏血九家剥，穷巷飒飒悲风号。贪吏得贿贼无忌，横行乡间择肥噬。掳人须勒赎万钱，忍泪鬻尽青溪田。
>
> 传闻珠江以东炊烟断，豺虎成群人离散。去年灾旱禾稼伤，今年平地江湖满。黠胥敲门急迫呼，谓征前后五年租。疲氓哭诉遭诃詈，吓以鞭笞索路费。
>
> 传闻岭南百姓号饥寒，土兵攫人相摧残。驱戍炎荒地卑湿，回看骨肉啼痕干。髑髅碧血谁家鬼，云是英雄新战死。会当斩虏蛮江上，只恐功成被谤谤。②

可见，邓缵先的心中并不是没有家乡与家人。相反，他时时刻刻记挂着它们，以致在不经意间，它们就会在脑海中迸出来，化成邓缵先的泪水，变成邓缵先不朽的诗作。

因为思乡念家，邓缵先也经常想到"归乡"。他曾写下《思归吟》五首：

---

① 邓缵先：《叶迪纪程》，华东师范大学出版社，2012，第53～54页。
② 邓缵先：《毳庐诗草》，华东师范大学出版社，2012，第46页。

乾坤一旅亭，往来皆行客……忆昔少壮日，裘马慕轻肥。途逢白发翁，讶彼胡不归。忽焉老将至，身世与俗违。归期似有待，遥想碧岩扉……牛老鞭不动，还欣犊有孙。我家罗浮下，近接梅花村。塞北风霜苦，岭南蔬笋蕃。客心怀故土，时诵古人言。[①]

他在该诗的引子中写道："唐人诗：'生者为过客，死者为归人'。谓'归'为'死'。然人情讳老忌死，有托身仕途，虽至暮齿，犹恋恋忘返者，视归无异于死也。余年逾六十，老境相侵，预计归期未能自决，此中委曲之故，殆非身亲阅历者莫喻，因吟此以遣怀云。"郑缵先已过 60 岁，他也很想回归故里，但由于国家的需要，他只能放下儿女情长，舍弃一家的利益得失，为新疆众多的百姓服务。

## 三 爱国的情怀：邓缵先对新疆的贡献

### 1. 对新疆的开发与发展做出重要的历史贡献

由于关于邓缵先的资料并不多，加上他已为国捐躯多年，今天的我们已很难详细描述他在新疆的所有政绩与具体的治县策略。但我们仍可以从县志中对他字数不多的记载以及他本人的诗词中还原部分历史面貌。《毳庐续吟》中收录了他所写的《耕稼词》与《蚕桑词》，各有春夏秋冬四首。从中不仅可以看出他对当地的农事生产与生活节律非常熟悉，对当地百姓与民俗有深厚的感情。而且可以看出"在新疆做一个知事之不易，不但要懂农业，知农时，催屯耕，收税赋，还要关心百姓的粮仓、牲畜、房舍、炭火等"，简直是无事不需料理。

据研究，在坚守边疆的 18 年中，邓缵先为官清正廉洁，爱民如子。新版《乌苏县志》中记载："邓缵先在乌苏主政两年，遍至乌苏

---

① 邓缵先：《毳庐诗草三编》，华东师范大学出版社，2012，第 40 页。

城乡，考察地理，体验民情，多有建树。先后修建五道桥、东关桥
（今太平桥），便利交通；开挖六十户庄新干渠及其两条支渠，灌溉
农田4000余亩，百姓称贤。"主政两年就为乌苏百姓做了那么多实
事，难怪"百姓称贤"。邓缵先卸任叶城知事时，"父老子弟壶浆饯
送，十里五里，长亭短亭，至玉河边，犹留恋涕泣"。邓缵先在其他
几个县的具体政绩与百姓对其的态度并无记载，但从他在乌苏与叶城
的主政状况可窥一斑而见全豹。

邓缵先还写过《劝农》与《农家》诗，《劝农》曰：……我愿
天公常为主，尤物莫生清净土。时和瘠壤遍桑麻，年丰边地多麦黍。
民不饥寒租税完，从无催役敲蓬户……① 《农家》曰：

> 边州烽靖五十年，昔时庐墓犁为田。麦畦负轭驹代犊，垄头
> 叱叱凌晨烟。南亩泥融泉脉动，西畴雪霁秧苗冻。不辞田舍耕耨
> 劳，但恐官家租税重。初因避乱去中原，淹留远塞谋田园。桑柘
> 比邻结婚媾，枌榆晚景还抱孙。思乡眷眷故闾里，东南数载干戈
> 起。亲旧传闻尽飘荡。边陲尚欣得生理。薄田三亩宅一区，糇粮
> 无储乐有馀。借问荒陬胡为乐，经岁不闻贪吏呼。②

可见邓缵先的政治理想与抱负是让百姓"民不饥寒租税完，从
无催役敲蓬户""经岁不闻贪吏呼"，即为官者清正廉明，百姓能够
衣食无忧。

邓缵先还写过《六别诗》。《六别诗》为他调离乌苏，临别之前
所写。该诗的序言中提及："余承乏二载，愧无建树。"对比上文
《乌苏县志》对他主政两年"多有建树"的记载可知邓缵先非常谦

---

① 邓缵先：《毳庐诗草》，华东师范大学出版社，2012，第38页。
② 邓缵先：《毳庐续吟》，华东师范大学出版社，2012，第32页。

逊。《六别诗》曰：

别县山：县门向南山，南山作保障。知我坐讼庭，芳馨时来觇。相对终无言，悠然仰高亮。我去送我行，临歧意惆怅。

别县水：我渠有行潦，我沟有长流。我泉既混混，我麦复油油。园池水泽沛，年丰消百忧。永望活泼来，心清长与俦。

别县田：县田在东郊，又在西湖边。田父欣告我，今秋颇有年。欲将筑田宅，终老西湖间。简书良可畏，话别情绵绵。

别县地：县中多旷地，地旷利源裕。垦辟农人来，人来我将去。今夕话桑麻，明日知何处。停车不忍别，指点村边树。

别县人：此邦风俗醇，人情亦简朴。愧我诚未孚，拊循殊碌碌。承乏二三年，虚声增悚悢。愿俟贤令尹，新猷敷惠育。

别县物：北路风物美，乌苏最可嘉。晨炊蒜米饭，午瀹柳花茶。芳圃剪蔬甲，闲畦抽荻芽。田翁相送远，贻我寻支瓜。[1]

邓缵先对主政县区内的山山水水、风土人情的深厚感情跃然纸上。

## 2. 对管辖区内的边界问题的调查研究

在《叶城县志》中，最具价值的是邓缵先写的边情日记，题为《调查八札达拉卡边界屯务暨沿途情形日记》。他在巡边日记的开头就勾勒出关卡的重要地理位置："卡在叶城县西南一千二百八十里，西距喀什道治一千九百二十里，北距省治五千四百六十里，与坎巨提交界，亦可通往印度国，防边戍边关系重要。"接着叙述调查的原因与目的："近复有坎人越界偷种情事，奉命往查晓谕阻止，并招募缠

---

① 邓缵先：《毳庐诗草》，华东师范大学出版社，2012，第 16~17 页。

布各民，前往开垦，以固边围而免侵越。"① 叶城地处喀喇昆仑山南麓，新藏公路零公里处，与印控克什米尔仅一山之隔，地理位置十分重要。从面积来看，叶城县域面积几乎与海南岛相当。

从叶城到喀喇昆仑山的道路十分险要，有人以天寒路险为由劝邓缵先不要轻身前往。邓缵先答曰："危险者境也，处境者心也，常存此处处有危机之心，则恐惧修省，自可转危为安；常存此时时有险象之心，则思患豫防，自能履险如夷。况该处并非人迹所不能到者，何虑焉？"又有人说前官员从未到过边卡，邓答曰："该而古奴牙（此卡）既系中国土地，主权所在，何得任听坎人越界偷种？此次我为实地查勘而来，不能半途而止也。"②

邓缵先实地考察后对如何划界得出一番高论："中、坎分界，当以星峡为限，水流出坎巨提者属坎地，水流入县河者属中地。星峡分界中外，分明诚天然界限也。检阅旧卷，光绪二十五年有以玉河为界之议。如果斯言实行，是不啻将玉河流域断送于人，更不啻将玉河两岸地方断送于人。玉河水源不一，支派分歧，若以玉河为界，胶葛愈多，得寸进尺，越占无厌。且玉河为叶尔羌河，莎、叶、皮、巴等县人民命脉攸关；若以玉河为界，始则占我河西南土地，继必占我河东北土地，甚成秦泾水毒、赵堰遏流，将莎、叶、皮、巴等县数十万生灵受制于人，其贻害曷有极哉。"③

《叶城县志》附录中有这样一段记录："1962 年，为解决中印边界问题，有专家携带民国时期的《叶城县志》来叶城，县委书记薛义峰得知后，组织人员星夜抄录，遂留下这一珍贵资料。这本《叶城县志》共八卷，残留 4～8 卷，5.3 万字。"邓缵先 1920 年撰写的巡边日记，1962 年在中印边境之争中派上了用场。来自北京的专家

① 邓缵先：《叶迪纪程》，附录，华东师范大学出版社，2012，第 80 页。
② 邓缵先：《叶迪纪程》，附录，华东师范大学出版社，2012，第 85 页。
③ 邓缵先：《叶迪纪程》，附录，华东师范大学出版社，2012，第 89～90 页。

就带着邓缵先所作的《叶城县志》，以其巡查边情的报告作为领土之争的重要依据。邓缵先虽是民国时期的官员，但他恪尽职守，以文载史、以史保土，为维护祖国的领土完整做出了贡献。

**3. 邓缵先在史学、文学方面做出的重要贡献**

邓缵先生前著有《乌苏县志》（1921 年）、《叶迪纪程》（1921 年）、《叶城县志》（1922 年）、《毳庐诗草》（1924 年）、《毳庐续吟》（1928 年）五部著作，使之成为边疆史学家、西域探险家、民国边塞诗人。而上述著述，今天无一不是研究新疆民国史的宝贵史料。

据新版《乌苏县志》考证："民国六年（1917 年），署县知事邓缵先'奉训令编辑县志'，翌年脱稿，两次呈送督军兼省长杨增新审阅，民国十年（1921 年）出版印刷，现国内部分大图书馆、档案馆有藏本。全书分上下二卷，设有建置、地理、食货、职官、教育、交通、杂录七类，下有 44 个子目，配有县境图和县城图各 1 幅，沿革表、职官表各 1 张，共 3.8 万字。"① 邓缵先所撰《乌苏县志》，内容和体例大大超过只有几千字的《乡土志》，是新疆民国时期县志编纂的范例，也是新疆最早刊印发行的县志。

《叶城县志》是邓缵先撰写的第二部县志。叶城历史悠久，地域辽阔，民族纷杂，语言不通，史料匮乏，撰志难度不言而喻。在《叶城县志》中，最具价值的是上文提到的边情日记。在实地调查基础上，对如何划分国界作了重要论述，至今仍为我国核定该地国界提供重要的参考依据。

与所修县志相比，邓缵先的诗作受到更多的关注。其中《毳庐诗草》收集了 611 首，《毳庐续吟》收集了 671 首，加上《叶城县志》《乌苏县志》《叶迪纪程》中的诗词，共有近 1400 首诗词。② 仅

---

① 崔保新：《一个广东人对新疆的历史贡献》，《新闻周刊》2010 年 9 月 24 号。
② 崔保新：《沉默的胡杨——邓缵先戍边纪事（1915～1933）》，社会科学文献出版社，2010，第 290 页。

《毳庐诗草》中选录《现代西域诗钞》的就有 87 首。编注《现代西域诗钞》的胥惠民教授曾谈到 20 多年前初读邓缵先诗词时的感受："最初读到邓缵先的诗词时，即感受到一种思想的震撼力，诗作者不仅是旧体诗的行家里手，而且是边塞诗承前启后的代表人物，他的诗词真实地记录了民国时期的历史"。① 邓缵先之师蓝湘湄评价其诗："胸填朔气，字带边声，是阅历有得之言"。民国末年至新中国成立后杰出的边塞诗人王子钝认为邓缵先的诗"格律谨严，清丽典雅"。② 谭元亨教授认为，如果我们把那么多的邓缵先的诗作为史来读，"不仅仅可以读出他个人出使边塞、事必躬亲、敢于迎难而上，任劳任怨，直至无怨无悔献出一生的历史，也可以读出当年外侮日深、百姓涂炭、壮士奋起、血染天涯的一部悲壮沉雄的守疆卫国的大历史"③。

**4. 学者们对邓缵先的评价**

谷昕认为：邓缵先在新疆为官十八年，为官清廉，施政为民，著书立说，几乎一贫如洗；他爱民亲民，团结各族群众，每当离旧赴新之时，当地百姓手捧琼浆沿街相送，挥泪而别；他巡防边境，护卫国土，维护祖国尊严；他亲自撰写地方史志，为我们今天研究历史留下了宝贵的史料，在 1962 年中印边界谈判中，他撰写的巡防日记成为维护国土完整和主权的最有力证据；他还是一位了不起的民国边塞诗人，他的诗词大气磅礴，境界高远，质朴感人。

谭元亨认为邓缵先是"一位把整个生命献给了新疆边塞的客家人，一位为维护国家尊严与领土完整的戍边义士，一位终身以正直、廉洁持身，外圆内方的政府官员，一位笔耕不辍、苦心编修的方志学

---

① 崔保新：《沉默的胡杨——邓缵先戍边纪事（1915～1933）》，社会科学文献出版社，2010，第 282 页。

② 崔保新：《沉默的胡杨——邓缵先戍边纪事（1915～1933）》，社会科学文献出版社，2010，第 287 页。

③ 谭元亨：《沉默的胡杨》序四·以诗证史，载崔保新《沉默的胡杨——邓缵先戍边纪事（1915～1933）》，第 19 页。

者，一位把一生的激情、壮志与诗心融汇于上千诗文中的诗人——他，当是'以诗证史'的身体力行者。以他的功业，他的一生，他整个的生命，证实了这样一部历史。一位客家人，始终以'祖宗言'安身立命，在千里关塞外，亦以"治国安邦平天下"为己任，最终用自身的鲜血染红了万里边陲。"①

# 四　结论

本文以 1915～1933 年的邓缵先为重点，以他在新疆所写的诗词、县志与前人的研究为材料，叙述了邓缵先对妻子、儿子，对家乡的深厚感情，论述了邓缵先在新疆期间为国家做出的重要贡献。"天涯晨夕思亲友"，邓缵先在诗词中表明，他心中无时无刻不思念着家人，期待着早日与家人团聚。在每一个月明星稀的夜晚，在每一段塞外奔波的旅途，在一个个"每逢佳节倍思亲"的节日，甚至在他听到笛、筛等乐声，看到大雁、杜鹃等飞鸟时……他都会想起自己的亲人。没有人知道他在新疆洒下多少思乡的泪水，至今我们还能在诗中隐隐看到他的痛与泪，正如"欲作家书凭寄远，朔风吹泪蘸毫尖"，又如"寒宵时滴思亲泪，泪结成珠不溅衣"。也没有人知道，他在新疆因为思念家乡，挂念亲人度过多少不眠之夜，"读罢天欲曙，疑信不成寐"；"枕戈待旦心期事，复听邻鸡夜色阑"。对家人的浓厚的思念说明他深深地爱着家人，爱着家乡。

可见邓缵先 18 年戍边期间仅回一次紫金的家，并不是心中没有家人，而是为了新疆的广大百姓。他的心中不仅记挂着紫金的邓氏家人与家族，更记挂着塞外的黎民百姓，记挂着新疆民众的衣食安康，

---

① 谭元亨：《沉默的胡杨》序四·以诗证史，《沉默的胡杨——邓缵先戍边纪事（1915～1933）》，第 18 页。

记挂着国家的统一与领土的完整，他为"国家"而忽略了自己的小家庭与家族。在家与国之间，邓稼先用实际行动做出了自己的选择。这在当官为的是谋权谋利谋财成为普遍观念，以致贪污腐败屡治不绝的今天，在多少人为一己私利不惜牺牲集体、国家利益的今天，邓稼先无疑是一面人人敬仰的旗帜。当个人与集体、家庭与国家的需要不能兼顾时，他毫不犹豫地选择了后者！正是有无数个邓稼先般的舍家为国者，中华民族才能雄昂地屹立于世界民族之林。

崔保新曾在一篇文章中描绘邓稼先"抛妻舍子出南岭，不畏绝地壮士行。躬耕西域十八载，留取丹心照汗青。邓稼先是天山的儿子、大漠胡杨，是客家人的骄傲。"邓稼先不仅是客家人的骄傲，也是中国人的骄傲！他远离家乡、扎根荒漠、心系百姓，最后为国捐躯的事迹体现的正是中华民族的精神——无私奉献、舍家爱国的精神。

# 家国情怀与客家精神：邓缵先诗文探析

何小荣*

**摘　要**　客家先贤邓缵先从小接受过宗祠学堂的启蒙教育，在客家人崇文重教并追求通过科举入仕的文化氛围内，逐渐形成了顾家爱国、以国为家的家国同构理念。邓缵先的家书充分展示了他注重修身养性的儒家伦理和齐家治国的抱负。在邓缵先西域边塞诗文的背后，是客家族群忍耐不屈和为国奉献的精神。邓缵先"以诗论史"所展示出的家国情怀和客家精神，不仅在 21 世纪中国社会的发展进程中不可或缺，而且能为当前国家各级公职人员提供一面"日省三身"的铜镜。

**关键词**　家国情怀；客家精神；邓缵先；边塞诗；家书

家是体现个人家庭责任感和社会责任感的最小的社会组织细胞，也是激发个体生命能量的社会入口。"家"凝定为国人的集体无意识，潜移默化地干预和影响着中国传统社会组织结构及其运作体

* 何小荣，女，江西赣州人，中国人类学民族学研究会客家学专业委员会会员，嘉应学院教师。

制。① 客家是由中原汉人逐步南迁并融合南方山地土著民族形成的族群，以中原儒家文化为基础吸纳山地农耕文化。因此，客家人的气质和性格就有儒家文化和山地农耕文化的烙印。

客家人在经历过中原汉文化与土著山地文化的涵化之后，无论走到哪里或从事何种职业，都会不由自主地展示出这种复合文化的印记。就以客家先贤邓缵先为例，他不仅是一位较有政声的边疆县域的父母官，而且还是一位在文学上颇有造诣的多产作家和边塞诗人。② 从邓缵先创作的《毳庐诗草》《毳庐诗草三编》和《毳庐续吟》③ 的诗词内容来看，客家文化对他的涵化④作用异常明显，他不但以诗文抒发内心深处真挚的亲情，还通过不同题材的边塞诗词阐述自己保家卫国的志向，这些诗词充分体现了客家精神与家国情怀在邓缵先身上的有机结合。一方面，邓缵先在客家文化的熏陶下逐渐形成了人生价值观，耕读传家和敬祖慕宗的客家精神在他的家书中得到充分的展示；另一方面，刚从清末封建王朝过渡的民国政权正处于内忧外患之中，邓缵先在儒家文化追崇家国情怀的支配下，为了边疆社会的稳定与发展，忍痛割舍亲情为国奉献，"以诗证史"谱写下了一曲豪迈的戍边壮歌。本文从对邓缵先诗词的解读入手，紧扣其客家精神与家国情怀这两条主线，分析邓缵先的精神遗产留给当代社会发展的启示。

## 一  邓缵先家书蕴含的客家精神

家是一个伸缩性极强的概念。作为一种象征符号，家可以扩展到

---

① 谭学纯：《"家—国"修辞关联：中国传统社会话语行为分析》，《延河》2010 年第 9 期。

② 廖基衡：《邓缵先和〈乌苏县志〉》，《新疆地方志》1991 年第 4 期。

③ 这三本诗集经过黄海棠、邓醒群的点校之后于 2012 年在华东师范大学出版社正式出版。

④ SSRC Seminar, Acculturation: An Exploratory Formulation, American Anthropologist, 1954, Vol. 56, No. 6, pp. 973 – 1000.

社会和国家；作为一种具体结构，它可以表现在姓氏、宗族、家庭与家户之上。① 在中国人的经验世界里，家是行为主体的灵魂安顿处所。儒家文化关于家的观念，是中国传统社会理想化的模式。儒家经典之一《大学》就说道，"古之欲明德于天下者，先治其国，欲治其国者，先齐其家，欲齐其家者，先修其身。身修而后家齐，家齐而后治国，国治而后天下平。"这是强调个人应先修其身，而后齐其家，进而治国平天下。齐家的基础就是强调儒教式的家庭伦理。这也是儒家思想传统中知识分子尊崇的信条。以自我完善为基础，通过治理家庭，直到平定天下，是几千年来无数知识者的最高理想。然而实际上，成功的机会少，失望的时候多，于是又出现了"穷则独善其身，达则兼济天下"的思想。"正心、修身、齐家、治国、平天下"的人生理想与"穷则独善其身，达则兼济天下"的积极而达观的态度相互结合补充，对客家人生命历程的影响始终不衰。

邓缵先（1868～1933），字芑洲，广东紫金蓝塘布心村人。翻阅其家谱，可发现清康熙五年（1666年），蓝塘邓氏始祖就由嘉应州至惠阳再迁入此地落居。邓氏云万公于明朝崇祯年间随父应闰美公，由梅州程乡金盘宫迁居惠阳县平山芋坑，康熙五年由芋坑迁往紫金县蓝塘老围开基立业。其后祖孙繁衍，到清朝乾隆年间开科发甲，遂有八官六举九贡四拔之称。② 邓缵先幼年接受的祠堂教育及其自小立下的抱负，可以在他的《回忆少年时》中觅到踪迹。"回忆少年时，负竿随钓鱼……回忆少年时，学种屋边树……诵读咿唔毕，一日十回顾……十二童军试，十四泮池游朗诵李杜诗文，声和榜人讴……回忆少年时，嬉戏学阵图。聚沙作壁垒，杯水成江湖。芦花竖如帜，竹叶剖为符。儿童六七人，行队严步趋。尝闻父老言，朔方有匈奴。战伐

---

① 麻国庆：《家与中国社会结构》，文物出版社1999年，第18页。
② 邓氏紫金蓝塘老围长房三宗堂公派族谱五订《邓氏族谱》，第4页。

立勋业，荷戈剪强胡。男儿能报国，麟阁铭宏模。斯语用不忘，头白奋长途。"① 这里面生动地描绘了一幅客家少年勤于学习的图画，但儿童模仿军队打仗时就能想到长大后要抵抗北方的匈奴，这显然是他接受过以"汉族中心主义"大一统思想为核心的儒家文化熏陶的结果。

1922 年春，邓缵先的母亲病重，当时因为河西走廊盗匪猖獗，他只好借道宁夏渡黄河返粤省亲，回到紫金后常与"九老会"成员赋诗唱和，在蓝湘湄、杜林芳的建议下，开始整理家信诗札。② 邓缵先于驻疆十年后刊印的《毳庐诗草》（1924 年）总共录诗 611 首，粗略地对这些诗词进行分类，可以发现大部分诗词是表达他对家乡亲朋故友的思念之切及其对边疆风土人情的眷爱之情。这两种感情之所以在邓缵先身上融为一体，是因为他义无反顾地选择了西域边疆，更是因为客家文化在他的内心深处已经打下了根深蒂固的烙印。

邓缵先 47 岁远赴边关，在路途中就给儿子写信"汝年方犹稚，未识玉门关。旅舍逢三月，征车过万山。雪飞时拂面，景好屡酡颜。望汝须珍重，光阴莫等闲。"③ 邓缵先年近半百，远赴西域接触一种完全陌生的文化，定然不断经历异域带来的"文化震撼"。④ 几个月的长途跋涉并未让他感觉身心疲惫，只是为自己离家千里无法教育儿孙而着急，告诫家子"望汝须珍重，光阴莫等闲"。

只有在学业读书上自立、自强，才能获得社会的尊敬，才能走出贫穷的山村，改变家族的命运。在一定程度上，客家人上一辈艰苦奋

---

① 邓缵先：《回忆少年时》（四首），载《毳庐诗草》，黄海棠、邓醒群点校，华东师范大学出版社 2012 年，第 17 ~ 18 页。

② 崔保新：《沉默的胡杨——邓缵先成边纪事（1915 ~ 1933）》，社会科学文献出版社 2010 年，第 365 页。

③ 邓缵先：《过玉门关，寄信示两儿》，载《毳庐诗草》，黄海棠、邓醒群点校，华东师范大学出版社，2012 年，第 58 页。

④ 黄淑娉、龚佩华：《文化人类学理论方法研究》，广东高等教育出版社，1996 年，第 213 页。

斗，是为了下一辈人出人头地。这种自我牺牲的精神，促使客家族群中不断出现佼佼者。儒家提倡修身齐家治国平天下四个阶段，其基石就是立志，从小要树立远大理想，要有抱负。诗书传家是客家人的文化传统，也是客家人生存立足出人头地的法宝。邓缵先远离家乡，长年不归，无法耳提面命教育下一代，只能通过一封封书信，不厌其烦地反复叮咛①，告诉两位在家的儿子"莫惮带经锄，青山环敝庐。少年端志趣，流水勉居诸。久大基谋始，周旋事慎初。老夫垂暮景，爱恋在诗书。"② 要求他们少年立志，脚踏实地，从小学会做人做事的道理，不断强调读诗书的重要。

客家族群重视教育至少有两个原因。一方面，客家作为源自中原的族群，保留着儒家文化的核心元素，将"万般皆下品，惟有读书高"的理念深植脑海。所以，客家童谣有"蟾蜍罗，咯咯咯。唔读书，有老婆。"③ 这反映出客家人崇尚文教，鼓励读书的社会风气。客家人将"望子成龙"的观念，寄希望于参加科举获取功名。客家儿童从小就接受长辈们的启蒙教育，大都懂得"山鹧鸪，咕咕咕，唔读书，大番薯"④ 的俗语，这同样是为鼓励子女读书。另一方面，客家地区的生态环境决定了单纯务农无法养活日渐稠密的人口，所以多元化的谋生策略促使客家人选择了通过科举谋功名的方式。宗祠成员获得功名，都会在风水塘侧边竖起高高的楣杆，这种象征符号凸显着客家人崇文重教的心理。⑤

---

① 崔保新：《沉默的胡杨——邓缵先戍边纪事（1915～1933）》，社会科学文献出版社，2010年，第216页。

② 邓缵先：《示在家岑、森两儿》，载《磊庐诗草》，黄海棠、邓醒群点校，华东师范大学出版社，2012年，第63页。

③ 广东省文学艺术界联合会，广东省民间文艺家协会：《广东民间故事全书（梅州·梅县卷）》，岭南美术出版社，2008年，第310～312页。

④ 黄火兴：《梅水风光》，广东嘉应音像出版社，2005年，第400页。

⑤ 周云水：《重入"祖荫"：客家宗祠助推教育的文化资本探析》，《教育文化论坛》2013年第1期。

邓缵先在《示在家两儿》中写道："远祖高密公，训垂十三经。人各习一业，世世可为型。幼毋耽放逸，勉哉劳汝形。试观梁上燕，衔啄未曾停。"①　先叙述祖上的荣耀，继而要求儿孙不可放逸，要学梁上燕的勤劳。邓缵先是穷苦人家出生，懂得勤学苦练的道理，他在另一首《示在家两儿》诗词叮嘱："沙尘浪迹催吾老，村僻贫家望汝贤。春野课耕须早起，寒灯勤读合迟眠。涤烦惟玩窗前竹，习静宜观石上泉。门户他时当自立，仍教雁序乐翩翩。"②　教导两儿早起迟眠，耕读并重，只有如此才能自立门户。其中的拳拳父亲心足以让人感动。年纪越大，邓缵先似乎放在儿女身上的心思就越加沉重。③　他在《老来吟示卓儿，并寄岑儿、森儿》诗词中，也是先怀旧："老来每忆幼稚时，数间茅屋双柴扉。高堂二亲正康健，遣我辍学鞭笞施。兄弟三人灯火共，寒蛩鸣砌萤入帏。"然后寄语："如今舍南营小筑，明窗净几春日晖。庭树欲静风不止，对此令人心伤悲。肯构方新弓冶旧，过庭犹是杯棬非。家贫藜藿有滋味，亲老桑榆无畅枝。罔极深思未易保，百年逝水不复归。"最后严厉告诫："儿曹读书须努力，转瞬韶光驹隙驰。老来忧虑竟何为，他日汝心当自知。"④　明确地告诉后人趁着年轻多读诗书的重要性。

游宦新疆的邓缵先利用一切可能的通信机会教育孩子，在《初得二儿来缄》中，邓缵先鼓励儿子："亦为贫而仕，临歧汝尚孩。学书知渐长，近讯望常来。俯畜资微俸，诒谋岂殖财。故园松菊径，一

---

①　邓缵先：《示在家两儿》，载《毳庐诗草》，黄海棠、邓醒群点校，华东师范大学出版社，2012年，第10～11页。

②　邓缵先：《示在家两儿》，载《毳庐诗草》，黄海棠、邓醒群点校，华东师范大学出版社，2012年，第74页。

③　崔保新：《沉默的胡杨——邓缵先戍边纪事（1915～1933）》，社会科学文献出版社，2010年，第217页。

④　邓缵先：《老来吟示在卓儿，并寄岑儿、森儿》，载《毳庐续吟》，黄海棠、邓醒群点校，华东师范大学出版社，2011年，第63页。

念一迟回。"① 鼓励的同时，还有训斥。邓缵先以《训子》为题，直接告诫儿子："城南读书处，一首退之诗。骥尾青云附，驹踪白日驰。家贫文可富，质美德为基。勉汝情无限，衰翁未免痴。"② 即使即将回到故里，他也不忘在批阅家信时告诫儿子学习苍松："昨夜边亭风似刀，旋归漫说锦为袍。苍松手植今何许，要向茅檐听晚涛。"③

客家精神的内涵包括开拓进取、艰苦奋斗、崇文重教、包容宽恕、爱国爱乡、硬颈精神，还有以孝为基础的慎终追远的精神，甚至是外迁精神。④ 在邓缵先示儿的诗词中，我们可以发现许多饱含客家精神的诗词，比如"家贫须励学，友善贵思齐。器识由来重，虚心古与稽。家贫文可富，质美德为基。久大基谋始，周旋事慎初。""春野课耕须早起，寒灯勤读合迟眠。庭树欲静风不止，对此令人心伤悲。"⑤ 邓缵先这位五六十岁的长者，读万卷书，走万里路，经千般事，思百年义，用自己的人生经历为后辈留下的智慧，的确是客家精神无声的展示。

## 二　邓缵先边塞诗词的家国情怀

家国情怀是儒家亦即读书人千年传统，自古知识分子最推崇的就是修身齐家治国平天下的理想人格。国土和人民是国家的基本要素，

---

① 邓缵先：《初得二儿来缄》，载《毠庐诗草》，黄海棠、邓醒群点校，华东师范大学出版社2011年，第50页。
② 邓缵先：《训子》，载《毠庐续吟》，黄海棠、邓醒群点校，华东师范大学出版社2012年，第88页。
③ 邓缵先：《将归里，批家书，尾示儿子卓、岑、森》，载《毠庐续吟》，黄海棠、邓醒群点校，华东师范大学出版社2011年，第75页。
④ 吴锡超：《客家精神论文摘要》http：//www.21ccct.com/sh/2008/0731/article_ 65. htm l，2008 - 07 - 31/2010 - 9 - 10.
⑤ 崔保新：《沉默的胡杨——邓缵先戍边纪事（1915～1933）》，社会科学文献出版社2010年，第219页。

没有生活在国土上的千千万万个人和家庭，就没有国家。家国情怀当属传统文化中最宝贵也最活跃的精神资源，它在不同的时代表现为不同话语的形式，在近两个世纪驱逐外侮、建构现代民族国家的过程中，家国情怀发挥了难以估量的积极作用。

民国三年（1914 年）9 月，邓缵先应内务部第三届县知事试验，取列乙等，受北京中央政府派遣分赴新疆，不远万里来到新疆戍边安民。1915 年初，邓缵先已经 47 岁了，按照常理他完全可以不离开故乡，不去遥远陌生的新疆，但他的家国情怀支撑着他为国家保边疆。在新疆的 18 年中，他曾任省公署文牍员、编辑员，政务厅总务科员、科长，新疆覆选区选举调查会会长等职，并先后出任乌苏、叶城、疏附、墨玉、巴楚五个边境县知事。1928 年出版的《毚庐续吟》诗集，收录了邓缵先的诗词 671 首，并由汪步端作序补订。

正如建国六十周年献礼的艺术作品《国家》所云，"一心装满国，一手撑起家，家是最小国，国是千万家，国的家住在心里，家的国以和蛊立，国的每一寸土地，家的每一个足迹，国是荣誉的毅力，家是幸福的洋溢。"① 只有将国和家紧密联系在一起，才能收获幸福，这就是"家国情怀"的深层次体现。"家国情怀"是一个人对自己国家一种高度认同感和归属感、责任感和使命感的体现。邓缵先在《回忆少年时》中说"男儿能报国，麟阁铭宏模。"② 表明在他童年时期就立下了这种朴素的"报国梦"。

在邓缵先长达 300 多字的边塞诗《镇西歌》中，可以看出他远赴新疆时的政治抱负与"抚远"的政治视野。词中追溯了汉唐盛世中华帝国对西域文攻武卫的辉煌历史，同时总结骄矜兵败、贪功误国的教训，大气磅礴，似是仰天长歌，惊扰金戈铁马。所谓汉唐气象，

① 《国家》，王平久作词，金培达作曲，成龙、刘媛媛演唱，郎朗钢琴伴奏，2009 年。
② 邓缵先：《回忆少年时（四首）》，载《毚庐诗草》，黄海棠、邓醒群点校，华东师范大学出版社，2011 年，第 17 页。

就是包容开放，文德治心，方能收四夷归附之效。"汉皇遣使通西域，镇西旧称蒲类国。纪功裴勒永和碑，斩馘姜铭贞观石。西陲屏蔽隶版图，世为臣仆声教敷。准部四卫仍梗化，吞噬近邻如狼狙。虏骑凭陵屡犯边，王师征讨军符传。天子临轩赐颜色，将军策马驰烽烟。旌旗蔽空山岳动，帐幕屯云戈矛拥。三边金柝晓犹催，千骑铁衣夜不冻。戍儿惊报汉兵来，单于潜遁胡氛开。战骨半埋蠼螋，弦歌犹醉鹦鹉杯，骄矜轻敌意气盛，节钺专权豪华竞。争夸功冠卫仲卿，自诩勋隆霍去病。胡寇西来六千兵，绕途入扰伊吾城。拥兵数万不肯发，饱掠远飏愁云生。讵知饰报邀荣赏，爵在五侯七贵上。冒功希宠益骄奢，边将戍兵皆惆怅。从来漠北本汉地，恢复还将用兵器。边陲事坏跋扈臣，日蹙百里沦胡尘。坐糜军饷七千万，犹复劳敝中原人。客谈往事镇西多，旧垒荒台生薜萝。路旁石人今安在？为君试作镇西歌。"邓缵先在《镇西歌》中表现出如此开阔的视野，如此豪放的性格，难怪他义不容辞地割舍儿女情长，选择了戍边立功大业。文人出塞，往往投笔从戎，仗剑而行，在马背上建立功业。

具体到每个人，家和国的重要性更是不言而喻。夫以妻为室，妻以夫为家，人要立身于世，干番事业，安宁的家室不可或缺。这安宁二字就很有意思。"安"是屋里有女，屋里没女人，肯定家不成家，无法安身立命。"宁"字繁体为家中有丁有皿有心，家里家具齐全，吃喝不愁，人丁兴旺，心才能踏实。安放肉身和灵魂的最佳场所，离不开家，所以大凡事业有成者，家庭多和睦安宁，一旦家庭出问题，事业也会跟着崩盘。正如客家宗族在构建文化资本时提到的那样，"华夏子孙对家国的守望，就是对根的守望；和谐社会的根基，就是那一个个宗族乡亲、幸福家园。"① 这种家国同构的理念，在邓缵先

---

① 《中国兴宁华夏宗祠文化基地策划方案》，广东梅州兴宁榕树村刘氏总祠编，2012 年，第 3 页。

的戍边历程中得到了体现。

邓缵先先生作为乌苏、叶城、疏附、巴楚及乌鲁木齐县长，主一方之政，考虑从多方面入手来达到地方的稳定和经济的发展。他对边境地域的治理方针，在他的很多诗文中都有体现。比如，"疆陲挞伐原中策，藩翰经营重外边"① 表明其重视边塞治理的思想；"迢迢骑马过长安，满目饥民不忍看。十里路连千百冢，一家号哭二三棺。犬衔骸骨肉仍在，雅啄骷髅血未干。寄语朝中诸宰辅，石人无泪也心酸。"② 短短56个字，生动地描述了当时西域边塞的民生之艰难。能够直面现实并用诗词予以真实地记录，邓缵先的确不亚于唐代诗人杜甫。

新疆地处欧亚交通孔道，是东西文化的榫头。多民族、多宗教、多文明、多文化在此地交流、碰撞、融合。作为边吏县官，邓缵先不仅注意到文化教育和人才利用，而且对于当地的山川城郭、土俗夷情、治兵治屯、抚夷镇边之要，都要了解。他特别重视通过著述来记载边疆地区的情况，并阐述他的治边思想。推动并主持边疆地志的编纂活动，为新疆文化建设作出了卓著的成绩。"荒梗枯桑满塞垣，错教时论比桃源。"③ "人心果使无争夺，处处绿杨鸡犬村。"④ 邓缵先期盼边疆人民安居乐业，过上世外桃源般的生活，注重对当地人民进行伦理教化，不注重战争和武力争斗。无论是道德教育，还是编纂史乘，都是他文化治边的表现。而且，他进一步把这一文化思想运用到政治管理之中。邓缵先对民族问题予以特别关注，发展回屯，促进民

---

① 邓缵先：《边塞》，载《毳庐诗草》，黄海棠、邓醒群点校，华东师范大学出版社，2011年，第97页。
② 邓缵先：《赴新疆沿途有感》，载《毳庐诗草》，黄海棠、邓醒群点校，华东师范大学出版社，2011年，第130页。
③ 邓缵先：《塞外桃源》，载《毳庐续吟》，黄海棠、邓醒群点校，华东师范大学出版社，2011年，第73页。
④ 邓缵先：《初到迪化》，载《毳庐诗草》，黄海棠、邓醒群点校，华东师范大学出版社，2012年，第84页。

族经济发展。

邓缵先长期任职边疆，有足够的机会把民本文化理念实施于边疆治理实践。他关注民生疾苦，重视解决民众生计，力主垦荒屯田。"边荒尽入版图中，瘠土依然禾稼丰。"① 由于邓缵先的教育背景与知识结构，以儒家文化为主的客家精神成为他施政的指针，直接影响到他文化治边思想的产生。为了促进文化事业的发展，他主动主持编纂史地著述，而且延揽人才，各尽其能。文化观念同时体现在他"以民为本"治边措施之中，在民风民俗、宗教文化、民生等方面作出了重要贡献。"谋道千载忧，定国百年规。"② 邓缵先的边塞诗词巧糅家国之感，巧妙地运用词意的双重性，营造出一个余味无穷的词境空间。

家国情怀是一种通过物而联系起来的对国家、对历史、对家园、对亲族、对朋友的不可取代的深厚的感情。这种感情实际上也就是一种向心力、凝聚力、亲和力，是对家园的情感。故乡家园在中国人的情感中也具有极为重要的位置，每当讲起了故乡、家园，我们就有沉甸甸、热乎乎的感觉。所以，邓缵先在远赴西域的征途中，就写下了"争先恐后赴通都，人竞精明我守愚。身外荣华如敝屣，当年七尺是微躯"③ 的报国豪情。

## 三　邓缵先以诗论史的启示

邓缵先是一个文职官员，虽然没有铁马冰河战死沙场的经历，但却以笔代剑，用诗词记录了历史。当有人认为"作诗无益，费精神"时，他当即用诗予以反驳。"大江东去浪千淘，惟觉诗坛境界高。采

---

① 邓缵先：《毳庐诗草三编》，黄海棠点校，华东师范大学出版社，2012 年，第 9 页。
② 邓缵先：《毳庐诗草》，黄海棠、邓醒群点校，华东师范大学出版社，2011 年，第 115 页。
③ 邓缵先：《毳庐诗草三编》，黄海棠点校，华东师范大学出版社，2012 年，第 117 页。

择童谣关治乱，讨论诗史继风骚。梅寻霜径耽驴背，藻挨琼池纪凤毛。却道歌吟了无益，棋枰胜负孰偿劳。"正如汪步端给邓缵先诗文题辞所云，"出塞新吟证旧闻，凄然拟古战场文。每凭杯酒论时策，再补笙诗接古芬。"① 作为边境县知事，邓缵先在实地考察后对划界有一番宏论："谨按：中、坎分界当以星峡为限，水流出坎巨提者属坎地，水流入县河者属中地。星峡分界中外，分明诚天然界限也。检阅旧卷，光绪二十五年有以玉河为界之议。如果斯言实行，是不啻将玉河流域外断送于人，更不啻将玉河两岸地方断送于人。玉河水源不一，支派纷歧，若以玉河为界，胶葛愈多，得寸进尺，越占无厌，且玉河为叶尔羌河，莎、叶、皮、巴等县人民命脉攸关；若以玉河为界，始则占我河西南土地，继必占我河东北土地，甚成秦泾水毒、赵堰遏流，将莎、叶、皮、巴等县数十万生灵受制于人，其贻害曷有极哉。"1962 年，中印边境发生战事，来自北京的专家就带着邓缵先所作的《叶城县志》，以其巡查边情的报告作为领土之争的重要依据。叶城县知事邓缵先留下的边情报告价值，在 40 多年后中印两国的边境之争中彰显出来。以文载史、以史保土，邓缵先是中国的功臣。

据《乌苏县志》记载：邓缵先在乌苏主政两年，遍至乌苏城乡，考察地理，体验民情，多有建树。先后修建五道桥、东关桥（今太平桥），便利交通；开挖六十户庄新干渠及其两条支渠，灌溉农田 4000 余亩，百姓称贤。更借县务之余，审度山川地貌，参阅图籍案卷，证以见闻，于民国七年（1918 年）撰成《续修乌苏县志》一部。该书分 2 卷 7 类，48 目，辅以图表，全书约 4 万字，在体例和内容上没有墨守旧书的俗套，大胆摒弃名宦、仙释等封建迷信色

---

① 汪步端：《〈毳庐诗草〉题辞》，载《毳庐诗草》，黄海棠、邓醒群点校，华东师范大学出版社，2011 年，第 3 页。

彩较重的类目。该书是民国年间新疆省内刊印的绝无仅有的地方志珍本。[1]

1920年3月25日，邓缵先来到叶尔羌河上游。"据土人云：地质平坦较优的土地，时被坎部人侵占、欺凌，我侨人单力弱，莫可奈何。""坎人与缠回同教不同种，言语不通发被耳后颈畔。该处布民有能通坎语者为译，偷种之地有两人看守，一皮百科年四十四岁，一他衣，年二十二。据称：'小的系星峡过了达坂居住来此，只四个月。暨库完、买买提二人常来，已有六年。旧年种青稞五石，收三十石。种小麦八石收四十石'。当即据理盘诘，严词驳拒饬嗣后不能越界来种，要速行回。"邓缵先查到一个案例："民国四年春间有坎人来偷种，筑房子五间，为蒲犁县案板查，明饬兵勇将该房子一律毁拆，至今坎人也不敢来偷种。"蒲犁即今天的塔什库尔干县，与叶城山水相连。

邓缵先胸怀高远，爱国、爱民、爱疆，为官清廉勤政，深得治下百姓爱戴。他以52岁高龄之躯，亲赴喀喇昆仑边界八扎达拉卡处（今印属克什米尔交界地）勘查边界、处理边民纠纷。有人以天寒路险为由劝阻，邓氏凛然答曰："危险者境也，处境者心也，常存此处处有危机之心，则恐惧修省，自可转危为安；常存此时时有险象之心，则思患豫防，自能履险如夷。况该处并非人迹所不能到者，何虑焉？"又有劝者曰，前此从未有官员到过边卡，邓氏再答："此卡既为中国土地，主权所在，何得任听坎人越界偷种。"终成此行，往返路程共三千七百五十里，耗时整一月。勘定边界，驱走越境强占我农人田地之坎人，完成《调查八扎达拉卡边界屯务暨沿途情形日记》，成为1962年中印边境谈判的重要原始文件之一。

在邓缵先身上，发扬了客家人诗书传家的优良传统，秉承了客家

---

① 廖基衡：《邓缵先和乌苏县志》，《新疆地方志》1991年第4期。

人轻利重义的古训。当国难当头之时，客家人总是挺身而出，担当匹夫之责。邓缵先先后出任新疆五个县的县长，以客为家，兢兢业业为新疆人民服务 18 年，尤其多年在南疆为当地维吾尔族群众造福。离任之时，"父老子弟壶浆饯送，十里五里，长亭短亭，至玉河边，犹留恋涕泣"①。可见，他在新疆任职时受到地方群众的拥戴程度之深，他以民为本的治边理念在诗文中屡有展示。

1914 年，内务部公布特别试验录用并分发新疆知事的名单。邓缵先分发新疆时，已经 47 岁了。他有一百个小理由不去遥远陌生的新疆，但只有一个大理由赴疆戍边，那就是为国家，保边疆。② 在邓缵先写的边塞诗中，可以读到他远赴新疆时的政治抱负，"艰危历试增雄略，逸乐偷安是祸胎。至竟刀环成利器，英豪平地奋云雷。"③ 1924 年，同盟会元老于右任为邓缵先所著《毳庐诗草》作跋文，一边感叹新疆"茫茫黄沙，中土人士所不轻至之地也"，一边折服于邓缵先的情怀而感叹"吾道不孤"。

在坚守边疆的 18 年中，邓缵先为官清正廉洁，爱民如子。观其所作《耕稼词》，可知在新疆做一个知事之不易，不但要懂农业，知农时，催屯耕，收税赋，还要关心百姓的粮仓、牲畜、房舍、炭火，可谓事事上心，无微不至。《乌苏县志》中记载："邓缵先在乌苏主政两年，遍至乌苏城乡，考察地理，体验民情，多有建树。先后修建五道桥、东关桥（今太平桥），便利交通；开挖六十户庄新干渠及其两条支渠，灌溉农田 4000 余亩，百姓称贤。"④ 客家精神包括爱国爱

---

① 邓缵先：《叶迪纪程》，淮阴汪步端署检，黄海棠、邓醒群点校，华东师范大学出版社 2011 年，第 11 页。
② 崔保新：《沉默的胡杨——邓缵先戍边纪事（1915～1933）》，社会科学文献出版社 2010 年，第 21 页。
③ 邓缵先：《闻友人谈戍边轶事》，载《毳庐诗草》，黄海棠、邓醒群点校，华东师范大学出版社 2011 年，第 83 页。
④ 廖基衡主编《乌苏县志》，新疆人民出版社 1999 年，第 268～269 页。

民、反压迫反侵略、勤劳刻苦、努力开拓、勇敢无畏、富革命精神；挚诚团结、敬祖睦宗、不卑不亢、平等待人。① 客家诗书传家的优良传统，看到了客家人国家有难、匹夫敢当的牺牲精神，体现了客家人"青山处处埋忠骨，何需马革裹尸还"的英雄气概，的确无愧是客家人的优秀儿女。

# 四　余论：客家人的家国情怀

邓缵先作为客家先贤之一，是边疆史学家、西域探险家、民国边塞诗人、民国爱国官员和戍边捐躯壮士，为后人留下了戍边之功、爱国之德、立身之言。② 邓缵先的诗文，充分展示了他忘却小我、心怀天下、义无反顾投入新疆近代化进程的历史过程。客家族群从形成，到向海内外大规模迁徙，成功坚守、传承中华民族优良传统文化，表现出极高的"文化自觉"与文明传承的强大力量。积极入世的主体参与精神过去促使客家人刻苦读书应举，今天也同样可以促使客家人积极参与到现代文明社会的建设中来。③

文章千古事，并非虚语。一个人的思想一旦写下，通过文字的媒介，送入了别人的头脑，也就成了社会事实，发生社会影响，因而有功罪可论。④ 邓缵先的诗文经过河源紫金热心文化事业的黄海棠、邓醒群点校整理之后，得以作为一部完整的史料，提供给后人研究和探索，这无疑是弘扬客家精神的一个有力举措。正如点校者的评语

---

① 肖平：《客家人》，成都地图出版社，2002 年，第 16～19 页。
② 崔保新：《沉默的胡杨——邓缵先戍边纪事（1915～1933）》，社会科学文献出版社，2010 年，第 362 页。
③ 黄杰明：《论客家精神与客家传统文化的现代转型》，《福建社会主义学院学报》2011 年第 3 期。
④ 费孝通：《费孝通学术论著自选集》，北京师范学院出版社，1992 年，第 41 页。

"边塞诗篇，风范无边"① 所说的那样，邓缵先的诗文不仅展示了他注重修身养性的儒家伦理和齐家治国的抱负，而且充分反映了客家族群忍耐不屈和为国奉献的精神。

与世界上其他国家一样，中国正在面对人口压力、环境破坏、社会不平等及现代化进程中可能出现的其他问题。② 在当今市场经济氛围下人际交往和社会行为过于注重功利的现实下，对邓缵先进行系统研究具有无可替代的作用。邓缵先"以诗论史"所展示出的家国情怀和客家精神，不仅在当代中国社会的发展进程中不可或缺，而且能为当前国家各级公职人员提供一面"日省三身"的铜镜。

---

① 邓醒群：《客读〈叶迪纪程〉有感》，载邓缵先：《叶迪纪程》，黄海棠点校，华东师范大学出版社，2011 年，第 98 页。

② 约翰·博德利：《发展的受害者》，何小荣、谢胜利、李旺旺译，格罗斯·施迪恩序，北京大学出版社 2011 年，第 3 页。

# 投笔昆仑咏南疆

## ——邓缵先边塞诗文考读

赵北明<sup>*</sup>

# 导　言

南疆，在中国有两个含义：一是南疆即新疆在天山以南的区域，包括塔里木盆地、昆仑山脉的新疆部分以及吐鲁番盆地；二是中国的南部边疆地区亦有南疆之称，意指广东、广西、云南一带。（比如，对越自卫反击战也称南疆保卫战）。与此相对应的则谓"北疆"。近百年前，从南粤的紫金县，逶迤来到新疆的民族英雄、大诗人邓缵先先生，对两种含义的"南疆"都怀有无限眷恋和挚爱，写下了许多不朽的诗文，并最终埋骨于第二故乡的南疆——也是本文所论之区域。

邓缵先在一首题为《南疆》的诗中写道："南疆数千里，气候颇温和。渠水通阡陌，村林带薜萝。沙平中土尽，天远塞云多。到处堪栖息，鸠巢稳若何。"（《毳庐续吟》p. 96，华东师范大学 2012 年 12 月版，下同）。诗中描绘新疆南部的情境，竟与南海之滨的南疆相差无几。

---

＊　赵北明，作家、报告文学家，曾在《喀什日报》、《新疆日报》等作记者、编辑，《中国贸易报》新疆记者站站长、外文版副主编，现作《新西部》编委、主编。

他在《叶迪纪程》中记述道:"天山以南,悉为回疆,乾隆二十四年平定后,建八城:曰喀什噶尔,为疏附国;曰英吉沙尔,为依奈国;曰叶尔羌,为莎车国……夫区域沿革,关系乎种族盛衰,民俗纯驳,与夫边防张弛,非细故也。"(《叶迪纪程》p. 39~40,华东师范大学 2012 年 12 月版,下同)

邓缵先,字芑州,号麑庐居士、履冰斋主人(如履薄冰之意),自称"天山宦游子"。通读邓缵先 2000 多首诗,我发现他写于南部新疆的诗占了十之六七,《叶迪纪程》《叶城县志》等传世文章也多作于南疆。这与他近九年在南疆的勤勉从政,励精图治是分不开的,更是他体恤民生,寄情山水的必然产物。

邓缵先入疆前,"至保定。甫知《廷寄与伊犁将军》,有'不许作诗,不许饮酒'之谕。""古来诗人迁谪,感慨悲歌,诽谤时事往往贾祸东坡……数年间,未暇吟咏。已而赴乌苏、逾天山,过龟兹,溯玉河,陟昆仑,闻见瑰奇,为平生所未有,胸怀怅触,托诸啸歌。"在初到新疆(多在省城和北疆)的几年里,他并没有留下多少文字。那么,是什么激发了他的诗兴大发、墨若泉涌?他的诗文又如何记述了这片丰饶而又神秘土地的风韵、风采、风云?

让我们沿着邓缵先的足迹,在他曾做过南疆四个县知事的地方做一番探究,对于他诗文中所记载和涉猎的内容做一些考证。研究邓缵先其人其文,这对于我们是颇有意义的——有助于正确认识西域历史,特别是民国以来南疆的史实;亦有助于研究南疆县域沿革,以及民俗、民风、民情的演化;还有助于为当下声势浩大的全国援疆工作厘清一个源头,为投身南疆的干部提供一些借鉴;更有助于理解和欣赏邓缵先诗文高超的思想境界和艺术水准。

因此,笔者作为曾在南疆生活和工作的一员,并曾学习过维吾尔语及当地文史,不揣才陋,试对邓缵先的有关生平及其诗文作以研读与考证,以见教于后来研究者和广大读者。

# 毳庐为家　　廉吏明志

### 邓缵先来到新疆并历任南疆 4 县知事的时代背景

1915 年邓缵先来到新疆，时逢这片边塞之地由乱到治，天下甫定，但仍面临着内忧外患，时局维艰的民国初期。

历经乾隆时期西域故土重归，左宗棠挥师收复新疆，刘锦棠等力推建省，100 年前新疆辛亥革命在伊犁爆发。当年的辛亥革命，是今天新疆的共和、自治、现代化的一个起点，一个巨大的精神动力之源，一种历史的继承与联结。1912 年之后进入中华民国的新疆，从表面上看乱象纷纷，但依然沿着孙中山先生提出的三民主义的方向艰难前行。

民国初立，中央需要对新疆行使主权，治疆人才的匮乏遂成为一个瓶颈。时任新疆督军的杨增新请奏北京政府："新疆一省远处极边，形势重要。分发人员惮于艰阻帅多趋避，以致边疆要地，任用无才。……自非遴选熟悉边情，负有远志之士分发该省，整理一切。不足以开通风气，交换知识，于是特考试专备分发新疆任用……"（见《补过斋文牍》）。1914 年，内务部经过全国"海选"，公布特别试验录用并分发新疆知事的名单。这是现代中国第一批"援疆干部"，邓缵先就名列其中。

同时，新疆的吏治和财政等也面临着诸多问题，尤以南疆为甚。杨增新《呈覆整顿新疆内政情形文》称："当国体变更之际，受事于全疆糜烂之时，非慎选地方官，不足以资抚而期补助。虽边地乏才，而于任用知事未尝稍有迁就也……""查新疆地方前清时，每岁由各省协拨二百四十万。民国成立以来，协饷断绝。无如民国成立以来，人心愈坏……惟喀什一道，各知事几乎无人不亏公款，且无人不亏巨款，实属不顾大局。"为官者在任者多搜刮民财，卸任者多亏空公款，吏治腐败遂为政局不稳的祸根之一。

彼时新疆有民谣云："主席不如厅长肥，厅长不如行政长肥，行政长不如县长肥。"它说明在宰县的职位上，搜刮民财的机会尤多。而邓缵先先后任职南疆的叶城、疏附、墨玉、巴楚等县知事，则多为众所周知的"肥缺"。据《叶城县志》记载，邓缵先1918年赴任前的几位知事，就在惩治贪腐官吏的新政中被撤职查办，甚至被查抄了家产。作为南疆的县官，不仅山高皇帝远，而且由于地广人稀，大漠、崇山相隔，即使与上司亦相距甚远，于是滋生出一批批胆大妄为的贪官。杨增新一再任命邓缵先以"肥"缺，必然与他清廉不贪有关。所谓上行下效，上清下廉。在某种程度上，也反观出斯时的封疆大吏尚比较清正，或惧怕恶吏再起事端，激发民变，祸起南疆。

**邓缵先是一个崇尚古贤，时存敬畏心，并以淡泊明志之人**

"大行不顾细谨，大礼不辞小让"，然后敬畏之心生焉。他时怀《古意》（《毳庐续吟》p. 20，华东师范大学出版社2012年12月版，下同）："古人处浊世，履洁而怀清。我慕东方朔，吏隐能居贞。"邓缵先曾自问自答："壮志如何？男儿负壮志，立功西北陲。投鞭万里去，骏马如飚驰……愿携鸾为群，不与鸡争食。壮游如何？雪净汉关秋，三边许壮游。酪浆甘似醴，毳屋小于舟。王粲离家久，班超返不愁。聊将征戍事，笔录付庚邮。"（《毳庐续吟》p. 7）

诗中的班超（32～102年），字仲升，东汉名将，以战功出任西域都护，后封定远侯。他在西域活动达三十年，邓缵先任职之处皆在其所辖区域内。班超城，也叫盘橐城。他以此为大本营，荡平匈奴势力，再次打通丝绸之路，完成了统一西域大业。为纪念这位著名的政治家、军事家、外交家，喀什市人民政府在盘橐城遗址上兴建了班超纪念公园。邓缵先对班超、耿恭等先驱者十分敬仰，将其传记不离左右，并常以诗咏之。他在《乐园题壁》道："园在疏勒县署西偏，清蒋太守所创"，在相传耿恭拜泉处，"井畔飞泉留胜迹，花间晴日照层台。""疏勒飞泉自古今，耿公遗爱沁人心。"（《毳庐诗草》p.109，华东师范大学出版社2012年12月版，下同）

从邓缵先的诗中可以看见，他随时随地，举手投足之间，都在自励励人。他的《只履歌》（《毳庐诗草》p.43）情趣盎然："叶城县西南边境……庚申初春，奉饬调查垦务，夜宿毡帐，遗失一履：此生拟向三山游，昨夜无端一履失。一履失，一足亏。失履尚可买，失足空伤悲。"他的《叶县山中观雪山飞瀑》借题发挥："我行正值十月交，洞口玉虹悬彩桥。皎皎相看烟雾消，铮铮时闻金铁敲。得观此景意气豪。黄鹄青鸟游边郊。此心淡泊志坚牢，振翣相忘云路遥。"无论涉及国家大义，还是草木幽情，他都警钟长鸣，不断警醒自己："设险以守国，用险不忘危。仁义为郛郭，道德为城池。"（《设险》：《毳庐诗草三编》p.25，华东师范大学出版社2012年12月版，下同）

作为客家人的一员，以"道德为城池"的邓氏家风中心价值，始终贯穿于邓缵先的边吏坎坷生涯中。他自身传统文化内涵丰富卓越，又励志进取。边塞苦寒，客家枝移植于斯，并没有水土不适，反而汲汲于异域新鲜营养，遂成胡杨高树。阅读"毳庐"诗三卷和日记、县志，无论是铺陈其事，还是品咂其诗，我都能感觉其脉搏与呼吸，家风似乎一直以别样的方式植根在邓缵先心中。这些东西执拗，顽强和殊丽，兼有边草塞树、苜蓿胡杨的风骨气质。

他在《农家》（《毳庐续吟》p.32）中以言其志："边州烽靖五十年，昔时庐墓犁为田……薄田三亩宅一区，漠粮无储乐有馀。借问荒陬胡为乐？经岁不闻贪吏呼。"他做官矢志于"经岁不闻贪吏呼"，并以此为天下之乐，这在当下也堪称代表先进，光辉照人了。

正如汪步瑞评价邓缵先官格有云："官要读书作，心如为政纯。"而著述颇丰的杨增新可以与之同声相契，也正通此理。"杨增新重用读书人，邓缵先诗文兼优正堪以重用。新疆需要清正廉洁的官吏，邓缵先不廉何以长期主宰南疆地方？

**邓缵先绝不仅仅是个洁身自好，而碌碌无为的"不粘锅"官员**

我们从邓缵先留下的日记和诗作中，可以勾勒出他勤政亲民的形象。他是一个把脚印刻在险途、镂在深谷、镌在重峦的县官，他是一个把身影投向边关、留在民间、印在田垄间的知事。他在为了国家领土、民族大义，披荆斩棘前往中印边界，《调查八札达拉卡边界屯务暨沿途情形日记》里，用诗体自问自答的形式（此处只录"自答"），为我们描绘了一轴边地奇诡的画卷和不畏艰险的工作精神——羊肠途九折，狼尾路千盘。霜天银烛短，冰窖铁衣单。

古戍人踪少，穷陬马骨多。眠食奚似醴，旃幕小于舟。
霜积麟崖坼，风狂卵石飞。山势如奔马，河声若走雷。
水宿偎驼影，山行趁马蹄。薪燃红柳畔，冰凿碧溪湄。
五夜入吹角，千岩马踏霜。貂裘宵不暖，兽炭火难温。
玉山资保障，星峡固边陲。保邦非特险，谋国不忘危。
羊亡牢可补，牛壮牧应求。葱岭留诗草，银河掇塞花。
风急饥鹰健，崖枯猛虎过。霜封玄兔塞，雪暗黑雕天。
残垒迷青草，荒墟聚碧麟。竟误鸿沟割，须防虎视眈。
乌啼边月白，骑逐塞云黄。枫林蛇唤鬼，榛林鸟呼犍。
怀璧应雁罪，捐金自保身。风冷眉黏雪，天寒袂卷冰。
探奇增学识，履险见精神。

这是邓缵先写于1920年春的作品。气势浩荡，想象丰富，词句雄丽，神采飞扬。他用美妙的诗句回答了关于巡边的路径、行装、卡伦、山川、风景、疆界、边防、气候、探险等21个问题，不是亲历其境，亲涉其险，亲见其景，怎能写得出这样的妙句来；没有一腔报国之志，没有一颗戍边之心，没有一种浪漫情怀，怎会写得出这样的神采？

他把自己的笔名和诗集命为"毳庐"是别有深意的，也恰如其分地写照了他的日常工作和生活："毳庐足风味，席地忍清寒。户外烟常湿，林边雪未干。不闻风尘苦，焉知家事安……酪浆堪适口，残炙可充饥。念此水草美，愧彼畜牧宜，不勤耕稼事，焉知风雨时。大漠风沙惨，萧条天地间。毳庐渺一粟，寒日照重关。不作征途客，焉知世路艰。"（《毳庐》：《毳庐诗草》p. 10）

1918 年末，邓缵先在叶城任知事时，在一首古风中，他把初夏的《缠庄》（《毳庐诗草》p. 47）描写得简直就如田园牧歌，世外桃源。他作为一县之知事深入田夫农户，问寒问暖，了解生计，并与民众融洽同欢。诗末，他生发出了忌吏胥干扰，畏兵戈相见于此的和平祈愿。以至于他"脱巾高树下"，欣然为黎民百姓作画的情景，感人至深。

> 天山南路古危须，土风还与庭州殊。
> 气暖四时少瘴雾，泉流千顷成膏腴。
> 春风广陌罗榴杏，晓露疎篱饶柳榆。
> 缠民饱暖一事无，手辟场圃临路隅。
> 不识诗书为何物，诱以学校皆逃逋。
> 俗尚豪奢娴歌舞，繁声促节相嬉娱。
> 五六月中林深处，东邻西舍随招呼。
> 磊落堆盘青甒肫，辉煌藉地红氍毹。
> 我因农事北郊去，晓星初落羸马驱。
> 道旁田夫四五人，邀我小憩倾清壶。
> 自言生长边荒徼，沐浴汉泽如醍醐。
> 渠内桑棉渠外麦，田园岁取先完租。

去年雪少桑棉好，生计尚足欢妻孥。

今年雪厚麦未获，且喜门巷无穿窬。

问答未已商飚起，胡琴羌笛声调粗。

儿童歌拍纷杂遝，击甕扣缶呼呜呜。

不羡于阗千竿玉，不爱敦煌三寸珠。

愿得蚕筐茧如甕，川原畜养羊如驹。

吏胥不扰衣食足，老死不见戈与殳。

我亦脱巾高树下，欣然为写豳风图。①

### 邓缵先是有志者，也是有心学习、情趣高雅之人

《沉默的胡杨》中判断"经年累月与各民族人民生活在一起，邓缵先能用流利的维族语与当地民众交流。"这是颇有见地的。他对边疆地带的文化和民族语言认真学习，积极观察、询问、解读，并试图以已有的现代文化知识去做出阐述。而他受到新疆布政使王树楠的影响，学习维、蒙语言早在任职南疆之前，自乌苏始，在他的《续修乌苏县志》中即有："缠文二十九字母，力至左横，书用芦管削尖蘸墨写之。"在"方言"章节里，更是列举许多词汇，准确比较了"蒙语与回缠语绝殊，而间有相同者。"在《叶迪纪程》中，他沿途记录了许多"土人"的传言、故事，并且在毛笔冻硬的严寒下奋书不辍，我甚至有理由相信他是用写维文特有的木笔写就的——"芦笔芦笔形样奇，汉回合璧填文辞。"（《塞碛歌》：《毳庐诗草》p. 42）

邓缵先作《古树歌》（《毳庐续吟》p. 42）时题记道："温宿东百四十里哈喇玉尔滚，即唐时拨换城旧址，有古杨一株"。他解析维

---

① 《豳风图》卷，作者为南宋马和，根据《诗经·国风》之《豳风》诗意而作。全卷共分七段，依次为《七月》《鸱鸮》《东山》《破斧》《伐柯》《九罭》《狼跋》，每段画面前书《豳风》原文。此图画江南水乡，天朗气清，惠风和畅，村民似喜庆丰年，饮酒作乐，并有丝竹管弦之盛。

语"哈喇",黑也,"玉尔滚",柳也。"千古只宜佳士赏,枝高未许庸流攀。生意婆娑葱岭北,雄风飒爽天山南。"而柳树的风格就是能够随遇而安地适应并改变环境。

今天在新疆工作的汉族干部要学习少数民族语言,不过是历史传统的继承。曾"流放"新疆的前文化部长王蒙就身体力行地提倡:"在新疆工作的汉族干部应当学好维语。""不是说理解万岁吗?为了理解,让我们学会学好更多的新的民族的语言文字……这个学习过程充满了奇妙的经验和乐趣。"(引自《我的塞外16年》,第91页,团结出版社1996年版。)王蒙(北京人)能用维语演讲和朗诵,在新疆赢得了很高声望。我所认识的许多来自大江南北的汉族干部,也学会了运用当地民族语言,甚至离开新疆很久也未忘记。前不久,原深圳文联主席、诗人宣韦(江苏人)还给笔者谈起维吾尔人商贩因惊异他能与之交谈而馈赠他干果的故事。甚至于,他偏偏在新疆"七·五事件"刚过后就自费故地重游南疆各县,独自行走新疆历时竟达近两个月。

邓缵先国学功底深厚,对琴棋书画皆通晓,且颇有造诣。笔者作为新疆围棋协会常务副主席,惊喜地发现他是个围棋的挚爱者。他专作《弈者》、《樵客》等八首诗咏棋,在《客有讥我嗜吟,徒劳无益,作此以解之》(《毳庐续吟》p. 49):"好游寄踪千仞山,嗜饮失德杯盘间。习弈阵图空白战,苦吟雪月凋朱颜。……古人适情吟有托,宦游未尝废邱壑。豪饮一石谪仙才,决胜一枰左车略。"他以棋会友,手谈于省城、叶河畔。有一位自称学生的张明道,看来是他的弈友《读〈毳庐诗集〉感赋》赞之:"长城风格词人笔,历历棋枰事若何。"(《毳庐续吟》p. 128)邓缵先不胜酒力,却养成了高雅的情趣,这对于他的为官为人是有裨益的。

邓缵先在南疆作为清廉的知事,不仅没有中饱私囊,赚得"十万雪花银",也并没有把自己当作匆匆过客,而是引以南疆为第二故乡，造福一方，体恤民生。这从他"吊古悲今，词多讽世"（而非粉饰）的诗中，就可见一斑。"雪霏霏，农事起。泥滑滑，雪乍止。边地雪消春流水，仆夫色沮耕夫喜。去年雪少泥未融，今年雪厚占岁丰。县官租税有由出，讵知米贱还伤农。"（《五禽言》：《毳庐诗草》p. 44）"讵知日膳值数金，暴敛顿失群黎心。群黎恒饥食无粥，官里庖厨有腐肉……恭俭节财年益丰，大庇穷檐衣食润。世情变幻如流云，哀鸿遍野奚忍闻。"（《官厨》：《毳庐诗草》p. 45）

邓缵先卸任叶城知事时，"父老子弟壶浆饯送，十里五里，长亭短亭，至玉河边，犹留恋涕泣"。其情其景，深表民意，绝非偶然。

1920年11月26日，在由叶城前往迪化的归途中，邓缵先日记有云："古来贤哲，经一番艰危，增一番智慧；受一分挫折，长一分精神。所以溷迹于蛮夷之乡，寓形于魑魅之域，适口于酪浆之液，栖身于毳幕之庐，俗士则憔悴忧伤，君子则坚贞淡定也。"

古往今来的贤达、士子，皆以诗言志，邓缵先作为身体力行的佼佼者，给后人留下的绝不仅仅是诗篇、文章。

## 南疆风物　遣兴笔端

综观古代在西部行吟的诗歌创作者，从先秦到隋朝的萌芽时期再到清代的丰收时期，纯粹出于旅游目的而赴边塞的极少，大多数人是"奉命"（包括出征、出使、为官、谪戍等）而行，而他们创作的诗歌实际上是传统意义上的边塞行旅作品。诗人们继承了中国先秦以来"观风知政"的传统民俗思想，不少人观察描写西部民俗的目的在于记录边疆地区风俗习惯，以便了解边地民众生活，进而有效地进行治理和驯化。

在这些诗人中，虽不乏如清代纪昀、洪亮吉、祁韵士、邓廷桢、林则徐等名臣雅士，然而对于南疆涉足不深者居多。可以说，自远古至民国，在南疆身临其境，遗诗千首诗以上，且佳作累累者，邓缵先堪称第一人。

### 邓缵先描绘南疆的边塞诗作品堪称第一

邓缵先在《毳庐续吟》自序中写道："游历方远，岁月不居。念群生之多艰，觉百感其交集。天涯白草，不无遣兴之词；塞外黄埃，时有缘情之作……念平生于畴日，能勿兴怀；慰拘留与长途，强为留句。"虽然环境艰辛，他依然孜孜不倦，遣兴笔端："老去诗篇多感慨，宦馀书卷半飘零。"（《遣兴》：《毳庐诗草三编》p.110）

自然风光作为中国文人传统的审美对象，历来是旅行诗歌的重要素材，邓缵先的诗歌自然也不例外。他或写景，或抒情，或情景交融，在旅行中写作了大量的南疆风光诗。其中也流露了他顺应自然的达观态度，以及渐生爱意的心路历程。

邓缵先在"己未（1919年）春，赴任叶城县，路经英吉沙。日将午，过沙堆大风骤起，沙石飞扬，咫尺莫辨，车轮沦沙过半，随行皆哭。"（《毳庐诗草》p.89）眼看快到目的地叶城了，不期而遇的黑风暴，如世界末日兀临，随行哭成一片。遇风沙手足无措，痛哭流涕，《沉默的胡杨》作者崔保新由此"推断他们是平生第一次在南疆遇到黑风暴，缺乏相关经验。"

及至后来的一个秋天，与初到南疆时的惊怵大有不同，邓缵先不仅习惯了大漠孤烟，甚至以沙尘为景观，竟"招待"友人登楼观赏："阴碛愁云起炮车，排空风力簸惊沙。影翻青塞诸酋帐，涛卷黄河万里槎。雪外鹰鹯空厉爪，天边魑魅竟磨牙。登临无限关山思，碎叶城头咽暮笳。"（《秋日同邹安纯登城楼望戈壁风沙》：《毳庐诗草三编》p.121）

邓缵先勤政爱民且善文工诗，观察记写了不少南疆当地的风土人情，有些堪称韵文的地方志，奇异的风情画。其中一则云："南疆多桑子，色白味甘美。入夏甚熟，缠民（此为当时对维吾尔族的称谓）

将釜瓯出售，视桑葚繁密处，铺一毡，仰卧以俟其坠。啖饱即偃卧，葚尽始去。尝数月不举火。瓜果熟时，亦如是。至冬则典衣购炊具，俟饥而后作。有三日粮，不出户矣。"

比如，他对南疆人生活习性的描述："比屋以居，耕地而食，亦兼畜牧之利。性多强悍，喜争斗，健讼，善骑猎。地多桑杏，盛夏时无论男女老幼，憩于桑，浴于渠，以葚杏为食。""射鹿胡儿腰拔箭，骑驴羌妇额垂巾。葡萄款客村棚敞，筚篥祈年俚调新。"（《缠俗》：《毳庐诗草三编》p.109）这些记述生动而有趣，不仅是对日常生活观察的提炼，而且颇具生存于斯的人们所特有的幽默和豁达。

在邓缵先的诗章中，既有雄伟苍凉、空旷寂寞的山川、瀚海，往往更是充满生机的风土人情，具有四季变幻的奇诡和诗意。1926年始，邓缵先再返南疆疏附做知事。在疏附县任内，邓缵先写有春夏秋冬的《耕稼词》和《蚕桑词》四首，体现了他对农业的认知和重视。笔者谨以《蚕桑词》（《毳庐续吟》p.51）四首为例：

舍南种桑四五区，舍北种桑千百株。春回大地花满路，暖树仓庚声自呼。桑叶纤纤嫩初发，蚕子蠕蠕细于髪。噫嘻！贫家生计信艰哉，二月卖丝丝何来？——春

四围桑茂生绿烟，食叶声停蚕二眠。簇簇生新茧盈箔，雪白蜡黄颜色鲜。墙隅缲车轧清响，邻妇欣欣迭来往。噫嘻！蚕月田家蚕事忙，柔丝袅似千回肠。——夏

林边初凉雀噪檐，弄机鸣杼清声添。数筐理就八熟绪，两日催成半匹缣。思妇临窗长叹息，织不成章费心力。噫嘻！良人十年在金微，征途风紧寒无衣。——秋

秋池沤麻水欲冰，冬夜辑纻灯未凝。织成贫女五丈布，换取富家三尺缯。霜凋桑林景森肃，幸逢丰稔衣食足。噫嘻！趁此冬为岁之馀，农暇儿孙须读书。——冬

## 邓缵先对民俗事象的感知和表达成就空前

南疆异彩纷呈，情趣盎然的民俗事象被诗人用形象化的诗歌语言进行表现，可谓适得其所，也更形象生动。1927～1931 年，邓缵先调任墨玉县知事。他在此期间写的《于阗采花曲》（《毳庐续吟》p.47），更有脉脉温存和款款情意：

于阗女儿十五馀，颜色映花花不如。携篮循径采琼蕊，素手纤纤辉路隅。

路隅剑骑繁华子，紫骝蹄骄香尘起。少年游侠昆仑间，意气矜夸重桃李。

邂逅相逢驰目成。春花淡荡春心倾。投以木瓜赠玉佩，体疏意密如平生。

踌躇花下日将夕，驱马归来宾馆寂。黄金散尽忧思多，美人迟暮空相忆。

于阗，即今和田县（市），与墨玉县相邻于喀拉喀什河畔，盛产玫瑰花。维吾尔女子爱花，其名字多以花——姑丽（guli）称，如阿曼古丽（amanguli，苹果花）、阿依古丽（ayguli，月亮花），等等。这首诗中的于阗采花少女，芳心楚楚，何其动人；她与昆仑游侠眉目传情，互赠信物，何其温馨；少年在夕阳下远去，少女怅然回想，心犹悱恻，何其感伤！

研究近现代以来的边塞诗可以发现，大规模描写西域、特别是南疆民俗文化的是一批"竹枝词"组诗。不少"竹枝词"长达百余首，短的也有数十首。如祁韵士《西陲竹枝词》100 首；林则徐《回疆竹枝词》24 首；纪昀《乌鲁木齐杂诗》竟达 160 首。这些诗词的篇幅浩叠，内容广泛，加之诗行间还有大量注释文字，比较详尽地记述了作者亲历或传闻的民俗事象，为后世留下了诸多难能可贵的文字资料。笔者注意到，尽管邓缵先以诗赋为主，也间或有填词，但他几乎未再启用这种"竹枝词"的表现形式来记载。我认为，这与他在南疆生活持久，对民俗风情认知很深，且融入其中生活方式，已经不多有猎奇心理或不愿意"从众"的心态有关。

民国间西域诗人不同清人格调，大多却与明代西域诗的清新平和相近。而邓缵先推崇唐诗，几卷诗集"未有次第"（不按时间排序）的体例，都是仿《唐诗别裁例》；杜子美有三别，邓缵先"因推阐其意，作诗三首"——《关山别》、《故人别》、《儿女别》；而杜工部与邓缵先有共同推崇之人——庾信①，且邓缵先典用庾信之处俯拾皆是。庾信以42岁出使西魏并从此流寓北方，成了北朝大官，世称"庾开府"。他以乡关之思发为哀怨之辞，蕴涵丰富的思想内容，充满深切的情感，笔调劲健苍凉，艺术上也更为成熟。杜甫在《戏为六绝句》中说："庾信文章老更成，凌云健笔意纵横"；又在《咏怀古迹》中评论其"暮年诗赋动江关"，正是指他后期作品的这种特色。虽不过区区县知事，但邓缵先在边塞诗，尤其是描绘南疆的作品上的艺术成就，绝不输于两位官阶比他高的前辈。

邓缵先是民国边塞第一诗人，无论曾经叱咤风云的"新边塞诗派"，还是曾有争鸣的中国"昆仑诗派"、抑或正在创立的现代"天山诗派"，若无邓缵先先生鼎立其间，领军于众，则都将无法立足，或流于凡响。

邓缵先旅行于南疆的戈壁、草原、群山、城垒之间，雄奇苍茫的

---

① 庾信（513～581年），字子山，南阳新野（今属河南）人，南北朝文学家。南朝梁著名诗人庾肩吾的儿子，奉命出使西魏，成了北朝大官，世称"庾开府"。他的一生，以42岁出使西魏并从此流寓北方为标志。感伤时变、魂牵故国，是其"乡关之思"的一个重要方面。庾信遭适亡国之变，内心受到巨大震撼。叹恨羁旅、忧嗟身。由南入北的经历，使庾信的艺术造诣达到"穷南北之胜"的高度，这在中国文学史上具有典型的意义。庾信汲取了齐梁文学声律、对偶等修辞技巧，并接受了北朝文学的浑灏劲健之风，从而开拓和丰富了审美意境，为唐代新的诗风的形成做了必要的准备。

自然地理带来了交通困难的同时，也带来了很多激发了他创作激情的灵感。《毳庐诗草》"多在途间所作，叙述塞外风景，其系怀乡土，十有三四"；《毳庐续吟》"邮亭遣兴，旅邸抒怀，征引苦无书籍，推敲徒费时日"；《毳庐诗草三编》"多系摹写边塞风景及思旧怀归之作，在驿途讽咏者十有六七。"

我通读邓诗及文章时，还惊奇地发现他在有意无意之间，记述了一些珍贵的生态地理史料，对我们研究20世纪二三十年代的南疆不可多得。

**邓缵先穿越大漠，记述了珍贵的生态地理史料**

邓缵先多次自南疆往返省城迪化的路线，是当时交通干线的活图。除了有详细记载的《叶迪纪程》外，他曾经穿过塔克拉玛干沙漠，走捷径赴和田、墨玉。历史上这条沿着塔里木河、和田河畔的沙土古道几经废弛。而以笔者所知，继邓缵先三十年代前后"驱车过沙漠"，我的姥爷韩瑾英（东北抗日义勇军军官、时任和田外贸公司经理）在四十年代初亦曾多次携家人和出口货物行走其间；至1949年12月5日至22日，解放军第二军五师十五团官兵，徒步穿越"死亡之海"塔克拉玛干沙漠，"出奇兵"胜利解放和田。现有"中国人民解放军进军和田纪念碑"坐落于农十四师四十七团广场，已成为"青少年爱国主义教育基地"，"自治区红色旅游景点"。而在新中国成立后的约半个世纪此路已鲜有人迹了。

初看邓缵先的《捷路》："自库车南行，小路，骑马十二三日抵和阗，经过大沙漠，人烟绝少，惟欲速者，尝取径焉。四顾野茫茫，寒沙万里强。渺无人迹到，白草接敦煌。"（《毳庐诗草三编》p.62）笔者以为不可能如此迅捷。

再读《赴和阗，经过沙漠》（《毳庐诗草三编》p.29~30）：

严冬十月交，驱车过沙漠。四望无人烟，千里空萧索。

边云寒以淡，边日凄以薄。壮士荷戈行，戈横霜华落。
铁衣夜觉轻，体内貂裘着。谈笑猿猱应，歌呼貔虎诺。
草树接平原，葭芦弥巨壑。寥寥尘宇中，一洗嚣尘恶。
万籁寂无声，天风自磅礴。黄钟遭毁弃，元音久不作。
文士绮旎词，至此皆卑弱。剖竹守玉关，叨糈振金柝。
兔丝翠柏依，蓬根丛麻托。勖哉坚贞操，勉力事戎幕。

从笔者曾经在这条赴和田、墨玉的捷径上跋涉的经验看，季节、动植物、特别是大漠途中夜晚的寂寥无声，白日的嚣尘、风暴，可以断定邓缵先确实走的正是此道。诗中的"虎诺"，既是虚写，也是实笔。因为斯时塔里木虎应无绝迹，和田河下游也是它们出没之地，至少在胡杨林中生活的土著还时常谈论着它们。也许因为路途艰险，邓缵先这次驱车行进间是有士兵伴随的，这也和我 2003 年在探寻此路时的情形相同，四天三夜里有武警相随始终。我们沿着冬日和田河干涸的古河道，在大漠腹地奔走，尽管乘着新式越野车，带着 GPS 导航仪，但那种艰难历险的感觉依然如故。

邓缵先还以《和阗道中》为题吟咏："水边芦管韵清凄，远碛人家夕照低。羸马西风沙漠路，萧萧红叶满河堤。"（《毳庐诗草三编》p. 82）另有同题为《毗沙道中》的七律和五律——"氍毹铺地毳悬门，穹室霜严火不温。苍瓦代龟占吉梦，黄芦描虎御游魂。"（《毳庐诗草三编》p. 109）"白草拂征鞍，塞笳声正酸。乍惊秋鬓老，回望雪山寒。俸厚鹤逾瘦，途平车亦安。剧怜边地瘠，煨芋作朝餐。"（《毳庐续吟》p. 95）毗沙，在今新疆和田西南，诗中即指和田。《新唐书·西域传上》："于阗王击吐蕃有功，帝以其地为毗沙都督府。"（当时属安西都护府管辖）

邓缵先的"穿越"大漠之行不逊色于时兴的国际探险之旅。1876～1928 年的时间里，持续了半个世纪的塔里木盆地探险高潮迭起。各国到塔里木盆地的探险队、测量队和考察队就有 40 多个，尤以南疆为热点。普尔热瓦尔斯基、伯希和、桔瑞超、斯文·赫定和贝格曼等大探险家，都是越过"死亡之海"的经典性人物，并写下了众多的珍贵篇什。其中，对新疆虎有点众说纷纭。

乾隆年间的《回疆志》记载，新疆虎作为中国虎的一个亚种，"较内地之虎身小，毛色淡浅，自然稀疏"。新疆虎主要分布在和南北疆盆地边缘及谷地的河湖地带，这些地方恰恰是人类赖以为居的绿洲。这或许注定了人进虎退的结局。新疆虎在准噶尔盆地率先消失后，主要生活在塔里木河两岸的胡桐林、胡杨林或芦苇湖之间，即被称为塔里木虎。随着清中期以来移民新疆屯垦力度的加大，人们对绿洲土地不断开发，加速了自然环境的演变进程。这都造成塔里木虎栖息地的恶化，导致其数量锐减。1934 年，斯文·赫定的第三次罗布泊之旅未见虎的踪迹，他预言其面临灭绝的危险。1979 年，在印度新德里召开的保护老虎国际会议上，新疆虎被判定于 1916 年灭绝。

邓缵先诗中屡有描写虎豹豺狼的词句，对虎的描写有虚有实。如《前路》："前路老熊当，后途猛虎吼。"（《毳庐续吟》p. 19）《迁客》："泥途龟曳尾，沙碛虎留踪。"（《毳庐诗草三编》p. 100）作于 1928 年的《毳庐续吟》自序中，他言之凿凿："暮宿毳幕，烛冷如磷；渴饮坚冰，沙横似雾。棱棱寒谷，时见虎踪。"这些诗文与他穿行于南北疆，特别是亲历塔里木腹地有很大关系。而《射虎形》描写了一则活生生的故事："边塞销氛罢烽堠，兽肥草短寒风透。震地如闻咆哮声，侦骑为言两虎斗。毛尖腰刀金仆姑，怒斥蠢物千声呼。星流一箭两伤毙，同类相残皆可诛。"（《毳庐续吟》p. 35）

新疆虎的历史存在，至今陈列在瑞典首都斯德哥尔摩国家档案馆的虎皮便是确凿证据。至于新疆虎在 1916 年灭绝的说法则被中国的文献记录所否定。在 1916 年谢彬的《新疆游记》、1918 年邓缵先的《乌苏县志》中，均记载新疆尚有活虎。后来的文献记录和塔里木虎频现的记载，也昭示着虎并未在新疆地区彻底绝迹。邓缵先的南疆诗文则提供了进一步的佐证。我们期待着相关学科领域的学者积极开展实证协同研究，以便为新疆虎的生存全过程的再现提供完整的解说。

# 昆仑肝胆　胡杨为证

邓缵先作为边陲县吏，差一点名不见经传，连生卒年月都几成悬案。幸有民国研究的新锐、新疆文史专家、好友崔保新先生历经四载呕心沥血，秉笔写出了《沉默的胡杨》，为一位民族英雄、客家人的杰出代表树碑立传。其中，最为动人心魄的发现就是邓缵先牺牲于1933年的一场暴乱，一家三代的罹难之地——巴楚，尽管我并不陌生这个地方，但从此便成为心中的又一个痛。因为我的曾外祖父也是死于那一年来自和田的暴徒大头棒队之手。

《沉默的胡杨》一大成功之处就是"以诗证史"。于是，我在披阅邓缵先几卷诗文时，也便格外注意起"巴楚"二字。紫金县文化馆馆长黄海棠于去年来新疆时，发现了传说中的《毳庐诗草三编》并付梓出版，我们得之欣然无比。但搜索再三，除了《叶迪纪程》，邓缵先现存的诗仅有两首提及巴楚。这也与他的诗多不注脚，且编辑"未有次第"（不按时间排序）有关。

崔保新先生几经考究，推断邓缵先遇难后必埋骨于巴楚大地。笔者深以为然，试以巴楚县境及邻近的地域为度，探究一番邓缵先曾经在巴楚的行踪、诗文以及该县的地域、环境。既是对这位牺牲于斯的巴楚知事的一种纪念，也是践行他"区域沿革，关系乎种族盛衰，民俗斑驳，与夫边防张弛，非细故也"的主张。

### 《叶迪纪程》中的巴楚路段及地名考

邓缵先卸任叶城知事后，自1920年10月17日始返省城迪化（今乌鲁木齐），"计程四千里，历时两月余"。他"就身所阅历逐日记录"的《叶迪纪程》，"纪其沿途地方山川形胜、经过道里远近"，是不可多得的南疆二十世纪二十年代史况的第一手资料。我们谨以"莎（车）巴（楚）交界"至"巴（楚）阿（克苏）交界"为止，与之相伴做一次十日重游。

"十月二十三日，由沙吉里克至阿瓦台，九十里"。沙吉里克，位于叶尔羌河北岸，当时有"巴杂，缠铺百家，湘人九家"，河鱼重达四五斤，"湘人用盐料制干，味甜美"。穆斯林一般不食鱼肉，但形容肉食"味甜美"却是维吾尔人的典型说法。加之，前一站"头台"（即今艾力西湖镇，Elixiku）距此六十里和下一站阿瓦台的记载，沙吉里克应为现属莎车县的荒地镇，人口约 3.3 万人，以维吾尔族为主，还有汉、乌兹别克人等，有较大的农贸市场（即巴杂）。南疆称"荒地"的地名颇多，大都是清朝至民国年间汉人拓荒之地（如泽普县赛力乡的荒地村、农一师六团团部等），或解放军屯垦戍边后所开发（如喀什市荒地乡）。

阿瓦台，当时有"缠民八九十家，汉七家，水微咸"。邓缵先对建于光绪四年的官店颓坏，颇有议论道："夫创业建策，前人煞费苦心，后人往往漫不措意。……往往成之百年而不足，坏之一旦而有余。"至今仍可作为当政者的警训之言。阿瓦台，即今巴楚县辖的阿凡提镇，1950 年为阿瓦台区，1968 年称红卫公社，1984 年建镇，现人口约 2.3 万人。维语 Awat，意为"繁荣"。称阿瓦提者，在南疆亦多有命名，但均不过百年。在冯承钧先生 1930 成书的《西域地名》里就没有一例。

"十月二十四日，由阿瓦台至阿哈墩，五十里。"经过了"官店已圮"的三台，"至阿哈墩，缠民六七十家，津湘人五家。"此地即今阿克墩村，属英吾斯坦乡，人口近 7 百。阿克墩，维语 Akdong 意为"白色沙丘"。这一段路有小桥 26 座，路径欹曲，堤堰高，广容车。可见渠水丰富，"土宜小麦、苞谷、棉花"，也印证了"土人"

所云："清光绪二十余年间，州牧刘嘉德开垦荒地数十万亩，入英额斯塘（现有英吾斯塘乡）、一杆旗（现有依盖尔其镇）等处，亲督农工，夜则毡房栖宿，备历艰辛，至今颂其善政。"现阿克墩村东有叶尔羌河民生渠引水闸口，仍为巴楚主要水利工程。

"十月二十五日，由阿哈墩至四台，九十里。"一路上，"泥路不平，遍地芦苇"，"沙尘扬起，车行甚缓"，到只有二十户人家的四台，住"有缠民看守"的官店。小小的四台，距当年的巴楚县城200余里，其后发生的变化为邓缵先始料所不及——现号称为南疆第一大镇的色力布亚正在这里，人口高达4.8万人，维吾尔族居多，还有汉、回、蒙等。色力布亚，维语"Senrikbuya"意为"黄苦豆草"，1950年设色力布亚区，1968年称东方红公社，1984年建镇。受益于先人的水土开发，此地农商比较发达，交通很便利，成为南疆一个非常著名的客货集散地——大巴杂。

在邓缵先血洒巴楚整整八十年之际，被称为"巴楚事件"再次震惊中外——2013年4月23日13时30分，在色力布亚镇发生一起严重暴力恐怖案件，造成15名公安民警、基层干部、群众牺牲。从被击毙和抓获的25名维吾尔族恐怖分子的所为和图谋看来，与1933年的分裂主义暴乱何其相似乃尔。在这里，我们再次得到警示，南疆的稳定于国于民的重要性，需要提升到历史的高度来认知和治理方能长治久安。

"十月二十六日，由四台至五台，七十里。"离开四台，走丛榛，行堤堰，憩田家，用渡船，二更时分方达有"缠民四十家"的五台，夜宿于"有人看管"的官店。邓缵先记载道，在他们摆渡的玉河支港"上游龙王庙一，东向，光绪初年刘襄勤建[1]"。勘定《叶迪纪程》

---

[1] "襄勤"是首任新疆巡抚刘锦棠的谥号，"襄勤"，一般指工作勤勉，恪尽职守，取义于《续资治通鉴》"襄勤于事，未尝有旷失，恐言者妄耳。"刘锦棠还历任兵部尚书、太子太保。

的潘震（号鹿碛氏）在此处附注："刘襄勤驻喀什时，曾调数营修筑河堤，宜资收束，始免水患。然每岁春间，由疏勒、疏附、莎车、叶城四县，派民夫各二百名赴五台，由玛喇巴什通判督率补修渠工……堤上龙王庙，即建自此时"。

根据《新疆图志·沟渠志》的记载，当政者曾经选择南北疆水利建设最有代表性的迪化、巴楚两处，来具体考察水利的进展。当时巴楚记录在案的渠道就有：红波戈子、大小连渠及萼拉、合齐渠、老南渠、新地渠、木华渠、陈定桥河渠、阿朗、格尔渠、三台渠、王惠渠、普润渠等。这些多以汉族字义和人物命名的水利设施不仅当时惠及农业，且造福民生和商事，在邓缵先主政巴楚的年代应该还发挥着作用。而故人古迹今安在？

五台，即今乌堂村，维语"Otang"的意思就是"驿站"。此地曾称为阿克萨克驿，现属阿克萨克马热勒乡。阿克萨克玛热勒，维语"aksakmaral"意为"瘸鹿"。该乡有一个两千多人的大村子，以"陈老七（chenlaoqi）"命名，是清末一个叫陈老七的汉民在此垦田所留名至今。

"十月二十七日，由五台至六台，九十里。"在松泥路上，软沙滞轮，行滞旷野，但见干枯的胡杨"古干槎槽""形怪百出""又荒冢累累，数十里无人烟"。但有居民二十余家的六台，官店修整尚好，"绕村杨柳桑榆，近水之地，芦荻丛生"。六台所在地，大约在今夏马勒乡政府所在地的阿克库勒村。夏马勒（Xamal，即风），与邓缵先所记路北的"社马里村"音近。阿克库勒，维语Akkul的意为"清水塘"。

"十月二十八日，由六台至巴楚县，六十里。"经过"沼沚弯环""道路迂曲"的跋涉，在巴楚城外东街官店，邓缵先小住了两天。他借土人之口云："边陲游客，籍此停踪；天畔词人，殊多寄恨。劳劳送旧，不胜离别之情；倦倦迎新，倍切溯洄之念。悲欢离合，人各异趣，车马往来，尝盈塞街巷。"

《叶迪纪程》记载道："巴楚，旧称玛那巴什，又称七台。光绪初年，荡平回疆后，用砖瓦筑城。……二十八年，改为巴楚州。……城有东南西门，无北门。缠户二百、汉十五，计邑内缠民二万三千余人，汉户一百五十家。"尽管1933年之前的政府档案被焚，但我们还是在《巴楚县志》中找到了更早的资料："关于汉族人口统计，光绪三十年（1904年）巴楚县有汉族388人，到民国三十三年（1944年）才有正式统计，当年汉族仅有100人。1908年，县城有龙神庙、城隍庙、火神庙、昭忠祠等。"

关于巴楚，让我们做一些历史纪录的链接——《清史稿——志五十一地理二十三》：巴楚州，府东二百四十里。汉，尉头国。三国及北魏属龟兹。隋入疏勒。唐，蔚头州。宋属疏勒。元、明，别失八里地。乾隆中内属，设阿奇木伯克理回务。道光十二年，筑城，设粮员。光绪九年置玛喇巴什直隶，设水利抚民通判。光绪二十九年改置，治巴尔楚克，易今名。《西域地名》称为：Barchuk；《西域图志》称为"巴尔楚克城"；《新疆识略》谓在玛喇尔巴什（maral bashi）即今巴楚县治东南。《新疆建制沿革与地名研究》（第88页）称，公元十世纪的喀喇汗王朝时期，就有"巴尔楚克城"的记载。清朝政府将玛拉巴什直隶厅改为州时，巴尔楚克被简称为巴楚。

巴尔楚克（Barchuk）其意如何？《西域同文志》："地饶水草，故名。"维语称巴楚为"maralbexi"，突厥语把鹿叫"maral"，把头叫bax（bax为词根，bexi为其音变），因此谓其意为"鹿头"。另有，新疆巴里坤，称巴尔库勒barkul，《西域地名》《新疆地名大辞典》皆称有"虎湖"的意思，唯不同之处，一说是蒙古语、一说为突厥语。笔者窃以为，如果经过读音流变后的"barchuk"，意为"虎头"，亦无不可。因为巴楚县治附近水草丰饶，县境内有南北两条大河（叶尔羌河、喀什噶尔河），胡杨成林、湖淖棋布，距今一百年前后确实是塔里木虎及其食物链下黄羊、野鹿们出没的理想之地。

在巴楚逗留期间，邓缵先感慨道："羁旅他乡，道途仆仆，有七似焉"——离群之雁、衔泥之燕、水宿之鸥，又似病鹤、寒雀、精卫、黄鹤，"虽然鸟倦飞而知还，何以人而不如鸟乎？"十几年后，他在此地面对暴徒对县城的围困，人民无以逃生之时，是否亦恨不能似鸟飞来去呢？

"十月三十日，由巴楚至八台，七十里。"邓缵先离开叶城时，各族官民送行几十里，"至玉河边，犹留恋涕泣"。实际上，邓缵先的后任"遣人自叶城沿途招呼行李，送行至此（巴楚），尚未肯返，余勉促之，乃折回。"经过"近城之小连渠、大连渠"，冈峦环抱和胡桐、柽柳相傍，有"人家接续"的"八台"现为何处？

笔者初疑即东连阿克苏，西结喀什，南入巴楚的现"三岔口镇"。根据邓缵先细致描述的有二十三座桥，"夹道芦苇"，泉渠"清澈，细鱼可数"等记载，又以笔者多次亲历巴楚及附近地理地貌来看，似可否定。据考应在今恰尔巴格乡，维语的"Qarbag"，意为"御花园"。1950年设七瓦克区，1968年改为红山公社，1984年建乡。人口2.5万，维吾尔族为主，还有汉、回族人等。

"十月三十一日，由八台至九台，八十里。"他记载了穆斯林的坟墓式样："路旁有回墓，墓覆以屋，圆顶饰彩砖，有亭有台，缭以土墙。"尤其是他记载了山势的奇峭："有锐如笋，削如剑，横如笔橐，斜如瓶嘴者。"这正与此地名所取的意思暗合：图木舒克，维语的"Tumxuk"，意为"鹰嘴"，以山得名。"九台，旧称库库车尔，又名图木舒克。宿官店……有巴杂，缠铺百家，津湘人八家。"他在这里道出了巴楚的战略地理位置和镇守此地的重要性："巴属山水奇绝，为西四城关键……巴楚，门户也。葱岭、昆仑，为喀什噶尔之藩篱也。"

图木舒克2002年建市，现有人口15万余，其中维吾尔族9.6万人，汉族 5.5 万人。新疆生产建设兵团农六师部及 6 个团场在内。所辖之域，有唐王城、千年古墓群、古屯田遗址、胡杨长廊。在该市西北 10 公里处，托库孜萨来（维语"Tukuzsaray"，意为"九座宫殿"）古城，为唐郁头州故城，亦称史德城，附近还有大型佛寺遗址。

"十一月一日，由九台至十台，六十里。"在杳无树木的戈壁上遇到风暴，但邓缵先仍有喜悦之心情。宿于维吾尔人的车店，思虑南疆垦殖农民所赖雪水云云。"十台，旧称衡阿喇克台"，（维语"Arak"，为"酒"之意，"Alak"则为"毁灭"之意，不解），大约在今农三师 53 团属地。

"十一月二日，由十台至十一台，五十里。"在胡杨林中行进，"秋深叶黄，夕照灿烂"，他记载了"胡桐泪，可以餂金银"；回人称薪柴为"乌同"（Wuton）。说明他已掌握了维语词汇的细微区别。当晚他寄宿于车店，听到"邻店有吹笛者，其声清越，闻之有关山之感。"羌笛一曲，他不觉杨柳之怨，而感到关山飞渡的激情。"十一台，即乌图斯克满台，又称雅哈库图克驿。"（维语"Ottuz"为"三十"，"kiman"为"舟船"；"Yah"为"峭壁"，"Kuduk"为"井"）此地不详，约在现巴楚与柯坪县交界处。

"十一月三日，由十一台至齐兰台，一百三十里。"在沙碛路上，经一片雅丹地貌，"五十里，至黄草湖，烈风猝起"。"又行戈壁，远望烟树微茫，即驿站也。"齐兰台有巴杂，有大涝坝，并围以木栏。是晚邓缵先接到了报平安的家书一封，"怀念故园，夜不能寐。"（笔者亦然，此地不远处的柯坪县城也正是我的出生之地）。齐兰台，即今柯坪县阿恰勒乡之其兰村，维语"Qilan"，意为"浸湿"。乡村不远处尚有其兰烽火台遗址。而在去年柯坪县"一区两园"规划文本（说明部分）中，黄草湖被划为牧业开发区之列。

在此地，邓缵先有一番感慨，绝非空穴来风，亦正可为巴楚之行作结："一行作吏，厕身宦途，旁观以为至荣，不知牵入世网，动辄得咎。阅历既久，趋避弥工，甚或夤缘捷路，弋钓名誉，行日谨，志日卑，而学术日坏……到此境地，世味淡而道生，不特眼前名利，宠辱俱忘，即身后之事，亦漠然置之矣。"

**写在巴楚的几首诗弥足珍贵**

《叶迪纪程》出版 11 年后，据《新疆文史资料·新疆志官职（1762～1949）》记载："邓缵先民国二十一年（1932 年）任巴楚县长。"间隔在这么长的时空里，我们能够明断为他写于巴楚的诗却寥寥无几。这当然不是邓缵先诗的历史真貌。1924 年，邓缵先"过嘉峪关，宿驿店，遗失诗稿一卷，遍觅弗获，心纡郁数旬"。而罹难巴楚前，邓缵先创作正炽，他两年多的诗作必然毁于兵燹，至今几乎阙如，更令后来我辈遗憾不已。

因此，有关巴楚的邓诗弥足珍贵，不妨逐一列出。邓缵先有一首作于 1928 年前的《将至巴楚途中书怀》："白日景将夕，黑风天外来。边声万壑动，秋色二毛催。漠漠葱河道，骚骚铁勒隈。瑶池漾玉宇，怀古意悠哉。"（《毳庐续吟》p. 93）

另一首作于 1930 年前的《黄草湖驿》并题记为："在巴楚县东三百馀里。相传为老帕夏战争之地，土堆无数，盖古冢也。累累枯冢对斜阳，蓬断沙飞古战场。几处鱼樵归汉域，何年鼙鼓走降王。寒云戍远飘红柳，磷火宵空聚白杨。屯垒垦成荞麦野，有人筹策向边荒。"（《毳庐诗草三编》p. 124）关于黄草湖，当时应属巴楚辖地。有温宿县丞潘宗岳于清光绪三十四年所撰《温宿县分防柯坪乡土志》为证："齐兰台在治东一百八十里，东界戈壁，西界阿碛，南界巴属黄草湖，北境温宿府境。……由齐兰台西南行四十里，亦出本境，与巴楚州之黄草湖官路接。"

从以上诗文中我们对"台、驿"之谓屡见不鲜。清代新疆的交通干线是台站驿传体系，随着用兵行动和驻军屯垦的展开，比之元代又有重大进步，台站之设遍布南疆。随着时间的推移，民国以后驿站台塘两旁，民户不断聚集，有的开办旅店，出售饮食，为行旅服务，有的则从事耕植，定居落户，渐成村落气象。邓缵先多有咏《驿舍》的诗："碛中茅店小于舟，过客停骖我亦留。"（《毳庐续吟》p. 116）

他还在《南疆驿亭》十五首中，一气吟咏了"大阪城驿（达坂城）、小草湖驿、托克逊驿、折辕驿、乌石塔驿、开都河驿、野云沟驿、鸠兹驿、盐沟驿、乌垒驿、白草湖驿、齐兰台旧驿、十一台驿、玉河驿、毗沙驿"。（《毳庐诗草三编》p. 97~98）其中，齐兰台旧驿和十一台驿如前所述，与巴楚相关，谨录于下：

"再过齐兰驿，亭空只废池。村氓闻转徙，野戍但羁縻。骐骥途能识，关山路已歧。放怀今昔际，陵谷几迁移。"十年之后的故地重游，虽老马识途，但物人皆非，他依然记得当年清越的飞渡关山的笛声，壮怀未已。

"车停红蓼坞，炊爨拾枯薪。夕憩寒烟里，风餐断涧滨。年光悲荏苒，世路感嶙峋。应念归林鸟，呼群语最真。"这一首诗中语词含悲，充满对人生长途惆怅和故乡的眷念，似乎向后人预示了什么。

# 结　语

邓缵先现存写作时间最晚、也是距他赴任巴楚最近的诗，是1931年春，邓缵先作七律八首，"恭祝新城王晋卿（即王树楠）方伯八旬荣庆"，却成为他的绝唱："寒沙风力遏刀环，五马骎骎出玉关。屏翰北庭敷治绩，旬宣西域济时艰。旁搜稗史编希腊，补订图经纪悦般。鸿业千秋传不朽，名勋为拟勒天山。"

"自值红羊换劫年，功成名逐合归田。西山酒送陶宏景，东海车廻鲁仲连。文采青箱经乱后，故交白发话灯前。著书乐道膺遐福，翠柏苍松日月延。"

邓缵先对于王树楠这样编纂过《新疆图志》的大师十分敬重，对诗书的传承作用和自己的作品也不妄自菲薄："古人诗文稿，未尝遽自梓。荣名托千秋，素守料静佚。人生宇宙间，百年蝇过耳。手编十数卷，心血恒在是。酌定付枣梨，听凭世誉毁。即令索瑕疵，得闻亦足喜。不然碌碌材，草木同绮靡。富贵尽浮沤，可传曾有几？"（《刻诗》：《毳庐诗草三编》p. 12）

邓缵先在南疆三千多个日夜的峥嵘生涯，惊天泣神，彪炳千秋。经过他宰理下的四县共65万各族子民，占当时南疆人口的很大部分①，当感恩戴德，永志不忘。我们可以告慰邓公在天之灵的是，他的英名及其诗文必定会传世久远。他的昆仑肝胆，自有千年不倒的胡杨为证。

而南疆的历史需要真正的国学和现代文化的重构。回思除了邓缵先亲撰的叶城县志外，《疏附县志》只有一条邓缵先任知事的记录。他在墨玉任职时间最久，在巴楚牺牲于任上，却无史志的只言片语记载，可见一些所谓"史书"、县志靠不住，也可见兵燹、暴乱对文化的破坏。

慎终追远、崇祖报德是中华民族传承文化、寄托精神的法宝。尽管千百年来中原文化的文物古迹被毁弃甚多，以至于在南疆少有留存。但根植于各族人民心中思稳定繁荣，求统一进步，爱共同祖国的理念不灭。除了史志，传媒之外，笔者也倍感到在天山南北珍惜和恢复中华文化遗存的必要和紧要。要让人们重新看到邓缵先的记载和创

---

① 《清末民国时期新疆民族人口与分布格局》（载《黑龙江民族丛刊》2006年第三期）作者娜拉：新疆建省时，南疆人口180万人，北疆不足30万人。《民国时期新疆汉族移民探析》（载《中国边疆史地研究》2009年12月）作者李洁：新疆清末210万人，1931年约300万人。根据葛剑雄《中国人口史》，新疆1919~1931年在251.6~257.8万人。《沉默的胡杨》作者崔保新：如果将邓缵先出任五县知事的县人口排列一个表，可以看到，当时乌苏2.9万、叶城18万、疏附29万、墨玉10万、巴楚7.6万，五县人数相加共计67.5万人，占当时新疆总人口的15%。

建的精神文化以物质形式长存下去，在广东及各省市的援疆工作中须注重文化援疆，譬如为历朝历代的援疆先驱者和当今的英雄楷模实体镌碑立传等，实乃长治久安之举。

笔者注意到，在邓缵先的文集《叶迪纪程》和最后一部诗集《毳庐诗草三编》的末尾，他都是以吟赋昆仑作为结笔的。这是因为他用自己披肝沥胆的身心实践认识到了，天山南北对于祖国的重要，作为黄河之源的昆仑凝聚着全民族的核心利益："昆仑，根也，葱岭为本，天山为干，关内诸山，皆枝叶耳。""结根弥于中土，作镇居于西方……地因人而并传，德比山而俱大。政平则志熙，时清则道泰。俾渐臻乎朴淳，又何恃乎险隘。则此山也，为中夏之藩篱，实边陲之襟带。"

谨以此作为本文的结束语，以示对伟大先驱者邓缵先及其不朽诗文中昆仑精神的敬意。

## 参考文献

1. 崔保新：《沉默的胡杨——邓缵先戍边纪事（1915～1933）》，社会科学文献出版社，2010。
2. 赵尔巽主编《清史稿——志五十一》，中华书局，1977。
3. 范晔编撰《后汉书》，中华书局，2007。
4. 王树楠编纂《新疆图志》。
5. 崔保新：《新疆一九一二》，社会科学文献出版社，2012。
6. 冯大真主编《新疆地名大辞典》，中国大百科全书出版社，2012。
7. 原编冯承钧：《西域地名》。
8. 于维诚：《新疆建制沿革与地名研究》，新疆人民出版社，2005。

本文涉及书目和文章，已在文中列出和注解者不一一举出。特别感谢我的维语老师卞玉福教授的指点。

# 旅程背后的民生情怀和报国宏愿

## ——读邓缵先《叶迪纪程》

姚良柱[*]

　　《叶迪纪程》，从书名看，它是一部记录旅程的著作。作者邓缵先在其自序中也明白地写道："《叶迪纪程》者，由叶城返迪化（今乌鲁木齐市），记其沿途地方山川形胜，经过道里远近也。"在"纪程"书末"托迪"篇中，邓缵先总结这次行程："通计自省城抵托克逊，四百里，程六日。托克逊抵焉耆，七百二十里，程八日。焉耆抵轮台，六百一十里，程七日。轮台抵库车，三百里，程四日。库车抵拜城，三百里，程四日。拜城抵阿克苏，四百七十里，程五日。阿克苏抵巴楚，六百八十里，程八日。巴楚抵莎车，六百里，程九日。莎车抵叶城，一百八十里，程二日。"合计路程 4260 里，历时 53 天。邓缵先作这"纪程"的目的是什么呢？在自序中，他说："边程游宦，亦聊以志鸿爪雪泥之感云尔"。苏东坡《和子由渑池怀旧》诗中说："人生到处知何似？应似飞鸿踏雪泥。"邓缵先化用苏东坡的诗意，表达他写："纪程"不过像鸿雁在雪上留下爪印一样，留下宦游生涯的一点足迹罢了。

---

　　* 姚良柱，新疆教育学院教授。

　　然而，由于邓缵先熟精文选，博学多才，又是笃行孙中山先生"当立心做大事，不可立心做大官"思想的清官廉吏，他在"纪程"中，除了记述山脉水道、物产民风、城市盛衰、历史沿革之外，还记人事、写风景、谈文化、述掌故，间或议论考证，皆娓娓谈来，态度亲切，文求雅洁，不雕饰作态，在如行云流水的文字间，常常寄托着民生情怀，深寓报国宏愿。如果认真阅读，仔细品味，你会觉得像是伴着邓缵先从叶城到迪化，一路颠簸中，聆听他述说，感受意味深长的教益。

　　旅途中，邓缵先在阅读《倭文端纪行》所记"玉尔滚军台一古柳老干槎丫，浓荫数亩，今则古柳无存矣"之后说：

　　"种树之方，未择木种，先审土宜，莫善于补种，莫不善于滥栽。老干槎丫之侧，审度地势，酌量添种，按部就班，生机衔接，成活易见。至于树木稀少的地方，从前必经种过，成效毫无，其地必汗莱或卤斥潮湿。故藤蔓丛生之处，绝少良材；荆榛混杂之区，必无佳种。种树者，徒博广种之虚名，以多为贵，讵知地与木两不相宜，纵有萌蘖，移时萎摧，十不得话其一二。《管子》云：'十年之计种木。'诚非偶然也。"

　　邓缵先为什么谈论起种树的方法和要领呢？他从南疆一路走来，走过的多是荒漠戈壁，看见的不是稀疏的杂草，就是凌乱的荆棘。忽然从《倭文端纪行》中，看到玉尔滚军台生长过一棵浓荫数亩的古柳，而今却荡然无存。不免联想到沿途如果都是浓荫蔽日的参天大树，那该是多美的地方，生活在这种美境中的人民，该是多么幸福快乐呀！他就眼前景、书中记联想到当地人民，从自己的颠沛劳顿推及到民生，体现出"民为贵、社稷次之、君为轻"的民本思想。要使民生幸福，改变这荒漠环境，当然就得广植林木，进而造出良田。所以他就谈了种树的方法。邓缵先很懂得"因地制宜"的科学道理，什么样的土质适合种什么样的树木，决不能贪多求广，只求表面数字，不管成活效率。"种树者，徒博广种之虚名，以多为贵，讵知地与木两不相宜，纵有萌蘖，移时萎摧，十不得活其一二。"不但造不了林，改变不了环境，甚至适得其反，造成"劳民伤财"，人民越来越穷，环境越来越坏。这道理，古今中外都是一模一样，毫无二致的。从新中国成立后，到十年动乱的二十多年间，政府年年号召植树造林，计划之宏伟，规模之浩大，行动之壮观，在历史上可谓是空前的。把每年植树造林的统计数字（多少多少万亩，多少多少亿株），相加起来，二十多年的造林面积，据说造出了三个中国的面积，而事实却是森林覆盖率越来越小，荒漠年年在扩大。那就是因为"种树者，徒博广种之虚名，……十不得活其一二"造成的。改革开放以来，植树造林，退耕还林，退牧还林，讲求实效，荒山成了青山，荒漠成了绿洲，我国的森林覆盖率达到了历史上从未有过的高度。由此看来，邓缵先由一棵古柳引发出来的议论，隐藏着他深邃的目光，寄托着他深刻的民生情怀，并不是仅仅痛惜那棵浓荫古柳。

荒寂的旅途景色，使邓缵先联想到鲍照的《芜城赋》，觉得"戈壁萧条，怵目怆怀，惊心动魄，无一非赋中景物。"在这种环境中趱路，邓缵先是否孤寂自伤或者怨天尤人呢？没有。他想到的是他人，是众生。他告诫：

"车行荒碛有二戒：一戒躁急，一戒悭吝。戈壁风沙，足以杀人，车夫觇天色稍异，谓不能行，须少安勿躁，倘限期催促，恐蹈危险，此其一。长途奔走，惟负舆之马最苦，车夫重利轻畜，刍豆不饱，复时棰策，克日计程，致中倒毙者，比比皆然，务须注意饲养，略加体恤，毋太悭吝，此其一。"

此二戒，即使在今天，对长途跋涉者也是很有借鉴意义的。或者有人会说，我们现在不用马车了，可以不戒躁急，不畏风沙了。在高速路上高速行车，躁急后果，比坐马车更严重，更可怕。穿行荒碛，即使安步当车，徒步行走，也是躁急不得的。躁急后果也是可怕的。

邓缵先为所有穿行荒碛的人想得多深远多仔细啊！至于车夫要戒重利轻畜这一条，言外之意就更加广阔深远了。他使人联想到人际关系，劳资关系，官民关系。"又要马儿跑得好，又要马儿不吃草"，永远都是一厢情愿的事。它只能导致矛盾尖锐化，最终导致两败俱伤的悲剧。把这二戒的道理移到为官治民上，不是揭示了很好的治国养民的道理吗？

1920 年 11 月 16 日，邓缵先正由拜城到赛里木途中，"天气阴寒，……沙漠田庄相间，土丘坟起，荻芦萧瑟。……酉正至赛里木。"此情此景，极容易使人联想到马致远的《天净沙·秋思》："古道西风瘦马，夕阳西下，断肠人在天涯。"邓缵先没有抒发这种悲凉凄切，他所思所念，仍然是国家社稷，神圣领土，寸土寸金，必须尽心竭力地捍卫。他写道："赛里木，旧有城，是唐之俱毗罗城。"接着他讲到这个区域自乾隆到光绪的历史沿革，指出"而西四城密迩，英属奸人佣机利者多归焉。夫区域沿革，关系乎种族盛衰，民俗纯驳，与夫边防张弛，非细故也。"他深谋远虑地认识到了边防是严密还是松弛，绝不是小事，而是关乎民族盛衰，民俗纯杂的大事，对此他表达了对于英属奸人入居的忧虑。他庄重地认为，国家领土，即使是被有些人认为不毛之地的戈壁，也是神圣宝贵的："戈壁枯渴，沙石粗恶，人皆视为不毛等诸瓯脱。然戈壁之间，有水即有土，必有烟户，渐次垦殖。"所以他对于当年俄国老沙皇逼清政府签订"中俄伊犁条约"时，"当日划界，界务大臣不明地理，不谙图籍"，从叶勒库尔（在葱岭西，距疏勒千余里）至旧雅尔城一带（在塔尔巴哈台西），"红影一线，逐割弃数千里矣。每阅界图，曷胜浩叹。"对于老沙皇侵占祖国领土，对于清政府界务大臣的无知和鼠目寸光，感到痛心疾首，表示了极大的愤慨。在"断肠人在天涯"的境地中，邓缵先不为个人的遭遇断肠，却为国土的沦丧浩叹。其爱国报国之情是何等之深，何等感人！其思想精髓和《调查八札达拉卡边界屯务暨沿途情形日记》是一脉相承的。

《叶迪纪程》的文笔极具特色，记行程线路，道里远近，朴实简洁，明白如话。写山川形胜，则如诗如画，虽寥寥数语，却个性彰显，形神兼备，令人爱不释手，铭刻心中。如"戈壁如海，车行如舠，远树如帆樯，风沙如波涛，堠斥如岛屿，电杆如渔篙。""瞻仰天山，葱茏渺冥。山以天名，天连山横，山影共天光一色，天风与山色同清。"论苦难励志，则饱含哲理，生动而不抽象，使人感到亲切而不枯燥："古来贤哲，经一番艰危，增一番智虑，受一分挫折，长一分精神。所以溷迹于蛮夷之乡，寓行于魑魅之域，适口于酪浆之液，栖身于毳幕之庐，俗士则憔悴忧伤，君子则坚贞淡定也。"

读着这些文字，使人感到如赴美文盛宴，不能不钦敬邓缵先在风尘仆仆之中，每天仍从事著述的坚韧而高尚的精神。他的这种精神将永远激励后人热爱新疆，捍卫新疆；热爱祖国，捍卫祖国；扎根边疆共筑中国梦！

2013 年 3 月 20 日

# 第六部分
## 综合评论

# 论邓缵先为官的"细微"之道

刘学杰<sup>*</sup>

邓缵先是一个"细微"之人。

邓缵先是一个"细微"之官。

邓缵先的青年、壮年乃至暮年，无不与细微为伴。九十多年前，在他援疆的十八年间，更将"细微"之道周给贫娄，惠施边民，润泽得淋漓尽致。邓缵先的细微几乎与生俱来。

查尔斯·狄更斯说："什么是天才？天才就是注意细节的人。"索幽探微也好，开微发伏也罢，均能多所发现，提纲挈领，独擅胜场。这就是天才的非凡之处。邓缵先就是一个天才。

一

新疆的山山水水，让来自南国之乡的邓缵先爱慕不已，尽管这里风沙漫天，蛮荒遥僻，也未能丝毫减弱他的爱国爱疆之情，更加深了守土护疆的责任。他不仅把不歇的脚步留在了边陲的河流山峦，也把细微的目光注

* 刘学杰，新疆文化学者、作家。

入了天山南北的一草一木，同时把一颗滚烫的赤子之心贴向了冰雪大坂。

一个官员，接了地气，便会有人气与勇气。自古以来，那种走马观花、蜻蜓点水、深居简出，粗枝大叶、只听禀报的官僚作风，均与细微背道而驰，幻想让他们做一个为民请命的清官，是难上加难了。

邓缵先的细微在何处呢？

这年的十月二十三日，邓缵先跋涉在沙吉里克至阿瓦台的乡间路上。他记述道："辰正，向东北沿河边行，十馀里，桥九。路广丈馀，路旁树木渐少。转向东，十馀里，途间牌坊一，为莎、巴分界。有巴杂废垣。入巴楚境，戈壁土路，不平，路东新渠桥二，长丈五尺，高四尺，水深五尺，缓流。又数里至二台，居民四五家，荒凉可掬。官店向东，光绪四年建，上栋三间，系土墙，两片房屋，编木和泥，颇颓坏……又折向北，路旁胡桐，红柳甚多，桥三。泥路顺下，又桥十四。酉正至阿瓦台，缠民八九十家，汉七家，水微咸。"观察之微，测量之细，已近不胜琐碎地步。邓缵先的眼尖心细非常人可比，其胸襟之阔足见一斑。

邓缵先极少待在县府，总是走在路上，多在现场。从田陌到麻扎（墓地），从大坂到卡伦（哨卡），从民宅到涝坝，都有他的身影。这年的四月十三日，当由梧桐苏返回县府的 180 里路走完后，他便兴致勃勃地与下属聊起了行路观感，并有滋有味地应答到：

"沿途路径何如？"曰："羊肠途九折，狼尾路千盘。""卡伦何如？"曰："古戍人踪少，穷陬马骨多，眠食奚似醴，旃幕小于舟。""荒僻何如？"曰："霜积鳞崖坼，风狂卵石飞。""山川何如？"曰："山势如奔马，河声若走雷。""疆界何如？"曰："玉山资保障，星峡固边陲。""险阻何如？"曰："保邦非特险，谋国不忘危。""善后何策？"曰："羊亡牢可补，牛壮牧应求。""边防何如？"曰："竟误鸿沟割，须防虎视耽。"……

这番邓缵先式的独具中国古典文化特征的全面考察，即是他连续三十天行走三千七百五十里的理性总结，是他爱国爱疆爱心的一次大释放。

爱得越真诚，体察越细微；体察越细微，与民越相融。如是，探微知著让邓缵先屡屡获益。走一程，有一程的所得，访一路，有一路的见识。路走多了，朋友就多了。难懂的粤语与陌生的维吾尔语也未能阻隔县长与乡民的心心相印。惊喜与忧愁，绸缪与补牢，坚守与呼号，皆以边疆父母官的责任，萦系脑际，不禁吟诵道："万重烟瘴外，硖水涌寒波。旧垒人踪少，穷荒马骨多，鸿沟防未已，虎视近如何。无限沧桑感，青崖白日过。"大概是嫌此诗不过瘾，又吟道："山溪非设险，设险在人心。关隘严中外，昆仑自古今。戍楼悬绝壁，塞柝响空林。驭远筹良策，群蛮岁献琛。"忧国忧边忧民的忧心涌动不已，卫国护边富民的深情也涌动不已，邓缵先的"细微"之道显现了浓重的政治色彩。

邓缵先先后出任新疆五个县的县长，从北疆到南疆，从南疆到北疆，十八载春夏秋冬，十八载冷暖酸甜，马不停蹄地走着，看着，忙着，发出了"羁宦天一涯，遥隔万余里。倏更数十春，踪迹遍越胡"的喟叹。路走多了，自然而然地成为行路家，攒足了行路的经验："车行荒碛有二戒：一戒躁急，一戒悭吝。戈壁风沙，足以杀人，车夫觇天色稍异，谓不能行，须少安毋躁，倘限期催促，恐蹈危险，此其一。长途奔走，惟负舆之马最苦，车夫重利轻畜，刍豆不饱，复时加棰策，克日计程，致中倒毙者，比比皆然，务须注意饲养，略加体恤，毋太悭吝，此其一。"怜惜之情忧深虑切，寻微本色锲而不舍，一路走得明明白白，个中胜算，皆在权衡利弊之中。于是，随着他登登的足音，新疆大地衍生了一位观察家与实干家，从茫茫大漠间，走来一位拔尘超俗的后边塞诗人……

## 二

十八年来，走遍天山南北的邓缵先，堪称一位"新疆通"，通山川地理，通物产经济，通民情风俗，更通民众疾苦。入疆未几日，便对南北疆的异同作了精炼而又形象的概括："新疆南北气候，寒暖不同。南疆缠回力穑耐劳，袒裼跣足，涉冬不疲；北疆业农汉人，畏难苟安，必着鞿鞴以事操作。推求其故，虽由于气候，抑亦社会习惯使之然也。然天时有定，人事不齐，习于惰者每遇荒年，习于勤者屡逢乐岁，此北疆所以地瘠而民多贫，南疆所以地沃而民多富也。"没有备细而详尽的亲临考察，没有通达而肯綮的条分缕析，绝难把南北疆的异同归结到这般精准。故此，为治理北疆与南疆的不同方略，提供了可靠的基础，显现了邓缵先老到而睿智的执政理念。

邓缵先为官的"细微"之道，莫过于对民情至细至微的观察与掌握了。这年的四月一日他赴查布民草场考察。这个草场不小，长约七百里，宽约五百里。望不到尽头的超大草场，邓缵先走了好几日，其间的十六个赘口的地名，他一个不落地全记下来了。这还不算，他格外查访了此地居民生产生活的情状："库里阿洪一带，居民颇多，毡房迁徙靡定，或就山岩掘穴为屋，溪力垦种青稞。布民不讲稼穑，务农不兴。盖因牧不暇耕，或人力单薄，未能兼顾；或距市太远，农器不备。检阅旧卷，谓'垦户众多'，铺张其词，或非事实，百闻不如一见也。兹调查喇斯库穆布民户口及牲畜数目，总计布民五十四户，男女二百四十三丁口；羊四千四百三十七只，牦牛七百五十四头，马六十九匹，驴四十二只，骆驼八只，垦地八百七十二亩。"邓缵先的查访可谓细而又细，不仅在现场悉心查看，还翻阅了档案卷宗，推翻了往昔"垦户众多"的不实之词：仅有五十四户。人与各类牲畜的具体数目，都精确到个位。邓缵先拿到了可靠的第一手资料。这般严谨的工作作风，仿佛又让我们看到了当年邓缵先夙兴夜寐、孜孜矻矻为民奔波的执着情景。

到了南疆重镇莎车，邓缵先惊愕地发现不少民众脖子下垂着一个肉囊，便入庭院、巴扎去查访。调查结果出来了："莎车回城，居民饮料，皆以涝坝蓄水，大小七十余处，最大者曰满洲涝坝。涝坝四周多柳树，春时水内多微虫，其色红，盖由柳花落水而化生。其水性阴寒，饮之易生赘瘤，男妇皆有，妇人较多。汉人之久于莎者，亦得斯疾。医者谓常煮食海带而可消。"这份不足百字的调查材料，将莎车人患大脖子病的病由、状况及防治，讲得头头是道，这恐怕是世界上最为简洁最为实用的调查材料，莎车人终于懂得了饮食生虫子的涝坝水是患大脖子病的祸源。可以想见，邓缵先不会以调查终结而终结，他肯定向省府报告了此事，也与莎车的同僚磋商了防治此病的具体措施。欣慰的是九十多年后的今天，莎车一带的大脖子病几已敛迹，足可以告慰九泉之下的邓缵先：你操心的莎车地方病已成为历史。

这年的十一月十二日，邓缵先骑马向和阗行进，沿途柳树稀而罕之，存活率极低。他下马与当地农民问询，并向老者调查柳树不易成活的原因。邓缵先找到了问题的症结，便向当地农民讲解"柳树存活经"："种树之方未择木种，先审土宜，莫善于补种，莫不善于滥栽。老干槎丫之侧，审度地势，酌量添种，按部就班，生机衔接，成活易见。至于树木稀少地方，从前必经种过，成效毫无，其地必汙莱，或卤斥潮湿。故藤蔓丛生之处，绝少良材；荆榛混杂之区，必无佳种，种树者，徒博广植之虚名，以多为贵，讵知地与木两不相宜，纵有萌蘖，移时萎摧，十不得活其一二。"

一位县长躬身向农民传授树木种植成活之法，这是难得的场景。邓缵先深知，树木种植与树木的成活，直接关乎着大漠农民的生存，难怪他迫不及待地言传身教。邓缵先的一言一行，总关涉着农民的生存大计，这让他的"细微"之道又烙上了强烈的人文印迹。至于"种树者，徒博广植虚名"的警诫之语，仍切中了当下种树的弊病，我们不该省悟些什么吗？

## 三

新疆，这个少数民族聚居的地区，让邓缵先的目光与脚步格外地关注起来，体察、了解、尊重少数民族的宗教，走进他们的生活，走进他们的文化，方能与当地群众打成一片，将你视为自家人，不会把你当成外乡人。邓缵先是深谙此理的。

"回俗将饭必洗手，少者奉锡盆进前，随以热水贮瓶斟出，长者伸两手交洗，洗已，用花布巾拭干，饭后亦然。地铺毛毡，以大盘盛肉食，无桌几，无盘箸，不饮酒。伸右手撮食，谓之唉抓饭。"他牢牢记住了赴维吾尔人家坐客时的习俗讲究，体察之细，循规之准，身心之诚，自然赢得了主人的赞赏与敬佩。

邓缵先还刻意观察了南疆农民初夏时以桑子代饭食的生活情景："南疆多桑子，色白味甘美。入夏甚熟，缠民将釜甑出售，视桑葚繁密处，铺一毡，仰卧以候其坠，唉饱即偃卧，葚尽始去，尝数月不举火。瓜果熟时，亦如之。至冬乃典衣购农具，俟其饥而后力作，有三日粮，不出户矣。"这段描述换为白话文是说，南疆桑树上的桑子又白又甜，桑子熟时，农民将家中陶罐卖掉，买回一条毛毡铺展在桑树下，一家人仰卧于毡上，静候熟透了的桑子跌落于口中，或用手将坠于毡的桑子放入口里，直到吃足了，便爬在毡子上呼呼入睡，竟几个月不烧火做饭……几笔现场白描，就将果农以果为食的田园牧歌式生活，刻画得出神入化，宛如仙境。

麻扎，维吾尔语，"墓地"之谓。这年的深秋，邓缵先从八台到九台的乡路上，下马步行到北山的一处荦确高地。这是乡里的一座麻扎："北山拐弯处，路旁有回墓，墓覆以屋，圆顶饰彩砖，有亭有台，台上插木杆，亦置麻扎。土人云：'麻扎穴中有鼠，大如兔，色黄，见者有喜兆'云。"麻扎，乃逝者的安息之地，与之无关者，人们不大愿意去那里"参观"与"考察"。但邓缵先专程去了，一连"参观"、"考察"了两个麻扎。他何故这样？他知道维吾尔是个极重丧葬礼俗的民族，他亲赴麻扎，是通过这个民族的丧葬文化，从宗教信仰的精神层面上去认识它、了解它。此举自觉与不自觉地消弭了不同宗教间的逼仄，也兼容着差别很大的文化。笔者在新疆工作生活了五十载，麻扎对我不算陌生，但邓缵先了解到的"麻扎穴中有老鼠是喜兆"的民间传说，我还是头一回听到，相形之下，我的"麻扎考察"算是浅表性的了。

无独有偶，就在邓缵先入疆的十多年前，斯坦因到了和阗，挖掘整理出了"神鼠之王"的民间传说，是说两千多年前匈奴入侵时，老鼠曾拯救过和阗王国。这个近于神话的故事也被玄奘记述过。可见，邓缵先对"老鼠"的兴趣，是对新疆民间文化的深入探觅，绝不是"闲极无事话老鼠"了。

在维吾尔人眼里，尊重并熟知他们丧葬习俗的汉族人是可信赖的朋友。邓缵先就是维吾尔人可信赖的朋友，细微是文化，细微是生命，"细微"之人是最有眼光的人，"细微"之人是最有力量的人，细微在别样的文化情景里心驰万仞。"细微"之道就这样在邓缵先身上开花结果了。

南疆地域，信仰伊斯兰教的维吾尔等少数民族占八九成之多，邓缵先走街串巷入寺，对宗教习俗考察了解得一清二楚，如对阿訇更是细而研之，终于洞察了此地的阿訇分为五个等级。这让当地的教民大为惊诧，因为他们中的许多人也不知悉"五等"之事，不由地心生敬意："广东来的县长真了不起！"邓缵先对五个等级的阿訇记述道：大阿訇总理教内一切事务，二阿訇审判理断民间争讼不法之事，三阿訇依照经文评断曲直，四阿訇职掌教育，宣讲经典，五阿訇即依麻目率教民做礼拜。重要的是，县政府管理与引导这些宗教中的"特殊"阶层为教民服务，为社会服务。邓缵先既灵活应对，又依法判定是非，划了一道底线：阿訇不得干涉政府事务，故而在他从政的五个县，未发生因阿訇涉政引起的事件，都在平稳地发展与进步。久居南疆的人知道，这是很不容易的，也是引以为豪的。这一切，盖因：

　　邓缵先是一个"细微"之人；

　　邓缵先是一个"细微"之官；

　　细微，本该是"成功之母"。

# 四

　　沙嚣毛庐瘦，漠寒苦作舟。问君情如许，细微孕风流。

　　本文到此，该收笔了，但觉得意犹未尽，还欠些什么，不经意间，心头掠过几句"结论性"的话：邓缵先用"细微"构建了自己六十五载的编年史，用"细微"书写了十八载的援疆史，也用"细微"诠释了饱尝苦难的为民史。遗憾的是，关于他个人在新疆的细节表现，史料记载极少，不得已只有从其诗文中探踪觅迹。这不失为一条认识邓缵先的路径，唯其是亲身经历，更显真实与可贵。感谢中共广东河源市委、政府克服重重困难，精心编纂了邓缵先的《叶迪纪程》《毳庐诗草》《毳庐诗草三编》以及《毳庐续吟》，我们尽可以从容地翻检作者的心路历程与新疆的物产人文。也要感谢兼有粤新生活经历的崔保新教授的深度之作《沉默的胡杨》，让我们今天有机缘与这位民国的先贤"晤面"，悲喜交融地沉湎于那段创榛辟莽、焚膏继晷的岁月而深省。

　　"万家衣食赖桑穄，信宿村庐合劝耕。山鸟也知官骑至，枝间布谷两三声。凉天夜宿海西头，风送滩声柳塞秋。梦醒浑忘身是客，万山身处屋如舟。"这是邓缵先《野宿墨玉山中》的两首诗。一个县长，何故要常常宿在荒郊野外呢？荒郊野外是农民的安身立命之处，答案就在那里，就在"劝耕"。他认为农民光吃桑子是万万不行的，便挨门串户地到农家庭院，循循善诱躬耕务农稼穑殷盛的好处。他抓住了关乎农民脱贫致富的"牛鼻子"。这天，他行进在开都河畔，遇大风，不得不蜷缩在岸旁一整夜，"狂飙刮面恐行人，鞍马淹留古渡滨"，"数口提携进黑水，天涯霜夜话艰辛。"邓缵先甘愿受苦，是为了边民不受苦，边疆得安宁，自以为"天下最凄清、最惨淡之境，处之最有味、最炫耀、最快足之境。"邓缵先甘愿受苦，是为了顺应劣境，苦心励志铸自身，"古来贤哲，经一番艰危，增一番智虑，受一分挫折，长一分精神……俗士则憔悴忧伤，君子则坚贞淡定也。"为了农民，他是自讨苦吃，自我锤炼，自强心骨；为了农民，他把常宿荒野奉若崇高的使命，这不正是人生中珍贵的超迈境界吗？

一个县官，你为人民做了多少，人民就会记住多少，人民就是你政绩的最高评判者。1920年10月17日，在叶城喀喇昆仑山区工作了一年半的邓缵先奉命离任。他不禁想到刚到叶城时的情景：那天沙尘暴突发，飞沙走石，遮天蔽日，给了新任县长一个"下马威"，跟随邓缵先的几位吏仆竟惊恐地哭成一团。如今，他要离开叶城了，叶城的百姓呼喊着"舍不得邓县长走啊"，也哭成了一团，紧随着邓缵先的马车，亦步亦趋，泪洒一路，五里、十里、三十里，一直送到六十多里外的泽普县地域，才一步一回头地与邓县长泪别。为此，崔保新感叹道："邓缵先的父母官作得如何？老百姓用哭声和眼泪做了最真实的回答。"是啊，朴实的维吾尔老乡用不竭的哭声和泪水奖赏了自己的县长。

老县长没有辜负新疆人民的期望，他把自己的全部心血乃至生命都献给了神圣的援疆伟业，透彻得连坟茔都未留下。今天，我们欣喜地向老县长报告：

你的事业后继有人，天山南北，云蒸霞蔚，人和气新；南粤大地，万象锦绣，富庶临风。斯时，你一定会露出笑靥，默默祝福，长眠有幸……

# 让历史在敬畏中复活

姚新勇[*]

大约在新千年前后，后殖民批评理论开始规模性地进入到少数族裔文学研究中，不少研究者很方便也很随意地将后殖民理论关于西方与东方、殖民与被殖民的不平等话语权力关系的透视法套用到中国的多民族文学、文化关系上，日渐高调地抨击汉族主流文学（化）对少数族裔文学（化）的压抑、他者化，甚至还有学者高呼什么处于西方、汉语、精英三重话语"压迫之下"的少数民族文学。如果说中国少数族裔文学研究界的相关言说，相对局限于较为抽象的文学与文化的研究上，那么一些激进的族裔民族主义的抵抗性写作，则就将复杂的中国多族群关系简单化、抽象化为压迫与反抗、殖民与被殖民、汉族与少数民族、中国与西藏或中国与新疆等的一系列二元对抗性关系。虽然这些观点、看法着上了后殖民主义或文化批评的时髦外衣，但其实在很大程度上不过是我们早已熟悉甚至习惯了的"阶级斗争思维"的"借尸还魂"，不过是西方有关中国偏见的冷战思维的接受而已。问题不只在于相关思维的粗暴、简单，还在于它们在相当

---

* 姚新勇，暨南大学教授。

程度上已经成为"常识"。所以当我们发现西藏3·14或新疆7·5事件与所谓的文化抵抗言说之间的联系，看到不断漫延、激化的汉/藏、汉/维、汉/满等的网络争吵，也就再正常不过了。面对这种极不正常、极为危险的二元对抗性的（族裔）民族主义思维的普及化现象，单纯的爱国主义、民族团结的教育无济于事，而是需要通过进入历史、敞开历史丰富性与复杂性的实践、认识来破解简单、粗暴的对抗性思维的魔咒。崔保新先生的《沉默的胡杨——邓缵先成边纪事（1915~1933）》就是一本以"敬畏历史"的精神，努力发掘历史、进入历史、敞开历史丰富性的书籍（下文的引文与相关介绍，除个别特别指出的外，均引述自此著）。

且请看邓缵先的简介：

邓缵先字芑洲，号缵先，自号毳庐居士，广东客家人。1868年生于广东紫金县蓝塘镇布心村。年幼体质孱弱，6岁始能言。1874年之后，入私塾蒙馆。1880年入经馆，师从名宿蓝湘湄夫子。15岁中秀才，1883年离开家乡，到广东四大书院之一的惠州丰湖书院读书。

1890年与黄氏结婚，黄氏生于1872年；生有二子一女，领养一子。

清光绪二十二年（1896年）补禀，并录优行。清宣统元年（1909年），科拔贡。1890~1913年，先后在原籍担任惠州白纱厘厂书记员、县团总局会办员，在南洋雪茂埠华侨实业调查员期间，曾乘船赴南洋办理商务。后任县立高等小学校长。

1914年，任首届紫金县议会议长。同年9月，应内务部第三届县知事试验，取列乙等，分发新疆。1915年7月年入疆抵迪化，任新疆省公署科员，参加政治研究所学习考试，合格后待分配。

1917~1918年代理乌苏县知事，1919.8~1920.9任叶城县知事。1921年1月任新疆省总选举文牍员，为省长杨增新撰写公文。1921年11月任新疆省公署文牍员、编辑员，撰写公文和县志。

1922 年春邓母亲病重，因河西走廊盗匪猖獗，借道宁夏渡黄河返粤省亲。1924 年返迪化，任新疆省公署政务厅内务科长，进入省署核心，深得杨增新信赖。1926～1927 年，任疏附县知事，1927 年 5 月任墨玉县知事。

1931 年，任巴楚县县长。1933 年新疆发生暴乱，波及南疆，巴楚县多次遭兵燹。邓缵先、长子邓俦卓、儿媳、孙子，同亡于巴楚。

邓缵先，胸怀高远，爱国、爱民、爱疆，为官清廉勤政，深得治下百姓爱戴。以 52 岁高龄之躯，亲赴喀喇昆仑边界八扎达拉卡处（今印属克什米尔交界地）勘查边界、处理边民纠纷。有人以天寒路险为由劝阻，邓氏凛然答曰："危险者境也，处境者心也，常存此处处有危机之心，则恐惧修省，自可转危为安；常存此时时有险象之心，则思患豫防，自能履险如夷。况该处并非人迹所不能到者，何虑焉。"又有劝者曰，前此从未有官员到过边卡，邓氏再答："此卡既为中国土地，主权所在，何得任听坎人越界偷种"。终成此行，往返路程共三千七百五十里，耗时整一月。勘定边界，驱走越境强占我农人田地之坎人，完成《调查八扎达拉卡边界屯务暨沿途情形日记》一册，成为 1962 年中印边境谈判的重要原始文件之一。

邓氏喜读、工诗、善文，虽政务繁忙，却笔耕不辍。著有《乌苏县志》（新疆首本地方志）、《叶城县志》，留有《叶迪纪程》、《毳庐诗草》各一卷。

上面简介约千字，但为这千字确凿不移，还原、彰显其所包含的丰富的历史信息，作者前前后后花费了大约两年的时间。其间，多次往返于广州—乌鲁木齐，查阅广州、北京、乌鲁木齐、南京、兰州等地的图书档案资料，数次赴喀什、叶城、巴楚、疏附、紫金、南阳等地实地调查、访谈。正是通过这样上下左右的四方求索、细致缜密的考核比对，才保证了对邓缵先这一历史人物复活的可靠性、全面性。但是作者下如此的大的气力绝非只是想复活一个普通的民国边疆官吏，而是想通过复活一个具体的历史人物，去感知中国新疆的多民族的互动史，查考百年现代历史变革于沿海、京畿、边疆的风云会际，穿越数千年来的北方—南方、内地—西域的中华民族沟通史、形成史。因此我们就可以理解，为什么《沉默的胡杨》要花费那么多的笔墨去交代科举制度、晚清的变革，探究孙中山与邓缵先的看似没有关系的时代关系，追踪客家人的踪迹，介绍今南阳——古宛国——与西域之间的密切关系和其作为丝绸之路起点的非凡意义，梳理民国时期新疆的官制、薪水、任免迁徙之一般惯例，介绍新疆尤其是民国时期新疆的一般情况，介绍邓缵先足迹所至的南疆诸县的历史沿革与风土人情，为被污名化了的杨增新平反，勾勒游艺圃（牙合甫·玉努司）、泰杰里（杰出的维吾尔现代文学大师）等地方名人的素描，援引清、民国、西方人士所撰写的各种新疆史志、游记、考察报告等等。正是通过这样视野开阔、经纬纵横、考证细密的历史书写，我们才不仅领略了历史大画卷的恢宏，同时也贴切地体会了普通人的生活、情感，也才真正体味出邓缵先这个历史小人物的非同寻常。然而不管作者是驰骋纵横还是细致入微，他所有的思考、观察、介绍、稽考都建立于、落实于一个地方、民族、国家、个体所共有的坚实基础上——对于新疆这个生他养他而现在依然使其牵肠挂肚的家乡以及家乡两千万人民的安定、和平的关怀与焦虑。所以，整本书最后最后以浓重的笔墨落脚于杨增新的箴言：新疆——治世桃园，乱世绝地。这是一句所有真正身心归属于新疆或寄留过新疆的人才能切身感受的一句话。

不错，《沉默的胡杨》也是一部"当代史"，一部实实在在立足当下、感怀前人的敬畏历史之作，因此它自然难免受当下视野的局限，更不用说来自于作者的个人局限。比如说全书涉及的范围相当宽广，但邓缵先的史料客观上确存留较少，这多少造成传记素材的相对缺乏与所涉范围相对过宽、过杂而来的不很谐调。再比如，作者虽然有意识地去挖掘新疆少数族裔人民尤其是维吾尔族的史料、了解他们的风俗习惯，但是相关内容相较之下不仅相当薄弱，而且基本上还停留于书面知识的再度转介，离切实的地方感、生活感的落实尚有距离。而或许在所有不足中最大的问题是作者对传统中原中心观的局限性还缺乏足够的警惕，这或许是《沉默的胡杨》较少新疆本地少数族裔语言材料的客观原因吧（这方面的汉译材料虽然不多，但还是有一些的，但却未见作者参考）。然而，尽管有这样那样的不足，但由于作者敬畏历史的谦虚、触摸历史肌理的努力、国家视野与个体情怀的互渗，却使得《沉默的胡杨》在很大的程度上保持了历史的丰富性与"自在性"，为进一步地深度挖掘、解读，预留了相当广阔的空间。且容我再多做点分析。

《沉默的胡杨》转引了邓缵先的这样一则"巡边日记"："（八扎达拉）卡在叶城县西南一千二百八十里，西距喀什道治一千九百二十里，北距省治五千四百六十里，与坎巨提交界，亦可通往印度国，防边戍边关系重要。近复有坎人越界偷种情事，奉命往查晓谕阻止，并招募缠布各民，前往开垦，以固边围而免侵越，乃于民国九年三月十四日启行，计往返一月。县署知事邓缵先谨识。"崔保新对相关史实的解读与稽考着眼于邓缵先的爱国情怀与边界勘查之困难，但"坎人越界偷种……招募缠布各民，前往开垦"背后或许有更多、更值得细挖与再解读的东西。因为它包含着这样一种重要的信息提示，西域的历史从来都不是抽象的国家、西域、突厥民族、汉族等的板块性存在，而是具体民众利益的争夺、交换或分配，具体历史情境的错综展开。所以，如果能够去追踪当年我境内的维吾尔族及其他族裔的边民与那些得到外国势力撑腰的边外居民（坎人）之间的耕地保卫－霸占较量史，不是非常有助于破解所谓突厥民族一家亲、维汉矛盾自古不变的偏见吗？

邓缵先勤政爱民且善文工诗，观察记写了不少有关当地的风土人情，其中一则云："南疆多桑子，色白味甘美。入夏甚熟，缠民（此为新中国前对维吾尔族的称谓，语含不敬，现已废止）将釜瓯出售，视桑甚繁密处，铺一毡，仰卧以俟其坠。啖饱即偃卧，甚尽始去。尝数月不举火。瓜果熟时，亦如是。至冬则典衣购炊具，俟饥而后力作。有三日粮，不出户矣。缠民惰劣，此其一端。"此段描写固然生动，但有贬低当时的维吾尔人懒惰之嫌。从前后文看，作者引用此段描写，并无贬低当时的维吾尔人懒惰之意，反而不乏欣赏他们顺其自然的生活态度。但是若从抽象的后殖民文化批判立场出发，再去搜寻其他有关内容，很容易得出这样的结论：无论是过去的邓缵先还是今天的崔保新，都带有本能的汉族优越感，所以无论是邓氏的"古记"还是崔氏的"今注"，都是中国式"东方主义"的产物，都是对维吾尔族"异域风情化"他者性的塑造。但是且慢，请看这段引文：乌苏"县户民大半朴愚，一家数口能耕者不过一二，自是受吃烟之害，缠民耐苦性质较优于汉人，自是不吃烟之效，如有荒地可垦，不仿安插缠民……可将缠回分别安插，不必全行安插汉人，以至地多人少，日久又致荒芜。"（杨增新"指令乌苏县知事邓缵先呈报调查水利及筹办垦务文"）请问这是在贬谁褒谁？如果那些擅用东方主义批判、Pass 的人，又了解了当年杨增新宁招募回族做自己的亲兵而非汉族之情况，不知更该做何而解了？如果他们（也包括那些动辄否定前人的革命批判家）再读到杨增新朴素亲民、被刺身亡后维吾尔百姓抚棺痛哭的史实，恐怕更无语了吧。

《沉默的胡杨》引述了不少《外交官夫人回忆录》的文字，其中一则这样写道："在中国的治理下，新疆的维吾尔人享有自由，但他们或许没有有意识地珍惜这种自由。当然，也许能够这样认为，即这种自由给他们带来的好处，因为统治者过于漫不经心，而仅仅是——一种偶然性的东西。新疆的统治者只要能够征到税收，获得利益，往往更愿意让事情顺其自然，倒也落得个皆大欢喜。但是，应该珍惜自由。维吾尔人完全可以按照他们自己的方式去生活，去做祈祷，去做买卖，去旅行，占有自己的财产。我认为普通的维吾尔人不会向往现在在西方民主国家中人们要求得到的那种政治自由。在亚洲国家，关于权威的整个观念仍然各不相同，在宗教宽容和阶级平等方面，中国比起许多其他的亚洲国家来，要先进得多。如果人们接受这样一个事实，即维吾尔人不可能得到完全的独立，那么，我个人倾向于认为，他们继续在中国的治理下，会享受到许多好处，而且也是明智的选择。如果中国内地的那些复杂的政治事务能够处理得好，我认为中国会允许新疆的人民逐步地得到更多的自治权利，中国也会为他们做更多的事情。甚至就是在我逗留新疆的短暂时期内，比起过去，维吾尔人已经获得了相当多的权力。新疆各级政府中的许多官员都是当地人，而且已经任命了一位维吾尔人当省主席。那种不分轻重缓急、囫囵吞枣、过于冒进、过于草率的方法，只能给一个过着简单生活、各方面还都很落后，而且笃信宗教的人民带来更多的痛苦。但是我在这里谈到的那种激进草率的政策，鼓吹起来相当容易，而它实行的改革只会冒出一点闪亮的光芒，实际上是欺骗人的。许多外国人，由于看到中国人取得的进步缓慢，就一厢情愿地认为只有让苏俄人来统治，才是唯一的选择。"

如果我们把这段引文的最后一句话稍作修改为，"许多外国人，由于看到中国人取得的进步缓慢、新疆所存在的诸多问题，就一厢情愿地认为只有让新疆独立"，那么似乎就完全合乎现在的情况了。的确，只要不带有强烈的政治偏见，应该佩服这位西方外交官夫人戴安娜女士的见识。可以说这60多年前的观察，以及近一二百年来新疆地区所发生的一系列动乱与民族仇杀，都充分印证了这一判断："在新疆，一仗过后，玉石俱焚。你耗尽人力物力资源拼命一战，可在战后你得到的只是一个生灵灭绝、文明湮没的荒野。对于生活在新疆的民众而言，政治正确远没有生活安逸、衣食无忧来的实际。杨增新死后，新疆大乱。一片片绿洲变成荒漠，一座座城市化为焦土。汉族人在宗教冲突中人头落地，维吾尔族也在暴乱中流离失所。所以，在西部的绿洲战乱不可能有胜者。"

然而，历史绝不是今天合法性的简单材料，历史经验所给予今天的意义，是远为丰富而复杂的。上述那段外交官夫人的言语，实际上涉及政府统治与民间社会自治之间如何平衡的重要问题。1884 年新疆建省到 1949 年解放军进军新疆共计 65 年，其间发生过多次战乱和政局动荡，内地也长期处于战争之下，无暇管顾新疆，当时新疆人口平均大约在 200～400 万，而汉族人口不过 20～40 万，约在 10% 上下（此处的数据，由崔保新先生提供），加之外国势力的渗透，用风雨飘摇来形容新疆局势大致是不错的。但是新疆却一直保持在祖国的版图里，尤其是在以弱兵廉政之策治理新疆的杨增新时代，新疆尤其安定，与当时内地的军阀混战、许多乡间盗匪出没的情况相较不啻天壤。为什么会如此呢？为什么当时的分裂势力没有"适时"使新疆独立呢？其中一个重要的原因恐怕在于当时新疆各地拥有相当大的自治权，新疆省各级机构对地方的管理，正如戴安娜女士所言是相当宽松或说是无为而治的。这当然不是孤证，在《沉默的胡杨》中可以找到相关的史实，而且当年的一些国外人士所撰写的新疆探险史中也多有记载。比如亨宁·哈士纶《蒙古的人和神》所记载的土尔扈特部落与当时新疆省政府的关系就是如此。因为地方部落拥有相当大的自治权利，彼此之间又形成了相应的制衡关系，当时新疆各地也就难以形成一致的整体性独立诉求，当年泛藏区的情况也有点类似。

当然我们不能脱离时代将那个时期的地方自治的情形浪漫化。应该承认，由于世界格局的不断变迁，如果没有 1949 年后中央政府的强有力的支持与直接管控，新疆或许已经独立了，或许今天的南北疆也陷入割裂与战争状态了，或许新疆会如阿富汗一般陷入部族割据的战乱中。但是尽管如此，晚清及民国以来的边疆史，当代以来新疆、西藏等地民族分裂问题的持续存在，以及某种程度的激化都提醒着我们，如何在国家一体化与地方自治之间取得更好的平衡，在更高水平上落实民族区域自治政策，实在是一个重要且紧迫的议题。如果再考虑到全球化时代一体性与多样性的张力、考虑到生态多样性的主张与保护、考虑到现代民族自决思潮的普及与后现代（后殖民）多元文化趋势的漫延，就更需要以长远的目光、充分的勇气、坚定的信心、审慎的计划与步骤，展开、推进国家一体性与地方自治性调协关系的建构。历史经验反复证明，如果只是一味强调高压稳定、经济发展、国家权力的加强，而轻视当地人民自我管理、自我当家做主、保护发展本地多样性文化的诉求，那么要想实现新疆、西藏等地区的长治久安，在民族地区真正建立起各族人民相互理解、相互尊重、和谐团结的关系，恐怕是可望而不可即的吧？

文章到这里应该结束了，但也就在这时，又传来了新疆巴楚4·23严重暴力恐怖案件的消息。突然间，历史——由保新和其他历史工作者给我们复原的历史，如此清晰地复原了。那原先似乎只存在于文字中的暴力、恐怖、分裂、极端宗教的疯狂，如此突兀活生生地横在我们的眼前。历史不仅在敬畏中复活，更在疼痛中复活！疼痛之中，仿佛自己也与保新一齐，重新回顾邓缵先先生的事迹，重新思考，作为一个中国知识人，一个新疆所养育的知识人的责任与义务。

# 昨天的中国：还原邓缵先的
# 人文历史意义

吕 平[*]

数年前，当新疆旅穗作家、我的私交崔保新老师郑重告知我：要发掘并整理一个民初广东客家人赴疆作吏的事迹，并要进行创作的事时，我略感惊奇。一般而言，一个作家的选题与选材，不能不顾及当下的语境与氛围。而此题材虽与"赴疆保土"有牵连，但人物太小、史迹太少、时代太旧（相对于"新社会"而言），明显是件吃力不讨好的事。然而，当崔保新老师向我展示了他几经艰辛寻搜到的邓缵先的初步史料资料时，我顿时觉得眼前一亮：此事虽难但绝对有戏！

我是以资深新闻工作者的敏锐感知崔保新老师的创作动机的；而作家崔保新也正是从记者崔保新转型而来，且我们都共同出生于50年代，是典型的"50后"。

新闻学上有一句名言："今天的新闻，就是明天的历史。"这句话把轻飘飘的新闻及新闻传播学赋予沉甸甸的分量。我们知道新闻或者历史有一点是共通的：就是其影响力都是由远及近，由身边波及周边的。"50后"群体有一种共同的特点及经历，就是"生于红旗下，

---

\* 吕平，资深媒体人。

长在甜水中"（过去的典型语式）。其实，我们是共同经历了共和国60年现代史的一代：三年困难、"文革"、"四人帮"统治、改革开放。可惜，作为50年代人，我们经历的成长与教育，都是经过滤的设定信息与模式；特别是"史无前例"的十年"文革"，那更是登峰造极的洗脑了。而此黄金十年，正是我们"50后"由少年而青年的成长关键期。后来，我参加了新闻工作，但那个年代的新闻就是宣传。记得文革后期与四人帮倒台前后所发生的"四五天安门事件"，最初作为重大新闻披露时定性为"反革命事件"的；而之后，则是"广大群众反抗四人帮的革命事件"！这令我这个青年新闻工作者十分震惊：原来新闻是可以为政治随意捏造的，历史也是可以随意捏造的。自始，我对我们的新闻及历史充满了疑问；尤其是对我们的近代史充满了疑问。事实上，在后来勇敢的探求者们不断发掘及披露的近代史实不断地冲击着我，而其中冲击最大的，莫过于"中国远征军"历史事件。相距仅仅70年，数十万忠勇的鲜活生命，为民族血与火的抵抗，波澜壮阔的英勇反法西斯历史，竟然可以人为地从历史抹掉，隐瞒达半个多世纪！故此，我对苏联的诺贝尔文学奖获奖者、作家索尔仁尼琴一直怀有崇高的敬意：一部用生命与苦难写就的史诗般的《古拉格群岛》，无情地揭露了铁幕后的血淋淋史实，令人震撼。一个敢于直面自己真实历史尤其是苦难历史的民族，才是有希望与生命力的民族；而这一历史重担，无疑落在了具有勇敢牺牲精神与"铁肩担道义"使命感的民族知识精英肩上。同样可慰的是，我感觉到我们"50后"群体甚至更年轻的群体也已经有了某种历史担当感，去努力寻找失去的历史，还原真实的自我。

依据新闻传播学中信息影响是由近而远递减的原理，无疑中国的200年近代史是对当代中国影响最强烈的一段历史；而恰恰此段历史在中华五千年历史中显得如此苍白或扭曲。近代史中曾有一位名人曾国藩氏面对列强入侵、世界变异曾大声疾呼："中国必须面对五千年来未临之大变局"。这句话已经过去了 200 年。可惜，由于我们自身民族的失误，到目前为止，我们仍未完成进入现代文明社会的华丽转身；这或许与我们自身不能直面自己的历史，尤其是近代史不无关系吧？故于此点"心有灵犀"，我十分明白崔保新老师为什么如此艰辛渺茫又如此令人兴奋地投入此项创作。果然，"皇天不负有心人"，历经数载艰辛、数十次往返粤疆之间及全国各地，邓缵先这个在近代史中"惊鸿一瞥"的小人物，竟然在崔保新老师手中鲜活丰满起来：这是个纵横中国近代史专制与共和交替历史节点、横跨粤疆万里空间疆域、浸润万千飞扬文采的伟大历史"小人物"！终于，一本沉甸甸的《沉默的胡杨》出来了，一段鲜活的中国近代史呈现出来了，我由衷地为崔保新老师感到高兴。而随着《沉默的胡杨》的诞生，相继发现整理了具重大历史价值及文学价值的邓缵先遗作，包括具有"以史保土"意义的《叶迪纪程》及县志、日志以及大量的诗词文章作品。这些珍贵的史料，马上把湮没的新疆近代史中曲折迂回而又腥风血雨的一段（民国初年至 20 世纪 30 年代）立体地呈现出来，为新疆的民初近代史研究，为新疆的民初边塞诗词文学史研究，甚至为客家历史人物研究及新疆近代历史人物研究都做出了开创性的贡献。

我们的社会现在正处于一个既充满希望又充满变数的艰难历史转型期；我们的民族现在正处于一个多样化选择似乎又有点无所适从的价值观与民族文化重构阶段。在功利至上的社会氛围中选择无利可图的活儿实显得十分另类。君不见，现在时尚而金钱可以叮当响的，不是对重大历史题材的无休止的"戏说"和对人类基本良知的无界限"忽悠"吗？我并不反对而且十分赞成进行突破性的文学创作、文化复兴。但是当一种社会潮流把整个社会推向无底线时，结果只能是把社会文明摧毁了。此种可怕的历史现象，曾经在中国 200 年近代史中反复出现，导致我们现在还在现代化文明的征途上蹒跚而行。因此，让我们的有识之士带领我们回头看看真实而可靠的昨天的中国，显得尤为重要。

中研院史语所考古组长李济教授曾说过这样的一句话："健全的民族意识必须建立在真实可靠的历史上"。我冒昧地加上一句：尤其是要建立牢实可靠的现代文明社会架构，"真实可靠的历史"应是一块分量极沉而必不可少的基石。作为世界上唯一具有五千年从未间断文明史的中华民族，一直为自己古代所创造的宏疆伟图、强大国力、灿烂文化而自豪。这本无可厚非，但是进入近代以来，我们面对坚船利炮、野蛮侵略、弱肉强食，只是忙于抵御，忙于锁关，忙于革命，忙于暴力，乃至现在忙于"先富起来"。这些匆匆的抵御、革命、暴力及财富追求，是否掩盖了开放学习、文明吸纳、改良社会、重构文明的另一面呢？我们可不可以停下匆匆的脚步，直面与思考一下真实的历史、真正的现代文明呢？

感谢崔保新老师及像他那样的一批有心人，通过自己的艰辛努力重新对我们极为重要的近代史真实鲜活地重现与重构。此种真实还原中国近代史的意义，已远远超越了纪念先人激励后人的宗社意义或支援新疆的图解意义。

邓缵先，我们后辈向你致敬。

崔保新，我们同辈同样向你致敬。

# 邓缵先对新疆文化的贡献

杜雪巍[*]

邓缵先（1868～1933 年）民国三年（1914 年）9 月，参加民国政府内务部举办的第二届知事试验，取列乙等，考试合格后分发新疆，1933 年春夏，新疆南疆发生暴乱，其在巴楚以身殉职，年仅 65 岁。邓缵先前后在新疆工作生活了 18 个春秋。他在 1918 年编纂了《续修乌苏县乡土志》（以下简称《乌苏县志》）；1921 年12 月整理著成游记《叶迪纪程》；1922 年撰写成《叶城县志》，收录有《调查八扎达拉卡边界屯务暨沿途情形日记》；1924 年夏出版诗集《毳庐诗草》，录诗 611 首；1928 年 8 月出版诗集《毳庐续吟》，收录诗 671 首；1930 年 8 月出版了诗集《毳庐诗草三编》，收录诗 668 首。为新疆乃至中国的文化事业做出了不可磨灭的卓越贡献。

在论说邓缵先的精神之前，我们不妨先看看邓缵先在新疆 18 年其著述所具有的历史意义及其历史价值吧！邓缵先进入新疆后，最先出任的是乌苏县知事。他在乌苏县任职也就是两年时间，利用闲暇时

---

＊ 杜雪巍，新疆天山网副总经理，《新疆文史》执行副主编。

间在民国七年（1918 年），编纂了《续修乌苏县乡土志》。据后来新版的《乌苏县志》记载："民国六年（1917 年），署县知事邓缵先'奉训令编辑县志'，翌年脱稿，两次呈送督军兼省长杨增新审阅民国十年（1921 年）出版印刷，现国内部分大图书馆、档案馆有藏本。全书分上下二卷，设有建置、地理、食货、职官、教育、交通、杂录七类……配有县境图和县城图各 1 幅，沿革表、职官表各 1 张，全书共 3.8 万字。"

邓缵先撰写的《乌苏县志》，在内容和体例上已远远超过了之前只有聊聊几千字的《乡土志》。《乌苏县志》是新疆民国时期县志编撰的一本范例，是新疆最早刊印发行的县志。邓缵先在编撰《乌苏县志》上，有如此独到见解，皆因为其在家乡曾参与编撰过《永安县志》的经历。

新版《乌苏县志》记载说，"邓缵先在乌苏主政两年，遍至乌苏城乡，考察地理，体验民情，多有建树。先后修建五道桥、东关桥今太平桥，便利交通；开挖六十户庄新干渠及其两条支渠，灌溉农田4000 余亩，百姓称贤。"

邓缵先撰写的第二部县志是《叶城县志》。叶城地处新疆西南部，历史悠久，地域辽阔，民族纷杂，由于语言不通，史料匮乏，编纂史志工作十分困难。在《叶城县志》中，最能体现邓缵先编撰此书价值的，就在于《叶城县志》中记录了邓缵先撰写的一系列巡边日记。在题为"调查八扎达拉卡边界屯务暨沿途情形日记"中，邓缵先一落笔便首先交代了边卡的地理位置，"卡在叶城县西南一千二百八十里，西距喀什道置一千九百二十里，北距省治五千四百六十里，与坎巨提交界，亦可通往印度国，防边戍边关系重要。"接着才是此次调查的原因和目的，"近复有坎人越界偷种情事，奉命往查晓谕阻止，并招募缠布各民，前往开垦，以固边围而免侵越。"

由叶城进入喀喇昆仑山的道路异常险要，当时就有人劝告邓缵先不要亲自前往边卡，邓缵先答曰："危险者境也，出境者心也，常存此处处有危机之心，则恐惧修省，自可转危为安；常存此时时有险象之心，则思患豫防，自能履险如夷。况该处并非人迹并非人迹所不能到者，何虑焉。"邓缵先认为："此卡即为中国土地，主权所在，任得听坎人越界偷种。此次我为实地查勘而来，不能半途而止也。"由此，我们不能不感佩邓缵先的气度和文采。邓缵先话语简洁，但句句铿锵有力，掷地有声。足可见其作为一个基层政治家所拥有的博大胸襟。

帕米尔高原山高路险，气象复杂。邓缵先在日记中写道："十七日己出，由港换马向南行。大石路，两岸复嶂，河流夺山而出，水流怒而湍急。终日行山根，河排路仅数寸。迂回盘旋，十步五折，或左或右，涉是河者四十二处。"到了二十四日，邓缵先一行才真正进入了险境。"有一处仅数里崭绝如削，又如悬境，从中间过，险阻异常，不能停足，一停足则碎石滚滚下坠，勇夫色骇壮士股慄，虽老子之牛应将却步，王尊之驭未敢前行。土人云：前清时此路最险，前导先用长绳系在巨石间，各攀援绳索步步移去，又用毛带束两腋引而纵之，以防其坠。倘人马一跌不可收拾。闻着莫不咋舌。"

道路艰险，崎岖难行。十六天后，邓缵先一行才到达八扎达拉卡，此时天上飘起了雪花。第二天，他们又翻过一道山岭，"土人云：此处夏间常雨，七月飞雪。""此去石霍叙，山中多瘴气，感之头昏涕流，脚软腰痛。曰瘴气者，邪气也，正气不足而邪气乘之，携带药物备豫不虞而已。"

此次考察边界回来后，邓缵先对边界划界抒发感慨："谨按中坎分界当以星峡为限，水流出坎巨提者属饮地，水流入县河者属中地星峡为界中外，分明诚天然界限也。检阅旧卷，光绪二十五年有以玉河为界之议，如果斯言实行是不啻将玉河流域断送于人，更不啻将玉河两岸地方断送于人。玉河水源不一，支派分歧，若以玉河为界，纠葛愈多，得寸进尺越占无厌。且玉河为叶尔羌河，莎、叶、皮、巴等县人民命运攸关，若以玉河为界，始则占我河西南土地，继必占我河东北土地，甚成秦泾水毒赵堰遏流，讲莎、叶、皮、巴等县数十万生灵受制于人，其贻害曷有极哉。"

邓缵先为了国家民族的利益，晓之以理，在事关新疆莎车、叶城、皮山、巴楚四个县数十万民众因水源而带来的生存问题上，他据理力争，寸土不让。"疆界如何？曰：玉山资保障，星峡故边陲。险阻如何？曰：羊亡牢可补，牛壮牧应求。"在中国历史上，丧权辱国的例子很多很多，因为官员的欺上瞒下，作风漂浮、凭空想象而导致丧权辱国的事情不在少数。但邓缵先不是这样，他反而能够看地很远，能够从民族大义出发。

邓缵先卸任叶城知事时，"父老子弟壶浆饯送，十里五里，长亭短亭，至玉河边，犹留恋涕泣"。邓缵先曾以《吏》为题赋诗："千古清廉海忠介，高风人颂玉壶冰。"邓缵先当然知道，只有为官清廉才能够千古流芳，玉壶冰清才会有后人给你树碑立传。

邓缵先当时记下的这些巡边日记有着怎样的意义及历史价值呢？有这样一则故事充分说明了他的价值。还是那本《叶城县志》的附录中有这样一段记载："1962年，为解决中印边界问题，有专家携带民国时期的《叶城县志》来叶城，县委书记薛义峰得知后，组织人员星夜抄录，遂留下这一珍贵资料。这本《叶城县志》共八卷，残留4~8卷，5.8万字。"邓缵先1920年撰写的巡边日记，在1962年爆发的中印边境自卫反击战中派上了用场。与印方最终谈判边界时的中国北京专家，手里拿的依据的，正是邓缵先当年所编撰的那本《叶城县志》。当年不经意间的一次边卡巡查，竟在40多年后发挥出了重大作用。所以由《叶城县志》的"调查八扎达拉卡边界屯务暨沿途情形日记"，所体现出来的，邓缵先不仅是个能臣，而且是一个干臣，是一个勇于担当，敢于承担的人。

《叶迪纪程》是邓缵先民国十年（1921 年）十二月整理印行的另部著作，是以游记形式写成的一部记述他由叶城返回迪化途中的所见所闻。叶城至迪化（今乌鲁木齐市），往返约三千七百五十里，期间艰难险阻，无以言状。邓缵先在这部游记中，详述了所经历各县的山川风物，人文地理，"举凡里程远近，桥梁数目，泥沙泥路，各族人口，无不悉载"。这对于后人了解当时的社会、经济发展状况，都有着非常好的参考价值。

除此之外，邓缵先自 1915 年抵达新疆，先后出版了《毳庐诗草》（1924 年夏）、《毳庐续吟》（1928 年八月）、《毳庐诗草三编》（1930 年八月）三本诗集，凡一千九六十首诗词。

邓缵先是个深受中国传统文化熏陶的传统文人，崇尚"悬壶济世、心系天下"。他分发来新疆时，已是 47 岁的中年人。他曾出国去过南洋新加坡，也算是睁眼看过世界的人。究其当时所处的时代是，民国初立，百废待兴，他希望自己能为新中国建设付出自己的一片赤诚之心。所以，当得知边疆需要治疆人才时，他义无反顾地报名应试。到距离家乡几千公里之外的地方去任职，他当然知道新疆地处偏远，自己会抛家舍业、远离亲人。他心里清楚，在民族大义面前，自己的居家琐事都自然属于小事了。所以在邓缵先的身上，有一种"渴望奉献"的崇高精神动力驱动着、充盈着。

邓缵先曾在其边塞诗《镇西歌》中说，抒发了他远赴新疆时的政治抱负："汉皇遣使通西域，镇西旧称蒲类国。纪功裴勒永和碑，斩馘姜铭贞观石。……"

古时文人出塞，往往投笔从戎，仗剑而行，在马背上建立功业。对此，邓缵先曾写道："壮志如何？男儿负壮志，立功西北陲。投鞭万里去，骏马如飚驰。愿携鸾为群，不与鸡争食。壮游如何？雪净汉关秋，三边许壮游。酪浆甘似醴，毳屋小于舟。王粲离家久，班超返不愁。聊将征戍事，笔录付庚邮。"所以，邓缵先西行的目非常的明确，那就是要报效国家，而不是为了升官发财。

在邓缵先研究中，其实我始终在想：邓缵先为什么在 47 岁时选择进疆？为什么 63 岁时还出任巴楚县长，而不告老还乡？如果说，他留在新疆仅仅是为了报答省长杨增新个人的知遇之恩，那么 1928 年夏天杨增新被枪杀，便为他提供了一个离开新疆的绝好机会。但他为什么又选择留下呢？是为官职吗？邓缵先 1917 年即出任乌苏县知事，1932 年出任巴楚县县长，15 年中并没有升官晋爵。是为金钱吗？如果邓缵先贪钱，在南疆县长肥缺上，只要一任就能捞个钵满盘满。是因为邓缵先纳妾不舍女色吗？也不是！邓缵先既不为情，不为钱，不为色，他究竟为了什么？

1922 年春天，邓缵先母亲病危，邓缵先不顾山高水远，盗寇猖獗，日夜兼程赶回故里。"壬戌孟夏，故里书来谓垂暮之慈母，每思念乎游子，指随心痛。绪与肠回，乞假言旋，星驰就道。关河迢递，思凄怆以怀归。盗贼纵横，意愤悒而谁语？绕道宁夏，渡凶黄河，夹岸则高山万重，束流则曲碕千丈。独坐皮筏，出没于惊涛骇浪之中，极听悲声，转辗于蝉噪辕啼之际。白日既匿苍波靡涯，身犯魍魉之途，足践无人之境。遂使边心忉？"冒死归家，已知归途凶险，为什么还要再次出关？再次出关，何时再归？恐怕邓缵先心中也已经有了答案。

在昆仑山下，玉河之畔，远离家乡，年逾花甲的邓缵先思绪万千，他究竟在想些什么呢？邓缵先曾作诗词："人生修短皆有数，忧喜机缘难预虑。人何世能鸾鹤栖，世何人能金石固。佻心欲觅长生诀，服食多为药物误。年逾五十不为老，比邻结昏媾枌榆。薄田三亩宅一区，溴粮无储乐有余。借问荒碛胡为乐？经岁不闻贪吏呼。"

"年逾五十不为老"！邓缵先做官的目的就是"经岁不闻贪吏呼"。新疆长治久安，需要清正廉洁的官吏，难道不应从自己做起吗？舍小家，为大家，以百姓疾苦福祉为重，家中父母妻儿为轻，如此远大志向和博大胸怀，难道不正是"天下为公"的真实写照吗？

邓缵先离乡背井，先后出任新疆五个县的县长，为新疆各民族兢兢业业服务了18年。他以新疆为家，以各民族为兄弟姐妹，寓博爱于民族平等之中。他早在代理乌苏县知事任上，写诗寄给老师蓝湘湄，以"夙荷师承须洁己，冰渊心迹一尘无"为自己的座右铭。他知行合一，言行一致。他堂堂正正做人，清清白白做官。

邓缵先当小官，做大事，坚守边疆18年。他为后人留下了戍边之功、爱国之德、立身之言。他的五部著作记录了历史并承载了自己，使他成为新疆乃至中国的边疆史学家、西域探险家、民国边塞诗人。

邓缵先眼看着自己60岁届满，家人为催促和迎接他早日归家，在家乡为他购置了一处寿地，以实现客家人叶落归根的夙愿。邓缵先为此也修诗一封，表诉衷肠："腊月六日家人寄书云，与故里觅得一地将为予寿藏，闻之矍然，赋诗答之。人生宇宙间，百龄如朝露。我年近六十，修短听诸数。即今归泉台，解脱不恋慕。我家粤峤里，青山颇清美。羁宦天一涯，遥隔万馀里。家人怜我老，客游应倦矣。寻绎书中意，似促早归田。上寿难幸致，此心当益坚。去处随萍梗，得失付云烟。蚕丝吐未尽，春深蚕不眠。云水致足乐，岁暮鹤知还。生平我与我，往来因自然。迂腐读藏经，贪鄙诚可怜。"

这封家书应该写于1926～1927年任疏附知事期间。与"五十初度志感"相比，这封家书心态大变，心静如水，置生死于度外，甚至为自己作起了祭文，为自己的塚坟书写墓志铭。这是何等乐观潇洒的人生观！诗词中表达了邓缵先暮年的境界和志向：只有将人生得失化为烟云，鹤才能在云水之间自由翱翔。不要受迂腐文化的影响，人生应不受年龄限制，正如春蚕到死丝方尽，蜡炬成灰泪始干。

邓缵先在新疆在新疆奔波了18年，没有将妻子儿女接来服侍陪伴他，仅有一个过继的儿子陪伴着他，直到巴楚暴乱，儿子、儿媳、孙子与他一起遇难。

> 交河霜信如边关，一夜香闺尽惨颜。
> 铁骑几回池玉寒，银笺前岁寄金山。
> 梦惊碎叶城频堕，泪溅回文锦染斑。
> 只恐郎心如弱水，向西流去未能还。

邓缵先不仅是一位行动干练的能臣，还是一位出色的辞赋高手。邓缵先在处理各种公务之余，常常用诗词来抒发自己的胸襟。在 18 年的漫长岁月中，邓缵先留给我们的《毳庐诗草》诗词 611 首，《毳庐续吟》诗词 671 首，再加上《乌苏县志》《叶城县志》《叶迪纪程》里的诗词，约 1400 首诗词，奠定了邓缵先在西部边塞诗坛上的地位。曾有人评价说，邓缵先是中国最后一位古典西域诗人，第一位现代西域诗人。或者说，邓缵先是我国西域边塞诗诗坛上承上启下的一座丰碑式的人物。著名学者杨镰说，"邓缵先，是新疆现代史上当之无愧的人文标志，不论由谁来执笔来撰写胸襟现代史，都绝不能略过不提……这不仅是学术界的事，更关系到新疆的现状与未来。"

邓缵先是民国边塞第一诗人，他胸怀"男儿当报国，头白奋长途"的志向，西出阳关"愿携鸾为群，不与鸡争食"；他热爱新疆，"蚕丝吐未尽，春深蚕不眠"；他治理新疆，是要"借问荒碛胡为乐，经岁不闻贪吏呼"。

邓缵先是一个平常人，他在闲暇之余，勘察地理，撰写诗词，他偶尔饮酒作诗，有着高雅的情趣。他把别人饮酒作乐的时间用来从事他认为有意义的事情。写志赋诗，这在一般人眼中，都是些"不靠谱"的事情，是吃饱了没事干的事情，但邓缵先却不那么认为。邓缵先是一个身负神圣使命的人，是一个有着国家责任的人。"文化"，在当时看来的确是无甚用处，无非就是歌词诗赋，附弄风雅之类，但从后来来看，正是邓缵先当年闲暇之余，不经意间留下的一首首诗词，一篇篇日记却为我们今的人们揭开了民国年间的大世界。

文化不是花瓶，不是点缀，不是我们要高喊坚持了什么、高举了什么、贯彻了什么，它时时刻刻就在我们身边、在我们的血液里。邓缵先身上所坚持和体现的，正是中华民国开国元勋孙中山先生所倡行的"天下为公"。邓缵先正是孙中山建国思想的伟大践行者！

邓缵先对新疆的文化贡献是巨大的，表面上说，他留下了两部县志，近两千首西域诗词。而更关键的是，他留给了我们一笔丰富的精神财富。这，也才是值得我们回味纪念他的意义所在。

邓缵先，是新疆和广东两地人民的一个骄傲，是南国红棉与西域胡杨交相辉映下的共同结晶。邓缵先，是值得我们永远怀念和纪念的"民国早期的援疆人物"，他的精神将永远激励着我们今天的人们去努力去奋斗。

# 邓缵先之胡杨梦

谷　昕[*]

人们赞美胡杨，欣赏胡杨，歌颂胡杨，崇敬胡杨，胡杨一千年生长，一千年不到，一千年不朽的顽强生命力，正是人们对美好未来的向往和憧憬。对于生长在西域塔克拉玛干大沙漠苍劲挺拔的胡杨，它正是安宁，和平，幸福，和谐的象征。边疆的幸福安宁，是世世代代的期盼，更是无数英雄壮士为之而英勇奋斗的目标。

崔保新所著《沉默的胡杨》写的是九十年前的民国官员邓缵先胸怀祖国的遥遥边疆，从广东的紫金县，跋山涉水，不远万里来到新疆的叶城县履职县知事，他心中装着祖国的博大国土。这就是一个中华文化融入一个民族英雄的身上，在国与家关系上，国大家小，国先家后，国家一体，相辅相成。1915年初，邓缵先乘坐马车万里迢迢远赴新疆，斯时，他已经47岁了。他也许有一百个小理由不离小家，不去遥远陌生的新疆，但只有一个大理由支撑着他，那就是为国家，保新疆。国家利益高于一切。其后，他更是发出"年逾五十不为老，壮年出塞戍边垣。""羁宦天一涯，遥隔万余里。倏更数十春，足迹

---

* 谷昕，高级经济师，新疆财经大学客座教授。

遍越胡。"的心声。割舍小家，天下为公。在邓缵先身上，发扬了客家人诗书传家的优良传统，秉承了客家人轻利重义的古训，当国难当头之时，客家人总是挺身而出，担当匹夫之责。

邓缵先为了边疆人民的安宁和幸福，历尽千辛万苦，先后就职于新疆的五县县长，为时十八年。十八年中他身体力行，亲民爱民，廉洁履职，团结各族人民，发展生产，兴修水利，安抚贫困灾民，受到了各族群众的爱戴和敬仰。当他每离开一地另履新职之时，都受到各族群众的难舍之情，沿街群众手捧鲜奶热馕，瓜果酒浆，热泪相送，十里八里，直送至叶尔羌河边，那种深情感人场面真是罕见。

在中华文化中，强调少小立志，然后做足修齐治平的功夫，一俟国家兴亡之机，天下匹夫当有责担当。邓缵先曾写道："壮志如何？男儿负壮志，立功西北陲。投鞭万里去，骏马如飚驰。愿携鸾为群，不与鸡争食。壮游如何？雪净汉关秋，三边许壮游。酪浆甘似醴，毳屋小于舟。王粲离家久，班超返不愁。聊将征戎事，笔录付庚邮。"

在中华文化中，做官先要做人。"官要读书作，心如为政纯"，这样，才能从政爱民，为民服务；才能武官不怕死，文官不爱财；才能威武不能屈，富贵不能淫，贫贱不能移；才能为官清廉，冰清玉洁。邓缵先曾以《吏》为题赋诗："千古清廉海忠介，高风人颂玉壶冰。"熟读历史的他知道，为官清廉才能千古流芳，玉壶冰清才有人树碑立传。邓缵先先后出任新疆五个县县长，以客为家，兢兢业业为新疆人民服务 18 年，尤其多年在南疆为当地维吾尔族群众造福。早在代理乌苏县知事任上，他写诗给老师蓝湘湄，表达自己的座右铭："夙荷师承须洁己，冰渊心迹一尘无。"即堂堂正正做人，清清白白做官。他知行合一，言行一致。在叶城知事任上离任之时，"父老子弟壶浆饯送，十里五里，长亭短亭，至玉河边，犹留恋涕泣"。

在事关国家领土完整与安全的大是大非方面，中华文化历来强调针锋相对，寸土必争。在事关气节上，宁为玉碎，不为瓦全。在事关尊严上，中国人宁洒热血，不做犬儒。1920 年春天，邓缵先写下"调查八扎达拉卡边界屯务暨沿途情形日记"。"卡在叶城县西南一千二百八十里，西距喀什道治一千九百二十里，北距省治五千四百六十里，与坎巨提交界，亦可通往印度国，防边戍边关系重要。近复有坎人越界偷种情事，奉命往查晓谕阻止，并招募缠布各民，前往开垦，以固边围而免侵越。"

由叶城进入喀喇昆仑山的道路十分险要，有人以天寒路险为由，劝告知事邓缵先不要轻身前往边卡。邓缵先正义凛然地答曰："危险者境也，处境者心也，常存此处处有危机之心，则恐惧修省，自可转危为安；常存此时时有险象之心，则思患豫防，自能履险如夷。况该处并非人迹所不能到者，何虑焉？"有人说前官员从未到过边卡，邓再答曰："此卡既为中国土地，主权所在，任得任听坎人越界偷种。此次我为实地查勘而来，不能半途而止也

邓缵先历尽千难万险，不畏严酷，踏上巍巍喀喇昆仑，并写下了《调查八扎达拉卡边界屯务暨沿途情形日记》，成为我们爱国保土的重要资料。我作为一位曾在六十年代末驻守西藏阿里高原，七十年代初驻守喀喇昆仑山，八十年代末驻守帕米尔高原的老边防军人，以我自己的亲身经历，使我很难想象一位五十多岁的老人，在九十多年前的民国初年，各方面条件都极差的情况下，他骑着马，骑着骡子，马和骡子累死了，又骑着牦牛，拄着树枝做拐杖爬上五千多米的喀喇昆仑山进行巡防，我真是无比的惊憾！海拔五千多米，那是生命的禁区，当年我是一名近二十岁的年轻边防军人，那登上喀喇昆仑山是何等的不易啊！高山缺氧、道路崎岖、悬崖峭壁、比比皆是、四季严寒，气候恶劣，这一切随时都可能夺走人的生命。邓缵先的爱国之志，舍生忘死的气概，怎能不让人敬佩，不让人肃然起敬呢！正是他置生死度外，历尽千难万险所写的《巡防日记》为 1962 年中印边境之争留下了难得的最珍贵最有力的依据。

叶城县域面积几乎与海南岛旗鼓相当。国土是一个民族的生存空间，一寸国土一寸金，国土花钱买不来，不能做交易，国土是血与火的结晶。邓缵先 1920 年撰写的巡边日记，在 1962 年在中印边境之争中派上用场。来自北京的专家就带着邓缵先所作的《叶城县志》，以其巡查边情的报告作为领土之争的重要依据。以文载史、以史保土，邓缵先是中国的功臣。邓缵先虽然是民国时期的官员，但他恪尽职守，以文载史、以史保土，为维护祖国的领土完整做出了贡献。我们所以称为民国义士，就是因为在他们身上有强烈的国土意识。他们从内地赴疆戍边，就是要庄严国土，即使血沃西陲，也心甘情愿。这些义士们当年与英俄缠斗，与民族分裂主义斗争，其目的与我们今天反"三股势力"是一致的。

为维护国家的主权，维护祖国领土的完整，我们中华民族一代一代奋斗不止，历史上的代代英雄包括邓缵先乃至今天我们全国人民面对的钓鱼岛，黄岩岛无不彰显我们中华民族的爱国之心。

人生宇宙间，百龄如朝露。初为卯角童，俄顷鬓毛素。

我年近六十，修短听诸数。即今归泉台，解脱无恋慕。

尘缘尚未终，逍遥聊且住。从此耄而耋，形骸我如故。

达哉陶靖节，尝作生祭文。将辞逆旅主，本宅返其真。

又如司空图，自为铭塚坟。胜日集宾友，酌酒坐墓门。

预凶虽非礼，韵事传古人。我家粤峤里，青山颇清美。

羁宦天一涯，遥隔万余里。家人怜我老，客游应倦矣。

卜筑东岭阿，营兆西山趾。还将祖墓旁，生圹附于此。

特别是他已年过半百，但亲自踏上巍巍喀喇昆仑山，走上 5000 米的高原进行边界巡防，那真是冒着生命危险，把生死置之度外。

一个伟大的民族必然有健康向上的生命观和生死观。中华文化是尊老敬老的文化，但它欣见自古英雄出少年，肯定后生可畏。在中华文化中，只有天行健君子当自强不息，君子没有退休概念，没有老的概念；只有老骥伏枥，志在千里，烈士暮年，壮心不已；只有鞠躬尽瘁死而后已。邓缵先游宦新疆15年，眼看60岁届满，家人为他购置了一处寿地，催促和迎接他早日归家。邓缵先为此修诗一封，表诉衷肠："腊月六日家人寄书云，与故里觅得一地将为予寿藏，闻之瞿然，赋诗答之。"

作为一个政治家，应系国计民生于胸间，对民族生存的空间当仁不让，寸土必争。从邓缵先的胸怀中，我不仅品读出父母官的权限，更品读出父母官的责任。"疆界如何？曰：玉山资保障，星峡固边陲。险阻如何？曰：保邦非特险，谋国不忘危。边防如何？曰：竟误鸿沟割，须防虎视眈。善后何策？曰：羊亡牢可补，牛壮牧应求。"疆界巩固，边防安危，排除险阻，善后有策，这不都是政治情怀吗？中国近代史上，也有贪图安逸不到现场勘查，只在地图上划分边界的父母官，他们的行为损害了国家民族的利益，自然会被钉在历史的耻辱柱上。

邓缵先爱国爱家无畏的壮士戍边之志，以国家为上，抛家舍子，远离家乡，为祖国边疆，为边疆人民奉献了自己的一切。十八年中只为家母病重而回家省亲一趟，但还未见到久病的母亲。家人为他买好了归根之墓地，并劝他年事已高不必再去新疆，但他怀揣着边疆各族人民的安康既是我的安康之梦，毅然决然地离开了青山绿水的岭南，又踏上了回西域的漫漫路程，再次为边疆人民奉献自己的毕生

邓缵先为官清正廉，爱民如子，是有中华历史文化底气的。"人生修短皆有数，忧喜机缘难预虑。人何世能鸾鹤栖，世何人能金石固。侈心欲觅长生诀，服食多为药物误。年逾五十不为老，比邻结昏媾枌榆。薄田三亩宅一区，溟粮无储乐有余。借问荒碛胡为乐？经岁不闻贪吏呼。"好一个"年逾五十不为老"，做官的目的就是"经岁不闻贪吏呼"。新疆需要清正廉洁的官吏，难道不应从自己做起吗？作为客家人，邓缵先是十分看重名声和信誉的。金钱有价玉无价。玉

就是指人的品格和声誉。惟玉不计大小，可行大事也！

官有官责，人有人品。在中华文化中，匹夫也有报效国家，青史留名的机会。立功、立德、立言三立身，机会人人均等。位卑岂能忘国忧。不做大官，要做大事。

1933 年，新疆发生波及南北疆的大动乱，在事关国家分裂、民族危难之时，他以国家利益为重，以民族利益为重，置生死于度外，依然挺身而出，率众守城，坚守岗位，直至城破后惨遭暴徒杀害。

邓缵先追梦大漠胡杨，追梦边疆各族人民世世代代的安宁祥和，用自己十八年的行为谱写了一曲胡杨颂歌，也正如在他的诗中所写："塞北有绿杨，百尺高无枝。千修阴自远，节坚风易悲。葛藟欲寄托，祥鸾来何迟。经阅群卉荣，亭亭亦如斯。"

胡杨是和平、安宁、祥和、幸福的象征，他巍巍挺立在茫茫大漠中，不畏风沙烈日，不畏严冬酷暑，是那样的安宁祥和。邓缵先一个客家人，他常怀四方志，他把边疆作为自己的家，把自己完全融入边疆各族人民中，他心中装满了大西北的草原、河流、雪山、大漠与田园，他的情怀、思绪完全心系新疆各族人民，把自己的一切完全都置入到边疆。正如他有诗而表："男儿负壮志，立功西北陲。投鞭万里去，骏马如飚驰。愿携鸾为群，不与鸡争食。"他热爱祖国，热爱边疆，热爱边疆的各族人民，他那颗炽热的拳拳中国心和他那深挚的边塞情，不正是我们今天更为需要的可贵之处吗！

今天我们党中央的大政方针，十九个省市对口援助新疆，正是为了边疆的安宁和幸福，近百年来源源不断的援疆之情，也谱写了一曲曲壮丽的凯歌。九十年前的邓缵先等一批的粤人援疆，1956 年的八千粤籍儿女援助新疆，1993 年的广东援助新疆哈密，以至现在的广东第四轮援助新疆喀什地区，这和九十年前邓缵先从广东到新疆的叶城任知事，这难道仅仅是历史的巧合吗？绝对不是！这是中华民族的大统一思想，是优秀中华儿女的爱国之志，是优秀炎黄子孙热爱华夏大地山山水水的博大情怀。祖国的每一寸土地都是我可爱的家乡，那里的各族人民都是我的亲人兄弟姐妹。今天中央新疆工作座谈会的精神，不就是建立稳定、祥和、幸福的新疆吗？十九个省市大力援助新疆，给新疆带来了党中央的关怀，带来了全国人民对新疆的真诚热爱。我们多么需要一个和平、安宁、幸福、祥和、美好的新疆！这不仅是九十年前邓缵先所追寻的胡杨之梦，更是我们今天全国人民的美好期盼和美好憧憬！也是我们习近平总书记提出的"复兴之梦"。动乱是祸，稳定是福。南疆稳，则新疆稳，新疆稳，则国家宁。这是千百年来的历史和现实告诫我们的，也是我们世世代代追寻的祥和幸福之梦，我们多么希望边疆的安宁，人民的幸福，他就像胡杨一样永远的挺立、不衰、不朽！

　　邓缵先的气概、胸襟、精神，是中华民族的优秀品质，是中华民族之魂，我们敬慕他的民族精神，颂扬中华民族之魂，它是不受任何历史时间的局限，它是穿越时空的。正如广东省客属海外联谊会会长、原省委常务、宣传部长黄浩先生题词"南北国魂，客家胡杨——你往西域去，维语识亲人。带着围楼古老的根啊，编制塞外桃园的美梦。朔风大漠久磨砺，岭南翠竹化胡尘。天变地变情难变，赞美戍边人"。

2013 年 2 月 26 日广州

# 评人论史要多一点普世价值观

## ——读崔保新新著《沉默的胡杨》《新疆 1912》有感

马锁成 *

感谢崔保新先生，让我们知道了新疆历史上还有一个应该大书特书的传奇人物邓缵先，让我们知道了新疆历史上的许多前所未闻的人和事。前不久，一个偶然的机会，我有幸见到了崔先生，读到了他的两本新著《沉默的胡杨》和《新疆 1912》，受益良多，感慨系之。

说老实话，在读崔先生这两本书之前，我对他只是知其名而未见其人；对邓缵先，还算读了些书、对新疆历史有点了解的我，此前竟是几乎一无所知。不只是我，我随意问了周围的许多人，包括读书人和有一定级别的官员，对邓缵先也多是一无所知。这就让我想到一个问题：这么多年来，我们的历史研究特别是对历史人物的评价和宣传是存在很大的问题的。

虽然说历史研究离不开具体的环境，历史研究要为现实服务，虽然说历史研究要有一定的距离感，但回顾这些年来的历史研究和历史人物评价，我们还是不得不说，其中有太多的功利性，受政党、政治和意识形态以及英雄史观的影响和牵制太多，这样的历史研究和人物评价不可能公平和公正。虽然这种情况在近年有所好转，但积重难

* 马锁成，新疆媒体人，作家。

返，还是没有得到根本的改变。比如说，对在抗日战争中国民党和国民党军队以及国民党方面个人的功绩和影响有意无意地淡化、矮化和忽略；对近代以来中国革命和革命人物的宣传，简单地以党派和意识形态画线，总是突出研究和宣传与中共及其意识形态有关的人和事，对其他人和事的研究和宣传无论是在内容上还是分量上则很不够，与他们在历史进程中的地位和作用很不相称，这就造成对一些重要的历史事件和人物的研究和宣传很不到位甚至常常出现空白，比如对邓缵先这样的人物就是这样；无论是对党内人物还是对党外人物的研究和宣传中，都存在很明显的以成败论英雄的问题，有意无意地贬低、淡化、矮化甚至丑化失意的、失败的和犯了错误的人物，比如，对陈独秀、李立三、瞿秋白、王明、张闻天、高岗、林彪等的研究和宣传就与他们的历史地位和功绩很不相称，与一直正面宣传的人物存在非常大的反差，甚至有时还把属于他们的荣耀和功绩给了别的人物，把本不属于他们的错误加于他们身上；对那些在习惯上认定的敌对阵营、否定人物、"反面人物"则喜欢一棒子打死，对他们曾经做过的好事、起过的进步作用要么不愿意承认，要么视而不见，要么一笔带过，对他们的研究和宣传总是有点羞羞答答，犹抱琵琶半遮面，比如对袁世凯、蒋介石、汪精卫、戴笠、孙传芳、吴佩孚、张作霖等人物就是这样；受"英雄史观"和"官本位"的观念和传统影响，往往注重对主要人物、高层人物、事迹轰轰烈烈人物的研究和宣传，而程度不同地忽略对次要人物、底层人物、普通人物的研究和宣传，就如《水浒传》中对众多"小喽啰"的态度一样，无暇也不愿多研究和宣传他们。比如对辛亥革命的研究和宣传，对我们大多数人来说，只记住了孙中山、黄兴、宋教仁、秋瑾等，而为辛亥革命做出努力和贡献的普通人物我们又能记得多少呢？就以新疆的辛亥革命而言，就是对历史有一定研究的人来说，充其量也就是知道冯特民、李辅黄、刘先俊、杨缵绪、杨增新等与这场革命有关的主要人物或"大人物"，对同样为对新疆的历史进程发挥重大影响的这场革命做出贡献甚至献出生命的普通人物我们又知道多少呢？这样，就使历史研究和人物评价难以做到公正，使许多历史人物湮没在历史的尘埃中。应该说，这既是历史的悲剧，也是历史研究的悲剧。

随着近年来经济社会的迅猛发展，随着经济全球化和人们思想的日益开放、解放，尤其是随着互联网的迅猛发展和网上言论的日益开放和多样，人们对外界的了解越来越多，对话语权的追求和对思想的多元化、交流的平等化的要求日益强烈，对许多问题和人物不满足于以往已有的研究和现成结论，人们日益追求和关注普世价值，一个个禁区和准禁区被陆续打破，社会研究和历史研究出现了生动活泼、生机勃勃的喜人局面。我们发现，在历史研究和人物评价中，多年来形成的模式逐渐被打破，简单地以政党、政治和意识形态画线的做法逐渐被打破，历史研究的视野越来越宽，人物评价的标准越来越远离习惯了的标准而向普世价值靠近。

多年来的经验教训告诉我们，评价历史人物，绝对不能囿于太强的功利性，不能从一党一派的利益出发，而要把对人民的态度、对历史发展的作用作为根本标准。

60多年前，毛泽东撰写的《人民英雄纪念碑碑文》中说：三年以来，在人民解放战争和人民革命中牺牲的人民英雄们永垂不朽！

三十年以来，在人民解放战争和人民革命中牺牲的人民英雄们永垂不朽！

由此追溯到1840年，从那时起，为了反对内外敌人，争取民族独立和人民自由幸福，在历次斗争中牺牲的人民英雄们永垂不朽！

70多年前，毛泽东在《为人民服务》一文中说：今后我们的队伍里，不管死了谁，不管是炊事员，是战士，只要他是做过一些有益的工作的，我们都要给他送葬，开追悼会。这要成为一个制度。

请注意，毛泽东同志在这里说的是三年以来，三十年以来，1840年以来，为了反对内外敌人，争取民族独立和人民自由幸福，在历次斗争中牺牲的人民英雄们"永垂不朽"，而不是说哪一次，哪一个，哪一个党派、哪一种信仰的人物"永垂不朽"；毛泽东同志这里说的是"不管是炊事员，是战士，只要他是做过一些有益的工作的，都要给他送葬，开追悼会，"而不是哪一级、哪一个人物。毛泽东同志在这里实际上表现的就是一种浓浓的平民情怀，一种任何阶级、任何政党、任何国家的人都能接受的强烈的普世价值。

崔保新先生是一位有思想、有追求、有良知、有责任感的人文学者和历史学家，多年来在属于自己的田园里默默地耕耘，不避寒暑，不求闻达，已经有了丰硕的收获，他的《点线内外》《藏区三记》《三极之问》及与人合著的《发现新疆》《广信广汇》等著作已初步显示了自己深厚的学养、独立的人格和独特的视角，初步显示了他驾驭宏大题材的能力，在疆内外得到了广泛的认可和赞誉。虽然从年龄和经历上讲，崔先生也是从突出政治、突出斗争的年代走过来的人，不可避免地受到"左"的史学观的影响，但这么多年的研究和写作实践积累及长期的独立思考，使他能够较早也较好地摆脱左的影响，坚持自己个性化的研究和写作，从人和人性的角度研究和写作，从普世价值观出发研究和写作，《新疆1912》《沉默的胡杨》就是他这种实践的可喜和最新的收获。

《新疆1912》《沉默的胡杨》充分表达和体现了作者的学识、史识、见识、胆识和一个知识分子的良知，对人对事不搞先入为主，不搞人云亦云，不以党派和政治画线，不讨巧，不吃别人的剩饭，发出自己的声音，写出自己的特色，而关注底层小人物和历史细节正是这两部著作最重要的特色；作者不满足前人的现成结论，不当"文抄公"，在现有资料十分缺乏和研究十分困难的情况下，不辞辛苦四处奔波，历尽艰难深入挖掘，进行了大量的田野调查，掌握了大量的第一手资料，这样就使他的作品十分扎实，分外厚实，令人信服，经得起检验；作者文学功底扎实，作品语言轻松活泼，以人物为主，以人物串起事件，以诗证史，精到的论述、哲理性的警句比比皆是，作品有很强的可读性，读来引人入胜。这两部著作是崔先生本人的重要收获，也是新疆乃至全国民国史研究的重要收获，其以开放包容的态度坚持普世价值，在史学界当会有长远的影响，是会经得起历史检验的。

说到知识分子的良知，在这里不妨顺便多说几句。经过上世纪那段不正常的年代，特别是经过"反右"和"文革"，人们的精神世界受到极大的戕害，许多人的个性特别是坚持真理的个性被磨平，一些人特别是一些知识分子被吓破了胆，消极地从明哲保身的角度总结教训，再也不敢说真话，办报刊、写文章，不求有个性，说真话，只求保险，只求在政治上不犯错误，不等人家来阉割自己先把自己阉割了。这样办报刊，怎么会有铁肩担道义、为民请命的报刊？这样写文章，怎么会有真诚说真话的妙文？这样研究历史，怎么会有信史？正是在这一点上，我特别敬佩崔先生，在他的著作中充分表现了一个知识分子的良知和胆识。

具体说到对崔先生两部著作的感受，主要有这么几点：

一是鲜明的思想性和以人为本的价值取向。讲求"普世价值"并不是不讲思想性和价值取向，而正是要摒弃狭隘的急功近利的以党派、政治和意识形态为标准的价值取向，采取以人为本的讲人情人性的以是否有益于社会进步有益于人民福祉为标准的思想追求和价值取向，正如西方著名历史学家科林伍德所提出的"一切历史都是思想史"，克罗齐提出的"一切历史都是当代史"，任何历史研究都不可能完全脱离现实而存在，都有明确的现实指向。崔先生研究辛亥革命和邓缵先，写作《新疆1912》和《沉默的胡杨》正是着眼于新疆维护边疆统一和长治久安的现实需要。对辛亥革命在新疆的研究，多年来不被人们关注，被有意无意地忽略、误解、矮化。其实，新疆的辛亥革命是辛亥革命的重要组成部分，因其是边疆省份最早响应武昌起义而有其不同寻常的重要意义和突出地位，其实际上对推翻清政府和辛亥革命的最终胜利起到了独特而重要的作用，新疆地区有着比内地更为复杂的国内外背景，对其进行深入研究就有着更为重要的现实意义。崔先生打破了人为的樊篱和一些禁区，以人物为经，以事件为纬，对辛亥革命在新疆的发生、发展、原因、背景、人物、经验教训等进行了深入的挖掘、研究和解读，不只在一定程度上填补了新疆辛亥革命研究的空白，更为重要的是总结了许多治理新疆、维护边疆统一、保持新疆长治久安的宝贵经验。关注邓缵先，研究邓缵先，崔先生也正是从治理新疆的现实需要出发的，邓缵先身上所体现出来的那种以天下为己任、那种爱国、报国、献身的精神，不正是我们今天和无论何时都非常需要的吗？他对于治理新疆、巩固边疆的真知灼见不也是今天和无论何时都非常需要的吗？在两部著作中，崔先生以较大篇幅对曾经属于否定人物和争议人物杨增新十七年的治疆经历、为人、学识、智慧等进行了深入的研究，给我们描述和还原了一个真实可信、有血有肉的杨增新，他为我们揭示的杨增新治理新疆的作为、方略和智慧对我们今天和今后治理新疆同样都是宝贵的财富。可以看出，崔先生对杨增新比较偏爱，对他的崇敬和赞美之情溢于字里行间，这是可以理解的，正可看出他对以人为本的普世价值的追求。

二是为被历史湮灭和遗忘的年代和人物树碑立传。历史是一个连续性的过程，历史是不能人为割断的，对民国史的研究，对辛亥革命的研究，对北洋军阀统治时期的研究，对国民党的研究，因为没有得到应有的重视而显得相当薄弱，崔先生正是独具慧眼，拾遗补阙，不畏艰难，对被湮灭和遗忘更为严重的新疆辛亥革命进行了研究，在两本书中分别以对新疆具有承上启下有重要作用的 1912 年和邓缵先为重点，为我们展开了一幅民国初年那个风云激荡的大转折年代的政治、社会、文化和民俗风情画，让我们知道了许多曾经被遗忘了的事件，让我们认识了一个个曾经被边缘化了的人物。比如伊犁经济文化的发展，南疆农业经济的发展，比如阿图什等地教育的发展；比如袁鸿祐，这个新疆辛亥革命的风云人物、重量级人物，这个命乖运蹇还未上任就被暗杀了的新疆都督，崔先生挖掘了他的经历和复杂性格，告诉了我们他在权力斗争中的命运，他在大动荡年代的功与过，他的努力与无奈；比如杨缵绪，这个在新疆辛亥革命中实际上的领袖人物，崔先生对他的人生进行了全景式的浓墨重彩的描绘，特别是通过他与新疆辛亥革命实际上的对象志锐的斗法，他与杨增新的斗智，他的《旅俄日记》和外交斗争，给了我们一个正直、干练、富于智慧和献身精神的官员形象；比如李溶，这个新疆本土出身的政府主席，这个名义上的新疆最高领导人，崔先生以大量的资料，洗清了长期以来别人加于他身上的"傀儡""无能"的污水，给了我们一个复杂环境中具有复杂性格的人物。当然还有刘文龙，这个短命的新疆执政，还有樊耀南，还有邓缵先，还有新疆"四·一二"功臣陈中、李笑天、陶明樾，他告诉我们的是那个年代已经被湮灭或可能被湮灭的一个个事件、一个知识分子和官员的群体。因为崔先生，那个年代才不会被遗忘，这么多人物才活了起来，因为崔先生，作为历史的那个年代才如此丰富而充满了细节。

三是客观评价曾遭否定的人物。非黑即白、以阶级以阵营画线曾经是我们的习惯做法，对袁大化、志锐、杨增新这些曾经的"敌人"，崔先生没有简单的否定，而是把历史人物放在一定的历史环境中，不苛求，求公允，在占有大量资料特别是第一手资料的前提下，对他们进行了富有说服力的解剖和分析，给予了客观公正的评价，肯定应该肯定的，否定应该否定的。在以往的研究者笔下，最后一任新疆巡抚袁大化，顽固，守旧，就是辛亥革命和人民的死敌，而崔先生在承认他顽固守旧的同时，通过对他经历的研究和记述，通过对他的

《抚新纪程》和编著《新疆图志》过程的披露和研究，在展现他复杂经历和性格的同时，肯定和褒杨了他身上许多闪光和值得肯定的东西，比如好学，能干，有见识，重视文化，比如孝顺，爱国，等等；志锐是最后一个伊犁将军，顽固地与革命党人对抗，为没落的清廷殉道，但作者给我们展示的这个人身上的爱国、忠于职守、重视边防、重视教育的精神以及他在诗书文化方面的追求不正是无论哪个阶级哪个国家哪个朝代都需要的吗？当然，作者最倾注心力做的"翻案"文章还是对杨增新的评价，而对杨的评价中又重点对其的治疆方略和作为、智慧进行了评析和肯定，对杨的为人、用人、吏治和生活等方面的长处给予了肯定。比如他对新疆地位、维护新疆稳定、边防巩固、民族团结等方面的论述和作为，他在收复阿山等大是大非问题上所表现出来的远见卓识和大智大勇，都让我们对这个人有刮目相看之感。崔先生认为，杨增新是新疆民国史中最富传奇色彩、最复杂、最难解读也最有争议的政治家。他虽然有愚民、弄权等一面，但他在没有国家财政支持的艰难情况下，在复杂的国内外局势下独撑危局，保持了新疆十七年的稳定，这是非常不容易的，这是他对新疆、对国家的大功。我们不能超越时代要求杨增新，也不能忽视民族危亡离开具体环境而奢谈民权民生。我们评价一个历史人物的功过，主要衡量标准是看他是爱国还是卖国，是损害民族利益还是维护民族利益，是收回并保住了国土还是丧失了国土，以及有没有在不公的偏袒下发生民族仇杀事件。另一个标准就是看当时新疆的政权是否稳定，是否给经济、文化、教育创造了发展机会。崔先生对这个人的评价应该说基本上是实事求是的，是公允的，做到了不隐恶也不溢美。他的评价标准和方法也是正确的。

四是倾力挖掘和抢救小人物和底层人物的事迹。在很多时候，我们在"历史"中只看到一个个大人物，而那些小人物、底层人物总是作为陪衬和大人物的影子出现，总是被一带而过，似乎历史只是少数英雄和大人物创造的，而小人物则是可有可无的。崔保新先生的这两本书，写了许多大人物，巡抚，将军，都督，省府主席，封建郡王，民族头领，但难能可贵的是搜求了许多名不见经传的小人物的事迹，为他们树碑立传，这正是他的见识所在，也正是这两本著作的亮点所在，可以说，他的工作带有抢救的性质。对此，作者如是说："历史上，小人物与大人物斗法，与旧体制对抗，虽力不从心，但他们因此创造了历史，衬托了大人物，也凸现了自己的价值。"诚哉斯言，由于地位和条件，大人物往往在历史事件和进程中比小人物有更大的作用，但大人物绝对不能离开小人物去发挥作用，而在许多时候，小人物还会在历史的转折关头发挥关键作用。在这两本书中，作者给我们讲述了商总肉孜阿吉、哥老会首领边永福、参将熊高升和一批留学生的故事，塑造了一大批小人物的形象；讲述了"知事三杰"邓缵先、陶明樾、张馨和汪步端、王子纯、蓝湘湄、游艺圃（牙合甫·玉努司）、泰剑力（胡赛因汗）等一批基层和中层官员的故事，塑造了那个年代的一批进步知识分子、历史推动者和有为之士的形象；讲述了刘先俊、冯特民、李辅黄、郝可权、陈中、李笑天、策勒村农民普尔格、哈密农民起义领袖铁木耳·海力帕等普通人在社会大转折时期是如何走上历史舞台成为推动历史的风云人物的。当然，崔保新先生最为人们称道的还是其披肝沥胆、跋山涉水、历尽艰难、多方搜求为差一点就要被历史遗忘的民国奇人、诗词大家、有功于国家和人民的县知事邓缵先立传，把资料翔实、考证严密、内容丰富、可读性强的呕心沥血之作《沉默的胡杨》奉献给社会。邓缵先把自己的后半生献给了新疆这片土地和社会，把自己的一腔热血洒在了这片热土上，但他的出生地和在他流尽最后一滴血的地方竟然找不到他的多少痕迹，甚至在县志上也几乎找不到有关他的只言片语，这无论对于邓缵先等先烈还是对于我们这个国家来说，都是很奇怪很遗憾很不公平的事，这说明我们这个社会好像在什么地方出了问题，起码是在民族记忆上出了偏差。要不是有邓缵先留下的那些著作，要不是有崔保新这样一位有良知、有能力、敬畏历史、追求普世价值的知识分子，那邓缵先这样的人真就有可能永远被湮灭被遗忘了。应该说，正是崔先生发现了邓缵先的价值，讲述了邓缵先的故事，塑造了邓缵先的形象，诠释了邓缵先的意义，做了一件开创性的填补空白的工作，功在当代，利在千秋。

新疆的历史是一座富矿，新疆的民国史更是一座富矿，需要有更多的像崔保新一样的人来开采，我们希望有更多的像《新疆 1912》《沉默的胡杨》这样的著作问世。

# 浅谈邓缵先魂断新疆巴楚与
# 客家人精神

陈迅明<sup>*</sup>

客家人作为汉族体系中一个稳定而又独特的支系，是中华民族中一支优秀的民系。客家人精神寓于中华民族的人文精神之中，中华文化经过几千年的发展，富含极其丰富的人文精神。客家人在长期的迁徙生活中磨砺出别具特色的客家人精神，其核心是团结与创新，开拓与进取。其主要内涵是：吃苦耐劳、重教崇文、艰苦奋斗、不畏艰险、顽强拼搏、勤劳刻苦、锐意进取、百折不挠、精诚团结、自强不息、敢抵外侮、反抗压迫、酷爱自由、英勇尚武、敬祖睦宗、爱国爱乡，等等。这些内涵丰富的客家人精神，孕育出无数的英雄豪杰和仁人志士，魂断新疆巴楚的邓缵先也是其中之一。

邓缵先出生于纯客家人聚居地的紫金县。紫金县始建于明隆庆三年（1569 年），时称永安。为避免与福建延平府永安县重名，民国三年（1914 年）改称紫金。是年，邓缵先被推举为紫金县议会长，9月，应内务部第三届县知事试验，取列乙等，由民国中央政府派遣新疆。民国四年（1915 年），任省公署科员。民国五年（1916 年），任

---

\* 陈迅明，河源市客家文化研究会会员、河源市客家文化研究会紫金分会会员。

叶城县知事。民国六年（1917～1918 年），代理乌苏县知事，纂成《续修乌苏县志》。民国八年（1919～1920 年），任叶城县知事。民国九年（1920 年），调查八札达卡边界屯务。民国十年（1921 年），任省总选举文牍员、编辑员，出版游记《叶迪纪程》。民国十一年（1922 年），纂修《叶城县志》。当年夏天请假返乡省亲。民国十三年（1924 年），返新疆任省公署政务厅科长，出版诗集《峨庐诗草》。民国十五年（1926～1927 年），任疏附县知事。民国十六年（1927 年），任墨玉县知事，次年出版诗集《峨庐续吟》，民国十九年（1930 年）出版诗集《峨庐诗草三篇》。民国二十年（1931 年），任巴楚县长。民国 22 年（1933 年）新疆南北疆大动乱，邓缵先殉职于巴楚县长任内，享年 65 岁，长眠于巴楚，他的诗词等文学作品从此长留人间。

邓缵先在新疆 18 年，先纂修《续修乌苏县志》，后纂修《叶城县志》。2012 年 12 月，紫金县编印《紫邑丛书》，出版了他的《叶迪纪程》《峨庐诗草》《峨庐续吟》和新发现的《峨庐诗草三篇》。其中，三本诗文集中，共收录邓缵先诗词歌赋 1950 首（篇），在《峨庐诗草》中增编了新发现的诗文 53 首（篇）。从这些诗文集中，可以体验到他在新疆 18 年为文为官的成就，民国政要人员于右任先生跋《峨庐诗草》时说："西域一部，去中州万里，山川辽廓，莽莽黄沙，中土人士不轻至之地也。峨庐游宦斯邦，就所经历，得诗一卷。披诵之馀，恍游于穹庐毡幕间，见夫振管疾书时之兴趣，何况性情中人，举不忘亲，孝悌之心，溢于毫楮，有裨世道后学不浅。至五言律、七言绝，矩矱唐人。才调格律，尤见造诣。乐而跋之，亦见吾道之不孤也。"于右任先生称邓缵先为同道，这也是对其人品、诗品的首肯。

## 一　重教崇文、勤奋好学的客家精神是
## 邓缵先人生辉煌的基础

纯客家人聚居的紫金（永安）县，人杰地灵，人才辈出。是民

主革命先驱——孙中山先生祖先入粤始祖地。长期以来，紫金（永安）的先民都崇尚耕读传家、崇文重教和勤奋好学、光宗耀祖的人生理念。紫金这方 3627 平方公里的土地，曾经孕育过进士 8 人、武进士 1 人，解元 1 人，举人 33 人、武举人 20 人等无数才俊。在邓缵先的骨子里，客家人的传统精神早已印在心坎里。他在《毳庐续吟》有《邓缵先年六十之像》一文，其述近祖：清（顺治）迁入永安（紫金）县蓝塘布心塘。"大高祖讳云现，岁贡，韶府学训导。高祖飞，邑廪。曾祖万孚，岁贡。曾伯祖万皆，拔贡，历任福建沙县、清流、永定、边城知县。祖景高，邑廪，应贡。父瞻奎，附贡。"由此可见，邓缵先最敬畏的是祖宗功德，他始终秉承着客家人耕读传家、光宗耀祖的传统观念。

邓缵先，于清同治七年（1868 年）出生在紫金县蓝塘镇布心村，字芑洲，号毳庐居士。幼孱弱，六岁始能言。清光绪六年（1880 年）师从永安（紫金）名宿蓝湘湄，清光绪九年（1883 年）取癸未科秀才。翌年，进广东惠州丰湖书院。光绪十二年（1886 年）在永安（紫金）县凤安教书，培育出秀才戴习菴、郑荫桥等人。光绪十六年（1890 年），邓缵先成婚。婚后，他感到学业未成，愧对祖先，又继续跻身科场，清光绪二十一年（1895 年）取乙未科补禀，清宣统元年（1909 年）取己酉科拔贡。尔后，任永安（紫金）县立高等小学校长。民国三年（1914 年）任紫金县议会长。民国三年（1914 年）9 月，应内务部第三届县知事试验，取列乙等。由民国中央政府派遣新疆，这是邓缵先 64 年人生里程中最浓重而又精彩的一笔，也是他始终坚守重教崇文，勤奋好学而实现的人生重大转折。新版《毳庐诗草》附录有《重游官山嶂》一诗，他写道："……官山之峰数百丈，至此更无前山仰。襟怀洒落慕前贤，飘飘不作云中想"诗中的"襟怀洒落慕前贤，飘飘不作云中想"应该是他一生所追求的人生目标。

## 二 不畏艰险、顽强拼搏的客家精神是
## 邓缵先奔赴新疆的动力

由于客家先民们长期居住在山区，从而形成了他们百折不挠、不畏艰险、顽强拼搏的精神。在邓缵先的身上流淌的是客家人不畏艰险、顽强拼搏精神的血液。光绪十六年（1890 年）邓缵先成婚后，为了生计，他先后任惠州白纱厘厂任书记员、南洋雪茂埠华侨实业任调查员、永安（紫金）立高等小学校长等职。至民国三年（1914 年）上半年，被推举为紫金县议会长。为了实现他"不作云中想"的人生目标，民国三年（1914 年）9 月，参加内务部第三届县知事试验，取列乙等，由民国中央政府派遣新疆。实际上，他当时完全可以选择留在家乡过稳定的生活，由于在他的骨子里具有客家人不畏艰险、顽强拼搏的基因。虽然他也知道新疆的环境险恶，但为了实现自己的人生目标，他还是往险处行。在《毳庐续吟》有一首《出关日，寄呈蓝湘湄夫子》中写道："色现优昙讵有花，遥林知是葛洪家。春回紫塞千峰路，人在黄河万里槎。异族归心无伏虎，荒城衔肉有饥鸦。斯游奇绝知何似，琳宇琼楼缀晚霞。"诗中的"异族归心无伏虎，荒城衔肉有饥鸦。"说明邓缵先已经了解到新疆的复杂时局，但他没有选择退却，而是勇往直前奔赴新疆。

民国五年（1915 年）7 月，邓缵先抵达新疆，在新疆为官 7 年后，其母思子心切。为孝敬母亲，他于民国十一年（1922 年）夏告假还乡。因河西走廊盗寇猖獗，他不顾山高水远，借道宁夏渡黄河，日夜兼程回紫金。探家期间，他拜访紫金"九老会"，并接受蓝湘湄、杜林芳的建议，整理家信、诗札。假满后，他毅然选择回新疆。明知再次出关归途凶险，他仍然返回新疆"立功西北陲"。在《毳庐续吟》的《杂诗四首（一）》写到；"男儿负壮志，立功西北陲。穷

经腐儒事，奚以笔砚为。投鞭万里去，骏马如飚驰。胡沙探虎穴，掳塞夺燕支。卅六国酋长，莫不慑声威。勋高谗妒积，名盛愆尤随。结发事戎马，忠义终不移。心焉无内疚，何恤群言訾。苇桥熄烽火，葱岭扫貙貔。边鄙罢征役，乞归趁此时。卓哉班定远，谁能测幽微。"诗中"边鄙罢征役，乞归趁此时"的表述与客家人的勇于担当、不畏艰险的精神是一脉相承的。

## 三　克勤克俭、艰苦奋斗的客家精神是邓缵先游历宦海的准则

客家人长期居住在山区，由于交通不便生活条件艰苦，因而形成了克勤克俭、艰苦奋斗的坚韧精神。民国五年（1916 年），邓缵先任叶城县知事。民国六年（1917 年），代理乌苏县知事。至民国七年（1918 年），他一边公干一边完成《续修乌苏县志》。新版的《毳庐诗草》增录有他《续修乌苏县志》序："……丁巳春，缵先猥于庸材，谬宰斯邑，就职以来，夙夜兢兢，惟恐陨越，兹奉训令，编辑《县志》，因举《乡土志》，察验今昔形势，证以见闻，复检前清档案，抄录原文，并纪其年月……而莅此种族庞杂之区，其经过事实，记录钞传，庶得以永期遵守。爰于公暇，掇拾成编，用备采择。"这段叙述，可以看出他在代乌苏县知事任内，是兢兢业业地完成上峰交办的公干。为警诫自己谨慎为官，将县署起名为履冰斋。在纂修《续修乌苏县志》时，他是夙夜兢兢，爰于公暇，竭尽全力地纂修《续修乌苏县志》，为乌苏县地方文献积累了不可多得的资料。

邓缵先任乌苏县知事一年多，在完成《续修乌苏县志》的同时，还考察地理，体察民情，修路造桥，开挖水利干渠两条，解决四千余亩农田灌溉问题。此后，他任叶城、疏附、墨玉、巴楚县知事时，他以客家人克勤克俭、艰苦奋斗的精神，教民造水车，灌溉农田，促进

农业发展，先让老百姓过上好日子，而他自己则是生活简朴。《毳庐诗草》有一首以《县官》为题的诗中写道："县官清俭若平生，百里间阎合动情。晴雪添流渠应姓，春风送暖鸟呼名。园桑叶老缲车响，篱豆花疏络纬鸣。瘠地居然成沃壤，佛心儒术慰边氓。"这是一个清俭、亲民县官形象的缩影，实际上也是他自己为官的写照。对这一点，同僚们对邓缵先的为人、为官、为文也有这方面的评价，新疆参赞汪步端题《毳庐续吟》时说："邓芭洲大令缵先，再示《毳庐续吟》诗稿，属为点阅，年来劳拙，目已成盲，书字艰涩，勉强加墨一二处，谨副雅诿，其实无须改窜也。就赋五律四首，转讫郢裁。'退食耽吟癖，衙官毡毳乡。诗情摹李杜，政治媲龚黄……新疆墨玉县，东粤紫金人。官要读书作，心如为政纯'……"一句"官要读书作，心如为政纯"，这和邓缵先所坚守的"堂堂正正做人，清清白白做官"原则是一致的。《毳庐诗草》有一首《奉和蓝湘湄师，新疆纪事四首》，其中的第一首写道："溪江蓝傅粤江吴，诲我谆谆学愈愚。窃喜缁帷亲雅范，漫矜墨绶展良图。讼庭日暖鸦频噪，麦野风清鸟自呼。夙荷师承须洁己，冰渊心迹一尘无。"诗中一句"夙荷师承须洁己，冰渊心迹一尘无"也是邓缵先为人、为官的行动准则。

## 四 溯本思源、爱国爱乡的客家精神是邓缵先魂系巴楚的夙愿

客家人的特点就是以客为家。读邓缵先的诗文，可以管窥到其内心始终珍藏着溯本思源、爱国爱乡的夙愿。新版《毳庐诗草三编》开篇的一首《述祖》有："吾祖居南阳，髫年经术裕。途间见光武，倾心益亲附……勋高廿八将，云台像绘塑……从来英雄人，国基赖以固"的诗句，一句"从来英雄人，国基赖以固。"这应该是他奔赴新疆以客为家，兢兢业业为官，一心一意报国的夙愿。随着邓缵先在新

疆为官日子的不断增加，他在新疆以客为家的心绪常有流露。新版《毳庐续吟》，新收录有一首他在民国五年（1915年）春，千里迢迢到新疆时的《赴新疆沿途有感》"迢迢骑马过长安，满目饥民不忍看。十里路连千万家，一家号哭二三棺。犬衔骸骨肉还在，鸦啄骷髅血未干。寄语朝中诸宰辅，石人无泪也心酸。"从这首诗中可以体会到，邓缵先是将新疆百姓的苦难，当作自己亲人的苦难。1920年春，邓缵先调查八扎达拉卡边界屯务时，发现坎巨提有坎人越界偷种，即奉命前往阻止，并招募缠民前往开垦，以固边围而免侵越。

邓缵先既热爱新疆，更热爱自己的故乡。在《毳庐诗草》里，有题为《闻里间父老新筑学校落成，喜极，因赋诗纪事，并寄示诸子侄六首》。诗的第一首写道："堂前环榜岭，青翠接墙阴。堂后绕铁水，溪声如鼓琴。新营读书处，聊慰芳岁心。我行逾万里，欣欣喜意深。"一句"新营读书处，聊慰芳岁心。我行逾万里，欣欣喜意深。"其对家乡布心塘新建学校欣喜之情跃然纸上。然而，他对自己个人的归宿，却显得大度。《毳庐续吟》有一首《腊月六日，家人寄书云近于故里觅得一地，将为予作寿藏。闻之，矍然赋诗答之》"……家人怜我老，客游应倦矣……寻绎书中意，似促早归田。上寿难幸致，此心当益坚。去住随萍梗，得失付云烟……迂腐读葬经，贪鄙诚可怜。"这句"迂腐读葬经，贪鄙诚可怜"，也就是他对死的坦然态度。在《毳庐诗草》有一首他在新疆前期写下的《挽周道尹阿山殉难》诗："半生多感慨，一死竟从容。浩气霄冲鹤，英魂剑化龙。"此诗既挽周道尹又是他自己一心报国的婉约表述。邓缵先在新疆的最后六年，先后任疏附、墨玉、巴楚县知事，直至民国二十二年（1933年），他在巴楚县知事任内殉职，最后终于实现了以身报国的夙愿。

# 五　结束语

邓缵先为实现报效国家的梦想，于民国四年（1915年）7月到新疆为官，他在新疆的 18 年，他始终以客家人的精神激励自己奋力拼搏。直至民国二十二年（1933 年），新疆发生暴乱，巴楚县屡次惨遭兵燹，殉职于任巴楚县长任内。其长子邓俦卓、儿媳、孙子同亡于巴楚。从他新疆为官 18 年遗存的诗文等资料中，内涵丰富的客家人精神时时事事都发生着作用。特别是在巴楚县面对暴乱的危难关头，他秉承着客家人轻利重义，勇于担当的无畏精神。这对我们今天实现中华民族的伟大复兴仍然有着现实的意义。然而，令人遗憾的是，他在新疆为官 18 年的文史资料实在太少了，除了他曾经参与纂修的《续修乌苏县志》和《叶城县志》，好在紫金县最近出版了他的游记《叶迪纪程》与诗集《毳庐诗草》《毳庐续吟》《毳庐诗草三篇》；而其他有关邓缵先的资料只是一些零散的文字遗存。特别是他在巴楚县罹难的记载是一片空白。因而也引发了一些专家学者们调动起丰富的想象，他们对邓缵先殉职巴楚任内做出多种猜测，还给他在新疆为官18 年的历程戴上了时髦的桂冠；然而，为了还原一个历史真实的邓缵先，我们应该以客观态度去审视历史事件和历史人物，以还原其历史的本来面目，任何拔高或贬低历史的做法终将会得到历史的报复。当前，随着各地的地方文献不断挖掘出来，有关邓缵先在新疆为官18 年和其他时期的史实将会不断地浮现出来，邓缵先的真实形象也将会在逐步发现的史实中不断完善。

## 参考文献

[1] 黄海棠：《紫邑丛书·诗文·毳庐诗草/邓缵先》，华东师范大学出版社，2012。

[2] 黄海棠：《紫邑丛书·诗文·毳庐续吟/邓缵先》，华东师范大学出版社，2012。

[3] 黄海棠：《紫邑丛书·诗文·毳庐诗草三篇/邓缵先》，华东师范大学出版社，

2012。

［4］黄海棠：《紫邑丛书·诗文·叶迪纪程/邓缵先》，华东师范大学出版社，2012。

［5］紫金县地方志编纂委员会：《紫金县志》，广东人民出版社，1994。

［6］赖铁龙：《紫金文史·姓氏篇（18）》，紫金县政协文史委员会，2006。

［7］刘尔题：《紫金文史》专辑，紫金县政协文史委员会，1988。

［8］崔保新：《沉默的胡杨——邓缵先戍边纪事（1915～1933）》，社会科学文献出版社，2010。

# 一个小人物，一段大历史

## ——《沉默的胡杨》编后

恽　薇

　　这些年，一个现象值得深思——个人史的整理受到社会各界空前的关注和重视，例如，中央电视台主持人崔永元等人组织的仍健在的抗战期间中国远征军士兵的采访；《南方周末》对民国时期培养的法律精英的群体素描，等等。然而，令人遗憾的是，边疆个人史的创作则显得苍白，直至《沉默的胡杨——邓缵先戍边纪事（1915～1933）》一书的面世，方才填补了这方面的空白。

## 一　边疆个人史——意义重大的研究领域

　　历史，是由一个个人和一件件事展开的，但说到底，人还是最根本的要素。道理也很简单，且不说大部分事件背后均有人的发起、操纵、参与，即使事件彻头彻尾是与社会毫无关联的自然现象，也是因为有了人类的观察、思考、记录才会在历史上留下一席之地。

　　这种情况下，具有典型特征的个人史，对于历史专业研究者以及对历史话题颇感兴趣的"票友"们所具备的重要意义，便不言而喻。个人史，首先是传主所在时代历史的缩影，同时，还可以对其同时代他人的历史以及既有的历史结论形成印证和补充。这些年，为什么民国个人史的研究热度持续升温，原因或许不仅在于民国作为中国历史的一个重要片段无法被忽略或遗忘，另外一个重要的原因在于，通过研究民国个人史，能够更生动、更真实地还原中国共产党发展壮大和中华人民共和国成立的历史。离开民国时期社会各界人物和中国共产党先驱者们的交集，以及对这些交集产生直接或间接影响的情节、情境，中国共产党史和相应阶段中国的历史（乃至世界史）就是不完整的。

如果就这一点大家能够达成共识，那么，大家自然会认同边疆个人史研究的重要性，以及崔保新先生对邓缵先进行的具体研究所具有的史学意义。

在中国的边疆史研究中，编年史和考证方面的论著无论在国际还是在国内一直层出不穷，但是，个人史和案例性的工作却始终没有取得很好的突破，这显然是一个巨大的缺憾。

从工具论的角度，边疆的个人，特别是那些生活、工作足迹往返于边疆与内地的个人，牵动的历史点一般会比常人的概率高出许多。而从民族关系演变和国家边疆治理沿袭的角度，边疆个人发生的迁徙和变动，追根溯源，往往就是边疆与国家、边疆各民族之间、边疆与内地关系所发生的变化。

弥足珍贵的是，这些人不管事商、为官，或只是求于生计，不少都接受过良好的教育，而且亦常有勤勉、独立的品格与精神，所以，不但会留下诗词信札，还会留下传说与口碑。其间，往往既有对内地、边疆所游历各地的民俗、经济、文化、社会的个体感受和敏锐观察，也有对内地和边疆各种资源要素互动乃至治理结构、方式的比较与分析。

因此，有意无意地，这些资料就构成了我国各地相关历史场景的镜子以及民族史、边疆史的桥段。无论是对其所经过和逗留各地的地方史研究而言，还是对中国一定时代的不同主题断代史研究而言，它们显然都是不可忽视的素材来源。

在台湾学者王明柯看来，中国边疆形成的过程，就是华夏文化不断与相邻的不同文化相互融合的历史。换言之，超越时空来审视，中国历史，是一个边疆不断被确定的历史。所以，边疆个人史，可谓是一个丰富的宝藏，等待着更多人的青睐与投身参与，而边疆个人史的意义，应该被进一步提高到修正、梳理中国历史的高度来认识。

## 二　邓缵先——一个被学术界漠视的人

《沉默的胡杨》一书中的邓缵先便是民国时期内地与边疆关系的一个典型人物，他的个人生命历程将内陆与边疆紧密联系在一起。邓缵先的生命大致可以分为三部分。

1906 年科举考试废除之前为一段，邓潜心于学，试图通过科举之路获得功名。其后至 1915 年为另一段，这期间，办学、经商、出洋、从政，接受社会新风气，开阔视野，投身社会变革洪流，是从一个旧知识分子被动向维新、革命知识分子转变的过程。

之后，从通过北洋政府举办的"内务部第三届县知事实验"考试，1915 年分发新疆，直至 1933 年在巴楚县长任上被分裂势力杀害，忠骨亦不知行踪，算是生命的第三阶段，也是高潮部分。这 18 年间，除中间因母亲病重丁忧回家外，他大部分时间是作为官员参与新疆治理，几次担任过新疆省公署官员，更先后担任乌苏、叶城、疏附、墨玉、巴楚五县知事、县长，对当时新疆境内各民族生存状态、外国势力对新疆的影响、新疆不同地区的发展差异、新疆官员群体之间的关系有着非常直观的了解和记录，对一些重大政治、安全事件也有着非同一般的洞察和前瞻性忧思。譬如，邓缵先 1918 至 1919 年在叶城县任知事期间，首创的 8 卷《叶城县志》，内附的"巡边日记"，在 1962 年解决中印领土争端时，便成为重要的史证，起到了以史保土的作用。

显然，邓缵先并非孤例。邓缵先当时的许多上级、同僚、学生、同人，乃至很多前辈和后来者的经历，都值得进一步发掘。例如袁大化、杨增新、汪步瑞、王晋卿、周务学、谢彬、王子钝等人。

历数这些陌生的名字，有些被学界打入冷宫，有些被贴上"剥削阶级"的标签，民国时期新疆名士邓缵先难于幸免。自称为"业余选手"的崔保新站出来，在广泛阅读和大量田野调查的基础上，以邓缵先为创作原点，跳出省域、县域的限制，刻画了近百年前中国、新疆、广东、叶城、紫金等不同层面的历史画卷。正是因为作者把握了国家与边疆关系的主轴，生动挖掘一位中华民族的知识精英心怀天下，忘却小我，全身心投入新疆的近代化进程，重现了当时中央与地方、地方与地方、内地与边疆以及边疆各民族之间的关系。我们关于一个小人物，一段大历史的定位，正在于此。

是否可以这样说，虽然这本书在很大程度上是因为个人兴趣和责任而产生的研究性著作，带有一定偶然性，但这并不妨碍它应有的学术地位，这本著作也可以看做是我国边疆史研究，尤其是西北边疆史研究领域的当之无愧的开创性成果。

作为一个多民族的历史古国，中国在边疆治理上积累了丰富的经验，中华民族也是内地各族与边疆各族人民在历史互动中形成的历史共同体。虽然在新的历史条件下，维护边疆稳定面临着新的挑战，需要新思维、新办法和新视野，如何把"援疆"变成援疆人员融于生命的追求，怎样选拔这样的"援疆"人员，乃中央和内地"援疆大政"支持新疆、支持边疆最先要考虑的事情。但是，历史是不同类似场景的时空组合，过往的经验、教训无疑都有着不可忽视的借鉴作用。此前，由于种种原因，邓缵先对新疆的贡献被湮没在历史文献之中，其对边疆建设、民族关系融洽的诸多贡献和理路，人们知道得不多。现在,《沉默的胡杨》努力将其还原,告诉了人们这样一个广东援疆先驱,其新疆的 18 年是怎样在理想与现实、个人与时代之间游走的 18 年。他是那个时代不折不扣的戍边英雄,也是现代"援疆"人群体的榜样。所以,《沉默的胡杨》的资料整理工作,其首先的增量性工作,直接体现于为现在的边疆治理提供历史参考方面

## 三　邓缵先为我们打开了历史创作空间

与崔保新先生结识,是一个非常偶然的机会,不过留下一张名片而已。谁知道,当《沉默的胡杨》在新疆、广东两家出版社碰壁后,机会最终倾向我们。

想来,几家出版社的审读们可能只是聚焦于邓缵先个人经历和其任职新疆期间新疆那段特殊的历史,而对其放大性意义可能预料不足。其实,邓缵先和与其处于同时代的"邓缵先"们,细节各异的个人史可以让我们从多维度打量那个时代的边疆风云。卫青、霍去病何尝不是一种类似"邓缵先"的画面,张骞、苏武何尝不是一种类似"邓缵先"的画面,八千湘女上天山又何尝不是一种类似"邓缵先"的画面?把不同的时段连接起来,上下 5000 年中国不同时代的"邓缵先"们,则会呈现给我们一个立体的中国边疆图景。

这是多么重要的中国历史的组成部分。读懂这些人和与他们有关的历史,我们才会了解到我国的边疆问题是怎么来的,未来的解决路径在哪里?读懂这些人和与他们有关的历史,我们也才会领悟到,边疆对中国意味着什么,为什么尽管政见不同,维护国家的领土完整,却是所有中华儿女不约而同的选择,也是中国历史的必然发展趋势。

由于负责编校《沉默的胡杨》,两个多月的时间,我们往来邮件近百封,几乎每天都要商讨书稿的细节问题。在我看来,崔老师既是一位充满责任心与使命感的学者,同时,也是一位细腻的、颇有理想

主义情怀的诗人，两相辉映，令《沉默的胡杨》一书既呈现历史的写实主义，又不时穿插浪漫动人的想象与推演，为读者全面立体地勾勒出那个时代、那个地域独有的人文与风情。崔老师不厌其烦，反复修改、调整，充分体现出谦逊勤勉的学者风范。当然，3年后再来看此书，仍有一些缺憾之处，一是行文对于邓缵先的经历描述存有重复，考据前后有不一致处，引据相对述评显得过多，等等。

继《沉默的胡杨》两年后，崔保新在我社又推出了新著《新疆1912》，邓缵先在30多个形形色色的人物中，起着承先启后的作用。一方面，这也说明了，仅仅有单一的边疆个人史，还难以折射一段大历史。《沉默的胡杨》《新疆1912》，只能被看作一个开始。在边疆个人史的积累和延展方面，我们还有很大的不足需要弥补，还有很大的研究空间留待开拓。

当然，作为以学术见长的社科出版社，我们非常期待，未来中国能有更多立意深远、研究精到的边疆个人史论著涌现，以资国治，以启后世。

（注：作者为社会科学文献出版社经济管理出版中心主任）

# 第七部分
## 附　　　录

# 粤新共话百年边疆民族情

人民网乌鲁木齐 7 月 30 日电（记者戴岚　韩晓怡）

粤新百年边疆民族情座谈会 30 日在乌鲁木齐举行

历史上新疆与广东文化交流、人员往来密切。在近百年戍边援疆事业中，留下了广东人的足迹。他们为保卫和建设新疆付出了心血和汗水甚至生命。民国初年，新疆需要优秀人才，国民政府内务部专门录用 19 名知事分赴新疆，其中，广东有邓缵先、李启、何耀等 3 人，以邓缵先为代表的广东进疆人员，为新疆作出了特殊贡献。

邓缵先先生是戍边爱国官员、边疆史学家、杰出的边塞诗人，是广东百年第一代援疆干部。邓缵先先生的为官之道："官要读书做，执政心地纯"，他做官最大的愿望就是"经久不闻贪吏呼"。邓缵先先生不仅是威武不屈的胡杨，是民族团结的模范、先进文化的传播者，更是援疆干部的楷模。

新疆维吾尔自治区党委常委、宣传部长胡伟在座谈会上称，新疆与广东远隔万里，近百年来，从民国初期、新疆解放、改革开放到中央援疆工作座谈会，一批又一批广东优秀儿女远离亲人和家乡，奔赴边疆、保卫边疆、建设边疆，在新疆留下了光辉的足迹。广东是改革开放的先导区，文化发展走在全国前列，尤其是在文化创新、文化产业发展等方面，为全国提供了很多先进理念、先进经验。以今天座谈会为契机，进一步推进两省区的宣传文化交流与合作，把广东现代化发展的新成果、新理念、新机制引入新疆，把新疆优秀的传统文化推介到广东，促进两地文化共同繁荣。

广东省委常委、宣传部长林雄表示，广东与新疆友谊源远流长，粤新两地人民情真意笃、心心相连。新疆提出"以现代文化为引领"的思路，为推进广东省文化援疆提供了切入点，广东将立足于两地不同的文化资源，着力推动优势互补，促进两地宣传文化共同繁荣发展。文化交流是一种思想和精神层面的交流，做好文化援疆，既要重视物质的投入，更要突出文化人才的双向交流与培训。

广东省委副秘书长、省援疆前方指挥部总指挥、喀什地委副书记李水华主持座谈会并表示，粤新之间的交流，是一种历史的、全方位的交流，正是这种长期的、全方位的双向交流和互相支持，不断加深了两地人民的友好情谊，凝结成"粤新百年边疆民族情"。以粤新百年边疆民族情座谈会为开端，粤新两地一定谱写出共同团结奋斗、共同繁荣发展的新篇章。

据了解，从 1998 年起，广东先后派出 5 批援疆工作队，对口支援新疆哈密地区，13 年间广东在新疆哈密共投入 7.6 亿多元，有力地改善了民生，推进了粤疆两地经贸合作，打造了广东援疆品牌。2010 年全国对口援疆工作会议和中央新疆工作座谈会召开，广东省由对口支援哈密易为支援南疆喀什、农三师。广东省选派 115 名干部、技术和企业经营人才进疆，拉开了为期 10 年的新一轮援疆大幕。目前，广东新一轮对口援疆已步入正轨。

新疆维吾尔自治区党委常委、宣传部长胡伟，广东省委常委、宣传部长林雄，20 世纪 50 年代广东进疆代表、广东省对口支援喀什代表、新疆广东商会代表、邓缵先先生后人、《沉默的胡杨》作者崔保新等百余人与会，共话粤新百年边疆民族情。

# 在粤新百年边疆民族情座谈会上讲话

广东省委常委、宣传部部长　林　雄

各位来宾、朋友们，同志们：

今天，我们在此隆重举行"粤新百年边疆民族情"座谈会，回顾粤新两省区近一个世纪的交流历史，总结两地人民在长期互相交流、互相支持、共同奋斗中积累的宝贵经验和结下的深厚民族情谊，以便进一步推进两地的文化交流与全面合作。首先，我代表广东省委、省政府对座谈会的召开表示热烈的祝贺！向历代响应祖国号召，积极参与戍边援疆，为建设边疆做出贡献的南粤优秀儿女致以崇高的敬意！向参加今天会议的各界代表致以诚挚的问候！刚才，新疆自治区委常委、宣传部部长胡伟同志的讲话，全面总结了粤新两地悠久的交流史，并向我们介绍了新疆当前发展的大好形势和未来美好前景，听了十分振奋、倍感鼓舞。各位代表的发言，也让我对粤新两地近百年的历史联系与文化交流有了进一步的认识。下面，我谈三点看法：

第一，深入挖掘粤新两地双向交流与联系的历史，切实增强粤新交流合作的责任感和使命感。新疆是我们伟大祖国美丽富饶的宝地，也是我国西北的战略屏障，在全国发展和稳定大局中具有举足轻重的地位。千百年来，全国各地无数优秀儿女为了保卫边疆、建设新疆，不远千里，远离家乡亲人来到这里艰苦奋斗，为新疆的稳定、发展和繁荣做出了很大贡献。广东与新疆虽然远隔千山万水，但友谊源远流长，粤新两地人民情真意笃、心心相连，在相互交流合作中结下了深情厚谊。长期以来，广东人民为保卫和建设新疆付出了心血、汗水甚至生命，在新疆发展中留下了许多广东人的光辉足迹。同样，新疆人民也为广东的改革发展贡献了他们的智慧与汗水，没有新疆的大力支持，广东也不可能有繁荣发展的今天和美好的明天。今天我们共同回顾总结近百年来广东人戍边援疆的历史，进一步深入挖掘粤新之间双向交流与联系的优良传统，目的是为做好新一轮援疆工作提供历史借鉴与现实动力，促进粤新建立更紧密的交流合作关系。我们要充分认识到，广东、新疆分别作为祖国大家庭重要一员，双方优势各异，互补性强，特别是在推动科学发展、全面建设小康社会的历史进程中，谁也离不开谁，新疆的发展需要广东的支持，广东的发展也离不开新疆的帮助，这无论对于贯彻落实好邓小平同志的"两个大局"思想和党中央区域平衡发展战略，还是对于推进粤新共同发展进步，都具有重要现实意义和深远的历史意义。我们一定要切实增强大局意识、政治意识和使命意识，自觉把两地双向交流合作推进一个新的层次，让两地人民的友谊不断巩固和升华。

第二，继承和发扬粤新团结互助的优良传统，为推进两地交流与合作做出新的贡献。回顾历史，是为了更好地开创未来。粤新团结互助的优良传统为我们今天加强交流合作打下良好的基础，我们一定要倍加珍惜并继承发扬，使之成为两地加强交流合作不可替代的文化优势和精神力量。当前，粤新交流合作又面临着新机遇和新任务。去年以来，党中央从国家核心利益的战略高度，作出新一轮援疆工作的重大决策，部署全国 19 个省市对口支援新疆实现跨越式发展和长治久安，其中，我们广东对口支援南疆喀什地区的疏附县、伽师县和兵团农三师。这一轮对口援疆工作力度之大、出台的政策和投入的资金之多，都是前所未有的。在短短一年多的时间里，整个新疆就发生了全新的变化，当前新疆已站在一个新的历史起点上。刚才胡伟同志向我们介绍了新疆的发展形势，这两天我们在喀什地区考察，更亲身感受到了新疆大建设、大发展和大开放的迅猛态势。新疆的大建设、大开放和大发展，为新疆各族人民带来了新的机遇，也大大增强了粤新两地进一步推进交流合作的紧迫性。今天参加会议的人员来自不同行业不同界别，代表着推进粤新两省区交流合作、共同发展的各界人士，大家都在关心着新疆发展，关注着粤新合作。我们要继承和发扬历代中华优秀儿女戍边援疆的崇高精神和宝贵品质，继承和发扬粤新两地人民团结互助的历史传统，积极投身于新疆新一轮跨越发展、科学发展的时代大潮，在进一步推进粤新两地的交流合作、团结互助，开创共同繁荣发展的新局面中发挥更大的作用。

第三，以战略思维和创新举措，深入推进两地宣传文化交流。刚才，胡伟同志对进一步推进粤新两地的宣传文化交流合作提出了很好的意见，我完全赞同。宣传文化援疆，是新一轮援疆工作的重要内容。根据我省援疆总体规划，今后五年，广东投入宣传文化援疆的资金1.12亿元（不含教育），此次来疆，我省宣传文化系统也专门筹集770多万元资金和设备支援喀什和农三师的宣传文化工作。我们将会更多地发动社会力量来开展宣传文化援疆工作。宣传文化援疆，是中央和省委交给广东宣传文化战线的一项重要政治任务，我们必须站在新的战略的高度，以创新思维举措来谋划、推进两地宣传文化交流。一是必须围绕促进民族团结来进行。中共中央政治局委员、广东省委书记汪洋同志今年初会见喀什地区党政代表团时指出，援疆工作的目的，核心是为了促进民族团结，这是援疆工作做得好不好的一个根本标准。文化是民族凝聚力和创造力的源泉，开展宣传文化援疆，推进两地文化交流，必须始终把握好这一根本标准，通过开展文化援疆，增强各族群众对祖国、对中华民族、对中华文化、对中国特色社会主义道路的认同，打牢各族人民共同团结奋斗、共同繁荣发展的精神基础。二是必须突出两地优势互补来展开。广东与新疆远隔万里，文化不同、各有优势。新疆有着丰富的文化资源，民族文化富有独特的底蕴和魅力，是祖国文化艺术的瑰宝；广东是岭南文化的发祥地，同时因改革开放先行一步，现代文化比较发达，文化生产能力、文化创新能力较强。自治区提出"以现代文化为引领"的思路，为推进我省文化援疆工作提供了切入点，我们要立足于两地不同的文化资源，着力推动优势互补，促进两地宣传文化的共同繁荣发展。三是必须通过更加注重人才交流来推进。文化援疆是对口支援的重要内容，但相对于其他领域的援疆工作，文化援疆有其特殊性。其他领域的援疆工作，可能投入一些资金、支援建设一些硬件设施，即可收到立竿见影的援建效果。文化交流是一种思想和精神层面的交流，做好文化援疆工作，既要重视物质的投入，更要突出文化人才的双向交流与培训。我们希望，以今天这个座谈会为契机，两省区的宣传文化、广播影视、新闻出版等部门多沟通、多对接，在推进两地的文化人才交流与培养方面多做点工作。

同志们、朋友们！回首过去，我们为粤新人民之间和谐相亲、民族团结的深情厚谊而感动；展望未来，我们为两地合作发展的美好前景而振奋！新疆是个好地方！我们相信，在党中央、国务院的正确领导下，粤新两地人民一定会在前人打下的坚实基础上，进一步推进两地人员往来和交流合作，顺利实现粤新共同团结奋斗、共同繁荣发展的目标！

（2011 年 7 月 30 日）

# 在"粤新百年边疆民族情"
# 座谈会上的讲话

新疆维吾尔自治区党委常委、宣传部长　胡　伟

各位来宾、各位朋友，同志们！

　　在这瓜果流蜜、大地飘香的季节，我们欢聚一堂，回顾总结新粤两地一个世纪以来的历史联系与文化交流，畅谈南粤儿女近百年来在新疆这片热土上，与各族人民一道共同团结奋斗、共同繁荣发展，共同保卫边疆、共同建设边疆的光辉历程。首先，我代表自治区党委、自治区人民政府，向"粤新百年边疆民族情"座谈会的隆重举行表示热烈的祝贺！向出席会议的广东省委常委、宣传部长林雄同志和广东宣传文化援疆代表团一行，向参会各界代表，向一直以来关心、支持新疆建设发展的广东朋友，表示热烈欢迎和诚挚问候！下面，我谈三点意见：

　　第一，近百年来广东人为新疆发展作出的贡献令人感动。刚才，听了各位代表发言，了解到近百年来广东人支援新疆的历史，很受震撼、很受感动！新疆与广东虽然远隔万里，但近百年来，一批又一批广东优秀儿女远离亲人和家乡，奔赴边疆、保卫边疆、建设边疆，在新疆留下了光辉的足迹。早在民国初期，以在新疆担任过5县知事、最后在巴楚县以身殉职的邓缵先为代表，一批广东籍官员在新疆基层

政权工作，深受各族人民的爱戴，他们的事迹至今仍在当地群众中传颂。抗日战争和解放战争时期，又有一批广东籍共产党员在新疆为了民族独立、人民解放而前赴后继、浴血奋战。20 世纪 50 年代新疆刚刚解放、百业待兴，八千广东优秀儿女响应祖国的号召奔赴新疆，扎根边疆，同各族人民携手并肩，艰苦创业，这批人"献了青春献终身，献了终身献子女"，这批人及他们的后代，很多成为了新疆建设的栋梁之才，成为各条战线上的主力军，今天来参加会议的老同志及二代代表，就是他们中的佼佼者。改革开放后，一大批粤商带着资金、技术和管理经验进疆发展，凭着广东人敢闯、敢干和诚信、务实的作风，积极参与新疆的开发和建设，为新疆经济发展做出了积极的贡献。从 1998 年开始，广东先后派出五批共 202 名干部对口支援哈密地区，帮助哈密地区迅速改变了落后面貌，打造了广东援疆品牌。去年，按照中央新一轮援疆工作部署，广东援疆工作移师南疆喀什地区，援疆接力棒交到新一批广东援疆干部手中，新一批广东援疆干部不负重托、不辱使命，在短短的一年多时间，就取得了明显成效。今天，我们回顾从民国初直到今天的这段历史，会发现广东与新疆之间的交流一脉相承、薪火相传，两地人民在互相交流、互相支持中结下了深厚的民族情谊，并且还在不断深化和发展，我们为南粤儿女为新疆发展作出的贡献而感动！为新粤百年边疆民族情而自豪！

第二，新一轮援疆为各地优秀儿女在边疆建功立业提供了广阔空间。今天参加会议的有广东宣传文化援疆工作代表团一行、有广东企业代表、有在新疆生活工作的广东籍各界人士，还有广东媒体的记者，我想借此机会，向广东朋友介绍当前新疆发展的形势。去年以来，党中央、国务院站在加快新疆跨越式发展和长治久安的战略高度，先后召开全国对口支援新疆工作会议和中央新疆工作座谈会，作出了开展新一轮对口援疆工作的战略决策，部署 19 个省市对口支援新疆的发展。自治区党委抢抓机遇、科学谋划，提出以现代文化为引领，以科技、教育为支撑，加速新型工业化、农牧业现代化、新型城镇化进程；加快改革开放，打造我国西部区域经济增长极和向西开放的桥头堡；牢固树立环保优先、生态立区的发展理念，坚持走资源开发可持续、生态环境可持续的道路，努力实现科学发展、科学跨越的发展思路，积极落实中央新一轮援疆工作部署，全力推进新疆加快发展、科学发展。一年多来，在党中央、国务院正确领导下，在包括广东在内的19个援疆省市的大力支持下，新疆形成了跨越式发展的良好势头，今年上半年多项经济指标均创历史最好水平，目前新疆发展势头正旺、人气正旺，近期到新疆的航班常常一票难求，宾馆爆满，市场人头攒动，天山南北正在发生历史性变化，一个大建设、大开放、大发展的热潮正在形成。新的时代，新的发展大潮，为企业、个人的发展提供了广阔空间。我们希望，目前在新疆发展的广东企业、广东朋友把握好这个难得机遇，乘势而上，迅速发展壮大自己。同时，也通过今天这个座谈会，通过在座各位，向更多的广东企业、广东朋友传递新疆发展的信息，吸引更多南粤优秀儿女到新疆来，共谋发展、建功立业。

第三，进一步推进新疆与广东之间的宣传文化交流。推进宣传文化援疆工作，是新一轮援疆工作的重要内容。今天，广东省委常委、宣传部长林雄亲率宣传文化援疆工作代表团进疆考察，代表团规格很高，省宣传文化、新闻出版、影视传媒单位的主要领导都来了，在前后不足三天时间里，代表团在喀什开展了系列对接活动，捐赠了一批文化发展资金和器材，充分体现了广东省委、省政府对宣传文化援疆工作的重视与支持，也体现了广东务实高效的援疆作风。新疆是多民族地区，传统民族文化多姿多彩，是我国传统民族文化的宝库。自治区党委十分重视宣传文化工作在经济社会发展中的作用，提出了"以现代文化为引领"的发展思路要求，突出现代文化在经济社会发展全局中的核心地位。广东是改革开放的先导区，文化发展走在全国前列，尤其是在文化创新、文化产业发展等方面，为全国提供了很多先进理念、先进经验。我们希望，以今天这个座谈会为契机，进一步推进两省区的宣传文化交流与合作。这种交流与合作，既包括物质与硬件层面的，也包括理念与机制层面的，通过文化人才的交流与培养、实施各类文化援疆工程、共同举办各种文化活动等多种形式，把广东现代文化发展的新成果、新理念、新机制引进新疆，把新疆优秀传统文化推介到广东，促进两地文化共同繁荣发展。

同志们、朋友们！粤新百年边疆民族情座谈会的召开，具有承前启后的重大意义。我们全面回顾、总结了近百年来南粤儿女情系新疆各族人民、投身开发建设边疆的光辉历程，更开启了两地人员往来和交流合作的新阶段。我们相信，有党中央、国务院的正确领导，有各省区的大力支援，有包括各时代援疆干部、在疆企业家在内的全疆人民的共同努力奋斗，新疆的明天一定会更加美好！祖国的明天一定会更加美好！

（2011 年 7 月 30 日）

# 后　记

2010 年 11 月，崔保新先生撰写的《沉默的胡杨》一书出版，将邓缵先这位名不见经传的民国援疆边吏从历史长河中凸现出来，发扬光大，引起连锁反应。

2011 年 7 月 30 日，广东省委宣传部与新疆维吾尔自治区党委宣传部联合主办"粤新百年边疆民族情"座谈会，邓缵先在会上被誉为"民国援疆干部楷模""百年广东援疆第一人"。2011 年 11 月，河源市、紫金县开始修缮邓缵先故居，建设邓缵先爱国主义和廉政教育基地。2013 年 5 月，河源市召集北京、新疆、广东相关专家学者，召开"纪念邓缵先戍边殉职 80 周年座谈会"。自此，邓缵先编撰的两部县志、一篇游记和三本诗集为更多的中华儿女所熟知、所感动，邓缵先这棵边塞胡杨不再沉默。尤其是邓缵先留下的 2000 多首边塞诗词，如同重获勃勃生机的胡杨，沾染着西域风情、大漠尘沙，浸润着天山冰雪、昆仑浩气，连同岭南赏心悦目的清山绿水、勤劳纯朴的客家民风，相互交映地叠现在世人面前！

为更好地承继客家先贤邓缵先戍边爱国、廉政爱民的精神，弘扬其援疆十八载遗留的"戍边之功、爱国之德、崇廉之品、立身之言"，我们邀请相关专家学者对邓缵先事迹进行再挖掘，收集论文约百篇，精选 50 余篇结成本论文集。

　　本书的出版，要特别感谢中国社会科学院边疆史地研究中心研究员马大正为本书作序，感谢广东援疆指挥部原总指挥李水华，河源市委原书记、现广州市市长陈建华为挖掘与弘扬邓缵先精神给予的关心支持。在本书的整理与编撰过程中，还得到了北京、广东、新疆等地学界、政界相关人员的大力支持，在此一并表示感谢！

　　由于我们编撰水平有限，难免存在疏漏，敬请有识之士批评指正。

编　　者

2014 年 5 月

**图书在版编目（CIP）数据**

光到天山影独圆：邓缵先精神研讨会学术论文集/苏全贵
主编. —北京：社会科学文献出版社，2014.7
ISBN 978 - 7 - 5097 - 5961 - 5

Ⅰ.①光…　Ⅱ.①苏…　Ⅲ.①邓缵先（1870～1933）－
人物研究－学术会议－文集　Ⅳ.①K827＝6

中国版本图书馆 CIP 数据核字（2014）第 084232 号

## 光到天山影独圆
—— 邓缵先精神研讨会学术论文集

主　　编／苏全贵

出 版 人／谢寿光
出 版 者／社会科学文献出版社
地　　址／北京市西城区北三环中路甲 29 号院 3 号楼华龙大厦
邮政编码／100029

责任部门／经济与管理出版中心（010）59367226　　责任编辑／许秀江　刘宇轩
电子信箱／caijingbu@ ssap. cn　　　　　　　　　　责任校对／陈晓永
项目统筹／恽　薇　　　　　　　　　　　　　　　　责任印制／岳　阳
经　　销／社会科学文献出版社市场营销中心（010）59367081　59367089
读者服务／读者服务中心（010）59367028

印　　装／北京季蜂印刷有限公司
开　　本／787mm×1092mm　1/16　　　　　　印　　张／34.25
版　　次／2014 年 7 月第 1 版　　　　　　　　字　　数／448 千字
印　　次／2014 年 7 月第 1 次印刷
书　　号／ISBN 978 - 7 - 5097 - 5961 - 5
定　　价／98.00 元